KB272969

문학 속의 경상 방언

문학 속의 경상 방언

국립국어원
문학 속의 방언 총서 ❶

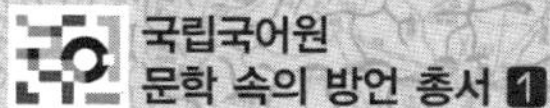

문학 속의 경상 방언

이상규 · 신승용

글누림

발간사

　소설과 시, 수필과 같은 문학 작품 안에는 작가의 고향이나 작중 인물들의 성격, 출신 지역에 따라 여러 지역의 방언이 반영되어 있다. 그러므로 문학 작품을 바르게 이해하기 위해서는 작품에 반영된 방언을 자세히 살펴보는 일이 매우 필요하다.

　문학 작품에 쓰인 여러 지역의 방언은 언어에 대한 감각이 있는 작가들이 비교적 상세하고 안정되게 사용하고 있기 때문에 방언으로서 매우 중요한 가치를 갖는다. 작품에 쓰인 방언의 여러 모습들은 상당히 정제된 형태로 나타나기 때문에 비교적 안전하게 사용할 수 있다. 흔히 국어사전을 편찬할 때 문학 작품을 가지고 예문을 뽑는데 이는 작가들의 국어에 대한 감각을 높이 평가하기 때문일 것이다.

　그간 문학 작품을 읽으면서 평소에 들어보지 못한 방언의 출현으로 인하여 시와 소설을 제대로 이해하기 어려웠을 것이다. 전혀 해독이 안 되어 오랫동안 궁금한 채로 해독을 미루어 온 어휘들도 많았을 것이다. 전문가들조차도 해독이 잘 안 되는 방언 어휘들을 일반인들이 읽고 이해한다는 것은 매우 어려운 일이다. 이 책에서는 문학 작품에 나오는 독특하고 난해한 방언 어휘들을 지역별로 나누어 해설하고자 노력하였다.

　이 책은 국립국어원에서 수행한 '21세기 세종계획'(국어 정보화 중장기 발전 계획) 중 '한민족 언어 정보화' 분과에서 2004년부터 2007년까지 수행한 '문학 작품 속에 사용된 방언 검색 프로그램 개발을 위한 기초 연구'의 작업 결과물을 보완하고 다듬어서 편찬한 책이다. 이 책에서는 방언 어휘를 표준어와 대비하여 독자들이 이해하기 쉽게 해설하였다. 따라서 앞으로 방언 어휘를 연구하는 데 하나의 지표가 될 것으로 생각한다. 논문을 제외하고는 아직까지 지역 방언의 어휘를 모아 자세하게 해설하고 풀이한 책이 없기 때문이다. 따라서 이 책은 향후 국어사전을 편찬하는 데에도 크게 기여하리라 생각한다.

이 사업에서 '이북 방언'은 서강대 곽충구 교수, '제주 방언'은 제주대 강영봉 교수, '강원 방언'은 관동대 박성종 교수, '충청 방언'은 세명대 박경래 교수, '경상 방언'은 경북대 이상규 교수와 영남대 신승용 교수, '전라 방언'은 전북대 이태영 교수가 맡아서 집필하였다. 이 선생님들은 사업이 끝나고 책으로 펴내기 위해 보완과 마무리 교정 작업에 참여해 주셨다. 이 가운데 '강원 방언'에 대한 사업 결과물은 미리 출판한 바 있다. 이 사업에 함께 참여한 연구보조원은 서강대 박진혁, 삼척대 전혜숙, 세명대 김남정, 경북대 홍기옥, 영남대 전명미, 제주대 김순자, 제주대 김동윤 교수, 전북대 황용주, 김응용, 신은수, 백은아, 여은지 선생님 등이다.

이 사업을 하면서 참고한 문학 작품은 시와 소설, 그리고 수필 등이다. 주옥과 같은 작품에서 방언을 감칠맛 있게 표현해 주신 여러 작가들께 진심으로 감사드린다.

21세기 세종계획 한민족 언어 정보화 분과의 책임자로 여러 해 동안 함께 수고해 주신 전 연세대 홍윤표 교수, 경기대 박형익 교수께 진심으로 감사드린다. 아울러 용역을 할 수 있도록 배려해 주시고 책으로 나올 수 있도록 도와주신 국립국어원 관계자 여러분들께 감사드린다. 상업성이 없는 이 책을 아름답게 출판해 주신 글누림출판사의 최종숙 사장님과 편집을 위해 수고하신 이태곤 부장님, 추다영 선생님께 고마움을 전해드린다.

2010. 10.

21세기 세종계획 한민족언어정보화 분과 연구책임자

전북대학교 이태영

머리말

　언어는 인간이 만든 지성의 별이자 지식과 창조의 열매이다. 언어의 구조와 체계에 대한 탐색이 언어 연구의 과학화로 이끌어 오면서 언어의 음운과 문법에 대한 체계화 연구는 대단한 성과를 이루어 왔으나 언어의 기초 재료인 다양한 낱말에 대한 성찰은 부족한 감이 없지 않았다.

　개별 언어는 다시 시간과 지역 또는 사회 계층에 따라 끊임없이 변화하거나 분화되어 마치 하늘의 성운처럼 흩어져 있는 듯이 보이지만 인간이 창조해 가는 언어는 일정한 법칙에 따라 구조적인 매트릭스를 이루고 있다. 특히 지역에 따른 낱말의 분화를 한갓 표준어의 분열의 결과로만 여길 것이 아니다. 언어의 지역적인 분화의 결과인 방언은 매우 긴밀한 유기체를 형성하고 있으며, 고도의 상호 상관성을 유지하면서 분화된 결과이다.

　언어 또한 우주의 생성원리와 마찬가지로 반복되는 생-사의 환원의 질서를 가지고 있다. 새로 생겨나는 말이 있듯이 지금도 죽어가는 말이 공존하고 있다. 새로 생겨나는 말의 생산자가 바로 문학인이다. 고도의 언어 연금술사들인 시인이나 소설가, 희곡작가들이 표준어로는 도저히 채우지 못하는 언어 공간을 지방의 방언으로 언어의 수사를 이어가거나 새로운 말을 만들어 낸다. 방언자료는 현장에서 수집된 자료와 함께 문학작품에 나타나는 방언자료도 언어의 풍족성을 확인하는 귀중한 문화유산이다.

　방언은 지역인들의 정서와 지식과 지성의 응집물이라는 면에서 표준어에 비해 결코 값나가지 않는 것이 아니라 값진 인류지식의 일부임을 강조해두고자 한다. 연구자들은 낱말분화의 체계적인 구조 원리를 파악하는 귀중한 자료라면 일반 독자들에게는 언어의 풍족성을 지역 언어 정보를 새롭게 만나는데 기여할 것이다.

분화된 낱말 간에 내재하고 있는 질서와 원리가 무엇일까? 음운이나 통사구조의 체계적 상관성과 유사한 방언 낱말의 내재적 질서와 법칙을 찾아내기 위해서는 무엇보다 다양한 지역 방언의 자료를 탐색하고 수집하는 일의 중요성을 깨닫고 추진된 '세종계획'의 성과의 일부를 정제하여 여기에 공개한다. 국가사업으로 추진된 '21세기 세종계획'은 새천년이 시작될 시점에서 2008년도에 완결된 사업으로 국가 언어정보화 사업의 하나이다. 이 책은 문학작품에 반영된 경상도 방언 자료를 수집하여 표준어로 채우지 못하는 낱말 체계의 공간에 아름다운 무늬로 활용하기를 기대하는 대중적인 효용성을 고려하여 편집한 결과물이다. 이 책은 일반 독자를 의식하고 새로 편집한 성과물이다. 원자료는 세종계획의 성과물로 CD로 제작하여 이미 학계에 보고된 바 있으며 국립국어원 홈페이지에서 검색 지원을 하고 있다.

지난 10여 년 동안 세종계획의 일환으로 추진된 이 사업의 총책임자인 전북대 이태영 교수와 지역별로 분담하여 추진한 여러 동료 교수들과 제자들의 힘을 아울러 만들어낸 결실이다. 경상도 지역 조사의 총괄책임자는 경북대 이상규 교수가 맡았다. 사업이 마무리 단계에 합류하여 공동연구원책임자로 함께 일한 영남대학교 신승용 교수와 경북대학교 홍귀옥 보조 연구자와 중국 산동대학 위해분교 민영란 교수에게 이 자리를 빌려 그 동안의 노고에 대해 깊은 감사를 드린다.

이 책은 국가가 기획한 제1차 '21세기 세종계획'의 일부를 마무리한 결과이지만 지속적으로 제2차 세종계획이 이어지기를 기대한다. 21세기는 국가 지식 경쟁력이 국가발전 전략 가운데 하나이다. 지식은 기호나 부호 혹은 오디오 비디오와 같은 총체적인 표현방식으로 실현되지만 아직은 언어 기호가 가장 중요한 비중을 차지한다.

　　언어로 표현되는 지성과 지식의 성과물인 각종 도서나 자료가 도서관에 가두어둘 일이 아니라 늘 활용이 될 수 있도록 대량코퍼스로 혹은 디지털 형식으로 축적하고 또 검색 활용이 용이한 지식정보 환경을 발전시키는 일을 소홀히 해서는 안 될 것이다. 선진국가로 가는 길목에서 국격을 높이는 일은 일반 다중들의 지성을 향상시키는 일이며 이를 위해서 언어 정보처리 기술의 향상과 이에 매진하는 연구자들을 위한 국가적 지원이 절실하다는 점을 다시 한 번 강조해둔다. 국립국어원장으로서 21세기 세종계획의 성과를 마무리하는 역할을 맡았던 필자는 이 책을 발간하는 기쁨은 한편으로는 크지만 그동안의 많은 연구 성과를 실용화로 이끌지 못한 책임 또한 크게 통감하고 있다. 국가 발전과 국격을 향상시키기 위해서는 국가 정책을 입안하는 책임자들이 국가 언어 지식 정보 관리에 더 많은 관심을 가져 주기를 기대한다.

　　이 책이 일반 독자를 비롯한 작가나 언론인 등 많은 사람들에게 사랑받기를 바라며, 이 책에서 나타나는 오류는 전적으로 필자의 책임이며 독자들의 질정을 바라면 앞으로 보다 순도 높은 성과물로 진화시킬 것을 약속드린다.

2010. 10.

이상규 씀

차 례

ㅂ

ㅅ

문학 속의
경상 방언

섬바지
그라이 한번은 들에서 겸을 보는데. 침쟁이가 말을 하는데
"얘 불쌍한 거를 토지를 그린걸 주노? 뚜뚜한 건 한 패기 주지"
섬마지가 말이래. 여러 사람들이 구경을 하는데.
그래 사람들이 "얄궂어라, 섬마지도 희한하다, 희안하다." 이러

┃일 러 두 기┃

1. 표제어는 방언형의 가나다순으로 배열하였다.
2. 표제어에는 어휘뿐만 아니라 문법 형태소, 구, 관용어, 속담 등이 포함되어 있다.
3. 표제어에 대응하는 표준어가 있으면 대응 표준어를 제시하고, 대응하는 표준어가 없으면 '대응 표준어 없음'이라 표시하였다. 표제어와 유사한 표준어가 있으면 유사 표준어 앞에 #을 넣기도 하였다.
4. '품사'는 표제어로 제시된 방언형의 품사를 제시하였다.
5. '뜻풀이'는 주로 제시된 예문에 쓰인 용법을 중심으로 하고, 지역어 조사에서 추출한 용법도 참고하여 기술하였다.
6. '다른 방언형'에는 같은 방언권에서 사용되는 방언형들을 우선 제시하였고, 다른 방언형이 없는 경우는 표제어를 제시하였다. '다른 방언형'이 확인되지 않은 경우에는 이 항목을 뺀 경우가 있다.
7. 표제어(방언)는 '사용 지역'에 제시된 지역 외의 다른 지역에서도 사용될 수 있다.
8. '예문'은 표제어의 의미와 용법을 잘 파악할 수 있도록 문학 작품에서 찾아 가급적 문장 또는 소단락 단위로 제시하였다.
9. '설명'은 제시된 방언 표제어의 역사와 어휘 체계, 지역의 문화 등을 고려하여 종합적으로 설명하였다.

가리늦기

- 표준어 : 대응 표준어 없음
- 품 사 : 부사
- 뜻풀이 : 제때가 지나 아주 늦게.
- 다른 방언형 : 가리늦가, 가로늦가, 가로늦기, 가리늦게, 가로늦게
- 사용 지역 : 경상도

그 마당쇠가 논골에서 순사에게 쫓겨난 것이다. 그러나 마당쇠의 뚝심은 최 참판댁으로 밀고 들어갔고 회장작같이 안마당에 드러누워 이치가 안 그렇소오! 최 참판네서 땅만 팔지 않았다믄 와 내가 쫓겨났겠소오! 고래고래 소리를 지르는 바람에 마침 마을을 떠나는 작인이 있어 결국 평사리에서는 혹을 하나 붙이고 만 셈이 되었다. "흥, **가리늦기** 이기이 무슨 고생일꼬. ……〈박경리, 토지, 2002, 7, 29〉

"그라믄 니는 그만두라모. 정상감사도 지 하기 싫으믄 그만이지, 나 혼자 가볼라누만." "**가리늦기**, 나가봐야 헛일이다."〈박경리, 토지, 2002, 1, 26〉

"애기씨 줄라꼬요. 바구니에 수북이 담아놓으니께 볼만 안 하요? 이런 빛깔 다홍치마가 있다믄 한분 입어보고 싶소." "니도 **가리늦기** 맴이 싱숭생숭하는갑다. 서방 없는 과부라 할 수 없고나. 서방 생각이 나서 그러제?"〈박경리, 토지, 1994, 2, 342〉

내 생전에 화초모리 올리는 기경은 다 했는갑다 했디, **가로늦게** 눈호강 복인지 눈요강 복인지가 물꼬 터지듯 터지서 잔풀호사하게 생깄다. 부엌 안으로 빼곰, 얼굴을 들이밀고 비꼬듯 찔러보는 이는 부산 대운각이다. 〈이현수, 신기생뎐, 2004, 91〉

'가리늦기'는 {가리}＋{늦-}의 합성어 '가리늦-'에 부사형어미 '-게' 결합한 '가리늦게'에서 경상도 방언의 특징적인 음운현상 가운데 하나인 /ㅔ/ 〉 /ㅣ/에 의해 '가리늦게 〉 가리늦기'가 된 것이다. 정확한 어원을 확인하기는 어렵지만, {가로}＋{늦-}의 '늦-'이 형용사이기 때문에 '가리'는 부사이거나 용언이다. '가리'의 의미와 관련하여 중세국어에 '隔(뜨다, 멀어지다)'에 대응되는 고유어 부사로 '글이'가 있다. 따라서 '가리늦기'는 원래 '글이 늦게'의 구 구성이었다고 할 수 있다. '가리늦기'는 '뒤늦게'와 비슷한 뜻이나, '뒤늦게'보다는 좀 더 시간적으로 늦고 상황에 맞지 않다는 의미가 있다. 기본형인 '가리늦다'는 사용되지 않고 부사형 '가리늦기'만 나타난다. 실제 방언에서는 '가리늦기'보다 '가리늦가'가 더 많이 사용된다.

'늦기'는 '늦다'의 활용형 '늦게'의 경상도 방언형이다. 경상도 방언에서는 '제사'를 '지사', '베개'를 '비개'처럼 /ㅔ/ 모음을 /ㅣ/ 모음으로 교체하는 현상이 있는데, 이러한 현상에 의해 '늦게'가 '늦기'로 바뀌었다.

가물

- 표준어 : 가뭄
- 품　사 : 명사
- 뜻풀이 : 오랫동안 계속하여 비가 내리지 않아 메마른 날씨.
- 다른 방언형 : 가무럼, 가무사리
- 사용 지역 : 경상도

그때 한창 **가물**이 심할 때시더. 재산은 타 가주고 나온 거라 캐봐야 오 안 채 오막살이 세칸, 밭 저, 여름에 너불뱀이가 지나가믄 뜨겁어가 자빠져 죽는다는 그런 밭 두 마지기, 또 논은 서 마지기 조 덜 되고. 〈김점호, 유시주, 베도 숱한 베 짜고, 1992, 31〉

칠년대한 **가무럼**의 비을 만나 좋을시고 〈경북대본, 사친가〉

　경상도 방언에서는 '가뭄'과 함께 '가무럼, 가물'이 쓰이고 있다. 이와 함께 '가무사리'도 쓰이는데, 이는 '가뭄 기운'을 뜻하는 방언형이다. '가물과 가무럼'은 '가물다'의 어근을 이용한 형태인데, '가물'은 어근이 그대로 쓰인 경우이고, '가무럼'은 {가물-}＋{-엄(명사화 접미사)}〉가무럼의 구조로 이해할 수 있다.

　방언형 '가물'은 '가뭄'을 의미하며, 또한 경상방언에서 '고함'을 의미하는 방언형이기도 하다(예: 온 마실을 댕기면서 내가마 가물로 지댔다 안카는교(온 마을을 다니면서 내가 고함을 질렀다고 안 합니까.).

가생이

- 표준어 : 가
- 품　사 : 명사
- 뜻풀이 : ① 경계에 가까운 바깥쪽 부분.
　　　　　② 어떤 중심 되는 곳에서 가까운 부분.
　　　　　③ 그릇 따위의 아가리의 주변.
　　　　　④ (일부 명사 뒤에 붙어) '주변'의 뜻을 나타내는 말.
- 다른 방언형 : 가새, 가세
- 사용 지역 : 경상도

> 백여시 둔갑한 것맨쿠로 눈 **가생이**가 샐그시 풀어지면서 구운 꽁치에 참기름 발라놓은 것마냥 화개살이 몸 전체에 자르르 흘렀다니께. 〈이현수, 신기생뎐, 2005, 46〉

　경상도 방언에서 '가생이, 가세, 가새'는 '경계에 가까운 바깥쪽, 중심의 가까운 부분, 그릇 따위의 아가리 주변'을 이르는 말이다. 표준어 '가'에 대응되는 어휘로 고어는 'ᄀᆞᆺ'이다. 'ᄀᆞᆺ'에서 / · /가 / ㅏ / 로, / △ /이/ ㅅ / 으로 변화되고, 접사 '-애'가 결합하여 '가새'가 되었다. '가새'와 같은 뜻으로 '가생이'도 쓰인다.

　'가생이'와 동음어이지만 그 의미가 다른 '가생이'가 있는데, 이는 '편을 갈라 상대방 진영에 먼저 도달하면 이기는 전통 민속놀이'의 이름이다. 경계를 벗어나면 지는 민속 경기로 '십자가생이, 좇가생이, 사다리가생이' 등이 있다.

가시게

- 표준어 : 가위
- 품　사 : 명사
- 뜻풀이 : 옷감, 종이, 머리털 따위를 자르는 기구.
- 다른 방언형 : 까위, 가이, 가새, 가이개, 가시개, 까시개
- 사용 지역 : 경상도

얼매나 놀랬는동 그때 뱃속에 아가 놀래 가주고 얼라를 낳아 놓으이 얼라 다리가 똑 **가시게** 겉애. 골병이 들어 가주고, 쫓개 댕기니라꼬 골병이 들었잖니껴. 요새도 역시 적은 편은 안가도 기중 약하니더. 〈김점호, 베도 숱한 베 짜고, 1992, 59〉

네가 주는 것이 무엇인가? / 어린애게도 늙은이게도 / 즘생보담은 신령하단 사람에게 / 단맛뵈는 엿만이아니다 / 단맛넘어 그맛을 아는맘 / 아모라도가젓 느니 잇지말라고 / **큰가새**로 목닥치는네가 / 주는것이란 엇재 엿뿐이랴! 〈이상 규 편, 이상화전집, 엿장사, 1982, 148〉

경상도 방언에는 옛날말의 'ㅿ'이 'ㅅ'으로 변하여 된 어휘가 많이 있는데, '야시/여시(여우), 가시게/가새(가위), 저실(겨울), 가실(가을)' 등이 이에 해당되는 예이다. '가위'는 '가르다'와 같은 어원을 가진 'ᄀᆞᅀ다'에 명사화접미사 '-개'가 결합하여 이루어진 말이다. 즉 {ᄀᆞᅀ-} + {개(명사화 접미사)}'에서 이후 'ᄀᆞᅀ개〉ᄀᆞ스개〉가시개'로 변화하였다. 여기서 /ㅿ/ 은 /ㅅ/ 으로 실현되어 나타나는데, 이는 경상도 방언의 대표적인 특징이라 볼 수 있다. 또 다른 방언형인 '가새'는 {ᄀᆞᅀ-} + {개}에서 'ᄀᆞᅀ개〉ᄀᆞᆽ애〉가새'의 변화를 겪은 것이고, 표준어 '가위'는 'ᄀᆞᅀ개〉ᄀᆞᆽ애'에서 /ㅿ/이 탈락한 후 모음변화를 겪은 것이다.

가씨나

- 표준어 : 계집아이, 계집
- 품　사 : 명사
- 뜻풀이 : ① 시집가지 않은 어린 여자 아이를 낮잡아 이르는 말.
　　　　　② '여자'를 낮잡아 이르는 말.
- 다른 방언형 : 가쓰나, 가쑤나, 가시나, 가스나, 가수나, 가이나, 게집아, 기집아, 지집아, 제집아
- 사용 지역 : 경상도

"**가씨나**나 하나 둘 기지. 앉아서 밥 얻어묵기 민망하구마." 〈박경리, 김약국의 딸들, 1993, 102〉

"참 얄궂제. 어디 **가씨나**가 없어서 하필이믄 용란이한테 청혼을 했을까? 세상이 다 아는 일인데…" 안방에서 부리던 심술이 아직도 삭지 않았다. "생이는 그라믄 용란이 생이가 시집도 못 가고 그냥 늙어 죽었음 속이씨원하것소." 〈박경리, 김약국의 딸들, 1993, 127〉

"시끄럽다. 장가를 못 가서 분통이 터져서 안 그라나. 이런 날 시집가는 **가씨나** 풍파 데기 많겠다." 〈박경리, 김약국의 딸들, 1993, 130〉

'빌어묵을 **가씨나**! 죽이부릴까.' 〈박경리, 김약국의 딸들, 1993, 132〉

'망할 놈의 **가씨나**!' 〈박경리, 김약국의 딸들, 1993, 134〉

'배짱이 맞아서 지랄 잘한다. **가씨나**까지 내쫓고……' 〈박경리, 김약국의 딸들, 1993, 173〉

용옥은 기가 차는 모양이다. "그러나 저러나 홍섭이 그놈이 서울 **가씨나**한

테 장가들었다믄?" 〈박경리, 김약국의 딸들, 1993, 224〉

  저자식 학교 다닐 적에 **가시나**들한테 인기 되게 없었에요. 나만 보면 "형! **가시나** 하나만 돌라 하나만 돌라…… 〈이만희, 이만희희곡집2, 1998, 336〉

  명숙이 고 **가시나** 얼굴이 반쪽이더라. 남편이 바람폈다 카드라. 〈이만희, 이만희희곡집2, 1998, 363〉

  "이 **가시나**, 이 **가시나**가 뭐라 카노?" 명혜가 새파란 얼굴로 앙칼지게 소리치며 그런 종숙이 누나를 뒤쫓았다. 〈이문열, 변경, 1992, 1, 225〉

  '가시나'에 성(性)에 의해 대립되는 말은 '머시마'이다. '머시마'는 어린 사내아이나 또는 혈기왕성한 남자를 낮잡는 뜻으로 이르는 말인데, '머시마'에 대립되는 '가시나' 역시 평행하게 어린 여자아이나 성년의 여자를 낮잡는 뜻으로 이르는 말이다. 결혼한 여자를 낮잡아 이를 때는 '가시나'를 잘 사용하지 않으며, 이때는 '기집, 게집, 지집'을 주로 사용한다. '가시나'와 평행한 의미를 가진 것으로 '기집아, 게집아, 지집아'가 있는데, 이는 '계집아이'의 방언형이다. 상황에 따라서는 '가시나'가 낮잡는 의미 없이 중립적인 의미로 쓰이기도 있지만, 일반적으로는 비속하게 표현하거나 낮잡아 이를 때 쓰인다. 아주 친밀한 관계에서 '가시나'를 사용하기도 하고, 부모가 딸을 '가시나'라고 부르기도 하는데, 이때는 그냥 중립적인 의미로 사용된 경우이다. 물론 이러한 경우에도 낮잡는 뜻으로 쓰일 수 있다.

  '가시나'의 기원에 대해서는 {갓}＋{아히} 또는 {가시}＋{나히}, {갓}＋{-오/은(문법형태)}＋{아히}의 세 가지 정도의 해석이 있다. 먼저 {갓}＋{아히}로 보는 경우 '갓'은 여자를 뜻하고, '아히'는 '아이'를 뜻한다. 그리고 {가시}＋{나히}로 보는 경우는 '나히'를 '생(生)'과 관련지어서 '여자로 태어난 사람'으로 해석하는 것이다. 마지막으로 {갓}＋{-온/은(문법형태)}＋{아희}로 보는 경우는 '갓'은 여자를, '아희'는 '아이'를 뜻하는 것으로 해석한다는 점에서는 {갓}＋{아희}와 같다. 하지만 '갓'과 '아해' 사이에 규정하기는 어렵지만 문법형태소 '-온/은'이 개재되어 있다고 본다는 점에서는 {갓}＋{아희}와 차이가 있다.

가이방하다

- 표준어 : 비슷하다
- 품　사 : 형용사
- 뜻풀이 : ① 견주어 보아 어지간히 비슷하다.
　　　　　② 맞잡아 상대할 만하다.
- 다른 방언형 : 가리방상하다, 가리방사하다, 가이방상하다, 가이방사하다, 비식하
　　　　　　　다, 비슥하다, 디신하다
- 사용 지역 : 경상도

고연히 놀리지 마시오. 부부란 인물이 **가이방해야지**. 나같이 못생긴 놈이 될 법이나 한 일이오? 내가 김형만큼 자알 생겼다면야 서슴없지요. 망설일 일이 뭐 있겠소? 〈박경리, 토지, 4, 153〉

"왜놈한테 잡혀가고 싶지요?" "머, 머라카노!" 펄쩍 뛴다. "헌병한테 붙잡혀서 총살이라도 당했으면 생각하는 거지요?" "미친놈 다 보겠네 말도 **가이방해야** 대꾸를 하지" 〈박경리, 토지, 1995, 13, 33〉

보자보자하니 해도 **가이방해야지** 그래, 가라오라 대관절 판술아베가 먼데 그려요? 〈박경리, 토지, 1995, 7, 241〉

5.16 나고는 어옛는동 아나? 이 골목 저 고목에서 쌈패 **비식한** 거는 야지미리 쓸어갔다. 니 아매 통일역 있는 데서 놀았제? 〈이문열, 변경, 1996, 4, 60〉

너어 아부지 동영씨 나도 안다. 일정 때 빼고는 먼 빛으로밖에 못 보기는 해도… 한때는 깍듯이 도련님이라꼬 모셔야됐지만 나이는 내캉 **비식햇제**. 참 자알 생겼디 〈이문열, 변경, 1996, 4, 146〉

여물게 챙겨 논밭늘리는 사람도 있지마는 그거는 여다서 내년 농비까지

> 색시밑에 다 쑤셔놓고 가는 놈들하고 **비식히게** 얼매 안 되고. 〈이문열, 변경, 1996, 4, 289〉
>
> 그 사람하고 자꾸 어불랬지 마라. 왠지 기분 안 좋은 사람이라. 옛날에 장씨라꼬 아부지 따라댕기미 좌익도 좌익 같잖은 활동을 한 사람이 있었디라. 그래다가 경찰에 뿌뜰랬자 홱 돌아서가 주고는 아는 거 모리는 거 다 오아바치고도 모자래 아부지한테 없는 죄까지 덮어 씌우더라 카이. 그런데- 내 보기에는 임씨가 왠동 그 장씨하고 **비식한** 상이라. 눈동자가 안정치 못하고 매부리코 기운이 있는 게. 〈이문열, 변경, 1998, 12, 81〉

'가이방하다'는 '비슷하다'라는 의미의 경상도 방언이다. '가이방하다'의 어원은 문헌에서 확인할 수 없으나 현재 경상도 방언에 남아 있는 '가리방상하다', '가리방사하다', '가이방상하다', '가이방사하다' 등의 이형태에서 유추해 볼 수 있다. '가이방하다'는 '가리방상하다'에서 온 것으로 보이며, '가리방상하다'는 '갈리다'는 의미의 '가리-'에 모양을 본뜬다는 의미를 갖는 한자어 '방상(倣像)'이 결합하여 형성된 것으로 '본받은 모양이 갈리다' 정도의 의미이다. 즉 본받은 모양이 갈리어 똑같지 않고 비슷하다는 뜻이다. 따라서 '가이방하다'는 '가리방상하다'에서 후대로 내려오면서 쉽게 발음하려는 경향에 따라 형태가 변화된 것으로 보인다.

'경상도 방언에는 '가이방하다' 외에 비슷하다는 뜻을 가진 형태로 '비식하다', '비슥하다', '디신하다' 등이 있다. '가이방하다'는 경남지역에서 많이 사용되는 방언형이며, 경북지역에서는 이에 대응되는 어형으로 '비식하다'가 많이 쓰인다. '디신하다'는 '얼굴이 원시이 디신하이 비슥하이 생긴 사람'(원숭이 비슷하게 생긴 사람)처럼 반드시 구체적인 비교의 대상이 제시될 때 한해서 쓰인다.

가지껏

- 표준어 : 힘껏
- 품　사 : 부사
- 뜻풀이 : ① 할 수 있는 만큼 힘을 다하여.
　　　　　② 최대한 크게.
- 다른 방언형 : 가지끗, 가지끈, 가짓껀, 까지껏
- 사용 지역 : 경상도

달옥이는 궁금해서 달달 떨리는 가슴을 옥죄면서 눈을 **가지껏** 뜨고 바라봤다. 어매는 무언가를 두 손에 들고 얼음이 옅은 여울 쪽으로 가고 있다. '저리로 어매가 건네 올라는갑제?' 〈권정생, 한티재 하늘, 1998, 1, 123〉

콩이 **가지껏** 불으면 인제 새벽에 일나 가주고, 불깟는 물을 쏟아뿌고 새 물을 그릇에다, 버재기 겉은 데다 담아 가주고, 방구석에다 틀을 맨들지. 〈김점호편집 유시주, 베도 숱한 베 짜고, 1992, 38〉

'가지껏'은 '할 수 있는 만큼' 또는 '최대한 크게' 등을 의미하는 경상방언이다. '가지껏'은 '가지'와 '-껏'의 합성어로 '가지'는 중세어형 'ᄀᆞ (邊)'에서 'ᄀᆞ'의 'ㅿ'이 'ㅈ'으로 변화된 것이며, '-껏'은 명사 뒤에 붙어 그것이 닿는 데까지를 나타내는 부사화접미사이다. 즉 "가지껏'은 'ᄀᆞ +-이+-껏'에서 'ᄀᆞ지껏〉가지껏'으로 변화되었다.

경상방언에는 '가지껏' 외에 '가지끗', '가지끈' 등의 이형태가 있다. 이 가운데 경북지역에서는 '가지껏'보다 '가지끈', '가짓껀'의 형태가 더 널리 쓰이고 있다(예: 가지껀 입을 벌리가매 먹네(최대한 크게 입을 벌리면서 먹네).

가찹다

- 표준어 : 가깝다
- 품　사 : 형용사
- 뜻풀이 : 어느 한 곳에서 다른 곳까지의 거리가 짧다.
- 다른 방언형 : 가직다, 가직히, 가직게, 가첩다, 개작다
- 사용 지역 : 경상도

　　에전엔 무신 좋은 날을 받고 일기도 청명하고 별도 많이 나고 이런 날 한 번씩 봐 주시고 이랬대. 고만 병환 드고는 내외간 **가직히** 하믄 병 더하다고 안 봐주셨어. 〈성춘식, 이부자리 피이 놓고, 1992, 24〉

　　그때는 혼인 전이라 안보고 부음 하인한테 그짜아서 돈하고 종이하고 부의라꼬 해서 보내고 마음에만 애통했지. **가직헌** 데는 명지나 베나 이런 것도 보내고 법이 그랬어. 〈성춘식, 이부자리 피이 놓고, 1992, 51〉

　　친정서 올캐가 떡하고 옷하고 해 가지고 와서 삼신을 빌고 먹고 그러고는 방을 옮겼지. 올캐는 그때 돈암동 살았으이 **가직게** 살믄 아무래도 좋겠다 시워서. 〈성춘식, 이부자리 피이 놓고, 1992, 130〉

　　먼 산 **가차운** 산 / 무더기채 가슴을 포개고 앉은 / 무심한 산만큼도 벗하고 싶지 않아 / 우리보다 무덤이 더 할 말이 없습니다. 〈허수경, 슬픔만큼 거름이 어디 있으랴, 한식, 1998, 12〉

　　크레오파트라의코와몬나리―자의손을가즌 / 어린妖精아! 내혼을가저간妖精아! / **가차온** 머―ㄴ길을 밟고가는너여 나를다리고가라. 〈이상규 편, 이상화전집, 쓸어져가는 美術官, 1982, 213〉

  '가깝다'에 대응되는 경상도 방언형에는 '가직다, 개직다, 가찹다' 등
의 어형이 사용되고 있다. 형용사 '가깝다'의 어근은 '갖다'인데, '갖'에
'-압다'가 연결한 것이 '가찹다'이다. 그리고 어근에 '-갑다'가 연결한
것이 '갖갑다'인데, 치음 아래서 /ㄱ/ 이 개입하는 현상으로 결국 '갓갑
다<{갖-ㄱ-압다}'로 된 것이다. '갓갑다'는 다시 소리나는 형태인 '가
깝다'로 변형되어 현재 사용되고 있다. '가찹다' 어형 외에 '가직다' 어
형도 많이 사용되고 있는데, 이것의 부사인 '가직히, 가직(하)게' 형도
함께 사용되고 있다. '가직다'의 /ㅣ/ 모음 역행동화형인 '개직다, 개작
다'도 함께 사용되고 있다.

각중에

- 표준어 : 갑자기
- 품　사 : 부사
- 뜻풀이 : 생각할 사이도 없이 빨리 또는 문득.
- 다른 방언형 : 가악중에, 가욱중에, 가학중에, 각쭈에, 각:쭈헤, 각쭈, 각제
- 사용 지역 : 경상도

글치만 **각중에** 와? 〈이문열, 변경, 1998〉

그거야 첨부터 내가 안 캤나? 그런데 니가 학교를 해야 한다미 쎄와 서울에 놔뚜고 온 기제. 글치만 **각중에** 와? 거다가 일껀 시작했는 학교는 우야고? 인자 2학년도 다 마쳤으이, 한 학년만 더하믄 되는데…… 〈이문열, 변경, 1998, 2, 206〉

가악중에 참견은 무신 참견고! 〈박경리, 토지, 1, 397〉

이금이는 또 동동 뛰어갔다. 뒷등 너머 목화밭에서 어매는 밭을 매고 있었다. 달려간 이금이는 밭고랑에 털썩 주저앉아 마구발방으로 소리 질러대었다. "오매 오매, 나는 왜 고쟁이도 안 주노?" "야가 **각중에** 왜 이러제." "다 보았다. 남사스럽그러 다 보였다이가!" 〈권정생, 한티재 하늘, 1998, 1, 76〉

'각중에'는 '갑자기'를 뜻하는 경상방언이다. '각중에'는 '가ᄀᆞ훈 中에〉가ᄀᆞ 中에〉가악 중에〉각중에'로 설명하기도 한다. '가ᄀᆞ하다'는 '급하다'는 의미의 중세어이다(ᄆᆞ슴 ᄡᅮ미 가ᄀᆞᄒᆞ면〈若用心急〉(마음씀이 급하면)〈몽산화상법어약록언해, 1472, 7〉). 이 설명에 따른다면 '갑자기'에 대응되는 중세어형 '가ᄆᆞ기(가ᄆᆞ기 주거: 卒死(갑자기 죽어)〈구급

방언해, 1466, 上 :24〉', '가그기(가그기 브레 뾔면 즉재 주그리라(갑
자기 불에 쬐면 즉시 죽느니라.)〈구급간이방언해, 1489, 1:77〉)' 역
시 '가ᄀᆞᆨ호-'에 접사 '-이'가 붙어서 형성된 것으로 볼 수 있다.
　'각중에'의 방언형을 보면 경남방언에서는 '가악중에 니가 웬일이고'
와 같이 '가ᄀᆞᆨ중에'에서 'ㄱ'이 탈락한 형태인 '가악중에', '가욱중에' 등
이 주로 많이 나타난다. 그러나 경북방언에서는 이보다 더 축약된 '각
중에', '각쭈', '각제' 등의 형태가 주로 쓰인다.

간땡이

- 표준어 : 간
- 품　사 : 명사
- 뜻풀이 : 간(肝)을 속되게 이르는 말.
- 다른 방언형 : 간떼이, 간띠
- 사용 지역 : 경상도

　　연해주 일대 만주벌판을 오가는 사람이면 그쯤 무법이구 사람들 **간땡이**도 큰 게야. 나 솔직히 말하자면 김두순가 뭔가 그잘 과히 좋게 생각하는 처지도 아니지만 어차피 그 길로 살아왔으니. 〈박경리, 토지, 5, 327〉

　　옛 어른님들 / 젊은 애들 겁 없이 굴 때면 / **간뗑이**가 부었다고 하시던 말씀의 뜻 / 그 간뗑이 붓는다고 참뜻을 / 50이 넘은 지금에사 알풋살풋 알게 되다니 / 내참, 이부끄럽고 부끄러움 / 요즈음 세상엔 쥐구멍도 쉬이 보이질 않는구나 / 쥐구멍 찾기에 마음 조급한 / 이 부끄럽고 또 부끄러움 / 이런 밤엔 / 깜깜한 하늘에 별도 좀 숨어 줬으면 / 그래서 이런 날 내려다보지나 말아줬으면 // 〈김여정, 김여정시전집, 肝斷想1, 1993, 335〉

　　‘간땡이, 간뗑이, 간띠’는 ‘간’을 속되게 이르는 말로 ‘간뗑이가 크다’, ‘간띠가 부었다’는 구의 형태로 사용되기도 하는데, 이는 ‘무모하게 행동하는 것’을 이르는 말이다. 경상도에서는 / ㅔ / 가 / ㅣ / 로 교체되는 현상이 광범위하게 일어나는데 ‘간땡이’가 ‘간띠’로 변화되는 것도 같은 변화라 볼 수 있다. / ㅔ / 가 / ㅣ / 로의 변화 이유는 경상도 방언에서 모음 / ㅔ / 와 / ㅐ / 가 변별되지 않는데, 이러한 까닭에 / ㅔ / 를 / ㅣ / 로 바꿈으로써 의미의 혼란을 막기 위한 것이라 하겠다. 그 사용 예로는 ‘지사(제사), 기(게), 비개(베게) 등을 들 수 있다.

갈구치다

- 표준어 : 거슬리다, 거치적거리다
- 품   사 : 동사
- 뜻풀이 : ① 순순히 받아들여지지 않고 언짢은 느낌이 들며 기분이 상하다.
           ② 거추장스럽게 자꾸 여기저기 걸리거나 닿다.
- 다른 방언형 : 걸거치다, 갈그치다, 갈거치다
- 사용 지역 : 경상도

> 김천댁은 뒤에서 타박네의 허리춤을 바투잡고, 뚱땡이가 자신의 큰 덩치를 이용해 타박네의 앞길을 막고 있다. "야들이 **갈구치게** 왜 이래사. 퍼뜩 절로 안 비키나. 내 저놈이랑 한판 떠야겠다. 지가 이기나 내가 이기나, 이참에 끝장을 보고 말 끼다." 〈이현수, 신기생뎐, 2005, 159〉

> "우리도 모르는 바 아니지. 늙은 사람들, 일하는데 발에 **걸거치기만** 한다는 걸." 〈박경리, 토지, 1994, 5, 365〉

> "와 사람을 치노." "일질에 **걸거치니께** 그렇지." 〈박경리, 토지, 1994, 6, 299〉

경상도 방언 어휘인 '갈구치다, 걸거치다, 갈그치다, 갈거치다'는 표준어 '거슬리다, 거치적거리다'에 대응되는 말이다. '거슬리다'와 '거치적거리다'의 의미를 모두 갖고 있다. '머가 그래 니 맘에 갈구치는 기 있노?(뭐가 그리 니 마음에 거슬리는 것이 있니)'에서는 '거슬리다'의 의미로 '마음에 들지 않아 언짢다'를 뜻한다. 그리고 위의 예문에 쓰인 '갈구치다'가 '거치적거리다'의 의미에 사용된 경우이다.

갈바리

- 표준어 : 감바리
- 품　　사 : 명사
- 뜻풀이 : 다른 사람에게 자신의 속마음을 숨기고 자신의 이익을 위해 상대방에게
　　　　　접근을 하는 사람.
- 다른 방언형 : 갈:바리, 깍째이
- 사용 지역 : 경상도

　에에, 고놈 현동이 참 **갈바리라**. 메밀을 한 섬이나 재 놓고 겨울 한 말 내
주는데 곧 숨이 넘어 안 가나? 누가 띠먹는다 카나 생다지로 **뺏아가나** 경술
년인가 그 흉년 때 저어가 식구대로 누구 기미 죽 먹고 살았는데 〈이문열, 변경,
1996, 4, 156〉

　장까지 가봐야 다리품만 판다 카이. 장차 대고 기다리이, 큰 돈 내놓을 것
같지마는 사실은 오대 글마들이 더 숭악한 **갈바리라**. 가 보래이 내 말 못 빈
거등 이백원이 닥상일거라. 보자 이거 서근될라? 암만캐도 좀 빠질 것 같네.
〈이문열, 변경, 1996, 4, 273〉

　'갈바리'는 약삭빠르게 행동하는 사람을 말하며 표준어 '감바리'에 대
응된다. '감바리'는 '감발저뀌'라고도 한다.

　〈예문으로 익히는 우리말 어휘〉에서는 '꾀바리', '악바리', '하바리'
등과 같이 {감-} + {-바리}의 합성어로 설명하고 있다. '감다'는 '어떤 물
체를 다른 물체에 말거나 빙 두르다.'의 의미인데, '감-'의 기본 의미처
럼 다른 사람에게 달라붙는 사람을 '감바리'라고 한다.

　표준어 '감바리'가 경상방언에서는 '갈바리'로 나타나는데, '갈바리'를

{감-}+{-바리}로 설명할 수 없다. '갈바리'는 '감추다', '간직하다'는 의미인 중세어 '갊-'에 '-바리'가 결합한 으로 해석된다. 즉 '갊바리'에서 받침 'ㄻ'의 'ㅁ'이 탈락하여 '갈바리'가 된 것이다. 보통 'ㄻ' 겹받침의 경우 경상도 방언에서도 '삶[삼], 옮다[옴따]'처럼 'ㄹ'이 탈락하는 것이 일반적인데, '갊바리'에서는 'ㅁ' 탈락했다고 해야 하는 것이 설명에 부담이 된다.

갋다

- 표준어 : 대응 표준어 없음
- 품　사 : 동사
- 뜻풀이 : 상대편에게 언짢은 기분이나 태도로 간섭하거나 맞서서 대들다.
- 다른 방언형 : 갈따, 갑다
- 사용 지역 : 경상도

"시끄럽다. 웃사람 노릇도 하기 어려운 법이다. 철이 없는 사람을 **갈바서** 뭘 그래쌓노. 시동생이 머리카거나 니가 접어넣어야지. 시부모 없는 집이라 니가 부모 대신 해야 하니라." "누굴 도 닦은 중으로 압니꺼? 사람의 오장육부는 다 마찬가지 아닙니꺼?" 〈박경리, 김약국의 딸들, 1993, 139〉

"그놈의 영감쟁이는 죽지도 않고 우에 이래 사람 속 골병을 믹이노? 명혜 어무이요, 참말로 몸써리 납니데이. 나이라도 젊다 카믄 순사 첩이라도 돼 한번 **갈바보고** 싶습니데이……." 〈이문열, 변경, 1992, 1, 322〉

'갋다'는 원래 '아우르다', '겨루다'의 의미로 사용되던 말이다. 예컨대 '골봐 쓰면(나란히 쓰면)〈훈민정음언해〉, 골온 **짜**기 업스샤(아우르고자 하는 짝이 없어)〈법화경언해, 1463, 3:101〉'에서는 '아우르다'의 의미로 쓰인 경우이고, '골오미 아니라(겨루고자 함이 아니다)〈법화경언해, 1463, 5:16〉'에서는 '겨루다'의 의미로 쓰인 경우이다. 그런데 현재 경상도 방언의 '갋다'는 '아우르다'의 의미는 없어지고, '겨루다'에 해당하는 의미만 계승하였다. 그리하여 '좋지 않은 감정으로 상대방을 간섭하거나 맞서서 대들다'의 의미로 사용된다. 활용형은 '갈따, 갈찌, 갈바서, 갈부면'으로 나타나는데, 자음으로 시작하는 어미가 오면 어

간 말자음 'ㄼ' 중에서 /ㅂ/ 이 탈락하면서 어미의 첫소리를 된소리화시
킨다.
　'갋다'는 또한 '가르다'의 의미로도 사용된다. "니캉 내캉 갈부자(너
랑 나랑 가르자)", "서로 갈바서 쓰자(서로 갈라서 쓰자)"에서 보듯이
이때의 '갋다'는 '가르다'의 의미이다.

갓들

- 표준어 : 가득
- 품　사 : 부사
- 뜻풀이 : ① 분량이나 수효 따위가 어떤 범위나 한도에 꽉 찬 모양.
  　　　　 ② 빈 데가 없을 만큼 사람이나 물건 따위가 많은 모양.
- 다른 방언형 : 갓득이, 가뜩, 까득
- 사용 지역 : 경상도

갓없는생각 쫌모를꿈이 그만 하나둘 자자지려는가, / 홀아비같이 헤매는 바람떼가 한배갓들 구비치네. / 가을은 구슬픈마음이 앓다못해 날뛸시절인가 보다. 〈이기철 편, 이상화전집, 病的 季節, 1982, 186〉

달아! 한울갓득이 서러운안개속에 꿈모닥이가티 써도는달아. / 나는 혼자 / 고요한 오늘밤능 들창에기대여 / 처음으로 안나치는 그이만 생각는다. 〈이기철 편, 이상화전집, 달아, 1982, 150〉

'갓들'은 '술을 한 잔 가뜰 따라 바아라(술을 한 잔 가득 따라 보아라.).'의 예에서처럼 '가득'이라는 의미의 경상도 방언이다.

그러나 李起哲(1982:187)은 '한배갓들'이란 말의 뜻을 '한 배 가득'이라고 해석해서는 안 된다고 주장하고 있다. 곧 "앞 뒤 문맥으로 봐서 갑자기 배(舟)라는 말이 나오는 것도 이상하다. 대구지방 방언에서는 '바깥'을 '배갓'이라고 하는데 여기서 유추해 보면 '한 배갓들(한 바깥을)' 즉 '온 들판을 구비치네'로 보면 어떨지?"라고 밝히고 있다.

시적인 표현이어서 다른 해석의 여지가 없지 않지만, 일반적으로 '갓들'은 '가득'이라는 의미를 나타내는 부사로 쓰인다.

갓부다

- 표준어 : 가분하다, 가뿐하다
- 품　사 : 형용사
- 뜻풀이 : 몸이나 마음이 적당히 가볍다.
- 다른 방언형 : 갓부게나, 갑븐하다
- 사용 지역 : 경상도

고맙게 잘자란 보리밧아 / 간밤 자정이넘어 나리든 곱은비로 / 너는 삼단가튼머리를 쌈앗구나 내머리조차 **갑븐하다** // 혼자라도 **갓부게나** 가자 / 마른논을 안고도는 착한도랑이 / 젓먹이 달래는 노래를하고 제혼자 엇게춤만 추고 가네. // 〈이기철 편, 이상화전집, 빼앗긴들에도 봄은 오는가, 1982, 176〉

'갓부다'는 '몸이나 마음이 적당히 가볍다.'라는 의미의 경상도 방언이다. '혼자라도 갓부게나 가자'에서 '갓부게나'를 '갓부게#나가자'로 띄어쓰기를 교정하여 '갓부다'를 '가버리다'에 대응시키는 경우도 있으나 이는 잘못이다.

'갓부게나'는 '가뿐하게나'라는 의미로 해석이 된다. 따라서 고등학교 검인증교과서와 '대구문인협회'에서 '가뿟이나'로 교열한 것도 잘못이다. 위의 예는 '너가 머리를 감아 나조차 가분하다, 혼자라도 가분하게 가자'라는 의미로 해석할 수 있다.

개골

- 표준어 : 개울, 골짜기
- 품 사 : 명사
- 뜻풀이 : 골짜기나 들에 흐르는 작은 물줄기.
- 다른 방언형 : 개골창, 걸, 거랑, 거렁, 내, 큰도랑, 큰물, 오상개울, 골캉물, 도랑, 도랑물, 내꼬랑, 내또랑, 내물, 방천또랑
- 사용 지역 : 경상북도

밤에 가마이 쌀 훔치 가고 개가 마구 짖고. 빨갱이들이, 기중에 없는 사람들이 주장 좁쌀 겉은 거 훔치 가주고 **개골**로 드가믄 개가 마구 짖어. 인민군들이 후퇴할 때시더, 그때가. 〈김점호, 베도 숱한 베 짜고, 1992, 59〉

성춘네 집 언덕 우에 쉬다가 일어서는데 / 뒤에 있는 독맹이에 받혀서 그 높은 곳에서 떨어질 때 / 풀하고 구불어 내려와서 **도랑** 바닥에 떨어졌다. 〈이오덕, 일하는 아이들, 1978, 114〉

종가 앞으로 쪼끄만 거러이 한 니리 갔는데 그 **거렁** 가아 참죽낡이란 낡이 죽 서 있었어. 키가 크고 보기엔 참 좋았는데. 〈성춘식, 이부자리 피이 놓고, 1992, 21〉

업고 댕기기는 넷째삼촌이 마이 업고 줬고, 둘째아아는 석건인데 하나도 하늘 긑은데 둘을 낳으이 아이고 샛득하데. 야들 아부지도 언간이 좋아 그고 (많이 좋아 하고). 이월달인데 해동 비가 왔는동 저 앞에 **거렁**에 물이 불었어. 다리도 없는데 식전에 물을 건너가서 발을 벗고 물을 건네 갔다와도 추운 줄 모리고 미역을 사 가 왔어. 〈성춘식, 이부자리 피이 놓고, 1992, 147〉

경상도에서는 물줄기가 양에 따라 작은 순서대로 '도랑', '개울', '내',

'강'이라고 부른다. 경북 영천에서 개울을 '개골'이라고 부르는 방언형
이 나타나고 있으며, 이외에도 '개울'을 부르는 방언형에는 '개골, 개골
창, 걸, 거랑, 거렁, 내, 큰도랑, 큰물, 오상개울, 골캉물, 도랑, 도랑
물, 내꼬랑, 내또랑, 내물, 방천또랑' 등이 있다. 이 방언형 중에 '개골'
은 경북에서는 '개울, 골짜기'의 방언형으로 쓰이고 있고, 경남지역에
서는 '왕골'의 방언형으로 사용된다.

개주

- 표준어 : 호주머니
- 품 사 : 명사
- 뜻풀이 : 자질구레한 물품 따위를 넣어 허리에 차거나 들고 다니도록 만든 물건. 천이나 가죽 따위로 만든다. 옷의 일정한 곳에 헝겊을 달거나 옷의 한 부분에 헝겊을 덧대어 돈, 소지품 따위를 넣도록 만든 부분.
- 다른 방언형 : 개비, 주멍이, 주망이, 주밍이, 주멩이, 줌치
- 사용 지역 : 경상도

> 감을 따 먹다 들켰다 / 아, 이눔의 자식 / 거기 서 봐라 / 카미 막 따라온다 / 감을 두 **개주** 따가 / 막 내뺐다 / 그래 내빼서 감을 내보니 / 노랗게 익은 게 참 좋다 / 햇빛이 빨갛다 // 〈이오덕, 일하는 아이들, 1978, 86〉

> "……십장이 제 십장. 허니 술값 점심값을 이녁 **개비**에 넣어부랐다 그거여. 뻔혀, 뻔하다 그거란 말시." 〈박경리, 토지, 4, 318〉

'호주머니'에 대응되는 경상도 방언 어휘에는 '개주, 개비, 주멍이, 주망이, 주밍이, 주멩이, 줌치' 등이 있는데, 이 중 '개비'는 '꽂이(편지 따위를 꽂아두는 물건)'라는 의미로도 쓰인다. (예)개비에 편지 꼽아 노응거 우재삣노?(꽂이에 편지 꽂아 놓은 거 어떡했니?) '주머니'의 고어로 'ᄂᆞ묫(그리 혼 「ᄂᆞᄆᆞ치」 두외더라〈두시언해, 1481, 2:38〉)'의 형태는 나와도 '주머니'의 형태는 없다. 현재 '주머니'는 기본형 '줌'에 '-어니' 접미사를 붙인 것으로 {줌}＋{-어니(접미사)} 구조이다. 방언형 '주멍이'는 /ㅇ/이 첨가된 형태이고, '주멩이'는 '주멍이'에서 뒤의 /ㅣ/모음의 영향으로 /ㅣ/모음 역행동화의 과정을 거친 형태이다.

개주무리

- 표준어 : 감기몸살
- 품　　사 : 명사
- 뜻풀이 : 감기로 인해 열이 나고 몸이 쑤시는 병.
- 다른 방언형 : 개진머리, 개주때가리, 개조따가리, 게:때가리, 개대가리, 개따가
리, 개지뿌리, 고뿔, 굇불
- 사용 지역 : 경상도

'개주무리'는 '감기몸살, 고뿔'에 해당하는 경상도 방언으로 특히 이
방언형은 경남 통영 지역에서 많이 나타난다. 이외에 경남 지역에서
나타나는 방언형에는 '개주때가리(울산), 개조따가리(하동), 게:때가
리(밀양), 개대가리, 개따가리' 등의 형태가 있다. 경북 지역에서도
'개대가리'가 나타난다. '개진머리'의 경우 전라도와 경상도, 충청도 일
부 등 남부 지역에서 다양한 이형태들로 분포하고 있다.

이들 방언형들을 보면 대체로 '개주무리', '개진머리' 등 '개조머리'형
과 '개조머리'에서 '머리' 대신 그에 해당하는 '대가리'로 바뀐 '개주때
가리', '개조따가리, 게때가리, 개대가리, 개따라기' 등의 어형으로 나뉜
다. 이들 어형의 기원과 관련하여 국어사 자료에서는 그 용례를 찾을
수가 없다. 공시적으로 유추해 보면, '개조'와 '개주', '개지' 등의 어형과

'머리', '대가리'의 어형이 결합한 합성어로 보인다.

'개주무리'의 경우 '머리'가 양순음 아래에서 'ㅓ' 모음이 원순모음 'ㅜ'로 변화되는 원순모음화현상에 따라 '무리'로 변화한 것이며, '개진머리'는 '개짓머리'에서 뒤음절 'ㅁ'의 영향으로 'ㅅ'이 'ㄴ'으로 변화된 것이다.

거랑

- 표준어 : 내
- 품 사 : 명사
- 뜻풀이 : 넓고 길게 흐르는 물줄기.
- 다른 방언형 : 걸, 그랑
- 사용 지역 : 경상도

요마이 물 져나르는 것도 인자마 파인갑심더. 또랑물도 다 말라가예. 글타꼬 저쪽 큰 **거랑**까지 가서 물을 져올 수도 없고……닐 모레까지도 비 안 오믄 참말로마 파입니더. 〈이문열, 변경, 1992, 6, 158〉

동네가 끝나고 들판이 시작되는 둑길 근처에 이르렀을 때 누군가의 부르는 소리가 철을 형과 누나의 생각에서 끌어냈다. "야야, **거랑**(강)가나? 이거 몇 개 가지고 가이라." 〈이문열, 변경, 1992, 1, 324〉

경상도 방언 '거랑'은 '강'보다는 작고 '시내'보다는 큰 규모의 물줄기를 의미하는데, 대체로 표준어의 '내' 규모에 해당한다고 할 수 있다. '시내' 정도의 작은 물줄기를 '거랑'이라고 하지는 않으며, '강' 규모의 큰 물줄기도 '거랑'이라고 잘 하지 않는다. 규모에 따라 수식어를 결합시켜 '큰 거랑', '작은 거랑'이라고 표현하기도 한다. '거랑'은 '걸〔걸:〕'이라고도 하는데, 중세국어 어형이 바로 '걸'이다(물ㄱ 거른(맑은 내(川)는)〈두시언해, 1481, 9:40〉, 수플와 걸와(수풀과 내와)〈능엄경언해, 1462, 2:48〉). 이로 미루어 '거랑'은 '걸'에 접미사 '-앙'이 결합한 파생어임을 확인할 수 있다({걸}+{-앙}). 접미사 '-앙'은 '도랑({돌}+{-앙}), 고랑({골}+{-앙}), 이랑({일}+{-앙})' 등에서도 나타나는 그 '-앙'이다.

거름애

- 표준어 : 대응 표준어 없음
- 품　사 : 명사
- 뜻풀이 : ① 물체가 빛을 가려서 그 물체의 뒷면에 드리워지는 검은 그늘.
　　　　　② 음영(陰影).
- 다른 방언형 : 거렁지, 그렁지, 그르매, 그리매, 그름애, 그릉지, 그림지, 그링지,
　　　　　　　기림자
- 사용 지역 : 경상도

> 愛人아 검은 **거름애**가 오르락나르락 소리도 업시 얼린그리도다 〈이기철 편,
> 이상화전집, 이별을 하느니, 1982〉
>
> 저— 편에 느러섯는 / 白楊나무숩의 살찐**거름애**는 / 이저버린 기억이떠돔과
> 갓치 / 沈鬱-朦朧한 / 칸빠스 우헤서 흐늑이다 / 〈이기철 편, 이상화전집, 單調, 단
> 조, 1982, 105〉
>
> 검은누덕이줏는사람의 **거름애**가 행길에쩌러진 헌찌걱지를주우려고허리를
> 굽힐째 그것은 날근누덕이에서난 독갑이가튼 반갑지안흔그影姿이엇다. / 〈이
> 기철 편, 이상화전집, 무산작가와 무산작품, 1982, 271〉

　'거름애'는 표준어 '그림자', '그늘'을 아우르는 의미를 가진 경상도
방언이다. 이외에도 '거렁지, 그렁지, 그리매, 그름애, 그릉지, 그림지,
그링지, 기림자' 등이 함께 사용되고 있다.
　'거름애', '그르매'가 '그림자'의 의미로 쓰인 경우는 15세기 문헌에서
도 극히 드문데, 경상도 방언에서 여전히 쓰이고 있다.

거무

- 표준어 : 거미
- 품 사 : 명사
- 뜻풀이 : 절지동물 거미강 거미목의 동물을 통틀어 이르는 말.
- 다른 방언형 : 거므
- 사용 지역 : 경상도

> "쯧쯧! 저 세상충이 보래. 어머니가 딸들 땜에 인병이 들어서 **거무같이** 돼 가지고 장에 나왔든데, 쯧쯧!" 〈박경리, 김약국의 딸들, 1993, 223〉

'거무'는 중세국어 어형 '거믜'에서 변화한 형이다. 중세국어 '거믜'가 원순모음화를 겪어 '거뮈'가 된 후 이중모음이 /ㅟ/ 가 /ㅜ/ 로 변화하여 '거무'가 되었다. 경상도 방언에서 이와 평행한 변화를 겪은 예로 '호무', '나부'가 있다. 이들 역시 중세국어의 '호믜', '나비'에서 아래아 (/ㆍ/)가 둘째 음절 이하에서 /ㅡ/ 로 변화하여 '호믜', '나븨'가 된 후 원순모음화를 겪어 '호뮈', '나뷔'가 되고, 다시 이중모음이 /ㅟ/ 가 단모음화되어 '호무', '나부'가 되었다.

걸거치다

- 표준어 : 거치적거리다
- 품　사 : 동사
- 뜻풀이 : 어떤 행동이나 일을 할 때 사람이나 사물 등이 앞에서 거치적거려 방해가 되다.
- 다른 방언형 : 걸그치다, 갈그치다, 갈구치다
- 사용 지역 : 경상도

> "와 사람을 치노." "일질에 **걸그치니께** 그렇지" 〈박경리, 토지, 1995, 6, 298〉
>
> 우리도 모르는 바 아니지. 늙은 사람들 일하는 데 발에 **걸거치기만** 한다는 걸 〈박경리, 토지, 5〉
>
> 김천댁은 뒤에서 타박네의 허리춤을 바투 잡고, 똥땡이가 자신의 큰 덩치를 이용해 타박네의 앞길을 막고 있다. "야들이 **갈구치게** 왜 이래싸. 퍼뜩 절로 안 비키나. 내 저놈이랑 한판 떠야겠다. 지가 이기나 내가 이기나, 이 참에 끝장을 보고 말끼다." 〈이현수, 신기생뎐, 2004, 158–159〉

'걸거치다'는 어떤 행동이나 일을 할 때 사람이나 사물 등이 앞에서 거치적거리어 방해가 될 때 사용하는 말로, 경상도 방언에서 '내 앞에서 자꾸 걸거치지 마래이(내 앞에서 자꾸 걸리적거리지 마라.)', '모기 들어온다고 모기장 쳐 놨디만 댕기는 데 디게 걸그치네(모기 들어온다고 모기장을 쳐 놨더니 다니는 데 많이 걸리적거리네.).'처럼 쓰인다.

'걸거치다'는 중세국어에서 '걸리다', '거리끼다'는 의미를 갖는 '걸끼-'에서 그 기원을 유추할 수 있다. 걸끼-'와 '-치다'가 결합한 형태로

‘걸찌어치다’에서 ‘ㅣ’가 탈락한 뒤 ‘걸쩌치다’에서 ‘걸거치다’, ‘걸그치다’ 등으로 변하였다. 경상도 방언에서는 ‘걸거치다’와 ‘걸그치다’형이 함께 나타나는 것은 경상도 방언의 경우 ‘ㅓ’와 ‘ㅡ’가 합류되어 그 음의 구별이 모호하기 때문이다.

걸구새이

- 표준어 : 거지
- 품　사 : 명사
- 뜻풀이 : 남에게 빌어먹고 사는 사람.
- 다른 방언형 : 비럭지, 거러지
- 사용 지역 : 경상도

아이구, 그거 날물도 그래. 무시겉은 거는 옛날에 빌로 마이 못 갈았어. 집에서 쪼끔씩 갈아 놓으마 뭐, "**걸구새이** 꿀 얻어먹듯 한다."꼬, 귀했지. 〈김점호, 베도 숱한 베 짜고, 1992, 155〉

어디메 요란한 花林을 / 낭자하게 무찔고 온 비는 또 / 나의 창 앞에 종일을 붙어서서 / **비럭지**처럼 무엇을 조르기만 한다. // 〈유치환, 생명의 서, 五月雨, 1991, 35〉

아츰과져녁에만 보이는**거러지야**! / 이러케도 완악하게된 세상을 / 다시더 가엽게녀여 무엇하랴 나오느라. / 〈이기철 편, 이상화전집, 거러지, 1982, 149〉

'남에게 빌어먹고 사는 사람'을 '거지'라고 하는데, '거지'의 경상도 방언형에는 '각서리, 각써리, 거러지, 거르지, 걸개, 거러박씨, 걸구새이, 걸배이, 걸뱅이, 비럭지, 비렁뱅이, 비름배이' 등이 있다. 일반적으로 '거지'의 방언형인 '거러지'가 많이 사용되고 있는데, 이는 경상도뿐만 아니라 강원도, 함경도 등의 지역에서도 광범위하게 사용되고 있다. '거렁뱅이'는 {걸(乞)} + {-엉} +-{방이}의 파생어로 '거렁방이〉거렁뱅이(/ ㅣ / 모음 역행동화)'의 형태로 변화된 어형이다. 또한 '비럭

지', '비렁뱅이, 비름배이' 등 '빌다'에서 파생된 방언형들도 많이 사용
되고 있다. 그리고 '거러지, 거럭지'와 유사한 '비럭지'형이 있고, {빌
+}-{엉}+{-방이}이에서 /ㅣ/ 모음 역행동화를 겪은 '비렁뱅이'도 함
께 사용되고 있다. 또한 경상도 방언에서는 /ㅡ/ 와 /ㅓ/ 의 두 모음이
변별력이 없으므로 '비름뱅이, 비름배이'형도 나타난다.

검부지기

- 표준어 : 검불
- 품　사 : 명사
- 뜻풀이 : ① 먼지나 작은 실밥 따위가 섞인 검부러기.
  　　　　② 가랑잎 등 마른 잎을 통틀어 이르는 말.
- 다른 방언형 : 거불, 거부지이, 거부지기, 검부적, 검부지, 거부적, 거웃, 까알젱
  　　　　　　이, 꺼지기, 껌불, 껨불, 등풀, 마구꼴, 마구집, 집, 짚, 뿍때기
- 사용 지역 : 경상도

올빼미겉이 눈을 크게 뜨고. "그라믄 우리가 **거부지기**를 쑤셔 넣었겄소? 축이 날 리가 없단 말이오！" 담장 밖에서 다투는데 막걸리 사발이나 들이켠 걸걸한 목소리였다. 〈박경리, 토지, 1, 18〉

거부지기겉은 약 지어주고 팔잘 고칠라카이 〈박경리, 토지, 1, 167〉

'검부지기'는 '검불'에 해당하는 경상도 방언이다. '검불'은 마른 풀이나 낙엽, 짚 부스러기 따위를 가리키는 말이고, '검부러기'는 검불의 부스러기이며, 먼지나 잡것이 섞인 검부러기는 '검부저기'라고 한다.

'검불'에 해당하는 방언형은 검불에서 'ㅁ'이 탈락한 '거불'의 형태와 'ㄹ'이 탈락된 '검부적', '검부지' 등의 형태, 'ㅁ'과 'ㄹ'이 모두 탈락한 '거부지이', '거부지기', 어두경음화가 된 '껌불', '껨불' 등의 형태가 있다. '거불', '거부지이', '거부지기' 등은 경남방언에서 많이 나타나며, '검부지', '껌불', '껨불' 등은 경남과 경북 지역에 두루 분포한다.

게게하다

- 표준어 : 게슴츠레하다
- 품   사 : 형용사
- 뜻풀이 : 눈동자 따위가 총기 없이 흐리고 감길 듯하다.
- 사용 지역 : 경상도

> 뒷짐지고 갈지자걸음을 걷는 옥사장의 뒤를 따라 뇌옥으로 들어가자니 낮인데도 홰를 밝혀야만 서너 칸 앞의 사람이 바라보일 지경으로 어두운 토옥에서 불고(不辜)죄인 네 사람은 다른 죄수들과 어울려 짚신들을 삼고 있었다. 가져간 술과 밥으로 곁에 있는 죄수들까지 눈자위가 **게게하니** 풀리도록 배를 불리고 저간의 사정을 소상하게 캐물어 본즉슨 내막은 예견했던 대로였다. 〈김주영, 객주, 8, 154〉

> 그러나 마당으로 들어서는 유필호를 일별하건대 전과 같이 늠름하지 못하였고 정기가 서렸던 눈자위도 전과 같이 형형하지 않고 **게게하니** 풀어져 있었다. 유필호의 신색에 기(氣)가 빠져 있다는 느낌은 떨쳐버릴 수 없었다. 〈김주영, 객주, 9, 102〉

표준국어대사전에는 '게게'라는 부사형이 수록되어 있는데, 그 뜻은 '①코나 침을 보기 흉하게 흘리는 모양(예: 어린아이들이 침을 게게 흘린다.). ②눈이나 몸에 기운이 없어 축 늘어진 모양(예: 황은 식곤증 환자같이 게게 풀어져서 땀내 물씬한 시트 속에 담겨 있었다〈박영한, 머나먼 송바 강〉).'이다. 경상도 방언에서는 이 부사형의 '게게'에 '-하다'라는 동사화 접미사가 붙어서 "눈동자 따위가 총기가 없이 흐리고 감길 듯하다."라는 의미를 가진 형용사로 사용되고 있다. 표준국어대사전의 의미를 통해서 유추해 본다면 ②의 의미와 유사하다고 볼 수 있다. 참고로 평안도 방언에서 '게게'는 '거기'의 뜻이다.

게글받다

- 표준어 : 게으르다
- 품   사 : 형용사
- 뜻풀이 : 행동이 느리고 움직이거나 일하기를 싫어하는 성미나 버릇이 있다.
- 다른 방언형 : 게그르다, 게거르다, 기일르다, 기걸르다, 개얼르다, 끼얼르다, 깨
  얼르다, 께으르다, 께을받다, 껠받다, 겔받다
- 사용 지역 : 경상도

뽑아 가주고 밭에 지자리에(제자리에) 너는 사람도 있고, **게글받은** 사람은 뽑지도 아하고 그냥 서와 두는 사람도 있고. 주장 고만 뽑아다가 집 가까이에 널어요. 〈김점호, 베도 숱한 베 짜고, 1992, 149〉

'게으르다'에 대응되는 경상도 방언에는 '게글받다, 게그르다, 게거르다, 기일르다, 기걸르다, 개얼르다, 끼얼르다, 깨얼르다, 께으르다, 께을받다, 껠받다, 겔받다' 등이 사용되고 있는데, 이 가운데서 '게글받다, 게그르다, 게거르다, 기걸르다'처럼 어중에 /ㄱ/ 이 첨가된 형태가 많이 사용되고 있다. 또한 어두 경음화된 '끼얼르다, 깨얼르다, 께으르다, 께을받다, 껠받다' 등의 어휘도 함께 사용되고 있다. 다음은 사용 예이다(예: 가가 얼매나 게글은동 지가 자다난 이부자리도 안갠다카이(그 사람이 얼마나 게으른지 자기가 자다난 이부자리도 안 갠다.).

게기

- 표준어 : 고기
- 품　사 : 명사
- 뜻풀이 : ① 식용하는 온갖 동물의 살.
　　　　　② 민물이나 바닷물에 사는 어류.
- 다른 방언형 : 개기, 괴기, 궤기, 기기
- 사용 지역 : 경상도, 전라도, 충청도

"갑순아이! 닭게기 똥돌네 집에 갖다 주어라이." 〈박경리, 김약국의 딸들, 1993, 51〉

"옛적에는 소게기를 씹어 뱉고, 소주로 얼굴 세수하던 내 몸이 이렇게 거렁뱅이가 되었네라." 〈박경리, 김약국의 딸들, 1993, 78〉

"뱃놈이 게기 타령 하믄 어짜노? 내일 저녁이믄 입에서 신물이 나도록 묵을 긴데." 〈박경리, 김약국의 딸들, 1993, 178〉

빚이야 물에서 게기 올라오믄 갚는거고, 땅이사 어디 그런가? 〈박경리, 김약국의 딸들, 1993, 204〉

"어, 어장이 들어서 홈싹 망했다, 망했어. 게기는 안나오고, 마, 막아놓은 어장 뜯어 찌출 수는 없고 사방에 빚이니 소톱 찍어볼 곳이 없구나.……" 〈박경리, 김약국의 딸들, 1993, 236〉

"나가니까 마침 일거리가 있어서 반나절 했다. 딸네집에는 못 가고 삯 받은 것 가지고 간게기물만 얻어가지고 왔다. 〈박경리, 김약국의 딸들, 1993, 247〉

"그래 이건 내 생각이니 결정한거라 생각지 말고 들어라. **게기**가 많이 나
건 적게 나건 오분지 일을 너그들에게 줄 궁리를 하고 있다. 〈박경리, 김약국의
딸들, 1993, 267〉

그리고 밥그릇을 와락 잡아당기더니 허기진 사람처럼 밥을 입 속에 쓸어넣
는다. "이 **게기** 참 맛나드라! 되미찜인가? 어장에서 **게기** 가지고 왔나?" 김치
를 우둑우둑 씹으면서 용란은 도미찜이라 한다. 〈박경리, 김약국의 딸들, 1993, 329〉

하여간에 멀리 가지는 않았일 기고, 밤에는 남은 **괴기** 묵을라꼬 틀림없이
돌아올 긴께, 그래서 가다가 되돌아왔다. 〈박경리, 토지, 1994, 2, 59〉

"안다니 나흘장 간다 카더마는 또 그 안다니 새설 나오누마. 나는 새가 화
살에 맞는 거는 정한 이치고 **물개기**가 낚시에 걸리는 것도 정한 이치고요."
〈박경리, 토지, 2002, 7, 60〉

거기다가 제일 싸움을 잘하는 아이도 그들 예닐곱 속에 있었고 제일 공부
잘하는 급장도 또한 그 속에 있었다. 전학온 지 한달이 넘는 철을 아직도 "서
울내기, 다마내기, 맛좋은 **고래괴기**……." 하며 공공연히 놀릴 수 있는 것도
그들뿐이었다. 〈이문열, 변경, 1992, 1, 110〉

"**괴기** 장사도 때리치아뿔고 감나무집 서답 수발하며 정지때기로 눌러앉아
뿐갑지러예?" "생기묵은 낯빤대기 바라. 작은서씨가 침흘릴 만큼 색기가 흐
르제. 정지때기로 눌러 있을 상판이 아인 기라." 〈김원일, 불의 제전, 2, 62〉

'**게기**'는 '고기'의 경상도 방언으로 경상도 지역뿐만 아니라, 전라도,
충청도 등지에서도 광범위하게 나타난다. '**게기**'는 '고기'에서 /ㅣ/ 모음
역행동화를 겪어 '괴기/궤기'가 된 후 '궤기'에서 다시 반모음 /w/ 가
탈락하여 '게기'가 된 것이다. '**기기**'는 '게기'에서 다시 경상도 방언의
특징적인 음운 현상 가운데 하나인 /ㅔ/ 〉/ㅣ/ 변화를 겪은 것이다. 의

미나 용법은 표준어 '고기'와 별다른 차이가 없다. 다만 합성어의 경우 '물게기', '육게기'처럼 물에서 나느냐 그렇지 않으냐에 따라 구분하는데, 소고기, 돼지고기 등 물에서 잡은 고기가 아닌 것은 모두 '육게기'라 한다. '육게기'의 '육'은 한자어 '肉'이다.

게사니

- 표준어 : 거위
- 품   사 : 명사
- 뜻풀이 : 오릿과의 새.
- 다른 방언형 : 게우, 게오, 기우, 고니, 집고니, 공이, 괭이, 게사이, 게상이, 계사니, 계산이
- 사용 지역 : 경상도

'거위'의 경상도 방언형에는 '게사니, 게우, 게오, 기우, 고니, 집고니, 공이, 괭이, 게사이, 게상이, 계사니, 계산이' 등의 다양한 방언형이 함께 사용되고 있다. 이 중 '게사니'는 평안도 방언에서도 많이 쓰인다. 일반적으로 '거위, 게사니'의 중세국어 어형은 '거유'이다. '게사니'와 유사한 '게사이, 게상이, 계사니, 계산이' 등도 함께 사용되고 있다. 그리고 고어의 변화과정에서 '거유'라는 형태가 나타나는데 이 형태와 유사한 '게우, 게오, 기우'형도 또한 나타난다.

게암

- 표준어 : 고함
- 품　사 : 명사
- 뜻풀이 : 크게 부르짖거나 외치는 소리.
- 다른 방언형 : 가암, 괌
- 사용 지역 : 경상도

> "뭐, 당간부? 선거? 소가 웃는다. 소가 웃어, 아이. 어디 사람이 없어 니맨치로 시장바닥에서 '골라 골라'캐사미 **게암** 지르는 늠한테 당간부가 찾아오겠노? 그때 벌써 내가 알아봐야 하는 긴데… 니 영수증 함 보자. 뭔 돈이든동 그냥이사 안 췄겠제." 〈이문열, 오디세이아 서울, 1993, 2, 481〉

'게암'은 '고함'의 경상도 방언형으로 '고함'에서 /ㅗ/ 가 /ㅔ/ 로 모음 교체가 되면서 '게함'이 되고, '게함'에서 다시 모음 사이의 후음인 /ㅎ/ 이 탈락되어 '게암'의 형태가 되었다(고함〉게함〉게암). '괌'은 '고함'에서 모음 사이의 후음 /ㅎ/ 이 탈락되고 축약된 형태로(고함〉고암〉괌), 실제 음성형은 〔괌:〕처럼 장모음으로 실현된다.

고누다

- 표준어 : 겨누다
- 품   사 : 동사
- 뜻풀이 : ① 활이나 총 따위를 쏠 때 목표물을 향해 방향과 거리를 잡거나 겨냥하다.
  ② 상대방을 앞에 두고 못마땅한 마음으로 뚫어지게 쳐다본다.
- 다른 방언형 : 꼬난다, 꼬낸다, 꼬누다, 겨누다, 겨눈다, 기누다, 마춘다, 마차본다, 저낭한다. 전주는다, 전준는다, 전준다, 재본다, 본다
- 사용 지역 : 경상도, 전라도

'고누다'는 표준어 '겨누다'의 경상도 방언형으로 이 어형은 경상도 지역뿐 아니라 전라도에서도 많이 쓰인다. '고누다'는 윷놀이에서 말판을 뚫어지게 쳐다본다는 '꼬누다'에서 온 말로 '꼬나보다'라는 형태로 상대방을 뚫어지게 쳐다볼 때 많이 쓰인다.

고시래지다

- 표준어 : 고스러지다
- 품　사 : 동사
- 뜻풀이 : ① 곡식이나 식물 등이 스스로 말라붙거나, 삭아 내려앉다.
  ② 삭아서 없어지다.
  ③ 잠이 깊이 들어 한잠이 든 상태를 말한다.
- 다른 방언형 : 꼬시래지다, 꼬스라지다, 꼬부래지다, 꼬부러지다
- 사용 지역 : 경상도

　　순지, 수득이, 그리고 아이들 모두와 삿갓집 방안에 들어박혀 있는 문둥이 아들 재득이까지 데리고 들로 나갔다. 익어서 **고시래진** 나락을 베기 시작했다. 분들네는 지난 봄 조석이 잃아눕고 재득이 약값까지 수월찮게 돈을 썼다.
〈권정생, 한티재 하늘, 1998〉

　　하루 종일 땀을 흘리며 괭이질을 하고 풀을 뽑고 돌을 주워내고 나면 밥은 꿀맛 같은데 허리가 부러질 것 같고 자구만 드러눕고 싶었다. 막걸리라도 한 잔 걸치면 더욱 **꼬스라졌다.** 〈이동희, 돌아온 사람들〉

　　'고시래지다'는 표준어 '고스러지다'에 해당하는 경상도 방언으로 곡식이나 식물 등이 스스로 말라붙거나 삭아 내려앉는 것을 말한다. 경상도 방언에서 '고시래지다'는 불이 사그라져 드는 경우(예: 불이 고시래지다(불이 다 꺼져간다.).)에도 쓰이며, 그 의미가 점점 확대되어 '아가 고시래졌다(아이가 잠이 깊이 들었다.).'와 같이 정신없이 깊은 잠에 취해 있는 상태를 말할 때도 쓰인다.

　　'고시래지다'는 '고스러지다'에서 'ㅅ, ㅈ, ㅊ, ' 아래 'ㅡ'모음이 'ㅣ'모음

으로 변화되어 '고시러지다'가 되고, 여기에 'ㅣ'모음 역행동화를 겪어
'고시래지다/고시레지다'가 되었다.

고장가리

- 표준어 : 꼬챙이
- 품 사 : 명사
- 뜻풀이 : 가늘고 길면서 끝이 뾰족한 쇠나 나무 따위의 물건. 대체로 나무 막대
  기를 의미한다.
- 다른 방언형 : 꼬장가리, 꼬장카리, 꼬장개이, 꼬재이, 꼬채이.
- 사용 지역 : 경상도

수리 조합 만대기에 아이들이 간다 / 안개 때문에 아이들이 **고장가리**같이
보인다 / 나는 한참 보았다 / 그래 아이들이 앉았는 것 같다. 그래도 간다 / 나
도 한참 그러다 그래 언제 왔는지 / 학교에 왔다 // 〈이오덕, 허수아비도 깍꿀로,
1998〉

'고장가리'는 '꼬챙이'에 해당하는 경상방언이다. '꼬챙이'의 방언형으
로 '고장가리' 외에 '꼬장가리, 꼬장카리, 꼬장개이, 꼬재이, 꼬챙이' 등
의 어형이 있다. 이들은 '꼬챙이'의 중세국어 어형은 '곶'이다(고재여
굽고 남진 겨지비 두루 안자 모다 머그며〈월인석보, 1459, 23:79〉
(꼬챙이에 구워 남자와 여자가 두루 앉아 모두 먹으며), 祖師ㅅ 公案
올 혼 고재 다 쎄며〈몽산화상법어약록언해, 1472, 9〉(조사의 공안을
한 곳에 다 꿰여)). 이 '곶'에 지역에 따라 '-앙이', '-이', '-가리' 등의
접사가 붙어 여러 가지 방언형이 형성된 것이다.

'고장가리'의 경우 {곶} + {-앙-} + {-가리}의 결합으로 형성된 어형이
다. '꼬장카리'는 '고장가리'에서 어두경음화와 격음화를 겪은 어형이며,
이에 반해 '꼬장개이'는 '고장가리'에서 'ㄹ'이 탈락한 후 / ㅣ / 모음역행
동화에 이어 비모음화(鼻母音化가)된 것이다.

곰뱅이

- 표준어 : 다리(脚)
- 품　사 : 명사
- 뜻풀이 : 몸통 아래 붙어 있는 신체의 부분.
- 다른 방언형 : 달구지, 달구락지, 달가지, 대리, 골배이.
- 사용 지역 : 경상도

> 무신 대복으로? 아직 이사 **곰뱅이**가 성한께…… 너거는 지난 장에 무명을 많이 냈다믄서? 〈박경리, 토지, 5, 226〉
>
> 내 **곰뱅이** 성할 때 꼼작이는데 누가 머라 캐? 〈박경리, 토지, 7, 43〉
>
> 호미 종댕이를 들고 온종일 밭에서 나부대도 밥 묵을라커믄 하늘 치다뵈는데 **곰뱅이** 성한 년이 하세월하고 나자빠져 있으니 참. 정강이에 씨 씰을까 무섭네. 〈박경리, 토지, 2, 247〉

‘곰뱅이’는 표준어 ‘다리’에 해당하는 경상도 방언이다. 하지만 경상도 방언에서 주로 쓰이는 말은 ‘곰뱅이’보다 ‘달가지, 달구락지’이다. "가, 우누묵 새끼 안 가나? 달가지를 뿌라놀라. 오이야, 일마, 언놈이든 좋다 오늘 한 번 달가지 뿌라져 봐라〈이문열, 변경, 1998〉."

‘곰뱅이’는 ‘곰뱅이’의 방언 이형태인 ‘고배이’에 이유는 정확히 알 수 없지만 ‘-ㅁ’이 삽입된 것이다. 경상도 북부지역에서 많이 보이는 ‘고배이’는 ‘무릎고배이가 아프다’처럼 사용된다.

‘고배이’는 ‘굽이’을 뜻하는 중세어형 ‘고비’(믈굴 マ롮 흔 고비 ᄆ술 홀 아나 흐르ᄂ니〈두시언해, 1481, 7:3〉(맑은 강 한 굽이 마을을 안아

흐르니))에서 온 것으로 '고비'에서 /·/(아래 ㅇ) 음가 소실로 인해 둘
째음절의 '·ㅣ'가 'ㅐ'로 된 것이다. '고배이'의 '배이'는 비모음(鼻母音)으
로 발음된다.

곰패기

- 표준어 : 곰팡이
- 품　사 : 명사
- 뜻풀이 : 몸의 구조가 간단한 하등 균류를 통틀어 이르는 말. 동물이나 식물에
　　　　　붙어사는데, 어둡고 습기가 찰 때 음식물·옷·기구 따위에도 난다. 몸
　　　　　은 균사(菌絲)로 되어 있고, 대개 분열에 의하여 홀씨로 번식하나 유성
　　　　　생식도 한다.
- 다른 방언형 : 곰패이, 곰팽이
- 사용 지역 : 경상도

'곰패기'는 '곰팡이'의 경상도 방언이다. 근대국어에 '곰 피다(곰팡이
피다)〈역어유해, 1690, 上:53〉'가 나오는데, 이로 미루어 근대국어에
는 '곰'이라는 형태로 '곰팡이'를 의미하였음을 확인할 수 있다. 이는 '곰
팡이'의 함경도 방언 '곰탕'의 존재를 통해서 확인할 수 있다. 함경도 방
언 '곰탕'은 '곰'에 '탕'이 덧붙은 말이다.

'곰패기' 외에 '곰패이', '곰팽이'도 쓰인다. 표준어 '곰팡이'의 어원은
'곰 피다'에서 동사어간 '피-'에 축소형 접미사 '-앙이'가 결합한 것으로
해석된다. '곰패기', '곰패이', '곰팽이' 역시 어원적으로는 이와 같은 것
으로 보인다.

'곰패이'의 경우는 '곰피앙이'에서 / ㅣ / 모음 역행동화에 의해 '곰피앵
이'가 되고 다시 축약되어 '곰팽이', 여기에 '팽'의 종성 / ㅇ / 이 모음을
비모음화(鼻母音化)시킨 후 탈락하여 '곰패이〔곰~패~이〕'가 된 것으로

보인다. '곰패기'에서 '기'의 존재를 설명하기는 어려운데, '꼬내기(고양이)', '구디기(구더기)'처럼 '기'를 말음으로 가진 단어에 유추되었을 것으로 추정된다.

곱새

- 표준어 : 곱사, 곱사등이
- 품 사 : 명사
- 뜻풀이 : 등이 굽고 큰 혹 같은 것이 불쑥 나온 사람.
- 다른 방언형 : 곱추, 곱쌔, 꼽쌔, 꼽추
- 사용 지역 : 경상도

> 육손의 두 어깨가 축 늘어진다. "있기는 누가 있이꼬? **곱새** 서방님밖엔."
> 〈박경리, 토지, 2002, 7, 10〉
>
> "그 **곱새**아들이사 무슨 죄 있간디? 몸이 병신이제 맘은 백옥겉다 허든
> 디……" 〈박경리, 토지, 2002, 7, 20〉
>
> 이야기를 들은께로 혼삿날 받아놓고 **곱새**아들이 그랬다는디, 머리 깎고 중
> 이 될려 해도 육신이 온전찮으니 내가 어디로 갈꼬 〈박경리, 토지7, 2002, 21〉

'곱새'는 '곱사'의 경상도 방언이다. '곱사' 외에 '곱추'도 쓰이며, 어두 경음화시켜 '꼽새', '꼽추'라고도 한다. '곱사'는 '곱사등이'와 같은 말인데, 경상도 방언에서 '곱사등이'는 거의 쓰이지 않는다. 경상도 방언에서는 그 이유는 정확히 설명할 수 없지만, '가매(←가마)', '이매(←이마)', '바램(←바람)'처럼 단어의 말음절 모음이 /ㅏ/ 일 때 /ㅏ/ 모음을 /ㅐ/ 로 바꾸는 현상이 있다. 이러한 현상의 적용을 받아 '곱사'가 '곱새'가 되었다.

공꺼

- 표준어 : 공것
- 품　사 : 명사
- 뜻풀이 : 힘이나 돈을 들이지 않고 거저 얻는 것.
- 다른 방언형 : 공거, 공껄로
- 사용 지역 : 경상도

"그러나 저러나 대구 나거들랑 열댓 뭇 날 주이소." "야가 뭐라카노, 대구 열댓 뭇을 어디다 쓸라고." "돈 줄 깁니더. 누가 **공꺼**로 달라카는 줄 압니꺼?" 〈박경리, 김약국의 딸들, 1993, 138〉

　저녁이 끝나자, "큰아부지, 함롱 하나 해주실랍니꺼"하고 용숙은 용무를 꺼내었다. "누구 거로?" " 지 거 하나 할랍니더." 중구 영감은 힐끗 용숙을 쳐다본다. "짬이 있어야지." "천천히 하시도 괜찮습니더." 중구 영감은 말허리를 꺽어버린다. …… 발끈해진 용숙은 얼른 가자고 서둘렀다. 집 앞에 나서자, "누가 **공거**로 해달라캤나." 기가 나서 펄펄한다. 〈박경리, 김약국의 딸들, 1993, 103〉

　'공꺼'는 '공것'의 경상도 방언이다. '공것'은 {공(空)} + {것} (의존명사)의 합성어이다. 표준어 '것'의 경상도 방언형은 '알 꺼 없다, 묵을 꺼(먹을 것), 입을 꺼'에서 보듯이 '꺼'이다. 따라서 '공꺼'는 한자어 '공(空)'에 '것'의 경상도 방언형 '꺼'가 결합한 합성어이다. 의존명사 앞에는 체언이 올 수 없고 관형사 또는 관형어가 오기 때문에 '공꺼'의 구조는 '공(의) 것'에서 관형격조사 '-의'가 생략되어 '공거 〉 공거[공꺼]'가 된 것으로 추정된다. 이와 평행한 유형의 합성어로는 '이것, 저것, 그것' 등이 있는데, 이때 '이, 그, 저'는 지시관형사이다. '공꺼'는 '공꺼

바래면 이매 까진다(공짜를 바라면 이마가 까진다)’, ‘이거 공꺼 아이
다(이거 공짜가 아니다)’에서처럼 단독으로 쓰이기도 하지만, 많은 경
우 부사격 조사 ‘-로’와 결합한 ‘공꺼로’, ‘공껄로’의 형으로 쓰인다. 경
상도 방언에서 ‘이것으로’, ‘저것으로’를 ‘이걸로’, ‘저걸로’라고 하는데,
이와 평행하게 ‘공꺼로’ 역시 ‘공껄로’라고도 한다.

괴

- 표준어 : 고양이
- 품　사 : 명사
- 뜻풀이 : 고양잇과의 동물.
- 다른 방언형 : 괴의, 괘, 괭이, 고앵이, 고이, 갱이, 개냉이, 새깨미, 앵구, 살찡이, 살찐이, 고내기, 고냉이
- 사용 지역 : 경상도

참새소리는, 제소리의몸짓과함께가볍게놀고 / 溫室갓흔마루끗에누은검은 괴의등은, 부드럽게도, 기름저라 //. 〈이기철 편, 이상화전집, 가을의 風景, 1982, 109〉

불이 난다. 본계집은 설 명절에 가장 얼굴 한 분 볼까말까, 그 죄를 우짤긴고. **고앵이**맨크로 어머님 아버님 해싸도 내사 큰며누리 땜에 가심이 아프다. 〈박경리, 토지, 7, 45〉

"양도 아니고 늑대도 아닌 요새 농부들. 양도 아니고 늑대도 아니라믄 그거는 고앵이다. **고앵이**라…" 〈박경리, 토지, 8, 323〉

"니내 할 것 없이 사우는 **고내기** 새끼, 다 마찬가지 아니것소." 〈박경리, 토지, 11, 148〉

"그랬다가는 자네 만주 못가지. 그 동안 자네야 멀리 떨어져서 그나마 편키 있은 셈이고 엽이어매가 밤낮없이 당하는 것 말도 못한다. 말하기조차 모서리쳐지는데 **고냉이** 대가리를 짤라서 마당에 던지넣지를 않나 만나기만 하면 욕설이요 폭행할려고 덤비고." 〈박경리, 토지, 14, 110〉

'고양이'는 '고양이'를 뜻하는 '괴'에 접미사 '-앙이'가 결합하여 이루

어진 것으로 설명되어 왔다. 접미사 '-앙이'는 '무말랭이, 조랭이' 등에서 볼 수 있는 것처럼 '작은 것'을 나타내는 의미를 가진 것이다. 접미사 '-앙이'를 다시 접미사 '-앙-'과 '-이'로 분석하기도 한다. '괴'는 15세기 문헌에서부터 나타나는데 당시에는 '고이[koi]'처럼 소리나는 것이었다. '괴'에 접미사 '-앙이'가 결합한 '고양이'는 17세기에 간행된 〈역어유해〉에서 처음 보인다. {괴}＋{-앙이}는 '괴앙이, 괴양이'로도 나타날 수 있으나, '괴앙이'는 문헌에 보이지 않고 '괴양이'가 19세기에 나타난다. 특히 '괴양이'가 19세기 여러 고소설류에 다양하게 나타나는 점으로 미루어 볼 때, '-앙이'가 결합한 형태에서도 '괴'에 대한 어원을 이해하고 있었던 것으로 추정된다. 18세기에 '고양이, 괴양이'가 나타나지 않는 것은 우연히 문헌에서 그와 같은 형태가 드러나지 않는 것이라고 볼 수밖에 없다. '고양이'가 '괴양이'보다 더 널리 쓰이게 되는 것은 19세기 말에 들어서인 것으로 보인다. 특히 〈한불자전〉처럼 19세기 말에 이루어진 문헌에서는 '고양이'가 보다 대표적인 형태인 것으로 기록되어 있다. '괴양이'보다 '고양이'가 널리 쓰이게 된 것은 '괴양이, 고양이'를 '괴'와 직접 연관 짓는 어원 의식이 희박해진 탓이라고 볼 수 있다. 즉, '괴양이'가 명사 '괴'와 관련되어 있다고 이해하지 못하고, 당시 만연해 있던 '/ㅣ/모음 역행동화' 현상이 적용된 것으로 이해하게 된 것이다. 즉 {고}＋{-양이}가 '괴양이'로 '/ㅣ/모음 역행동화' 현상의 적용을 받은 것으로 보고, 이를 잘못 되돌림으로써 '고양이'라는 형태가 탄생하게 된 것이다. 20세기 초에 간행된 한자 학습서에 '괴 묘'가 나타나는 것은 〈천자문〉류의 전통을 답습한 것일 가능성이 높다. 이는 '고양이'의 형성 과정에서 명사 '괴'와의 연관 관계를 국어 화자들이 잘 인식하지 못하고 있었을 뿐 아니라, 실제 20세기 초에 창작된 산문에서 '괴'가 쓰인 예가 발견되지 않는 점을 통해서 추리할 수 있다.

따라서 명사 '고양이'는 '괴'에 {-앙이(-aŋi)} 접미사가 붙은 것으로/외〔oi〕/모음의 영향으로 {-양이(-jaŋi)} 접미사의 형태를 가지게 되었다. 경상도 방언에는 '고양이'의 구형(舊形)인 '괴'형이 그대로 사용되고 있는데, '괴'형의 방언형으로는 '괘, 괭이(달성), 괘:(안동), 고이, 갱이, 개냉이' 등이 있다. 이 외에도 '새깨미, 앵구, 고내기, 고냉이, 고앵이, 살찡이, 살찡이' 등도 함께 사용되고 있다.

괴딴지

- 표준어 : 뚱딴지
- 품   사 : 명사
- 뜻풀이 : 행동이나 사고방식 따위가 너무 엉뚱한 사람을 놀림조로 이르는 말.
- 사용 지역 : 경상도

마침 봉당에 앉아 미투리총을 매고 있던 동무님이 어쩐 일이냐고 물었다. 사내의 대꾸가 여기가 천행수의 마방이냐고 묻는 것이었다. 동냥아치 주제치곤 묻는 말이 **괴딴지**라 이번에는 누굴 찾느냐고 고쳐 물었다. "천행수님을 찾아왔습지요." 〈김주영, 객주, 7, 49〉

이에 유필호가 그러냐고 몇번이나 거듭 강다짐 받듯 되묻더니 또다시 말이 없었다. 유필호의 거동이 전에 없이 **괴딴지**라 눈치를 알아챈 천행수가 석쇠에게 나가서 삽짝을 걸어 잠그라고 일렀다. 〈김주영, 객주, 7, 83〉

'괴딴지'는 표준어 '뚱딴지'의 경상도 방언이다. '뚱딴지'는 표준국어대사전에 '①완고하고 우둔하며 무뚝뚝한 사람을 놀림조로 이르는 말. ②행동이나 사고방식 따위가 너무 엉뚱한 사람을 놀림조로 이르는 말. ③=뚱보' 등의 의미로 수록되어 있다. '괴딴지'는 표준어 '뚱딴지'의 ②의 의미와 유사하게 사용되고 있는데, '괴이하게 엉뚱한 성질이나 행동, 또는 그런 행동을 하는 사람'을 뜻한다. 형태적으로는 형용사 '괴이하다'의 어근 '괴-'에 접미사 '-딴지' 결합하여 이루어진 말이다({괴-} + {-딴지}).

구녁

문학 속의 경상 방언

- 표준어 : 구멍
- 품 사 : 명사
- 뜻풀이 : 뚫어지거나 파낸 자리.
- 다른 방언형 : 구녕, 구무, 굼기
- 사용 지역 : 경상도

> 무서운 백태가 꽉 끼였으나 긁어낼 도리가 있어야지요, 무엇으로 엇덯게 긁어냅니까. 게다가 時々刻々으로 목구녁이 붓습니다. 이대로 가다간 未久에 목구녁이 合着해 버립니다. 목구녁이 막혀 버리고 맙니다. 〈김태진, 幸福의 啓示, 해방전 공연 희곡집, 1942, 41〉

> 큰일낫군요. 이뿐아, 이뿐아……. 고새 목구녁이. 아, 어서……. 〈김태진, 幸福의 啓示, 해방전 공연 희곡집, 1942, 46〉

　'구녁'은 '목구녁', '콧구녁', '입구녁', '수채구녁'처럼 주로 합성어에서 많이 나타난다. '구녁'과 비슷한 의미를 가진 단어로 '구무 / 굶'이 있는데, '구무도, 굼게, 굼기'처럼 자음 앞에서는 '구무', 모음 앞에서는 '굶'으로 교체한다. '구녁'은 중세국어나 근대국어 문헌자료에서는 나타나지 않기 때문에 그 정확한 어원을 확인하기는 어려우나, '구멍'을 뜻하는 중세국어 어형 '구무'에 방향을 가리키는 단어 '녁'이 결합하여 '구무녁'이 되고 이 '구무녁'이 축약되어 '구녁'으로 굳어진 것으로 보인다. '구멍'에 해당하는 중세국어 어형이 '구무 / 굶'이라는 사실에서 경상도 방언의 '구무 / 굶'은 중세국어를 현재까지 그대로 계승한 보수적인 어형임을 확인할 수 있다.

구불다

- 표준어 : 구르다
- 품 사 : 동사
- 뜻풀이 : ① 바퀴처럼 돌면서 옮겨 가다.
  ② 어떤 대상이 하찮게 내버려지거나 널려 있다.
  ③ 어떤 장소에서 누워서 뒹굴다.
- 사용 지역 : 경상도

"누가 그 안을 냈소?" "내 생각이요." "호오! 김약국은 사업에 무심한 것 같더니만 실상 그렇지도 않구마!" "군뻉이 **구불** 재주 있다 하지 않소?" 〈박경리, 김약국의 딸들, 1993, 147〉

성춘네 집 언덕 우에 쉬다가 일어서는데 / 뒤에 있는 독맹이에 받혀서 그 높은 곳에서 떨어질 때 / 풀하고 **구불어** 내려와서 도랑 바닥에 떨어졌다. 〈이오덕, 일하는 아이들, 1978, 114〉

'구불다'는 '구르다'의 경상도 방언이다. '구불다'는 중세국어 이전 시기의 '그볼다'를 경상도 방언이 보수적으로 계승한 어형으로, 경상도 방언의 보수성을 보여주는 전형적인 어휘 가운데 하나이다. '구르다'의 중세국어 어형은 '그울다'(짜해 그우러(땅에 굴러)〈석보상절, 1447, 11: 18〉)이다. 중세국어 '그울다'는 '그볼다'에서 이미 'ㅸ〉우' 변화를 겪은 것이고, 경상도 방언의 '구불다'는 중세국어보다 앞선 시기의 어형을 그대로 반사하고 있는 것이다.

표준어 '구르다'는 '그울-'에서 '그울러(그울+어)'와 같이 '-아'가 통합되었을 때 모음 사이에서 'ㄹㄹ'의 음성적 변이가 일어나면서 어간이

‘그우르-’로 인식되는 한편, 원순성동화에 의하여 ‘그우르-〉구우르’가 된 뒤 이어 동일모음의 축약에 의하여 ‘구르-’가 되었다. 경상도 방언의 ‘구불다’는 ‘그볼다’에서 ㅸ〉ㅂ 변화에 의해 ‘구불다’가 된 것이다.

구쇠

- 표준어 : 똥구덩이
- 품　사 : 명사
- 뜻풀이 : 똥을 모아 두기 위하여 판 구덩이.
- 다른 방언형 : 구세, 똥구쇠, 똥구덕
- 사용 지역 : 경상도

그는 똥구덕 속에서 허우적거리는 아이의 멱살을 덥석 잡아 마당에 팽개친다. 오물을 홀딱 뒤집어 쓴 아이는 그냥 뻗어버린다. 여자는 바가지에 물을 퍼가지고 아이에게 퍼부으면서 새된 목소리를 질렀다. …… "이눔 새끼야! 방정맞게 **구쇠**에는 와 빠졌노!" 〈박경리, 김약국의 딸들, 1993, 244〉

"야아 어매는 딸네 집에 갔습니더. 하도 밥 달라고 울어쌓아서 양식 좀 얻어러 갔는데 큰일날 뻔 안했습니꺼?" 여자는 아이를 내려다본다. "**구쇠**에 빠지믄 떡을 멕이얄 긴데." 〈박경리, 김약국의 딸들, 1993, 245〉

"하모, 빈 속에 많이 묵으믄 안되지. **구쇠**에 빠지믄 양밥으로 떡을 묵어야제." 〈박경리, 김약국의 딸들, 1993, 246〉

"아이구 돌이 어매, 큰일날 뻔 했소. 돌이새끼가 **구쇠**에 안 빠졌겠소이." 〈박경리, 김약국의 딸들, 1993, 247〉

'구쇠'는 뒷간의 구덩이 즉, '똥구덩이'를 이르는 경상도 방언이다. '구쇠' 자체가 '똥구덩이'의 의미를 갖고 있지만, 의미를 보다 분명히 할 때는 '똥'을 붙여 '똥구쇠'라고 한다. 이밖에 '똥구덕'도 쓰인다. '똥구덕'에서 '구덕'은 '굳'에 접미사 '-억'이 결합한 파생어이고, 어근 '굳'

은 '구덩이'를 뜻하는 말이다. '구덕'은 '똥구덕', '수채구덕', '진흙구덕'처럼 다른 명사와 결합하여 합성어를 이루지만, '구쇠'는 '똥구쇠' 외에는 다른 명사와 결합하여 잘 쓰이지 않는다. 그것은 '구쇠'가 이미 '똥구쇠'를 뜻하기 때문에 의미상 다른 명사와 결합하는 것이 불가능하기 때문이다.

구체

- 표준어 : 구처
- 품　사 : 관용어
- 뜻풀이 : 변통하여 처리함, 또는 그러한 방법.
- 다른 방언형 : 구처
- 사용 지역 : 경상도

서억이와 같이 칠배골로 떠나는 날, 복남이는 남의 일 같지 않게 마음이 들떴다. "사랑이란 내리사랑이 맞는 거제. 어매가 찾아가마 이석인 얼매나 반갑겠나." "서억이가 억지로 가자고 하이 **구체** 없네요. 못 이긴 척 가보는 거제요." 말은 그렇게 했지만 정원은 진작 못 간 것이 후회스러웠다. 〈권정생, 한티재 하늘, 1998, 1, 218〉

그럼 우선 몸담아 살 집이 있어야겠구망. 예, 단칸 막살이라도 하나 있으마 몸담아 살면서 무슨 **구체**를 내야지요. 〈권정생, 한티재 하늘, 1998, 1, 282〉

그만두고 집으로 들어오너라. 학교가 걱정이다만 이제 곧 네 형이 제대 히 오면 무슨 **구처**가 날 듯도 싶다. 여기는 모든 게 잘 돼간다. 〈이문열, 변경, 1996, 4, 54〉

'구체'는 한자어 '구처(區處)'에서 온 말이다. 흔히 '구체 없이', '구체가 없다', '구체를 내다' 등과 같이 관용적으로 주로 쓰인다. 경상도 지역뿐만 아니라 여러 방언에서 널리 쓰인다.

경상도 방언에 나타나는 '구체'는 '구처'에서 'ㅓ'모음이 'ㅔ'모음으로 전설모음화된 것이다. '구처'가 어떻게 해서 '구체'가 되었는지 확인하기는 어렵다. 다만 '구체'와 같이 형태의 변화가 일어났다는 사실은, 원래 이 말이 한자어였다는 의식이 희박해진 결과이다. 방언에는 이와 평행한 예들이 많다. 한 가지만 들면 예컨대 경상도 방언에서 '양말(洋襪)'을 '양발'이라고 하는데, 이 역시 한자어 '양말'에 대한 어원 의식의 희박해지면서 나타난 현상이다.

국해

- 표준어 : 진흙
- 품　사 : 명사
- 뜻풀이 : 빛깔이 붉고 차진 흙. 질척질척하게 짓이겨진 흙.
- 다른 방언형 : 구개흑, 구깨, 구에, 구캐, 국개흘
- 사용 지역 : 경상도

눈을 닥그면 닥글수록, 질퍽거리는 **국해**, 우물거리는 구덕이, 벅식거리는 벌레를 볼 쑨이엇다. 〈현진건, 지새는 안개, 1923, 59〉

'국해'는 '진흙'에 대응되는 경상도 방언형으로 이와 유사한 형태인 '구개흑, 구깨, 구에, 구캐, 국개흘' 등이 함께 사용되고 있다. 이 외에도 '지덕' 계열의 형태도 많이 나타나고 있는데, '지덕, 지더구흘, 지덕흘, 지덕흙, 질흘, 질흙' 등이 있으며, 어두경음화된 '찌득, 찌돌, 쪼대흘, 쪼대홀' 등이 사용되며 특이한 형인 '해치'도 함께 사용되고 있다.

궁글다

- 표준어 : 뒹굴다
- 품   사 : 동사
- 뜻풀이 : 누워서 이리저리 구르다. 하는 일 없이 빈둥빈둥 놀다. 여기저기 어지럽게 널려 구르다. 물건 따위가 어디에 함부로 버려지다.
- 다른 방언형 : 궁그리다, 궁글리다, 궁글궁글하다
- 사용 지역 : 경상도

> 아직도 입울 속에서 몸을 **궁그리며** 〈현진건, 荒原行, 1929, 81〉
>
> 스스로 입울 속에서 **궁글궁글하다가** 〈현진건, 荒原行, 1929, 3〉
>
> 무엇을 밋고 니저볼쏘 쌍바닥에 뒤**궁글다** 죽고나 말것인가 〈이기철 편, 이상화 전집, 지구흑점의 노래, 1982, 188〉
>
> 아, 행여나, 누가 볼는지-가슴이쒸누나, 나의아씨여, 너를부른다 / 마돈나 밤이주는사쑴, 우리가얽는쑴, 사람이 안고 **궁그는** 목숨의쑴이 다르지안흐니 / 〈이기철 편, 이상화전집, 나의 침실로, 1982, 84〉

　경상도 방언의 '궁글다'는 표준어의 '뒹굴다'에 대응되는 의미이다. 표준국어대사전에 표준어로 수록된 '궁글다'가 있지만, 이 '궁글다'와 경상도 방언의 '궁글다'는 형태만 같을 뿐 의미는 다르다.

　표준국어대사전에 수록된 '궁글다'는 '①착 달라붙어 있어야 할 물건이 들떠서 속이 비다. ②단단한 물체 속의 한 부분이 텅 비다. ③소리가 웅숭깊다. ④내용이 부실하고 변변치 아니하다.'의 의미를 가진 형용사이다. 하지만 경상도 방언의 '궁글다'는 우선 형용사가 아니라 동사이며, 그 뜻도 '뒹굴다'에 해당한다. '궁글다'와 비슷한 뜻으로 '둥굴다'도 사용된다. 참고로 함경도 방언에서는 '궁글다'가 '구불다'와 비슷한 뜻으로 사용된다.

귀에하다

- 표준어 : 귀여워하다
- 품　사 : 동사
- 뜻풀이 : ① 귀엽게 여기다.
　　　　　② 귀하게 생각하다.
- 다른 방언형 : 귀애하다, 귀타
- 사용 지역 : 경상도

"이거 참말로 사람 웃기네. 할애비 손자 **귀에하다** 보믄 쌤지 다 쥐뜯긴다 카디 이기 바로 그 꼴 아이가? 세대교체, 세대교체 캐샀디, 우예 삼빡한 맛은 몬 비주고 늙다리들 더러븐 술수부터 먼저 쓰노? 〈이문열, 오디세이아 서울, 1993, 1, 217〉

　경상도 방언에는 사용되는 '귀에하다, 귀애하다'는 크게 두 가지 의미를 갖고 있다. '대상을 귀여워하다'와 '귀하게 생각하다'인데, 두 의미가 차이가 있지만 실제로는 잘 구분되지 않고 통합된 의미로 쓰인다. '귀에하다'는 주로 '자손(자녀, 손자)'들을 대상으로 많이 사용된다.
　'귀타'는 '귀하다'에서 동일모음 / ㅏ / 가 탈락하고 / ㅎ / 과 / ㄷ / 이 유기음화된 형태이다. 경상도에서는 할머니들이 자신의 손자들을 보고 "아이고, 귀타"라는 말을 많이 하는데, 이때는 "참 귀하다"라는 의미로 손자를 사랑하는 마음을 엿볼 수 있는 표현이다.

금구

- 표준어 : 거미줄
- 품　사 : 명사
- 뜻풀이 : 거미가 뽑아낸 줄. 또는 그 줄로 된 그물.
- 사용 지역 : 경상도

쌀 한 되에 오백원이 문교. 작년 봄 되련(도련님) 장개 보낼 때 삼백 원 했는데 그새 그래 올랐으이 보리쌀 두 말에 쌀 한되 끼아 사묵는 우리사 입에 **금구**(거미줄) 치기 꼭 알맞소 〈김원일, 불의 제전, 1, 12〉

"지가 누버 지낼 팔자가 됩니껴. 우야든동 꿈쩍거려야 입에 **금구**라도 안 치지예." 아치골댁이 용태를 보고 말한다. "용태야, 필이하고 어서 밥 묵거라." 〈김원일, 불의 제전, 2, 93〉

'금구'는 '거미줄'의 경상도 방언이다. '금구'의 형태에 대해서는 현재 알 길이 없다. '거미'의 경상도 방언이 '거무'이고, 그래서 '거미줄'은 '거무줄'이라고 한다. 경상도 방언에서도 '거무줄'을 많이 사용하며, '금구'도 일부 쓰인다.

기덜이

- 표준어 : 구더기
- 품 사 : 명사
- 뜻풀이 : 파리의 애벌레. 차차 자라 꼬리가 생기고 번데기가 되었다가 파리가 된다.
- 다른 방언형 : 구데기, 구:디:, 구더리, 구:디~이:, 구더러기, 구더레기, 굼티기, 기더기, 기더리기, 기더러이, 기저리, 기도리, 포리굼빙이
- 사용 지역 : 경상도

> 기집년이 거름을 내믄 극서도 숭이되나 숭볼라 카문 보라 캐라. 어느 년놈이 니 거 소배애지만한 창자를 채워주지는 않을긴께. **기덜이** 무서바서 장 못 담근다는 소리도 아직 들어보지 못했고 〈박경리, 토지, 2, 197〉

'기덜이'는 표준어 '구더기'의 경상도 방언이다. 국어사자료에서 구더기의 어형을 살펴보면 15세기에는 〈선종영가집언해〉에 '구더기'가 유일하게 나타나고, 16세기 초에 '귀더기'형이 나온다. 그러나 이들 두 어형의 출현 시기에 차이를 보이기는 하지만 공시적으로 동시대에 공존했을 가능성이 크다. 이들 두 어형 외에 '귀덜이' 형태도 중세국어에서 그 용례가 보인다.

이들 세 유형은 방언형으로 그대로 남아 있는데, 현재 경상도 지역 방언에서는 '구더기'와 '귀더기' 어형이 함께 보인다. 대체로 '구더기'의 어형은 남부방언에서, '귀더기'의 어형은 중부방언에서 나타난다. 또한 경남 지역에서는 '기더리, 구더리, 귀더리' 등의 어형이 보인다. 특히 '귀더리'는 경상도 지역 외에 전라도 지역에 전반으로 나타난다.

'구더기'의 방언 이형태를 통해 보면, '구더기'에서 / ㅣ / 모음역행동

화가 적용된 '구데기', '귀데기'가 있고, 여기에 경상도 방언의 특징적인 음운 현상의 하나인 /ㅔ/>/ㅣ/가 적용된 '구디기'가 있다. 또한 '구더기'에서 '기'가 '리'로 교체된 '구더리', '귀더리', '기더리' 등의 어형도 나타난다.

기릅다

- 표준어 : 대응 표준어 없음
- 품   사 : 형용사
- 뜻풀이 : ① 필요한 양이나 정도에 미치지 못하다.
            ② 필요할 때 없거나 모자라서 안타깝고 만족스럽지 못하다.
- 다른 방언형 : 기럽다
- 사용 지역 : 경상도

아아덜이 땅콩 캐 주이 좋거든? 옛날에는 뭐 땅콩 겉은 거 귀하다 말이래, 요새도 **기릅은데**. 땅콩 먹었지, 저녁도 먹었지. 기분이 좋아 가주고 궁디를 툭툭 두디래. 〈김점호, 베도 숱한 베 짜고, 1992, 60〉

"누가 나하고 동사하자 카나. 내가 멋이 답답하고 **기러바서**, 나는 아무 서럴 것도 없고 어매 사랑 님으 사랑 잃어부린 너와 애기씨가 업고 업히고 해서 이별 노래 하는 것을 듣고 있으니께 가린키는 하다마는 우짠지 우습기도 하고, 삼월아? 니 마음 내가 아니라." 〈박경리, 토지, 1, 54〉

"사램이 **기러바서** 나왔더마는, 논갈이 가나." 〈박경리, 토지, 1, 115〉

쫓아와서 간난할멈의 지팡이를 받아들고 그를 부축하여 마루까지 데리고 가서 앉힌다. "휴유우잇, 사램이 **기러바서** 나와봤더마는 숨이 차고 어지럽고……" 〈박경리, 토지, 1, 116〉

"방정맞기도 하지, 쇠돌이가 무심결에 개기를 권했다 안 카나, 어릴 적에 밤도 줏어다디리고 했이니 지도 무심히야 했겄지. 서방님이사 머가 **기러바서** 개기를 드싰겄노? 쇠돌이가" 〈박경리, 토지, 1, 205〉

"성님 그 말 마소. 배부른 사람하고 배고픈 사람하고 같것소? **기러블 것 없**는 성님이 할말 아니구마." 〈박경리, 토지, 2, 189〉

"아 말도 안 되는 소리. 나중에 가지가소. 아아들이나 안 끓이주고. 개기가 **기러분** 집이오 ?" 마루끝에 고기뭉치를 놔두고 석이네는 방으로 들어간다. 〈박경리, 토지, 5, 158〉

"아이구 참, 세상에 그런 모함이 어디 있소? 너무 반가바서 밤에 잠도 안 오는 사람보고, 봉순이 밥이 **기러바서** 우리 찾아왔겠소? 옷이 **기러바서** 우리를 찾아왔겠소? 가다오다 이녁도 노망든 소리 잘하더라." 〈박경리, 토지, 5, 391〉

그만 조선에 나와서 편히 살 긴데 머가 **기러바서** 그 고생을 하노, 〈박경리, 토지, 8, 432〉

별 걱정을 다 하구마. 너 나 할 것 없이 산의 인심은 그렇지 않은께 미안해 할 것 없소. 사램이 **기러븐** 곳인께. 〈박경리, 토지, 9, 124〉

"우리 언니는 참 팔자도 좋지. 윤선 타고 서울 부산으로 공부하러 다니고 무엇이 **기럽겠노**. 우리사 남의 집살이하는 신세 어디 평생 항구 밖에 한번 나가 부겠나. ……" 〈박경리, 파시, 1998, 155〉

'기릅다'는 표준어 '부족하다', '아쉽다' 정도의 의미를 가진 경상도 방언이다. 표준어에는 한자어 '不足하다'에 대응하는 고유어가 없는데, 경상도 방언의 '기릅다'는 정확히 한자어 '不足하다'가 쓰이는 문맥에 대체가 가능한 고유어이다. '기릅다'와 비슷한 의미로 표준어 '모자라다'가 있긴 하지만, '기릅다'와는 그 의미나 뉘앙스에 차이가 있다. '묵을 게 기르바서(먹을 것이 부족해서)', '농번기라 손이 기릅다(농번기라 손이 모자라다)', '여는 물이 기르븐 데다(여기는 물이 부족한 데이다)' 등에서 보듯이 '기릅다'는 객관적으로 어떠한 기준에 미치지 못할 때보다는 주관적으로 무엇인가를 원하는데 그것이 원하는 만큼 미치지 못할 때 사용된다. 그렇기 때문에 '100원에 10원이 모자란다'는 되지만, '*100원에 10원이 기릅다'는 불가능하다.

또한 '기릅다'는 '요새는 10원이 기르븐 기라(요새는 10원이 아쉽다)', '너무 바빠서 1분 1초가 기릅다'에서 보듯이 '필요할 때 없거나 모자라서 안타깝고 만족스럽지 못하다'라는 뜻으로 쓰이기도 한다. 이때의 '기릅다'는 표준어 '아쉽다'에 대응된다.

기심

- 표준어 : 김
- 품   사 : 명사
- 뜻풀이 : 논밭에 난 잡풀.
- 다른 방언형 : 기슴, 지심, 지슴
- 사용 지역 : 경상도

들에 나가섰다꼬 저절로 논이 갈랬고(갈리고) **기심**(김)이 매에(매어)지나? 〈이문열, 변경, 1992, 4, 67〉

장죽 물고 뒷짐지고 구경만 하던 농사, 세월만 바뀐다고 저절로 지에지나? 들에 나가섰다꼬 저절로 논이 갈랬고 **기심**이 매에지나? 생각하믄 오늘 시방까지 그눔의 땅만 믿고 대가리 처박고 촌구석에서 썩은 우리 매이만 숙맥이제 〈이문열, 변경, 1996, 4, 67〉

‘기심’은 ‘김’의 경상도 방언이다. ‘김’의 중세국어 어형은 ‘기슴’이다(기슴 미다가(김 매다가)〈속삼강행실도, 1514, 孝:15〉). 중세국어의 반치음(/△/)은 경상도 방언에서 /ㅅ/으로 계승되는데(/△/〉/ㅅ/), 이러한 변화에 의해 ‘기슴’이 되고, 다시 /ㅅ, ㅆ, ㅈ, ㅊ, ㅉ/ 아래의 /ㅡ/가 /ㅣ/로 되는 변화에 의해 ‘기심’이 되었다(기슴〉기슴〉기심). 반면 표준어에서 중세국어 반치음은 ø로 변화하여 ‘기슴〉기음〉김’이 되었다. ‘기심’은 다시 경상도 방언에서 활발하게 일어나는 /ㄱ/ 구개음화의 적용을 받아(길〉질, 길다〉질다, 기름〉지름 등) ‘지심, 지슴’으로도 나타난다.

기찹다

- 표준어 : 가난하다
- 품　사 : 형용사
- 뜻풀이 : 살림살이가 넉넉하지 못하다.
- 다른 방언형 : 구차하다, 구찮다, 에럽다, 궁색하다, 옹색하다, 골란타
- 사용 지역 : 경상도

이 동네는 그래도 밥술이나 묵은께 그렇지, **기찹은** 농사지기들 울타리 있이믄 머하노. 시장스럽다. 하기는 짐승들도 묵어야, 그래야 강포수도 살 것 아니가 〈박경리, 토지, 1, 85〉

기차븐 농사꾼이 무신 성시로 또 장가를 들 것이며, 하기사 놓아봐야 아들이 될지 딸이 될지 그러나 놓던 바탕이믄 또 놓을 것인께 〈박경리, 토지, 2002, 3, 138〉

기차븐 농사꾼이 망하믄 얼매나 망하겄소 하믄서, 신발은 발에 맞아야 한다고 하믄서 원망을 했다. 〈박경리, 토지, 2002, 3, 269〉

아무리 배가 고프고 **기차바도** 염치를 채리야만 그기이 사람이제. 있고 없고가 상관없는 기라. 있다고 해서 어디 염치 채리더나? 〈박경리, 토지, 16, 428〉

하긴 그랬을테지… 그리고 나는 상놈일 뿐만 아니라 집안이 **기찹은데** 가서 살 수 있겠소? 〈박경리, 토지, 8, 93〉

집안의 근본 같은 거사 이제 와 말하문 머하겠노. 가난이 죄고 가난이 더 럽제. 내가 아는 것은 집이 너무나 **기찹아서** 밥을 굶기를 부자들 밥 묵듯이 했다는 것 그것 뿐이다…. 〈박경리, 토지, 14, 281〉

　'기찹다'는 '가난하다'라는 뜻의 경상도방언이다. '기찹다'는 살림이 가난하다는 의미인 '구차하다'의 의미이며, 형태적으로도 관련이 있는 것으로 보인다. 경상도 방언에서 '국수〉국시, 가루〉가리, 고추〉고치, 부수다〉부시다'처럼 'ㅜ'가 'ㅣ'로 변화하는 예가 많은데, 이로 미루어 '구찹다'라는 어형이 있었고, 이 '구찹다'가 '기찹다'로 변화된 것으로 추정된다.

길겁다

- 표준어 : 즐겁다
- 품 사 : 형용사
- 뜻풀이 : 마음에 거슬림이 없이 흐뭇하고 기쁘다.
- 사용 지역 : 경상도

청춘을일허버린낙엽은, 미친듯, 나붓기어라 / 설업게도, **길겁게**, 조으름오는 寂滅이, 더부렁그리다. // 〈이기철 편, 이상화전집, 가을의 풍경, 1982, 109〉

'길겁다'는 표준어 '즐겁다'의 경상도 방언이다. '길겁다'는 '즐겁다'가 / ㅈ / 아래에서 / ㅡ / 가 / ㅣ / 로 바뀌는 전설모음화로 인해 '질겁다'가 된 후에, 경상도 방언에서 발생하는 / ㄱ / 구개음화의 과도교정으로 인해 '길겁다'로 변화한다. 즉 '질겁다'는 원래 '질겁다'인데, 이것이 '길겁다'에서 / ㄱ / 구개음화된 것으로 잘못 이해하여 '길겁다'로 바꾸게 된 것이다. 이런 유형에 해당하는 또 다른 예로 '김치'가 있는데, '김치'는 원래 '딤치'였다. '딤치'가 / ㄷ / 구개음화되어 '짐치'가 된 것을 원래 '김치'가 / ㄱ / 구개음화되어 '짐치'가 된 것으로 잘못 이해하여 '김치'가 된 것이다.

길욱하다

- 표준어 : 길쭉하다
- 품   사 : 형용사
- 뜻풀이 : (길이가) 좀 길다.
- 다른 방언형 : 길숨하다, 길씀하다, 길다랗다, 길직하다, 질직하다
- 사용 지역 : 경상도

죽음과삶이 숨밧굼질하는 위태로운 쌍덩이에서도 / 엇재 여게만은 눈빠진 금음밤조차 더내려쌀려 / 애닯은 목숨들이 — **길욱하게도** 못살 가엽슨 목숨들이 / 무엇을 보고 엇지살꼬 앙가슴을 쑤다리다 밋처나 보앗든가. 〈이기철 편, 이상화전집, 地球黑點의 노래, 1982, 188〉

잠자듯 고운 눈썹 우에 / 달빛이 나린다 / 눈이쌓인데 / 옛날의 슬픈 / 피가 맺힌다 / 어느 강을 건너서 / 다시 그를 만나랴 / 살 눈썹 **길씀한** / 옛사람을 // 〈박목월, 나그네, 귀밑 사마귀, 1995, 15〉

한자락은 햇빛에 빛난다. 다른 자락은 그늘에 묻힌 채…이 **길씀한** 산자락에 은은한 웃음과 그윽한 눈물을 눈동자에 모으고 아아 당신은 영원한 모성 // 〈박목월, 나그네, 山·소묘1, 1995, 54〉

친정 아배 기억은 없어. 다른 사람이 그러는데 얌전하셨다 그래. 낯이 소 렴 **길숨하고** 나를 좀 닮았다ㅡ나 어릴 적에ㅡ 그래. 〈성춘식, 이부자리 피이 놓고, 1992, 25〉

산호주가 미럭 가튼 몸을 흔들거리는데 그 **질직한** 팔이 구렁이나 무엇가티 구불렁걸자 왼얼굴과 목을 뒤흔들어서 "에라 만수"를 찾고 있다. 〈현진건, 지새는 안개, 1923, 155〉

  '길욱하다'는 '모양이나 형태가 좀 길다'라는 의미를 가지고 있는 경상도 방언형인데 '길욱하다', '길숨하다', '길씀하다', '길다랗다', '질직하다' 등이 함께 사용되고 있다. 이들 어형은 '길다'라는 어형에서 나왔을 것으로 유추할 수 있다. '길직하다'는 표준국어대사전에 수록된 '길찍하다'와 형태가 유사한데 '길다'의 어근 {길-}에 접사 {-직-(〈-죽-)}이 결합한 후 {-하다}가 결합한 것이다({길-}+{-직-}+{-하다}). 접사 {-직-}은 '나직하다, 높직하다, 듬직하다' 등에서 확인할 수 있다. '질직하다'는 '길찍하다'가 /ㄱ/ 구개음화의 과정을 거쳐 발생한 형태이다.

까꾸질랑하다

- 표준어 : 삐딱하다
- 품   사 : 형용사
- 뜻풀이 : (마음 쓰는 것이) 바르지 못하고 엇나가다.
- 다른 방언형 : 꺼그렁하다, 꺼꾸렁하다, 꼬꾸랑하다, 꼬꾸장하다
- 사용 지역 : 경상도

"그 사람이 살았다꼬 선거에 이긴다는 보장이 어데 있노? 자네가 삼천만 앞앞이 댕기며 물어봤나?" "사람이 절타카이, 그저 뭐든지 **까꾸질랑** 해 가주고… 자네는 귀도 없나? 못 살겠다. 갈아보자는 소리 듣지도 못했나? 이승만이가 천년만년 대통령질 해북는 게 옳단 말이가?" 〈이문열, 변경, 1996, 2, 219〉

글체, 나도 니가 글케 속이 **까꾸질랑한** 아아는 아인줄 알았다. 가난 구제는 나라도 몬 한다꼬, 우리따나는 한다꼬 했는기라. 그건 글코-그래 우예 이래 갑작스럽게 떠나게 됐노? 그라고 집으로 간다이 어디 말이고? 〈이문열, 변경, 1996, 4, 141〉

"이걸 달라고 앙탈하드나?" "예." "야는 원래 **꺼꾸렁** 욕심이 많은 애다." "예." "너 정말 안 때렸나?" "처음에는 두 장만 주려고 했는데 꺼꾸렁욕심이 많아서 모두 달라고 했니더" 〈김주영, 고기잡이는 갈대를 꺾지 않는다, 2003, 196-197〉

당신네들처럼 전국의 눈먼 돈은 모조리 갈퀴로 긁어 모을 듯한 가당찮은 **꺼꾸렁욕심** 같은 건 없는 사람이라요." 그런데도 서로 마주 바라보지는 않았다. 〈김주영, 아리랑 난장, 2002, 2〉

야가 머라 카노? 참마로 환갑 진갑 다 지내고 친정으로 쫓개가는 꼴 볼라 카나? 저 영감쟁이 저래도 **꼬꾸장한** 소가지는 안죽 살았데이. 요새는 기운이

떨어져서 옛날처럼 고래 괌을 못 지르이 한분씩 나대보기는 하지마는, 한푼
이라도 니 돈 받았다가는 이 집에 괴변난다, 괴변나. 〈이문열, 변경, 1998, 12,
36-37〉

'까꾸질랑하다'는 '성격이 삐뚤다', '마음 씀씀이가 바르지 못하고 엇
나가다'라는 의미를 갖는 경상도 방언이다. '까꾸질랑하다'는 안으로
휘어들어 곱다는 의미의 '꼬부랑'에서 변화된 형태이다. 이는 '꺼그렁
하다', '꺼꾸렁하다', '꼬꾸랑하다', '꼬꾸장하다' 등 '까꾸질랑하다'는 의
미의 방언 이형태에서 그 형태 변화를 짐작할 수 있다. 또한 '억지스럽
게 생각하다'라는 의미로 '꼬꾸랑하게 생각한다'라는 표현을 한다. '꼬
꾸랑하다'에서 'ㅗ', 'ㅜ' 원순모음의 이화로 인해 선행 'ㅗ'모음이 'ㅏ'로
변화하여 '까꾸랑하다'가 되었으며, 여기에 의미강조를 위해 접사 '-질'
이 첨가된 '까꾸질랑하다'의 형태가 된 것이다.

　현재 '까꾸질랑하다'와 같은 의미로 경남 방언에서 '꺼꾸렁하다'도 쓰
인다. 위의 예문 가운데 '꺼꾸렁욕심(억지에 가까운 지나친 욕심)'은
하나의 단어로 쓰인다.

까끌막지다

- 표준어 : 가파르다
- 품　사 : 형용사
- 뜻풀이 : 산이나 길이 몹시 비탈지다.
- 다른 방언형 : 까꾸막길, 까구막땅, 깔크막
- 사용 지역 : 경상도

살다 보믄 그런 일도 있것지. **까꾸막길**도 오르다 보믄 쉴 곳이 있는 것맨치로. 〈박경리, 토지, 10, 69〉

조선서는 똥장군 지고는 올라갈 수도 없는 **까꾸막** 땅도 얻기가 힘드는데 참 넓구면. 〈박경리, 토지, 9, 223〉

등에 진 / 짐에 눌리다 보면 / **깔크막** 오르기에 / 숨이 가쁜 헐떡임 / 〈김재흔, 부활의 아침, 등짐, 1986, 20〉

‘까끌막지다’는 ‘(경사가) 가파르다’를 나타내는 경상도 방언형이다. ‘까끌막지다’와 관련된 어휘 중에 ‘까꾸막땅, 까꾸막길, 깔크막’ 등의 어휘가 있는데, ‘까꾸막길, 깔크막’은 ‘가파른 길, 경사진 길’을 말하고, 까꾸막땅’은 ‘비탈진 곳의 땅’을 의미하는 합성어이다. 이와 함께 ‘까꾸로, 깍꿀로’는 앞의 어휘와는 조금 다르게 경상도 지역에서 ‘꺼꾸로, 반대로’를 의미하는 부사이다.

깍질

- 표준어 : 껍질
- 품　사 : 명사
- 뜻풀이 : ① 딱딱하지 않은 물체의 겉을 싸고 있는 질긴 물질의 켜.
  　　　　② 껍데기.
- 다른 방언형 : 깍때기, 껍지, 껍질, 껍칠, 겁띠기, 껍띠이, 껍찌, 꺼피, 껍데기
- 사용 지역 : 경상도

> 쫓기는 마음! 지친 몸이길래 / 그리운 지평선을 한숨에 기오르면서 / 시궁
> 치는 열대식물처름 발목을 오여쌋다. // …… // 다삭어빠진 소라 **깍질**에 나는
> 부터왓다 / 머— ㄴ 항구의 노정에 흘너간 생활을 들여다보며 // 〈심원섭, 이육
> 사전집, 노정기, 1986, 30〉

　'깍질'은 표준어 '껍질'의 경상도 방언형이다. 방언 이형태가 '깍질,
깍때기, 껍지, 껍질, 껍칠, 겁띠기, 껍띠이, 껍찌, 꺼피, 껍데기' 등으
로 다양하게 나타나는데, 이 중 '깍질'은 경북 방언에서 주로 쓰인다.
'깍때기, 겁띠기, 껍띠이, 깍때기'는 '겁질'을 의미하는 '*겂(표피의 뜻)'
에 접사 '-때기'가 결합하여 이루어진 말이다. 참고로 '껍질'의 중세국어
어형은 '겁질'이고, 19세기 문헌에는 어두경음화된 '껍질'이 나타난다.

깝데기

- 표준어 : 껍데기
- 품   사 : 명사
- 뜻풀이 : ① 달걀이나 조개 따위의 겉을 싸고 있는 단단한 물질.
          ② 알맹이를 빼내고 겉에 남은 물건.
          ③ 화투에서, 끗수가 없는 패짝.
- 다른 방언형 : 깝대기, 깝디기, 껍디기, 깝질
- 사용 지역 : 경상도

저승 가는 관문이 삼도천(三途川)이지. 그 강가에 노파가 지키고 있다던가? 강을 건너러 온 명부객(冥府客)들 **깝데기**를 벗겨먹는다는 늙은 아귀가 아마 저런 꼴은 아닌지 모르겠네. 〈박경리, 토지, 2002, 7, 61〉

"아편을 못 찌르믄 막 미칩니더. **깝대기**까지 벳길라고 안합니꺼. 뭐, 같아 입을 옷이나 있는 줄 압니꺼?" 〈박경리, 김약국의 딸들, 1993, 261〉

'깝데기'는 표준어 '껍데기'에 대응되는 경상도 방언인데, '깝데기' 외에 '깝디기, 껍디기' 등도 함께 나타난다. '껍데기'와 비슷한 말로 '껍질'이 있고, '껍질'과 의미는 같지만 음상이 다른 말로 '깝질'이 있다. 그리고 '껍질'의 중세국어 어형은 '겁질'이다. 이로 미루어 '겁'과 '갑'은 의미는 같지만 형태가 다른 쌍형어였던 것으로 보인다. 경상도 방언의 '깝데기'는 어근 '갑'에 접미사 '-덕'이 결합한 '갑덕'에 다시 접미사 '-이'가 결합하여 '갑덕이'가 되고, 여기에 어두경음화 및 /ㅣ/ 모음 역행동화를 겪은 것이다({갑}+{덕}+{이}〉갑데기〉깝데기).

깝치다

- 표준어 : 재촉하다
- 품   사 : 형용사
- 뜻풀이 : ① 어떤 일을 빨리 하라고 조르다.
            ② 신이 나서 방정맞게 잇달아 마구 까불거리다.
- 다른 방언형 : 깝채다, 갑친다
- 사용 지역 : 경상도

혈마 오늘 내로 어쩌랴 십헛다. 무슨 일이 잇드래도 재일 재이의 행운을 깝친 것보담도 오히려 쏩절이 만흔 이 행운을 노칠 수 업다 하얏다. 〈현진건, 운수 좋은 날, 141〉

나비 제비야 깝치지마라 / 맨드램이 들마꽃에도 인사를해야지 / 아주까리 기름을 바른 이가 지심 매든 그들이라 다 보고십다. // 〈이기철 편, 이상화전집, 빼앗긴들에도, 봄은오는가, 1982, 176〉

성미가 급하지 않은 분이 왜 이리 깝치시오? 하여간 소승이 잘 못 안 것은 아니겠지요. 〈박경리, 토지, 6, 130〉

"윤도집께서 자꾸만 깝치는 바람에 생각이 무산하였소. 어어 그러면 우선 잡동사니다 한 것부터 얘길 해야겠소." 〈박경리, 토지, 6, 134〉

성미가 급했던 그 양반댁 도령이 자기 변명이나 억울한 호소 따위를 허용치 않았으며 무슨 대답이든 빠르게 간단하게 할 것을 깝쳐댔기 때문에 생긴 버릇이나 아니었던지. 〈박경리, 토지, 7, 87〉

찬이 없어 어쩌꼬? 머 좀 맨들어볼라 캐도 저눔의 늙은네, 발등에 불 떨어

진 거 맨크로 **깝채**싸니께. 요기 삼아 한술만 뜨라. 〈박경리, 토지, 9, 45〉

"그라면 ···· 옳지 ! 여치가 있을 긴디 가보더라고." 주갑은 별나게 **갑친**
다. 〈박경리, 토지, 4, 335〉

〈현진건의 20세기 전반기 단편소설 어휘조사〉에서는 '깝치다'를 '얼
다'의 의미에 가깝다고 밝히고 있으나, '깝치다'는 대구방언에서 '재촉
(催促)하다'라는 의미로 사용되고 있는 방언형이다. 이와 함께 동음이
의어로서 방언형 '깝치다'는 '손목이나 발목을 접질리다.'라는 의미로도
사용된다(예: 다리를 깝치가 걷지를 못한다.(다리를 접질러 걷지를 못
한다.)

깨금발

- 표준어 : 까치발, 앙감질
- 품　사 : 명사
- 뜻풀이 : ① 발뒤꿈치를 든 발.
  　　　　② 앙감질하기 전에 한 발은 들고 한 발로만 서 있는 것.
  　　　　③ 한 발은 들고 한 발로 뛰는 것.
- 다른 방언형 : 깨금
- 사용 지역 : 경상도

'깨금발'은 발뒤꿈치를 든 발을 말하기도 하지만 경상도 방언에서는 '앙감질하기 위해 한 발은 들고 한 발로만 서 있는 것'을 말한다. 즉 깨금발로 뛰는 것은 '깨금발띠기'라고 한다. 경남 지역에서는 '앙감질'을 '깨금발'이라고도 한다.

'깨금발'의 방언 이형태로는 '깨금발', '깨금질', '깨금띠기' 등이 있는데, '깨금'에 '발', '질', '뛰기〉띠기' 등이 결합한 것이다. 즉 한 발은 들고 한 발로만 서 있는 것을 '깨금' 또는 '깨금발'이라고 한다. '깨금'의 정확한 어원은 알 수 없다. '깨금으로 띠야 된데이(한 발은 들고 한 발

로만 뛰어야 된다.)'처럼 깨금' 단독으로도 '깨금발'의 의미로 쓰이기도
한다.

깨반하다

- 표준어 : 개운하다
- 품　사 : 형용사
- 뜻풀이 : ① 기분이나 몸이 상쾌하고 가볍다.
　　　　　② 음식 따위에서 느끼는 입맛이 산뜻하다.
- 다른 방언형 : 개반하다, 개분하다, 개빈하다, 깨분하다, 깨빈하다.
- 사용 지역 : 경상도

　그렇기 나오이 제법 머엇 겉다. 니 이모가 이 주막을 했일 직에는 임석이 **깨반하고** 오밤중이라도 나그네가 드믄 군담 없이 술상 밥상 다 채리냈고 행신이 조신스러바서 어느 누구도 넘보거나 업신여기지 않았다. 〈박경리, 토지, 8, 290〉

　'개운하다'는 '기분이나 몸이 상쾌하고 가볍거나 음식 맛이 산뜻하다'는 것을 의미하는데, 이것의 경상도 방언은 '개반하다, 개분하다, 개빈하다' 및 어두경음화가 일어난 깨반하다, 깨분하다. 깨빈하다' 등이다. 어두경음화형은 느낌이나 감정을 좀 더 강하게 나타내고자 하는 욕구 때문에 생겨난 이형태로, '작다'를 '짝다', '조금'을 '쪼금'이라고 하는 것과 평행한 현상이다.

꺽다구

- 표준어 : 꺽지
- 품　사 : 명사
- 뜻풀이 : 붕어처럼 생겼으며, 다른 고기를 잡아먹는 육식어류. 아주 맑은 물에만
　　　　산다.
- 다른 방언형 : 꺽두구, 꺽저기, 꺽지, 꺽더구, 꺽띠구
- 사용 지역 : 경상도

> 뺑구리 텡가리 노지름쟁이 수수꿀레미 버들피리 납주레미 눈치 밀피리 **꺽다구** 문디고기- 아동용의 동물 사전쯤으로는 그 표준어 이름을 알기 어려운 그곳의 숱한 물고기들이 어떤 돌틈에 알을 슬고 메를 파는지를 〈이문열, 변경, 1998〉

'꺽다구'는 표준어 '꺽지'의 경상도 방언이다. '꺽다구'의 '-다구'는 '깡다구'의 '-다구'처럼 접미사로 볼 수 있다. '꺽다구'에서 파생된 어형으로 '꺽다구, 꺽띠구, 꺽더구, 꺽두구' 등의 어형이 있다. 또한 '꺽다구'는 꺽지과의 일종인 '꺽저기'에서 그 어형을 찾을 수 있다. '꺽저기'와 '꺽다구'의 어형을 비교했을 때 어느 것에서 어느 쪽으로 파생되었는지는 그 선후관계는 문증되지 않아 알 수 없다. 그러나 음운변화의 과정에서 보면 / ㅣ / 모음 앞의 'ㄷ'이 'ㅈ'으로 변화하는 구개음화에 유추하여 '꺽다구'형에서 '꺽저기'형으로 변화하였다고 볼 수 있다.

위 예문에 나오는 여러 물고기 이름에 대해 보면, '종태기'는 송사리와 비슷하게 생긴 것으로 2급수에서도 산다. '텡가리'는 '텅어리'라고 하며 몸은 붉은색으로 맞으면 매우 아플 정도의 침을 쏜다. '밀피리'는

작은 고기로 피라미와 같은 종류이다. '문디고기'는 맑은 물에 사는 것으로 지금은 찾기가 힘들다. '꾸구리'는 몸통은 둥글고 길이는 짧으나 잎이 크고 날카로워 다른 물고기를 잡아먹는다.

껄덕이다

- 표준어 : 껄떡이다, 치근거리다
- 품   사 : 형용사, 동사
- 뜻풀이 : ① 무엇을 몹시 바라거나 먹고 싶어 하다.
          ② 성가실 정도로 은근히 자꾸 귀찮게 굴다.
- 다른 방언형 : 껄떡이다
- 사용 지역 : 경상도

어여쁜계집의, 씹는말과가티, / 제혼자, 지즐대며, 어둠에쓸는여울은, 다시고요히, / 濃霧에휩사여, 脉풀린내눈에서, 썰덕이다. 〈이기철 편, 이상화전집, 二重의 死亡, 1982, 91〉

病드러힘업시도섯는잔듸풀-나무가지로 / 미풍의 한숨은 가는 목을 메고 **껄떡이여라** 〈이기철 편, 이상화전집, 가을의 風景, 1982, 109〉

국어표준대사전에 수록된 '껄떡'은 두 가지 의미를 가지고 있는데 하나는 형용사 '껄떡하다'의 어근으로 "①눈꺼풀이 힘없이 열려져 있고 눈알이 푹 들어가 있다. ②몹시 얼이 빠져 있다."의미로 사용되고 있고, 또 다른 하나는 "①물 따위의 액체를 기운 없이 조금 크게 삼키는 소리, 또는 그 모양, ②숨이 곧 끊어질 듯 말 듯한 소리, 뻣뻣하고 엷은 물체의 바닥이 뒤집히거나 뒤틀릴 때 나는 소리"로 동사로는 '껄떡거리다, 껄떡대다, 껄떡이다, 껄떡하다' 등이 있다.

경상도 방언의 '껄덕이다, 껄떡이다'는 '무엇을 바라거나 먹고 싶어 하다'라는 형용사로 쓰이면서 또한, 표준어 '치근거리다'에 대응하는 의미로도 사용된다. 예컨대 '내한테 자꾸 껄떡거리지 마라(나에게 자꾸 치근거리지 마라).'가 후자의 의미로 사용된 경우이다.

꼬끄레이

- 표준어 : 대응 표준어 없음
- 품　사 : 명사
- 뜻풀이 : 소죽 끓일 때 가마솥의 여물을 섞는 데 필요한 'ㄱ'모양의 나무로 된 연장.
- 다른 방언형 : 꽁꾸래이
- 사용 지역 : 경상도

물이 끓어서 고방에 가서 여물을 가져와 솥 안에 넣었다. 그리고 **꼬끄레이**로 눌렀다 〈이호철, 공부는 왜 해야 하노〉

'꼬끄레이'는 소죽을 끓일 때 가마솥의 여물을 섞는 데 사용하는 연장으로 'ㄱ'자 모양이다. '꼬끄레이'는 {꼴}＋{끌-}＋{-에}의 결합형이다. 즉 꼴(말이나 소와 같은 집짐승에게 먹이기 위해 벤 풀)을 끌어 뒤섞는 도구로 '-에'는 도구나 연장에 붙는 접사이다. 이 '꼴끌에'에서 ㄹ탈락과 비모음화가 일어나서 '꼬끄레>꼬끄레이~'가 된 것이다.

꼬끌불

- 표준어 : 고콜불
- 품   사 : 명사
- 뜻풀이 : 고콜에 켜는 관솔불로 방안 벽에 솔가지에 불을 붙여 방안을 밝히는 도구.
- 다른 방언형 : 고꿀불, 꽃굴불, 코콜불
- 사용 지역 : 경상도

아이들은 밤이 늦도록 **꼬끌불**을 켜놓고 수수깡으로 풍년낟가리를 만들었다. 오곡을 만들고 소와 개와 닭과 돼지도 만들었다. 쟁기도 만들고 써레도 만들고 길마도 괭이도 만들었다. 〈권정생, 한티재 하늘, 1998, 1, 24〉

"아배요, 이자 집 떠나도 되겠제요?" 말하는 길수 가슴도 짜부러지듯 아팠다. "그래, 넌 애비 말을 잘 듣는 효자고나. 이젠 떠나도 된다." 이날 밤 아버지와 아들은 사랑채 토방에 **꼬끌불**을 밝혀 놓고 '용담유사'의 안심가를 읽었다. 〈권정생, 한티재 하늘, 1998, 1, 16〉

씨아의 잡주지도, 돌것 보탕도, 진개도, 새끼자새도, 왕골 속으로 삼은 부티도, 끌신도, 다올대도, 꼭지새 뿌리를 캐와서 만든 정지 쑤세미도, 노강주나무 닭둥우리도, 옻나무 횃대도, 개집도, 디딜방아의 참나무 공이도, 솔것 공이도, 시렁 밑 횃대도, **꼬끌불**을 밝히기 위해 잘게 잘게 쪼개놓은 광솔 가지도, 구석마다 모퉁이마다 이석이 손길이 안간 데가 없었다. 〈권정생, 한티재 하늘, 1998, 1, 104〉

어쨌든 이순이는 시아배 조석이 고마우면서 한쪽으로는 짐도 외었다. 안방 건너방 모두 **꼬끌불**을 켜고 사는데 혼자 왜기름불을 쓴다는 게 편치 않았다. 〈권정생, 한티재 하늘, 1998, 1, 136〉

너덜너덜 떨어진 문구멍엔 풀을 뜯어 뭉쳐 틀어막았다. 벽에다 **꼬끌불**을 부치니 방안은 호뜻하니 따스웠다 〈권정생, 한티재 하늘, 1998, 2, 65〉

'고콜불'은 고콜에 켜는 관솔불을 말하고, '고콜'은 송진이 많이 엉긴 관솔불을 올려놓기 위하여 벽에 뚫어 놓은 구멍을 말한다. 즉, '고콜불'은 '고콜'과 '불'의 합성어로 '고콜'은 '고ㅎ'＋'굴'에서 '고쿨'로 된 것이다. '고콜'에 대한 방언형은 전국적으로 '고굴', '코굴', '코쿨', '꽃글' 등으로 분포한다.

경상도 방언의 '꼬끌불'은 '고콜'의 방언 이형태 중의 하나인 '꽃글'에 '불'이 결합한 것을 소리나는 대로 적은 것이다.

꼽다시

- 표준어 : 고스란히
- 품　사 : 부사
- 뜻풀이 : 모자라거나 변함이 없이 그대로, 꼼짝 못하고, 영락없이, 곱다랗게 그대
　　　　로 온전하게
- 다른 방언형 : 고스라~이, 고소리니, 고산리니, 솔빠시, 솔빼:기, 소로:시, 소로시,
　　　　　　　꼬다시, 꼽다:시, 꼿따시
- 사용 지역 : 경상도

인자 더 풀어줄 연줄이 없으니까 **꼽다시** 내 연줄의 한 부분을 다른 아이의
연줄이 외골로 파고들 참이었능기라 〈김원일, 연〉

먼젓번에 니가 없었다면 나는 그 시계포 최가놈에게 **꼽다시** 팔푼이 취급을
당할 뻔 했다. 〈김주영, 고기잡는 갈대를 꺾지 않는다, 201〉

인자 구판장 넘굴 날이 며칠 안 남았는데 또 외상 달란 말가? 안그래도 너
그 집에 수금 갈라 카든 참인데 인수인계할 때 외상 다 못 받으믄 내가 **꼽다
시** 무라리해야 된다꼬. 〈이문열, 변경, 1996, 5, 262〉

전쟁만 터졌다카믄 우리는 초다리미에 뽈뚫랬게 돼 있제. 어디 그뿐인가?
거기는 도시하고 달라 법도 없고 재판도 없다. 저그가 급하믄 사람 생으로
땅에 붙어도 **꼽다시** 당할 수밖에 없는 게 그런 산골티기라. 철이 니 내말 알
아듣겠제? 〈이문열, 변경, 1996, 3, 276〉

할머니는 때아닌 겨울옷과 '보꼬보시'라고 불리던 일본식 고깔을 뒤집어
씌우면서 다급하게 말했다. "아이고 우짤꼬? 인자는 **꼽다시** 죽는갑다. 이놈들
이 집에 불을 놓고 우릴 태와 쥑일기다."러더니 한여름에 겨울옷을 입고 고깔
까지 뒤집어써 후덥덥할 뿐만 아니라 몸놀림까지 거북한 그의 손을 세차게

끌고 사립쪽으로 달려 나갔다.

곱다시 앉아 죽을 수밖에 없지 〈박경리, 토지, 3.151〉

"밤에는 잠 안 자고 머했더노." "어짓밤 **곱다시** 뜬눈으로 새었구마." "와?" "서방인가 남방인가 오밤중에 토사곽란을 만내서 주하고 사하고, 꼭 과부 되는 줄 알았더니마는, 그래 할 수 없이 물밥을 해가지고 내가 객구를 물렸지."
〈박경리, 토지, 2002, 3, 86〉

이 모든 살벌한 풍경과는 거리를 두려는 듯 아주까리와 맨드라미 몇 그루, 철롯가 장독대를 **곱다시** 지키고 있지만 그것마저도 볼품없긴 마찬가지다. 꽃을 심어도 일부러 볼썽사나운 것들로만 골라 심은 것 같은 인상을 풍긴다.
〈이현수, 신기생뎐, 2004, 78〉

'꼽다시'는 '그대로 고스란히'의 뜻과 '무던히 곱게'의 의미가 있다. 위 예문에서 "꼽다시 내 연줄의 한 부분을 다른 아이의 연줄이 외골로 파고들 참이었능기라."에서는 '그대로 고스란히'의 의미이며, "철롯가 장독대를 곱다시 지키고 있지만 그것마저도 볼품없긴 마찬가지다."에서는 '무던히 곱게'의 의미로 쓰인 것이다.

이 어형은 형용사 '곱닿-(축나거나 변하지 않고 그대로 온전하다)'에서 파생부사 '-이'가 결합된 어형으로, 여기에 'ㅎ'구개음화와 어두경음화가 일어나 '{곱닿-}+{-이}〉곱다히〉곱다시〉꼽다시'로 변화된 것이다. 지역에 따라 'ㅂ'이 탈락된 '꼬다시'의 형태도 쓰인다.

끄떡하면

- 표준어 : 걸핏하면
- 품　사 : 부사
- 뜻풀이 : 조금이라도 일이 있기만 하면 곧.
- 다른 방언형 : 그떡하면, 퍼뜩하면, 퍼뜩하모, 퍼뜩하머
- 사용 지역 : 경상도

> "가는 **끄떡하면** 낯짝 갈러 댕기더라. 아무리 갈아싸도 원판 불변설이라는 말이 있구마는. 잘못하다 갈아 만든 배 되는 거 아이가." 〈이현수, 신기생뎐, 2005, 32〉

　표준어 '끄떡하다'는 '고개 따위를 아래위로 가볍게 한 번 움직이다'의 의미를 갖고 있는 어휘이다. 경상도 방언에서 표준어 '끄떡하다'의 활용형 가운데 하나인 '끄떡하면'이라는 말이 사용되고 있지만, 이는 표준어 '끄떡하다'의 활용형 '끄떡하면'과는 의미 차이가 있다.

　경상도 방언의 '끄떡하면'은 표준어 '자칫하면'과 '걸핏하면'의 뜻을 아우르는 의미로 사용된다. 표준어 '자칫하면'은 '어쩌다 조금 어긋나면'의 뜻을 가진 '자칫하다'의 활용형이고, '걸핏하면'은 '조금이라도 무슨 일이 있기만 하면 이내, 툭하면'의 의미를 가진 '걸핏하다'의 활용형이다. '끄떡하면'과 같은 뜻으로 '그떡하면, 퍼뜩하면, 퍼뜩하모, 퍼뜩하머'가 사용된다.

끄슬다

- 표준어 : 그을다
- 품 사 : 동사
- 뜻풀이 : 햇볕이나 연기 따위를 오래 쬐어 검게 되다.
- 다른 방언형 : 꺼실다, 끄슬리다, 끄실다, 끄실리다
- 사용 지역 : 경상도, 강원도, 함경도

너그러운 호흡, 가락이 긴 / 삶과 생활, / 흙을 종일, / 흑하고 친하고 / 등어리를 / 햇볕에 **끄실리고** / 말하자면 / 정신의 건강이 필요한. / 唐人里 변두리에 / 터를 마련할까보아 〈박목월, 나그네, 唐人里 근처, 1995, 41〉

춤추어라, 오늘만의 젓가슴에서, / 사람아, 압뒤로 헤매지 말고 / 짓태워버려라 / 쯰슬려버려라 / 오늘의 生命은 오늘의 곶까지만 // 〈이기철 편, 이상화전집, 마음의 꽃, 1982, 98〉

‘끄슬다’는 ‘그을다’의 경상도 방언형으로 ‘끄실다, 끄실고, 끄실어라’로 활용하는 규칙동사이다. ‘그을다’의 중세국어 어형은 ‘쯔스다’인데, 중세국어의 /△/이 경상도 방언에서는 /ㅅ/으로 대응된다. 또한 ‘그을다’에서 파생된 표준어 ‘그으름’의 고어가 ‘그스름’인데, 경상도 방언에서는 ‘끄시름, 끄지름’이다. 이처럼 경상도에서는 중세국어 /△/이 /ㅅ/으로 대응되는 어형들이 많다. ‘야시/여시(여우), 가시개/가새(가위), 저실(겨울), 가실(가을)’ 등이 이에 해당되는 예이다. 경상도 방언에서는 / ㅡ / 와 / ㅓ / 모음이 비변별적인데, 이로 인해 ‘꺼실다’ 형도 같이 사용되고 있다.

끌뜯다

- 표준어 : 쥐어뜯다, 헐뜯다
- 품 사 : 동사
- 뜻풀이 : ① 단단히 쥐고 뜯어내다.
          ② 마음이 답답하거나 괴로울 때에 가슴을 함부로 꼬집거나 잡아당기며
             못살게 굴다.
          ③ 남을 해치려고 헐거나 해쳐서 말하다.
- 다른 방언형 : 꿀듯다
- 사용 지역 : 경상도

아모래도 내하고저움은미친짓뿐이라. / 남의 쑬듯는집을 문훌지 나도모른다 // 사람아 미친내뒤를 짜라만 오느라 / 나는 미친흥에겨워 죽음도뵈줄테다 // 〈이기철 편, 이상화전집, 선구자의 노래, 1982, 160〉

'선구자의 노래'에 나오는 '꿀듯는'는 다양한 의미로 해석되고 있다. 〈문장사〉〈형설사〉에서 간행된 교합본에서는 '꿀듯는'으로 〈문학사상사〉〈정음사〉에서 간행된 교합본에서는 '꿀 듣는'으로 표기하고 있다.

'꿀듯는, 끌뜯는'은 경상도 방언 '끌뜯다'의 활용형인데, '쥐어뜯다' 또는 '남을 좋지 않게 평가하여 말을 하다'라는 의미를 가지고 있다. 이러한 방언적 의미를 고려하지 않고 '쓸듣는'이나 '꿀이 떨어지는'이라는 의미로 '꿀 듣는'으로 교정한 것은 전혀 옳지 않은 오류라고 할 수 있다.

끌테기

- 표준어 : 그루터기
- 품   사 : 명사
- 뜻풀이 : 풀이나 나무, 또는 곡식 따위를 베고 남은 밑동.
- 다른 방언형 : 글테기, 그루테기
- 사용 지역 : 경상도

> "아이따. 암만 캐도 **끌테기**(나무 그루터기)에 찔린 그 발이 걱정이라. 말(가래톳)이 벌겋게 섰다며? 파상풍인동 모르이 미련될 일이 아니라꼬."〈이문열, 변경, 1994, 4, 193〉

'끌테기'는 '그루터기'의 경상도 방언이다. '끌테기'는 '그루'의 축약형 '글'에 접미사 '-터기'가 결합한 파생어이다. '끌테기'는 '그루터기'에서 /ㅣ/ 모음역행동화를 겪어 '그루테기'가 되고, '그루테기'의 '그루'가 축약되어 '글테기'가 되었다. 여기에 어두경음화가 적용되어 '끌테기'가 된 것이다. 그 종류에 따라 '나무 끌테기', '베 끌테기(벼 그루터기)'처럼 쓰인다. 그런데 '그루'가 단독으로 쓰일 때는 '글' 또는 '끌'로 축약되지 않고 '나무 한 그루', '베(벼) 그루'처럼 '그루' 형으로 쓰인다.

끼꿈하다

- 표준어 : 꺼림하다
- 품 사 : 형용사
- 뜻풀이 : 마음에 거리끼어 언짢은 데가 있다.
- 다른 방언형 : 기꿈하다, 깨끄름하다, 깨룸하다, 깨룸허다, 깨림하다, 꺼꾸룸하다, 꺼꾸름하다, 꺼끄름하다, 꺼룸하다, 꾸꾸룬하다, 끼꾸룸하다, 끼룸하다, 끼름하다
- 사용 지역 : 경상도

아무래도 **끼꿈해** 안 되겠다. 아래층에 물이 들었던 방들은 다 구들을 새로 놔야겠다. 겨울이 오문 탄불도 피워야 할 낀데 어디가 우째 됐는지 우째 알겠노? 어차피 도배는 새로 해야할 낀데 싹 고치뿌라. 〈이문열, 변경, 1996, 2, 68〉

"한데 **끼름하니**" "속을 모른께 그렇지." 〈박경리, 토지1, 196〉

'끼꿈하다'는 마음에 거리끼어 언짢은 데가 있다는 의미로 표준어 '꺼림하다'에 대응하는 경상도 방언이다. '끼꿈하다'는 '꺼림하다'에서 '-끄-'가 삽입된 형태 '꺼끄름하다'에서 변화된 것이다. '꺼끄름하다'에서 전설모음화와 원순모음화, 'ㄹ'탈락 등의 음운변화를 거쳐 '끼꿈하다'가 되었다. 즉 '꺼끄름하다〉깨끄름하다〉끼꾸룸하다'로 변화하였다.

'끼꿈하다' 외에 '끼룸하다', '끼름하다', '깨룸하다', '깨룸허다', '깨림하다' 등이 있다. 이 가운데 '끼룸하다', '끼름하다'는 '꺼림하다'에서 첫 음절의 모음 'ㅓ'가 'ㅔ'로 전설모음화 된 후 다시 'ㅣ'로 고모음화 되었으며, 둘째음절의 모음 'ㅣ'가 'ㅜ'나 'ㅡ'로 변화된 것이다.

끼름하다

- 표준어 : 꺼림하다
- 품　사 : 형용사
- 뜻풀이 : 마음에 걸려 언짢은 느낌이 있다.
- 다른 방언형 : 께룸하다, 끼룸하다, 끼꾸름하다, 끼꿈하다, 끼끔하다
- 사용 지역 : 경상도

"한데 **끼름하니**." "속을 모른께 그렇지." "아무리 어진 사램이라도 오만 사램이 다 좋을 수만은 없제. 헌데 그 양반 마을에 내리가시믄 아이도 좋다 어른도 좋다, 농사치기들하고 농주까지 마시니, 머 개멩이 되믄 양반 상놈이 없어진다 하심서 등을 쓸쓸 만져주는 것같이 한다 카는데 보통으로 능수능란한 사램이 아닌가배." 〈박경리, 토지, 1, 196〉

‘마음이 걸려 언짢은 느낌이 있다.’라는 의미의 ‘꺼림하다’에 대응되는 경상도 방언형에는 ‘께룸하다, 끼룸하다, 끼름하다, 끼꾸름하다, 끼꿈하다, 끼끔하다’ 등 ‘끼꿈-’ 형과 ‘끼름-’, ‘께룸-’ 형으로 나뉜다. ‘께룸하다’는 ‘꺼림하다’에서 뒤의 /ㅣ/ 모음의 영향으로 ‘께-’의 형태가 나타났다. 이 외에도 ‘끼룸하다, 끼름하다, 끼꾸름하다’처럼 둘째 음절의 모음이 ‘ㅜ’나 ‘ㅡ’로 변화된 어형들이 쓰인다.

나락

- 표준어 : 벼
- 품　사 : 명사
- 뜻풀이 : ① 볏과의 한해살이풀. 줄기는 높이가 1~1.5 미터이고 속이 비었으며, 마디가 있다.
　　　　　② ①의 열매.
- 다른 방언형 : 나락씨, 나락가래, 씨나락
- 사용 지역 : 강원, 경남, 전라, 충청

"이 늠의 날이 어째 이래 가무노? 이래다가 천봉답 **나락**은 다 먹었다." 그런 그의 표정은 말같이 걱정스러워 뵈지는 않았다. 알뜰살뜰 일해 모아 물 걱정 없는 상답만도 열마지기 가가운 그라 그럴만도 했다. 〈이문열, 변경, 1998, 7, 36〉

"무신 장마도깨비 **씨나락** 까먹는 소리고? 카수가 노래만 잘 부르믄 되지 몸매는 왜 찾고 얼굴은 왜 찾노? 어디 몸 팔아묵을 일이 있나? 여러 소리 말고 한 곡조 쫘악 뽑아보라꼬." 〈이문열, 오디세이아 서울, 1993, 7, 172〉

"성숙한 시민의식이라이 무슨 장마도깨비 **씨나락** 까묵는 소리고? 고마 치우소. 가마이 보이 누가 대통령 되든동 포리 X대가리만큼도 덕 볼 기 없는 사람들 같구마는." 〈이문열, 오디세이아 서울, 1993, 1, 220〉

‘나락’은 ‘벼’의 방언형으로 ‘강원, 경남, 충청, 전라’ 등 넓은 지역에서 사용되고 있다. ‘나락’ 외에 경상도에서 사용되고 있는 ‘벼’의 방언형에는 ‘베, 비’가 있다. ‘베’, ‘비’는 경상도 방언의 특징적인 음운 현상이 / ㅕ / > / ㅔ / , / ㅔ / > / ㅣ / 가 적용된 것으로, ‘벼’에서 / ㅕ / > / ㅔ / 변화를 겪은 것이 ‘베’이고, ‘베’에 다시 / ㅔ / > / ㅣ / 변화를 겪은 것이 '비'이다. '나락'의 합성어도 많이 사용되고 있는데, '나락가래'는 '낟가리'를, '나락끌기, 나락끌띠기'는 '벼의 그루터기'를, '나락삐까리, 나락벼까리'는 '볏가리'를, '나락씨', '씨나락'은 '볍씨'를 뜻하는 말이다.

나배다

- 표준어 : 되뇌다
- 품 사 : 동사
- 뜻풀이 : 같은 말을 되풀이하여 말하다.
- 다른 방언형 : 나베다, 나뵈다
- 사용 지역 : 경상도

"뻔한 이야그를 뭣 땀시 **나배쌌는가** 모리겄네요잉." 지삼만은 여전히 가만 있지는 않았다. 〈박경리, 토지, 7, 265〉

지목했으나 주변에서 건드리지 말라고 말리는 바람에 분풀이를 못하고 있다가 이런 기회다 싶었던지 으름장을 놓은 것인데, 당자인 우가는 입가에 냉소만 머금고 있었다. "허허어, 그게 언제 일인데 **나배샀는고**, 주먹 쥐고 바우 치니께 내손만 아프더란다. 그만 하게." 〈박경리, 토지, 8, 61〉

범속인지 굴속인지 팔자가 사나울 것은 까막눈 졸때기, 살강 밑을 드나드는 생쥐도 알 만한 일, 유식한 문자 써가믄서 말할 것도 없는 기라. 가아들 앞날이 고생바가지라는 거는 태어날 적부터 점지된 거를 새삼스럽게 **나베어** 살 것 머 있소? 오장 뒤집히서 술맛 떨어지게시리. 〈박경리, 토지, 13, 151〉

아마 그래서 법으로 만난 여자가 아니라는 말을 사람들은 **나뵈는지** 모르겄소만 하여간에 겨우 비바람을 면할 정도의 남의 집을 얻어서 초죽음이 된 모친을 뵈셨지요. 〈박경리, 토지, 10, 51〉

'되뇌다'에 대응되는 경상도 방언 어휘에는 '나배다, 나베다, 나뵈다' 등이 있다. 경상도 방언의 대표적인 특징 중의 하나인 / ㅔ / 와 / ㅐ /

모음이 비변별적임에 따라 '나베다, 나배다'가 함께 사용되고 있다. '되뇌다'는 {되-} + {뇌-}의 합성어 구조인데, 방언형 '나배-' 형이 어떻게 생겨났는지는 추정하기 어렵다.

나부당거리다

- 표준어 : 버르적거리다
- 품　사 : 동사
- 뜻풀이 : 고통스러운 일이나 어려운 고비에서 벗어나려고 팔다리를 내저으며 큰
　　　　몸을 자꾸 움직이다.
- 다른 방언형 : 나불당거리다, 나부당대다
- 사용 지역 : 경상도

'나부당거리다'는 표준어 '버르적거리다'에 대응되는 경상도 방언이다. '나불당거리다'라고도 하는데, '나불당거리다'의 존재로 미루어 원래는 '나불당거리다'이고 '나불당거리다'에서 / ㄹ / 이 탈락한 형이 '나부당거리다'인 것으로 추정된다. 표준어 '비르적거리다'와는 형태상으로 아무런 관련성이 없기 때문에, 경상도 방언에서 독자적으로 형성된 단어로 보인다.

나우리치다

- 표준어 : 잔 파도가 일다
- 품　사 : 동사
- 뜻풀이 : 잔잔한 파도가 일다, 물결이 일다
- 사용 지역 : 경상도

촛불처럼 타오른 가슴속 思念은 / 진정 누구를 애끼시는 贖罪라오 / 발아래
가드기 황혼이 **나우리치오** // 〈심원섭, 이육사전집, 娥眉, 1986, 47〉

위의 예는 〈문장〉지에 실린 이육사의 '아미'라는 작품의 일부이다.
'나우리치오'에 대해 심원섭(1998:338)은 기본형을 '나우리치다'로 보
고 '나우리'는 '잔 파도'의 의미를 지닌 낱말로 처리하고 있다. 그리고
아직도 경상도 해안지방에서는 '나뵤리'라는 발음이 잔존해 있으며,
'나우리치다'는 '잔 파도가 일다'라는 뜻으로 풀이하는 것이 타당하다고
밝히고 있다. 그러나 이와 함께 원래 '나뵤리 〉 나우리'는 〈한국방언자
료집 7〉에 '노을 / 아침노을'항에 보면 '노을, 노울, 놀, 놀이, 나올이,
나울이, 잰노리, 뿔새, 나구리, 나부리' 등의 방언형이 실려 있다. 경
북 내에서도 경주지역에서는 '붉새'형이, 상주·안동지역에서는 '나구
리', '나부리'형으로 실현된다. 특히 안동지역에서는 '나우리', '노올'고
같은 어형이 실현된다. 그러니까 '나우리치다'를 아무런 근거 없이 '잔
파도가 치다'로 해석하는 위험하다. 아마 '저녁 황혼 노을이 퍼져 가는
모습을 파도에 비유하여', '나우리치다'로 노래한 것으로 이해해야 할
것이다.

나울

- 표준어 : 파도, 너울
- 품 사 : 명사
- 뜻풀이 : 바다에 이는 물결. 특별히 크고 사나운 물결을 이른다.
- 사용 지역 : 경상도

"뱃멀미 했나?" "많이, 무척 했어요." "음, 오늘도 **나울**이 좀 있겠는걸. 그러나 가덕 앞바다만 지나놓고 보면 섬 사이로 가니께 웬만한 나울은 잔다. 선표나 쉬이 살나는지 모르겠다." 〈박경리, 파시, 1998, 10〉

남방산 뒤켠에서 부웅 ─ 뱃고동 소리가 들려온다. 거실거실 바람이 불고 있었다. 공지섬에 부딪는 흰 **나울**「波濤」을 어둠 속에서도 볼 수 있었다. 〈박경리, 김약국의 딸들, 1993, 79〉

찝찔한 갯바람이 휘모는 것 같다. "오늘은 한 **나울** 하겠지?" 조만섭 씨는 담배를 붙여물고 밖을 내다보며 중얼거렸다. "응, 간밤에 바람이 불더니 온통 바다를 뒤집어놔서 어장애비들 속이 타겠다." 〈박경리, 파시, 1998, 17〉

하늘을 힐끗 쳐다본다. 그름 흘러가는 곳이 심상치가 않다. '제발 초례가 끝날 때꺼지……' 배가 **나울**을 타기 시작한다. 석이 얼굴빛도 흐려진다. 용이는 뱃바닥만 내려다보고 앉아 있었다. 바람은 점점 거세지고 물결은 드세어간다. 〈박경리, 토지, 1994, 8, 87〉

박노인은 보라기 전에 벌써 짐작이 갔다. 아무래도 징조였다. 파도 아닌 크고 느린 **나울**이 왔다. 그럴 때마다 매운 갯냄새가 풍겼다. 〈오영수, 갯마을, 1953, 119〉

　'나울'은 '너울'의 경상도 방언이다. 경상도에서도 특히 경상남도에서 주로 쓰이는 방언이다. '너울'은 파도 가운데서도 큰 파도를 이르는데, '나울' 역시 거센 파도를 이르며 잔잔하게 이는 파도를 '나울'이라고는 잘 하지 않는다. 경상북도 방언에도 같은 형태의 '나울'이 있긴 하지만, 그 의미는 경상남도 방언의 '나울'과 다르다. 경상북도 예천, 영주, 안동, 영양 등지에서 '나울'이 쓰이는데, 이때의 '나울'은 '노을'의 의미이다. 표준어 '너울'과의 관계를 고려할 때 기원적으로 이 형태는 아래아(/ㆍ/)를 가진 'ᄂᆞ울'이었을 것으로 추정되나, 문헌자료에서 문증되지는 않는다.

나이

- 표준어 : 냉이
- 품　사 : 명사
- 뜻풀이 : 초봄에 하얀 꽃이 줄기 끝에 피고 열매는 삼각형으로 어린 잎과 뿌리는
  국거리로 쓴다.
- 다른 방언형 : 나시, 나생이, 나생기, 난생이
- 사용 지역 : 경상도

찰밥 한 솥 하고 나물은 **나이** 뜯어서 그거 먹으믄 버짐 안 난다고 무치고.
콩나물 콩을 섣달 보름 적부터 두되쯤 놔서 설에도 씨고 보름에도 씨지. 〈성춘
식, 이부자리 피이 놓고, 1992, 88〉

  드로미 **나시** ᄀ도다 〈두초8-18〉

나생이 하얀 꽃 꽃니파리 훑어선 / ……정자 / 마파람 은빛 바람에 날리옵
네 / 〈유정, 사랑과 미움의 시, 가는봄, 1957, 73〉

  진흙덩이 뚫고 나온 **난생이** 잎입니다. / 갈증에 목이 몰아 시들어 버리기
전에 / 목숨의 계류를 끼고 살게 하여 주세요 / 〈조오현, 심우도, 염원, 1978, 38〉

‘냉이’의 경상도 방언형에는 ‘나이, 나시, 나생이, 나생기’ 등이 있다.
고어는 ‘나싀’이고, ‘나싀’에서 /△/이 탈락한 어형이 ‘나이’이다. 경상
도 방언은 중세국어 /△/이 /ㅅ/으로 대응되는 어휘가 많은데, ‘나시,
나생이, 나생기’ 역시 이를 보여주는 예이다. ‘냉이(nɛŋi)’는 ‘na-i’의
준말 ‘(내)nɛ’에 ‘-ɛŋi’접미사를 붙인 것이다({내＜나이＜나싀(薺)} ＋
{-앙이(접미사)}. 방언형 ‘나생이’는 {나시} ＋ {-앙이(접미사)}에서 /

ㅣ/ 모음역행동화 및 모음축약에 의해 '나생이'가 되었다. 경상도 방언에는 중세국어의 /△/이 /ㅅ/으로 대응되는 어휘가 많은데, '야시/여시(여우), 가시개/가새(가위), 저실(겨울), 가실(가을)' 등이 이에 해당되는 예이다.

난길

- 표준어 : 대응 표준어 없음
- 품 사 : 명사
- 뜻풀이 : 바람이 나서 집을 나감.
- 다른 방언형 : 난질
- 사용 지역 : 경상도

어린 사슴이 **난길**로 벗어나 / 저문 산을 / 바라듯 // 또한 성근 풀잎새에 / 잠자리를 마련하듯. / 〈박목월, 나그네, 아가, 1995, 109〉

박목월의 시 '아가'에 나오는 '난길'이라는 시어를 '어려운 길({난(難)} + {길})' 또는, '길이 나 있는({나} + {-ㄴ} + {길})'의 뜻으로 해석하기가 쉬운데 그렇지 않다. 경상도 방언에서 '바람이 나서 집 밖으로 나가다'라는 뜻으로 '난질간다' 또는 '화냥질가다'는 표현이 있는데, 이는 표준국어대사전의 '난질'인 '① 여자가 정을 통한 남자와 도망하는 짓. ② 술과 색에 빠져 방탕하게 놀아나는 짓'이라는 의미와 통한다. 이 '난질가다'의 '난질'이 역구개음화 과정을 거쳐 '난길'로 되었다고 볼 수 있다.

날가지

- 표준어 : 날개
- 품　사 : 명사
- 뜻풀이 : ① 새나 곤충의 몸 양쪽에 붙어서 날아다니는 데 쓰는 기관.
  ② 공중에 잘 뜨게 하기 위하여 비행기의 양쪽 옆에 단 부분.
  ③ 선풍기 따위와 같이 바람을 일으키는 물건의 몸통에 달려 바람을 일으키도록 만들어 놓은 부분.
  ④ 식물의 씨에 달려 바람에 날 수 있도록 된 부분.
- 다른 방언형 : 날감지, 날래기, 날애, 나래
- 사용 지역 : 경상도

> **날가지**에 오붓한 / 진달래꽃을 / 구황룡 산길에 / 금실 아지랑이 // …… // **날가지**에 오붓한 / 꿈이 피면 // 구황룡 산기에 / 은실 아지랑이 // 〈박목월, 나그네, 九黃龍, 1995, 33〉
>
> 세상에도 아름답고 세상에도 깨긋한 그 무엇이 나뷔 **날애** 가튼 옷자락을 한을거리며 하느적 하느적 자기(自己)에게로 걸어오는 듯하얏다. 〈현진건, 지새는 아침, 1923, 18〉
>
> 애라는 기다리는 밤과 낮은 공작의 **날애**처럼 찬란하얏든 것이다. 〈현진건, 荒原行, 1929, 81〉

　　표준국어대사전에 등재되어 있는 '날가지'는 '①산의 큰 줄기에서 날카롭고 짧게 뻗은 갈래. ②잎이 없는 맨가지'라는 의미로 쓰이지만, 경상도 방언에서는 '날개'를 '날가지, 날감지, 날래기' 등으로 부른다. 국어사 자료에서 '날개'가 소급하는 최초의 형태는 15세기의 '늘개'인데,

이 낱말은 '놀-(飛)'이라는 어근에 '도구'를 뜻하는 접사 '-개'가 결합된 것이다. 19세기에 나타나서 현대어로 이어지는 '날개'는 '놀개'의 제1음절 모음이 18세기에 일어난 어두음절에서의 'ㆍ〉ㅏ' 변화를 겪은 것이다. 19세기에 나타나는 '놀기', 그리고 19세기 및 20세기에 나타나는 '날기'의 제2음절 모음도 위의 변화에 따라 'ㆍㅣ〉ㅐ'의 변화의 결과이다. 15세기에 '날개'를 뜻했던 형태로는 '놀애, ᄂᆞ래'도 있었다. 이들은 '날개'와 어원이 같지만 'ㄹ' 뒤에서 'ㄱ'이 약화된 형태이며, 현대어의 '나래'로 이어지고 있다. '날애'는 15세기의 '놀개'로 소급한다. '놀개'의 제 2음절 두음 'ㄱ'이 선행하는 'ㄹ'의 영향으로 'ㅇ'으로 교체되어 '놀애'가 되고, '놀애'의 'ㆍ'가 'ㅏ'로 변하여 '날애'가 된 것이다. 경상도 방언에는 위의 형태인 '날애'와 '나래' 모두 나타나며 또한 함께 쓰이는 '날가지'는 {날-}＋{가지}의 형태로 '날감지'라는 형태로도 쓰인다.

날이 들다

- 표준어 : 날이 개다
- 품　사 : 관용구
- 뜻풀이 : 비가 온 뒤 날씨가 점점 맑아지다.
- 사용 지역 : 경상도

창령 근처서 / **날이 드는데** 〈박목월, 진주행〉

햇빛에 물살이 / 잉어같이 뛴다 / "**날 들었다!**" 부르는 소리 / 멀리 메아리친다 〈피천득, 비 개고, 생명, 16〉

'날이 들다'라는 표현은 날씨가 점점 맑아지는 것을 뜻하는 경상도 방언이다. 〈재미나는 우리말 도사리〉에 보면 '개다'와 관련하여 '들다'와 '걷히다', '벗개다'의 의미를 설명해 놓았다. 먼저 '걷다'는 '안개 걷히고'처럼 '걷히다'의 형태로 많이 쓰이지만, '걷다' 자체가 '비가 그치고 맑게 개다' 또는 '구름이나 안개가 흩어져 없어지다'라는 뜻을 갖고 있다. '들다'는 '날이 좋아지다'는 뜻이며, '벗개다'는 '벗다'와 '개다'의 합성어로 '안개나 구름이 벗어지고 날이 맑게 개다'는 뜻이다. 경상방언에서도 '들다'는 '날'과 함께 어울려 '날이 들다'로 표현한다.

남굼다

- 표준어 : 남기다
- 품 사 : 동사
- 뜻풀이 : ① 다 쓰지 않거나 정해진 수준에 이르지 않아 나머지가 있게 하다.
          ② 들인 밑천이나 제 값어치보다 얻는 것이 많게 하다. 또는 이익을 보
          게 하다.
- 다른 방언형 : 남구다, 남굿다, 낭굼다, 냄기다, 냉기다
- 사용 지역 : 경상도

"그래. 가보자. 영수증은 없더라도 장부는 있겠제. 길가다 주운 돈도 아이
고 또 저어한테는 적지마는 그래도 몇 십만 원꿈씩 되는 돈을 흔적도 안 **남굿
코** 먹어뿌지는 않겠제. 나는 그것만 보믄 된다." 〈이문열, 오디세이아 서울, 1993, 2,
482〉

　　표준어 '남기다'에 대응되는 경상도 방언 어휘는 '남구다, 남굿다, 남
굼다, 낭굼다, 냄기다, 냉기다' 등이다. 표준어 '남기다'는 '남다'의 어
간 '남-'에 사동접미사 '-기'가 결합한 것인 반면, 경상도 방언은 '남-'에
사동접미사 '-구'가 결합한 것이다. 경상도 방언에서는 사동접미사 '-
구'가 결합한 어휘가 많은데, '농구다(나누다)', '심구다(심다)', '늘구
다(늘이다)', '뿔구다(불게 하다)' 등이 그것이다. 방언 이형태 중에서
'냄기다'는 '남기다'에서 /ㅣ/ 모음역행동화를 겪은 것이고, '냉기다'는
다시 후행하는 '기'에 '남'의 /ㅁ/이 조음위치동화된 것이다. 그리고 '남
굼다'는 '낭구코, 낭구치, 낭가라, 낭구머' 등으로 활용한다.

남진아비

- 표준어 : 유부남
- 품　사 : 명사
- 뜻풀이 : 아내가 있는 사내
- 다른 방언형 : 남진어미, 남진계집
- 사용 지역 : 경상도

"거리송장이 되기 전에는 그럴 수가 없소. 아무리 명색만이 내외지간이라지만 **남진 아비**가 안해와 살붙이를 기망하면 어찌 가화(家和)를 이룰 수가 있겠소." 〈김주영, 객주, 4, 215〉

천지간에 헤아릴 수 없는 계집이 바로 자기란 생각이 든 것이었다. **남진계집**들도 외간사내와 놀아남이 적지 아니하고 또한 한두 번 실절한 지어미들도 없지 않다지만 여러 남자와 살을 섞어야 했던 지난날의 치욕으로 인하여 길소개와 동사하게 된 업보를 낳은 것이 아닌가 하여 궐녀는 공허한 심사에 모처럼 눈시울이 뜨거워지는 것이었다. 〈김주영, 객주, 8, 62〉

"저도 그 점 헤아리지 못하는 것은 아닙니다. 그러나 그중에 한 놈은 색에 성화상승을 한 놈이 있습니다. 벌써 장거리로 나아가서 **남진계집** 사람 하나를 공갈로 제독을 먹여 살송곳을 꿰고 나서도 미련이 남아 내처 돌돌 감고 누웠다가 들켜서 쫓겨왔다는 소문이 있어 시방 액내의 물정이 자못 흉흉하답니다." 〈김주영, 객주, 8, 97〉

"처소에 찾아왔던 장거리의 장정들이 소동을 피웠던 것과 같이 엄연히 지아비가 있는 **남진어미**를 겁간한 것이 틀림이 없는가?" 〈김주영, 객주, 8, 102〉

'남진아비'는 {남진} + {아비}의 구조로 아내가 있는 사내, '유부남'을 뜻하고, '남진어미, 남진계집'은 남편이 있는 여자, '유부녀'를 뜻한다. '남진'이라는 말은 원래 ①'사내'의 의미(예: 丈夫는 게여본 남지니니 부톄 거지, 블 調御ᄒ시ᄂ다 ᄒ면〈석보상절, 1446, 9:3〉, 남지니 연고 업시 듕문 안해 드디 말며〈번역소학, 1518, 7:20〉)로 사용되거나 ②'남편'의 의미(예: 남진이 갈 저긔 늘근 어미를 공양ᄒ고라 ᄒ야〈번역소학, 1518, 9:56〉)로 사용된 옛말이다. 옛말인 '남진'과 '아비, 어미, 계집'이라는 말이 합성된 합성어가 사용되고 있는 것이다.

국어사 자료에서 '남진'이 소급하는 최초의 형태는 15세기부터 19세기까지 나타나는 '남진'인데, 이 말은 '여인(女人)'의 반대말인 한자어 '남인(男人)'에서 온 말이다. 훈몽자회(1527)에 '男'은 '아ᄃ 남'이라고 풀이되어 있고, '人'은 '사롬 신'이라고 풀이되어 있다는 점, '남'과 '신'의 성조는 둘 다 평성인데, '남진'의 성조도 '평성＋평성'이라는 점이 그 근거이다. 15세기 어형 '남진'처럼 'ㅿ'이 'ㅈ'으로 바뀐 예는 16세기와 17세기 어형 '손조(〈손ᅀᅩ '손수')'와 '몸조(〈몸ᅀᅩ '몸소')', 그리고 현대어의 '삼질(三日)날(〈*삼쉴)'을 들 수 있다.

낭개꽃

- 표준어 : 호박꽃
- 품　사 : 명사
- 뜻풀이 : 호박꽃.
- 다른 방언형 : 낭게꽃
- 사용 지역 : 경상도

꽃이라 카는 거는 마카 꺾어봐도 / 지 **낭게꽃**이 젤 좋다꼬예? / 툭수바리 딘장 끓는 냄새가 오늘따라 / 더 구시하다꼬예? 〈정숙, 통시깐에서 웃는다꼬예?, 신처용가, 1996, 99〉

'낭개꽃'은 '남과꽃'에서 온 말이다. '남과(南瓜)'는 중국어로 호박을 말한다. 중국에서 호박이 들어올 당시 '남과'라는 말이 함께 들어왔으며, 현재 지역어에 그 어형이 남아 있는 것이다.

즉 '낭개꽃'의 '낭개'는 '남과'에서 변화된 것이다. '남과'에서 뒤 음절의 두음 /ㄱ/의 영향으로 앞음절 말음 /ㅁ/이 같은 조음위치인 /ㅇ/으로 변화하였으며, '남과'의 '과'는 '괘〉개'로 반모음 /w/가 탈락되어 단모음화되었다. 다시 말해 '남과꽃'에서 '남괘꽃〉낭괘꽃〉낭개꽃'으로 변화된 것이다.

낭기

- 표준어 : 나무
- 품　사 : 명사
- 뜻풀이 : 줄기나 가지가 목질로 된 여러해살이 식물. 집을 짓거나 가구, 그릇 따위를 만들 때 재료로 사용하는 재목.
- 다른 방언형 : 낭개, 낭구
- 사용 지역 : 경상도

"정월이라 초여드렛 계명 소리 울릴 적에 —새야 새야아 —파랑새야앗! 녹두낭개에에 앉지를 말아라. 〈박경리, 토지, 1, 150〉

"두서넛 아니라 열 첩을 거느린다 캐도 내사 입 한분 안 떼겄소. 제발 한분 잘살아보기나 했이믄 얼매나 좋을꼬. 죽은 낭개 꽃피기를 바라지." 〈박경리, 토지, 1, 345〉

"그거 다 팔잡니다. 낭개서 따온 것 겉은 솜씨니께. 싫었으믄 솜씨가 늘었겠소." 〈박경리, 토지, 2, 45〉

"그러니께, 긴말 할 것 없고 새끼 뽑아서 줄 기니께 이녁이 키우라고, 키워. 서방 생각이 나서 그랬던 것도 아니겄고 그것 다 배부른 년들이나, 낭개도 돌에도 못 대고 그놈으 겉보리 한 말 때문에." 〈박경리, 토지, 2, 333〉

"경상도 속담에 낭개에도 돌에도 못 댄다는 말이 있지요. 그러나 할 수 없어 그랬다는 변명 같은 얘긴데, 그 손문선생께서도 다급한 김에 그랬을 거요. 조갈증이 나서 말입니다." 〈박경리, 토지, 4, 328〉

그러니께, 긴말 할 것 없고 새끼 뽑아서 줄 기니께 이녁이 키우라고, 키워.

서방 생각이 나서 그랬던 것도 아니겄고 그것 다 배부른 년들이나, **낭개**도 돌에도 못 대니께 사는 기지. 〈박경리, 토지, 13, 175〉

　먹을 수 없는 탱자 열매 가시 **낭구** 향내를 코에 대이며 / 〈오장환, 오장환전집,
체온표, 1989, 55〉

　경상도에서는 '나무'를 '낭개', '낭기'라고 한다. 국어사 자료에서 '나무'가 소급하는 최초의 형태는 15세기의 '낡 ~ 나모'인데, 단순 모음 앞에서는 '낡'으로 실현되고 그 이외의 환경에서는 '나모'로 실현된다. 이러한 교체는 20세기 문헌에도 나타나는데, 모음 앞에서 '낡'으로 실현되지 않는 예는 19세기부터 나타난다. 16세기에 나타나는 '나무'는 모음 체계의 재정립 과정에서 '나모'의 제2음절 모음 /ㅗ/가 /ㅜ/로 바뀐 것인데, 이러한 변화는 15세기 말부터 나타나기 시작하였다. '나무'가 소급하는 형태들은 19세기에 제2 음절이 'ㅜ'로 굳어졌다. '나무'의 고어를 '낡'이라는 사실에서 경상도 방언의 '낭개, 낭구', '낭기'는 나무의 고어 형태에서 어중 /ㄱ/ 이 그대로 남아 있는 것으로, 경상도 방언의 보수성을 보여주는 대표적인 어형 중의 하나이다.

낭창하다

- 표준어 : 낭창하다
- 품　사 : 형용사
- 뜻풀이 : ① 걸음걸이가 비틀거리다.
  　　　　② 성격 따위가 밝고 명랑하여 구김살이 없다.
  　　　　③ 맹하고 어리버리하여 반응이 빠르지 않고 답답할 정도로 느긋하다.
- 사용 지역 : 경상도

그네가 부엌을 나서자 종질부 필이 엄마가 **낭창한** 걸음으로 대문을 들어선다. 〈김원일, 불의 제전 , 213〉

활활은 오마담의 부채에서 나는 소리요, 파락파락은 타박네의 부채에서 나는 소리다. 오마담이 한 번 부칠 때 타박네는 성질대로, 서너 번도 더 부치는 것 같다. 타박네의 부채는 금방이라도 꺾일 듯 **낭창하게** 휘어졌다 펴지기를 반복한다. 〈이현수, 신기생뎐, 2004, 45-46〉

'낭창하다'에 대한 사전의 정의를 보면 ① 걸음걸이가 비틀거리다, ② 성격 따위가 밝고 명랑하여 구김살이 없다 ③ 밝고 화창하다 등으로 정의를 하고 있다. 또 〈소설어사전〉에서는 '줄이나 가는 막대기가 탄력 있게 휘거나 흔들리는 모양'을 말한다(특히 손가락이 엿가락처럼 낭창하게 휘어진 듯하면서 길었다.〈한승원, 낙지 같은 여자〉, 그런 춘복이 쪽으로 고개를 베톨침하게 돌린 옹구네가 허리까지 낭창하니 휘어 틀고 앉아〈최명희, 혼불〉). 두 번째 예문 '타박네의 부채는 금방이라도 꺾일 듯 낭창하게 휘어졌다 펴지기를 반복한다.'의 경우는 이와 같은 의미로 쓰인 것이다.

　그러나 경북 지역에서 '낭창하다'는 사전에서 정의된 의미와는 차이가 있다. 특히 이 어휘는 경북 북부와 남부에서조차 의미 차이가 있다. 경북 북부지역은 알면서도 모른체하거나 행동을 꾸물대며 느리게 하는 모양을 일컫는다. 반면 남부 지역은 바쁜 상황에서도 바쁘지 않고 얄밉도록 항상 여유가 있어 보이는 것을 가리키는 말이다. 경북 북부 지역이 남부 지역에서 보다 부정적인 의미가 더 강하다.

낭태질

- 표준어 : 난탕질
- 품　사 : 명사
- 뜻풀이 : 한바탕의 야단스러운 짓으로 물건을 못 쓰게 엉망으로 만들어 놓는 짓.
- 사용 지역 : 경상도

"빌어묵을, 간밤에 멧돼지가 내리왔던가배." 뚝배기랑 고추장 보시기를 을
씨년스럽게 들고 들어오면서 윤보가 말했다. 뒤안에다 감자를 좀 붇어놨더마
는 **낭태질**을 해놨구마 〈박경리, 토지, 1, 84〉

그간의 사정은 영호네도 알고 있었기에 "참아라." "아, 오늘도 우쨌는지 아
나! 우서방 아들이 우리 콩밭에 소를 몰아넣고 콩밭을 **낭태질**했단 말이다.
한두 번도 아니고 참말 못 갈겠네. 누구 하나 나서서 말해주는 사람도 없고."
"누가 그 식구들을 갈겄노. 막나가는데." 〈박경리, 토지, 4〉

어른들이 다 돌아가시고 집안이 온통 **낭태질**이 됐일 적에 그러니까 환국이
도련님 부친하고 수동이가 천애 고아, 그런께 지금의 마님을 지켰구마 대들
보 노릇을 한 기라. 참말이제 이 댁에서는 비라도 세우 줄 만한 충직한 사램
이었다. 〈박경리, 토지, 8, 272〉

'낭태질'은 '난탕질'을 말하며 {낭태} + {-질}로 분석된다. '낭태'는 한
바탕 야단을 피우는 것을 의미하는 '난탕'에서 변화된 것이다. '난탕'에
서 '낭태'로의 변화를 음운론적으로 설명하기는 불가능하나, 경상도방
언에서는 '가매'(가마), '곱새'(곱사) 등과 같이 어말의 'ㅏ'모음이 'ㅐ'
모음으로 교체된 예가 많이 나타난다.

내 눈이 티눈

- 표준어 : 대응 표준어 없음
- 품　사 : 관용구
- 뜻풀이 : 글자를 모르는 무식한 사람.
- 사용 지역 : 경상도

아베요 아베요 / **내 눈이 티눈**인걸 / 아베도 알지러요. / 등잔불도 없는 제상에 / 축문이 당한기요. / 눌러 눌러 / 소금에 밥이나 많이 묵고 가이소. / 윤사월 보릿고개 / 아베도 알지러요. / 간고등어 한손이믄 / 아베 소원 풀어드리련만 / 저승길 배고플라요 / 소금에 밥이나마 많이 묵고 가이소. / 〈박목월, 나그네, 만술 아비의 축문, 1995, 86〉

　박목월의 시 '만술 압의 축문'에는 "내 눈이 티눈인걸 / 아베도 알지러요."라는 구절이 나오는데, 여기서 '내 눈이 티눈이다.'는 '글자를 읽지 못한다'라는 의미의 관용구이다. '티눈'은 보는 것과는 무관한 몸의 각질의 하나로 쓸모없는 것이다. 이러한 티눈의 속성을 보는 눈에 은유적으로 표현한 것으로, 글자를 읽지 못한 눈 즉, 까막눈을 나타낸 재미있는 표현이다.

내금

- 표준어 : 냄새
- 품 사 : 명사
- 뜻풀이 : ① 코로 맡을 수 있는 온갖 기운
  ② 어떤 사물이나 분위기 따위에서 느껴지는 특이한 성질이나 낌새.
- 다른 방언형 : 내구랍다, 내거랍따, 내그랍따, 내굽다, 내구랑내, 내구래기, 내굼
  내, 내김, 내금새
- 사용 지역 : 경상도

강냉이죽 끼리는 데 가 보니 / 맛있는 **내금**이 졸졸 난다 / 죽 끼리는 아이가 손가락으로 / 또독 또독 긁어 먹는다 / 난도 먹고 싶다 / 그걸 보니 춤이 그냥 꿀떡 넘어간다 / 참 먹고 싶었다 // 〈이오덕, 일하는 아이들, 1978, 106〉

니는 어예 늘지를 않노. 인제 쫌 나이 들어 비도 개안치 않나?라고 인사를 받으셨고, 젊은이의 부축을 받고 오신 또 다른 먼 친척 어른은 -니가 둘째 윤식이 처제? 윤식이가 재벌히사 전무라멘서? 그래. 참 곱데이. 마이 부쳐나꾸만. 올게는 해가 야물어가꼬 뜰지름 **내금**이 꼬시데이. 〈김훈, 언니의 폐경, 2005황순원문학상수상작품집, 34, 중앙일보〉

연기 때문에 눈이나 목이 따가울 때 경상도에서는 '내구랍다, 내거랍따, 내그랍따, 내굽다'라는 말을 쓴다. 이와 함께 '내구랑내, 내구래기, 내굼내'와 같이 '연기'나 '그을음내'를 나타내는 말도 함께 사용되고 있다. '내금, 내김'은 '내음, 냄새'를 나타내는 경상도 방언형이다. 경상도 방언형에는 '내굽다'는 표준어 '냅다'에 대응하는 말로 어중에 / 구 / 가 첨가된 형태이다. 명사에도 마찬가지로 어중 / 구 / 이 첨가되어 '내금, 내금' 등의 형태로 나타나고 있다.

　'냄새'나 '냅다'라는 말은 모두 '닉'(煙, 霞)를 그 어원적인 뿌리로 삼아 자라난 말들이다. '냄새'는 '닉음새'에서 나온 말인데 {닉(煙)}+{-음(명사형 어미)}+{새(명사형 접미사)}로 이해할 수 있다. 국어사 자료에서 '냄새'가 소급하는 최초의 형태는 19세기의 '내음시'이다. 18세기에 어두음절의 'ㆍ'가 'ㅏ'로 바뀜에 따라 'ㆎ'가 'ㅐ'로 바뀌고 'ㅐ'가 현대어와 같은 단모음으로 바뀌었으므로, 이 '내음시'는 20세기에 나타나는 '내음새'를 달리 표기한 것이다. 같은 논리로 19세기에 나타나는 '닉음시' 역시 '내음새'를 달리 표기한 것이다. '내음새'는 어원적으로 '(냄새가){나}+{-이-(사동접사)}+{-음(명사 형성 접사)}+{-새(명사 형성 접사)}'로 분석된다. 즉 '내음'에 다시 파생 접사 '-새'가 결합한 것이다. 이처럼 파생접사 '-새'가 결합한 어형으로는 현대국어의 '쓰임새, 짜임새' 등이 있다. 위의 '내음새'에서 제2음절 모음 'ㅡ'가 탈락한 것이 19세기와 20세기에 나타나는 '냄새'이며, 같은 시기에 나타나는 '닙시'는 위에서 말한 'ㆍ〉ㅏ'의 변화 및 'ㅐ'의 단순모음화 때문에 '냄새'를 달리 표기한 것이다. 그밖에 '냄새'를 뜻했던 형태로는 15세기부터 18세기까지 나타나는 '내', 17세기에 나타나는 '닉'가 있다. 그리고 17세기에 나타나는 '내옴', 그리고 여기에 파생접사가 결합하여 19세기에 나타나는 '내옴새, 닉옴시', 19세기와 20세기에 나타나는 '내움시' 등이 있다. 또한 19세기에 나타나는 '내암'과 여기에 파생접사가 결합하여 18세기와 19세기에 나타나는 '내암시', 19세기와 20세기에 나타나는 '내암새' 등도 '냄새'를 뜻했다. 이처럼 다양한 형태들 중에서 '내옴'은 {나}+{-이오(사동접사)}+{-ㅁ(명사 형성 접사)}로, '내암'은 {나}+{-이(사동접사)}+{-암(명사 형성 접사)}으로 분석되며, 나머지 형태들 대부분은 이와 같은 어근에 파생접사 '-시 / 새'가 결합한 것이다. '내움시'만 {나}+{-이우(사동접사)}+{-ㅁ(명사 형성 접사)}+{-시(명사 형성 접사)}로 분석된다.

너흐다

- 표준어 : 대응 표준어 없음
- 품　사 : 동사
- 뜻풀이 : 무엇을 입으로 물고 상하 좌우로 뒤흔들다.
- 사용 지역 : 경상도

한낮해ㅅ살이 돌맹이를 시들하게스리 물고너흐는 악착한더운날이다 〈이기철 편, 이상화전집, 무산작가와 무산작품, 1982, 271〉

이世紀를물고너흐는, 어둔밤에서 / 다시어둠을꿈꾸노라조우는조선의밤 / 忘却 뭉텅이가튼, 이밤속으론 / 해쌀이 비초여 오지도못하고 / 한우님의말슴이, 배부른군소리로들리노라 // 〈이기철 편, 이상화전집, 緋音, 1982, 80〉

'너흐다'는 '물고 비틀다거나 흔들다' 정도의 의미를 가진 경상도 방언이다. 정확히 대응하는 표준어를 찾기는 어렵다. 따라서 위 예문의 '물고 너흐다'는 '물어뜯으며, 뒤흔들며 놓지 않는다' 정도의 의미로 해석된다. 이 방언형의 이해가 제대로 되지 않아 원전에 대한 교정본에서 '몰고 넣은'으로 교정한 경우도 있는데, 이는 잘못이다.

넌달래꽃

- 표준어 : 철쭉
- 품　사 : 명사
- 뜻풀이 : 철쭉과의 낙엽 활엽 관목으로 높이는 2~5미터이며 잎은 어긋나고 거꾸로 된 달걀 모양이다. 5월에 연분홍색 꽃이 산형〈繖形〉 꽃차례로 피고 열매는 삭과〈蒴果〉로 10월에 익는다. 관상용이고 한국, 일본, 만주 등지에 분포한다.
- 다른 방언형 : 언달래꽃, 연달래, 개참꽃, 개꽃
- 사용 지역 : 경상도

참꽃이 지고 **넌달래꽃**이 필 즈음이면 으레 보릿고개가 찾아온다. 조선 강산엔 보릿고개로 〈권정생, 한티재 하늘, 1, 63〉

이석이 오라배와 서억이 산에 나무하러 갔다가 바알간 **참꽃** 한다발씩 꺾어 와서 오라배 이석이는 이금이한테 주고 서억인 이순이한테 덥석 안겨 줬다. 〈권정생, 한티재 하늘, 1, 60〉

'넌달래꽃'은 표준어 '철쭉'의 경상도 방언이다. 이외에 '연달래, 언달래, 개꽃, 개참꽃' 등의 형태가 있다. '넌달래꽃'은 '언달래꽃'에서 'ㄴ'이 첨가된 형태로 보인다.

〈표준국어대사전〉에서 '연달래'는 진달래의 경북방언이며 철쭉의 경남방언으로 정의하고 있다. 그러나 실제 경북지역에서 '연달래'는 진달래와는 다르다. 진달래는 참꽃이 지고 난 뒤에 피는 꽃으로 꽃잎이 끈적끈적하고 진달래보다 아름답지만 꽃잎에 독성이 있어 먹지 못 한다. 또한 참꽃은 진달래의 경상방언으로 기록되어 있으나 이 지역에서는 참꽃과 진달래, 철쭉(개꽃)은 각기 다른 꽃나무이다. 꽃이 피는 시기를 보면 참꽃이 가장 일찍 피며 이어 진달래, 철쭉의 순서로 핀다. 참꽃은 먹을 수 있는 반면, 진달래와 철쭉은 독성이 있어 먹을 수 없다.

널찌다

- 표준어 : 떨어지다
- 품 사 : 동사
- 뜻풀이 : 위에서 아래로 내려지다.
- 다른 방언형 : 너러지다, 니찌다, 널쭈다
- 사용 지역 : 경상도

집바(질빵)가 벗겨지이 가매(가마)는 가매대로 주루루 **널쩌** 뿌리고(떨어져버리고) 사람은 사람대로 나가 떨어지고. 우습지. 타고 바로 본집에 드가는 사람도 있고, 또 옆집에 드가가 중점(점심)을 하기도 하니더. 〈김점호, 베도 숱한 베 짜고, 1992, 22〉

하늘에서 땅에 **널찌**는 글이(떨어지는 것같이) 캄캄해. 자기 마음을 돌릴라 캐도(해도) 안된다, 단념하라 카는데(하는데) 마음이 어떻게나 후다닥거리는지. 〈성춘식, 이부자리 피이 놓고, 1992, 112〉

은행잎이 하나 가지 맨 끝에 / 달랑달랑거리는데 / 나는 그기 **니찌**까봐 / 고만 보고 오는데 / 신작로에 오니 뚝 / 떨어집니다 // 〈이오덕, 일하는 아이들, 1978, 203〉

눈이 많이 오니 / 서로 니찔라고 해서 / 또 어떤 거는 너 먼저 **니쩌** / 어떤 거는 안 죽을라고 / 땅에 떨어지면 죽는다고 너 먼저 **니쩌**하고 / 다른 거를 막 떠다 밉니다 / 〈이오덕, 일하는 아이들, 1978, 207〉

참 예쁜 게 매달렸다 / 어쩌면 조렇게 / 매달렸을까? / 조금 있으니 / 땅에 **널쩌**고 한다 / 참 재미있구나 / 〈이오덕, 일하는 아이들, 1978, 276〉

'아래로 떨어지는 모습'을 경상도에서는 '너러지다, 널찌다, 니찌다'라는 표현을 쓰는데, 이 중에서도 '널찌다, 닐찌다'가 광범위하게 쓰이는 어휘이다.

'떨어지다'는 '어떤 물건 따위가 위에서 아래로 내려지다. 또는 따로 갈라지다.'는 뜻으로 사용하는 동사이다. 15세기에 '뻐러디다'가 나타나며, 18세기에 현대어형인 '떨어지다'를 볼 수 있다. 따라서 '떨어지다'는 '뻐러디다〉쩌러디다'에서 구개음화를 겪은 후 '떨어지다'로 변화한 것이다.

넘굿다

- 표준어 : 넘기다
- 품   사 : 동사
- 뜻풀이 : ① 일정한 수치나, 기준, 정도를 벗어나 지나게 하다.
            ② 일정한 곳에 가득 차고 나머지가 밖으로 나오게 하다.
- 다른 방언형 : 넘궇다, 넘구다
- 사용 지역 : 경상도

"무슨 장사를 하시는데요?" "장사라 칼 것도 없지마는—저울대 하나 들고 장 입새서 꼬치(고추) 근 거뒀다가 오대(큰 수집상)한테 **넘굿고**(넘기고) 밥값이나 띠(떼어) 쓰제." 〈이문열, 변경, 1992, 4, 241〉

뒤진 지 하마 3년인데 이거는 다부 산으로 돌아가는 거 아이라? 고마 나서는 사람 있을 때 **넘구소**. 그게 이형 고생도 면하고 땅도 꼬라지가 된다꼬 〈이문열, 변경, 1996, 6, 264〉

'넘굿다'는 '넘기다'의 경상도 방언이다. 표준어 '넘기다'는 '넘다'의 어간 '넘-'에 사동접미사 '-기-'가 결합한 것인데, 방언형 '넘굿다'는 사동접미사 '-구-'가 결합한 것이다. 이와 평행하게 표준어의 피·사동접미사 '-기-'에 '-구-'로 대응되는 경상도 방언으로는 '남굿다 / 남궇다', '숨궇다'가 있다. '넘굿다'의 실제 발음형은 [넘구다 / 넘구따 / 넘구타]이다. '넘굿다'는 [넘구따]를 표기상으로 나타낸 것이고, '넘궇다'는 [넘구타]를 표기상으로 나타낸 것이다.

넘찌다

- 표준어 : 대응 표준어 없음
- 품　사 : 형용사
- 뜻풀이 : 젠 체하며 지나치게 주제 넘다.
- 다른 방언형 : 넘지다, 넘치다
- 사용 지역 : 경상도

"그렇기 됐구마. 사람은 얼매든지 있다. 주인 앞에서 **넘찌게** 구는 놈은 나가주라." 〈박경리, 토지, 10, 276〉

"나는 옛날 녯적이고 삼석이 말이지." "**넘찐** 소리 해봐도 별 수 있나. 대가리 쇠똥을 벗긴 다음에 할 소리제." 〈박경리, 토지, 7, 59〉

"니는 상관 마라! **넘찐** 것이 말대꾸는. 야 이놈아! 네놈이 평양 감사라도 내 속에서 나왔다! 하늘에서 떨어진 줄 아나? 땅에서 솟은 줄 아나? 진자리 마린자리 가리감서 손발 잦아지게 키웠더마는 악문을 해도 우짜믄 그렇기 하겠노. 네놈은 내 가심에 맷돌을 얹었다! 〈박경리, 토지, 8, 202〉

"**넘찐** 소리 마라. 부애 돋구믄 대가리를 깨부릴 긴께. 사당년이 주모로 출세했이믄 옛날 행사는 버리는 기이 우떻노? 더러바서 술 마시겠나." 〈박경리, 토지, 8, 290〉

"석이놈이 그리 되게 내비리두지는 않을 기구마는. 식자깨나 들었다고 **넘찐** 소리는 해도 지각은 있인께." 〈박경리, 토지, 8, 330〉

"못해? 와 못하노! **넘찐** 소리 하네. 니가 먼데, 니가 멋꼬?" 〈박경리, 토지, 11, 241〉

　‘넘찌다’는 ‘지나치게 주제 넘다’의 의미를 가진 경상도 방언이다. 표준어의 ‘건방지다’가 대응될 수는 있지만, 같은 의미는 아니다. 방언 이형태로는 ‘넘지다, 넘치다’가 있는데, 〔넘:찌다, 넘:지다, 넘:치다〕처럼 실제 ‘넘’의 발음은 장모음으로 실현된다.

논

• 표준어 : 대응 표준어 없음
• 품   사 : 명사
• 뜻풀이 : 서럽거나 한스러운 마음.
• 사용 지역 : 경상도

"**논**이 나서 좀 울었소." 울기는 와 우노. 사람 사는 기이 다 그런 긴데 섭하게 생각지 마라. 〈박경리, 토지, 2, 110〉

미운 생각이 들었으나 '하기사 **논**이 나졌지. 하시하는 상것들 품삯을 들라 카이. 너무 양반이라고 유시를 해서 그거 한 가지가 벵인데 배울 기이 많고 본뵈기 될 만한 사람 아닌가. 남이사 머라 카든지 이녁 가장은 하늘이니께.' 〈박경리, 토지, 2, 117〉

"불쌍한 야무네, 머리빡이 허여 가지고 조석을 끓이 묵을라 카믄 얼매나 **논**이 나졌노." 〈박경리, 토지, 7, 206〉

"**논**이 나니께…… 내사 괜찮다. 나는, 나는 괜찮다. 무신 일을 당해도, 아 아들만 치다보믄, 못 배우고 못나도 사우는 제집 자석 건사하고 사는데." 〈박경리, 토지, 10, 81〉

"자네는 미련한 곰이고 귀남에미는 지 서방 지 새끼밖에 모린께 에미 아비 없는 손자 손녀 보는 성환할매, 얼매나 **논**이 나겠소." 〈박경리, 토지, 11, 121〉

"제집 말 안 듣는 소나아가 없다 안 카요. 집집마다 다 그렇지. 그거 일일 이 생각하믄 **논**이 나서 못 사요." 〈박경리, 토지, 13, 271〉

　다른 대상에 대한 '서럽고 한스러운 마음'을 경상도 지역에서는 '논'이라고 하는데, 주로 '논이 나다'라고 표현한다. '화가 나다, 짜증 나다, 신경질이 나다' 등의 표현과 유사한 형태라 볼 수 있다. '논이 나다'는 '서럽고 한스러운 마음이 생기다'라는 의미이다.

논께

- 표준어 : 논귀
- 품　사 : 명사
- 뜻풀이 : ① 논의 한쪽 귀퉁이.
　　　　　② 논물을 대는 어귀.
- 다른 방언형 : 눈비, 무눈, 사모레기, 사무래기, 사무래이, 진가루, 진갈눈, 진눈,
　　　　　　진태
- 사용 지역 : 경상도

감음든**논께**에는 청개고리의 울음이 잇서야하듯 〈이상화, 詩人에게, 개벽〉

풀잎마다 이슬이 앉고 / **논귓물**이 우는 길을 / 달빛에 하나하나 / 꿈을 날리고 / 그 떠가는 푸른 비둘기 〈박목월, 청밀밭, 박목월시선집, 50〉

'논께'는 논의 한쪽 귀퉁이로 대체로 논물을 대는 논어귀를 말하다. '논귀'의 방언형으로 '논께' 외에 '물끼', '논끼' 등이 있다. '논께'는 '논'에 '어귀'의 방언형인 '어게'가 결합한 것으로 {논}＋{어게}에서 축약과 경음화를 거쳐 '논게〉논께'가 된 것이다.

표준어 '논귀'는 '논'과 모서리 또는 귀퉁이를 의미하는 명사 '귀'가 결합한 어형으로 박목월 시에 나오는 '논귓물'은 논의 가장자리에 흐르는 물을 말한다.

농구다

- 표준어 : 나누다
- 품　사 : 동사
- 뜻풀이 : ① 하나를 둘 이상으로 가르다.
  　　　　② 여러 가지가 섞인 것을 구분하여 분류하다.
  　　　　③ 나눗셈을 하다.
- 다른 방언형 : 가르다, 노누다, 가르다, 가리다, 논구다
- 사용 지역 : 경상도

이 어른이 **농가** 주다이 어떤 사람이 "저런 사람은 나도 젊고 이런데 우리는 안주고 저런 사람은 와 주노?꼬 와서 항의를 하는 거래. 고마 지서에 고소꺼정 해뿌릿어. 〈김점호, 베도 숱한 베 짜고, 1992, 33〉

왜 틀리는가 하머는 글 때 볼쌀이 인제 너말 한 가마라 카마는, 면에서 받을 때는 무게로 달아 가주고 너말인데, **농가** 줄 때는 되로 되 주다 보이 너말 안 되거든? 〈김점호, 베도 숱한 베 짜고, 1992, 34〉

'나누다'에 대응되는 경상도 방언 어휘에는 '가르다, 가리다, 노누다, 논구다, 농구다' 등이 있다. 경상도 방언에는 '심구다(심다)', '늘구다(늘이다)', '뿔구다(불게 하다)'처럼 사동접미사 '-구'가 결합한 어휘가 많은데, '농구다(나누다)'도 그 한 예이다.

'나누다'가 소급하는 최초의 형태는 15세기 문헌에 나타나는 '논호다'이다. '나누다'는 이 '논호다'의 제1음절 모음 'ㆍ'가 'ㅏ'로 바뀌어서 '난호다'가 되고, '난호다'의 제2음절 자음 'ㅎ'이 모음과 모음 사이에서 탈락한 변화를 겪은 것이다. 문헌에 간헐적으로 출현하는 형태들 가운

데 '논호다' 등 제1음절의 모음이 'ㅗ'인 형태는 '눈호다'의 제1음절 모음 'ㆍ'가 제2음절 모음 'ㅗ'의 영향으로 'ㅗ'로 바뀐 것이고, '눈흐다' 등 제2음절의 모음이 'ㅡ'인 형태는 'ㅜ'의 원순성이 약화된 결과이다. '논흐다'는 이 두 가지 유형의 변화를 모두 경험한 것이며, '노느다'는 이 두 가지 유형의 변화와 'ㅎ' 탈락을 경험한 것이다.

누부

- 표준어 : 누나, 누이
- 품　사 : 명사
- 뜻풀이 : ① 같은 부모에게서 태어난 사이거나 일가친척 가운데 항렬이 같은 사이에서 남자가 여자 형제를 이르는 말. 흔히 나이가 아래인 여자를 이른다.
　　　　　② 같은 부모에게서 태어난 사이거나 일가친척 가운데 항렬이 같은 사이에서, 남자가 나이가 위인 여자를 이르거나 부르는 말.
- 다른 방언형 : 누, 누동생, 누우, 누임
- 사용 지역 : 경상도

"딸네 집에 기별을 해야겄십니다. 개똥이녀석이 제 **누부**하고 함께 거기 가 있어서 머리 풀 사람이 없십니다." 〈박경리, 토지, 2, 392〉

"그래 내가 머라 캅디까? 나를 건디리믄 좋잖을 기라 했지. 자는 범을 건디리믄 안 되는 기라요. 두리가 시집간다 카믄서요 하며 지나가다가 점잖구로 내가 묻는데 간다든지 안 간다든지 잔칫술 마시로 오라 카든지 고이 대답을 했이믄 **누부** 좋고 매부 좋고 안 그렇소?" 〈박경리, 토지, 3, 298〉

"지 큰**누부** 집에 갖다 맫깄다. 그래 니는 우찌 지내고 있노." 〈박경리, 토지, 3, 343〉

"**누부**는 어디 가고?" "누부도 함께 갔다." "아니 우리 홍이를 혼자 놔두고?" 〈박경리, 토지, 3, 409〉

"그라믄 와 이 **누부**는 모르노?" "조맨치 생각이 나기는 하지마는." 〈박경리, 토지, 5, 383〉

"**누부**보고 점심, 어서 하라 캐라. 손님도 기시고 두메도 왔인께로." 〈박경리,
토지, 6, 182〉

"아아들은 저거 **누부** 나물 캐는 데 따라갔고 아아 에미는 보리밭 매로 갔
십니다. 점심은 우쨌십니까." 〈박경리, 토지, 7, 103〉

'그라믄 핑계 삼아서 선이한테 기성네를 한분 딸리 보내보까? 그놈이 세상
살이에는 물리가 나서 잘사는 지 **누부** 앞에서는 별말 안 할지도 몰라. 좋은
척…… 옷이나 곱게 입히서 보내믄 좀 달리 뵐랑가? 몹쓸 놈의 인사, 기동이
낳고는 집에 와서 등도 한 분 안 붙있다. 선이 말도 일리는 있제. 무는 개를
돌아보더라고 죽은 덧기 처백히 있인께 저거는 저래도 괜찮니라 하고.' 〈박경
리, 토지, 7, 203〉

"이거 **누부** 아니요? 들어서는 선이를 본 두만이 깜짝 놀라며 일어섰다."
〈박경리, 토지, 7, 213〉

"그럭저럭, **누부** 같은 부잣집에서 보믄 새 발의 피 겉은 거지마는," 두만이
는 헛웃음을 웃는다. 옆에 있는 사내에게 들으라고 한 말인 성싶다. 〈박경리,
토지, 7, 214〉

"허 참, **누부**는 우찌 그리 오매를 닮았소.""닮아서 다행이제. 오만 사람 다
봐도 우리 엄니같이 사리 밝고 인정 많고 대범한 사람은 없더라.""누부하고
얘기하다가는 어디 본전이나 찾겠소? 〈박경리, 토지, 7, 215〉

"제발 **누부**, 다른 말 같으믄 다 들어줄 긴께요, 오늘은 그것 데리고 그만
돌아가소. 참, 저녁에 내가 독골로 가지요. 야, 가겠십니다." 〈박경리, 토지, 7,
215〉

나도 설범옷을 입고 염낭을 차고, 어디 되놈들, 우리 **누부**만큼 예쁜 사람
있으면 나와보라고 외치고 싶었다. 〈박경리, 토지, 16, 103〉

방 두칸이고 정지하나이고 한 파자집 비식한 데 그런 데 살두만. 동생이 날 반기고마고. 만주 긑은 험한 땅에 **누우**가 혼자 와 놓으이 하도 어먹해 가지고 서로가 목에 메서 인사를 못하고. 〈성춘식, 이부자리 피이 놓고, 1992, 107〉

간밤에 디기 덥디만 더부 자신 거 아인기예? / 없는 **누부**는 와 찾는 기예? / 말라고예? / 〈정숙, 신처용가, 달님이 체조하능기예?, 196, 70〉

보리 숭년 치맛자락 붙잡고 달아나는 간날 갓적 **누부** 울음 소리가 / 감은사 묻힌 종소리에 묻혀 들리고 / 〈박태일, 가을 악견산, 대와바위·탈해바위, 1989, 96〉

역사적으로 '뷩'에 대응하는 어형이 오늘날의 경상방언에서 'ㅂ'으로 나타나는 예들은 명사(누부, 골뱅이, 말밤)와 동사(더럽-, 곱-, 눕-, 덥-)에서 흔히 관찰되며, '뷩'이 탈락한 예도 함께 존재한다. 즉 오늘날 경상방언에는 '뷩〉ㅂ' 변화와 '뷩〉zero' 변화가 함께 존재하는데, 과거의 문헌 자료에 나타난 양상도 이와 같다.

경상도 방언에서 '누이, 누나'를 부르는 말로 '누, 누동생, 누부, 누우, 누임' 등이 있는데, '누부'는 '누이'를 이르기도 하고 '누나'를 이르기도 한다. 경남에서는 '누이'라는 의미로, 경북에서는 '누나'라는 의미로 주로 사용된다.

눈 걸어 비씨다

- 표준어 : 대응 표준어 없음
- 품　사 : 관용어
- 뜻풀이 : ① 눈을 크게 뜨거나 부릅뜨다.
　　　　　② 눈이 감기지 않게 하다.
- 사용 지역 : 경상도

"**눈 걸어 비씨고** 찾아나서도 그만한 선생 찾기 힘들지를. 마담언니 실력이야 이 바닥에서 알아준다 아이가. 국악으로 이름깨나 날리는 사람들도 부용각의 오연분이라카마 깜박 안 죽나. 말 한마디를 해도 따뜻하게 하는 사람이라 배우는 자네들도 재미있을 끼다." 〈이현수, 신기생뎐, 2005, 63〉

'눈 걸어 비씨다'는 '눈이 감기지 않게 눈꺼풀을 걸고 뒤집다'라는 말로 '눈을 크게 뜨다, 눈을 부릅뜨다, 눈이 감기지 않게 하다'는 뜻이다. 따라서 '눈 걸어 비씨고 찾다, 눈 걸어 비씨고 보다'라는 말은 '어떤 대상을 열심히 찾다, 열심히 보다'라는 의미이다. '눈 걸어 비씨다'에서 '비씨다'는 경상도 방언의 '디비씨다'와 관련이 있다. '디비씨다, 디비다'는 '뒤집다'의 경상도 방언인데, '비씨다'는 '디비씨다'에서 어두 음절이 탈락된 형으로 보인다.

눈슬비

- 표준어 : 대응 표준어 없음
- 품　사 : 명사
- 뜻풀이 : 찬바람이 몰아치며 내리는 눈.
- 다른 방언형 : 눈갈비, 눈설레
- 사용 지역 : 경상도

어매임요, 그날 **눈갈비**가 내리는데 지는 진동한동 달라빼느라 할매임 주막이 어딘지 알지도 못하고 그냥 엎어져 정신을 잃었제요. 지금 생각해도 죽은 어매가 그렇게 고자리에 엎어지게 했는동 모르고요 〈권정생, 한티재 하늘, 1998, 1, 220〉

눈이 내리는데 / 먼 데에 눈은 / 안개가 막 내려오는 것 같다. / 소나무에 내린 눈은 / 꽃이 돼 버리는 거 같다. / 개아지붕에 내리는 거를 보니 / **눈슬비**가 자자 서서 나간다. / 그래도 눈은 자꾸 내리는데 / 얼마나 왔는지 모른다. / 지금도 기눈도 막 내린다. 〈이오덕, 허수아비도 깍꿀로 덕새를 넘고, 68〉

이레째나 짖궂던 **눈설레**가 갠 터라 〈오영수, 까치놀연가〉

'눈슬비'는 눈과 찬바람이 몰아치는 현상을 말한다. '눈슬비'의 어형성은 '눈설레'에서 짐작할 수 있다. '눈설레'는 '눈'과 '설레'의 합성어이다. '설레'는 '바람'을 뜻하는 것으로 현재 심마니들의 은어로 쓰인다. 이 '눈설레'에 '비'를 붙여 '눈설비'가 되고 여기에 'ㅓ'와 'ㅡ'의 교체에 따라 '눈설비〉눈슬비'가 된 것이다. 현재 경상도 방언에서는 지역에 따라 'ㅓ'모음과 'ㅡ'모음이 합류되어 구분이 되지 않는다.

니일니일

- 표준어 : 너울너울
- 품　사 : 부사
- 뜻풀이 : ① 물결이나 늘어진 천, 나뭇잎 따위가 부드럽고 느릿하게 자꾸 굽이져 움직이는 모양.
  ② 팔이나 날개 따위를 활짝 펴고 위아래로 부드럽게 자꾸 움직이는 모양.
- 사용 지역 : 경상도

득보는 다시 목청을 뽑았다. "옛날도 그 옛날에 붕새란 새가 있었나니, 수격 삼천 리, **니일니일** 얼시구야" 그는 입에 가득히 피 거품을 문 채 활개를 벌려 춤을 덩실 덩실 추면서 억쇠에게로 다가 드러왔다 뒤로 물러나갔다 한다. 억쇠 역시 일그러진 입에 피를 득보는 다시 목청을 뽑았다. "옛날도 그 옛날에 붕새란 새가 있었나니, 수격 삼천 리, **니일니일** 얼시구야" 〈김동리, 황토기, 1997, 5〉

우리말에는 의성어, 의태어가 많이 발달해 있는데 '니일니일'은 '잇달아 부드럽게 움직이는 모양'을 표현하는 의태 부사어로 '너울너울'에 대응되는 경상도 방언 어휘이다. 역사적으로 '너울너울'이 소급하는 최초의 형태는 15세기의 '너운너운'이다. 이 형태는 17세기에도 두 차례 등장하며, 19세기 문헌에는 현대어와 똑같은 '너울너울'이 나타난다(예: 너운너운 오논 구룸 〈두신언해, 1481, 9:36b〉). '너울너울'의 경상도 방언형에는 '너훌너훌, 훨레훨레' 등이 함께 쓰이고 있다.

다리

- 표준어 : 남, 타인
- 품　사 : 명사
- 뜻풀이 : 자신을 제외한 다른 사람.
- 다른 방언형 : 다리이, 다르이
- 사용 지역 : 경상도

다리 밭은 똑바로 돼가 매기는 숨은데, 우리 해는 이래 넘어졌다 저래 넘어졌다, 고랑이 좁은 데다가 그라이, 그거만 해도 그래 속상했어요. 〈김점호, 베도 숱한 베 짜고, 1992, 31〉

나는 하마 맘에 알아도 **다리** 알라 싶어서 가마이 안았는데. 따라 가 가주고 넘다보이께네 하마 죽을 연구를 하더래요. 〈김점호, 베도 숱한 베 짜고, 1992, 45〉

무삼으로 저녁에 이래 한줌을 까지껏 하거든? 무삼 톯았는 거, 그거 삼다가, 자부는 사람도 있거든? 자불다가 몬 삼으믄 갖다 내삐리 분다. 마 **다리** 모르게. 시집 사니라고 마구 고생은 하고 늦게 얼라는 또 옆에 끼고 삼을라 하만 밤은 깊지. 자부럽기는 하지. 삼다가 앉아서 꾸벅 꾸벅 자는데, 뭐 자불다가 몬 삼으믄 몰래 갖다 버리지. 〈김점호, 베도 숱한 베 짜고, 1992, 96〉

'다른 사람'의 의미를 가진 '다른 이'는 {다르-} + {-ㄴ(관형사형 어미)} + {이}의 구조를 가진 말이다. 이에 대응되는 경상도 방언형에는 '다리, 다리이, 다르이' 등이 쓰이고 있다. 이는 '다른 이'가 자음 / ㄴ /이 탈락해 '다르이'가 되고 다시 뒤의 / ㅣ / 모음의 영향으로 '다리이'가 되고, 다시 반복되는 모음 / ㅣ / 의 탈락으로 '다리'형도 나타난다. 동음이의어 '다리(脚)'는 성조가 '저조-저조'인데 반해, '다른 사람'을 뜻하는

‘다리’는 ‘저조-고조’로 성조가 다르다. 즉 경상도 방언에서 ‘다리(脚)’와
‘다리(他人)’는 소리가 같지만, 성조가 다르기 때문에 변별되어 사용된
다.

다부, 다보

문학 속의 경상 방언

- 표준어 : 대응 표준어 없음
- 품　사 : 부사
- 뜻풀이 : ① 다시.
　　　　　② 예상이나 기대 또는 일반적인 생각과는 반대되거나 다르게.
- 다른 방언형 : 돌우, 뎃데, 도리세, 도이여, 돌이어, 되려
- 사용 지역 : 경상도

맞아, 이 선거는 무효라꼬, **다부** 자유당 뽑는 기 무신 선거고? 긴말 할 거 없이 투표함 조뿌샀뿌리, 확 싸질러뿌리자꼬! 〈이문열, 변경, 1996, 3, 198〉

왜 거다서는 어예 볼 수 없드나? 모도 길만 있으믄 서울로 못 올라가 애가 타는데 니는 우예 젊은 기 **다부** 이다 내리 올 생각이 들더노? 〈이문열, 변경, 1998, 4, 64〉

그 개간지 하마 반은 산으로 **다부** 돌아갔지 싶다. 니 알다시피 그 산골에 언 놈이 뭘 믿고 드가 농사질라 카겠노? 안 돼도 일년 양식을 대조야 하는데, 4만평 농사지을라카믄 한 집에 6천 평씩 베긴다캐도 여섯집이 드가야 한다. 〈이문열, 변경, 1996, 4, 68〉

볼쌀뿐이고 찬거리도 없으이 점심 채릴 일이 기막해 보냈는다마는 점심 멕인 뒤에는 **다부** 데리고 온나. 왜 그런동 지내 안 빈다. 인연이사 어예 될동 몰따마는 자세 보기나 함 보자. 〈이문열, 변경, 1996, 6, 101〉

어매하고 할매가 하도 안 내놀라 카든 게라서…… 거다가 아무도 없고 해서 집에 **다부** 갖다났니더 〈이문열, 아가, 2000, 140〉

이기 뭐꼬? 싸움 말리러 온 줄 알았디마는 **다부** 시비 아이가? 우째 몇 살이라도 손위 되면서 말리지는 않고 다부 방패막이가 됐습니꺼? **다부** 아까운 아들 자 먹고 니까짓 년 홍역이 뭐라꼬, 달딩이 같은 아 지프테리로 숨 넘어 가는데 약 한 첩 몬 써보게 하고오 〈이문열, 변경, 1998, 〉

그라이 말이라. 인자 제우 몇 년 됐다고 남로당 경남도당 간부가 **다부** 경찰 자 묵자고 푸랑카드 들고 나서노? 〈이문열, 변경, 1996, 3, 169〉

아이라. 니가 나설 일이 아이라꼬 영희 그 기집아 때도 봤지만 이런 일 어디 알기 되드나? 이번 일은 내가 살살 어예 달래보꾸마. 옥경이는 내가 맡으꾸마. 니가 할 거는 **다부** 따로 있다. 〈이문열, 변경, 1996, 6, 270〉

'다부'에 대하여 〈표준국어대사전〉에서는 '도리어'의 경북방언형으로 설명하고 있으며, 〈우리말큰사전〉에서는 '도로'의 경북방언형이면서, '도리어'의 경남방언형으로 설명한다. 이는 '다부'가 한 가지 이상의 의미로 쓰인 데 따른 것으로 보인다.

경북방언에서 '다부'는 '도로'의 의미와 '도리어'의 의미 두 가지로 쓰인다. 위 예문 가운데 '왜 거다서는 어예 볼 수 없드나? 모도 길만 있으믄 서울로 못 올라가 애가 타는데 니는 우예 젊은 기 다부 이다 내리 올 생각이 들더노?〈이문열, 변경, 1998, 4, 64〉'의 경우는 '도로'의 의미이며, '이기 뭐꼬? 싸움 말리러 온 줄 알았디마는 다부 시비 아이가? 우째 몇 살이라도 손위 되면서 말리지는 않고 다부 방패막이가 됐습니꺼?. 다부 아까운 아들 자 먹고 니까짓 년 홍역이 뭐라꼬, 달딩이 같은 아 지프테리로 숨 넘어 가는데 약 한 첩 몬 써보게 하고오〈이문열, 변경, 1998〉'의 경우는 '도리어'의 의미로 쓰였다.

'도로'의 형태는 '돌-(回-)'에 부사를 만드는 접미사 '-오'가 결합된 형태로 이미 15세기에 나타난다. '다부'는 '도로'에서 파생된 것이 아니라

중세어 '드뵈-'에서 그 어원을 찾을 수 있다. 즉 '되-'를 의미하는 '드뵈-'
에서 '다뵈'〉'다뷔'〉'다부'로 어형이 변화한 것으로 추정된다.

단디

- 표준어 : 단단히
- 품　사 : 부사
- 뜻풀이 : ① 헐겁거나 느슨하지 아니하고 튼튼하게.
　　　　　② 뜻이나 생각이 흔들림 없이 강하게.
　　　　　③ 틀림이 없고 미덥게.
　　　　　④ 정도가 보통보다 심하게.
- 다른 방언형 : 단다이
- 사용 지역 : 경상도

용식이 형이 강경하게 말했다. "공(公)은 공이고 사(私)는 사라. 니 계산 단디(단단히)해보고 하는 소리가?" 〈이문열, 변경, 1992, 4, 124〉

까딱하믄 니 죽고 내 죽는 꼴 본데이. 참마로 글타. 그런 일이라 카믄 너 어 아부지 때문에 겪은 일만도 언성시럽다. 인제 이 나이 먹어 니 때문에 또 그런 꼬라지 겪는 거 죽으믄 죽었지 나는 다시 못 견딜따. 단디 새겨듣거래이. 〈이문열, 변경, 1998, 12, 83〉

'단디'는 '단단히'의 경상도 방언이다. '단디'는 '단단히'에서 유성자음 /ㄴ/과 모음/ㅣ/사이에서/ㅎ/이 탈락하여 '단다이'가 된 후, 다시 축약되어 '단디〔단디:〕'가 되었다(단단히〉단다이〉단디:). 의미적인 측면에서 보면 '단디'가 '단단히'와 일대 일로 대응하지는 않는다. '단단히'는 '철을 단단히 만들다', '눈을 단단히 뭉치다'처럼 물질의 물리적인 상태를 나타낼 때도 쓰이지만, '*철을 단디 만들다, *눈을 단디 뭉치다'는 안 된다. '단디'는 '끈을 단디 묶어라', '마음을 단디 묵다', '다짐을 단디 받아라', '감기가 단디 걸렸다'처럼 속성이나 정도를 나타낼 때만 쓰인다는 점에서 '단단히'와는 그 의미나 쓰임에서 차이를 보인다.

반면 축약되기 전 단계의 '단다이'는 '단단히'와 거의 일대 일로 대응한다. 이는 '단단이'에서 '단디'로 그 형태가 축약되면서 동시에 의미도 함께 축소되는 변화를 겪은 것이다.

달가들다

- 표준어 : 달려들다, 덤벼들다
- 품 사 : 동사
- 뜻풀이 : ① 사나운 기세로 무섭게 다가들다.
          ② 어떠한 일에 적극적으로 다가가 임하다.
          ③ 함부로 대들다.
- 다른 방언형 : 달겨들다, 달기들다
- 사용 지역 : 경상도

農事 그거 아무나 막 지으니 니도 **달가(덤벼)들믄** 곧 될 거 같제? 열심히만 하믄 등 싸시고 배부릴 같고……글치만 택도 없는 소리 마라. 〈이문열, 변경, 1992, 4, 67〉

'달가들다'는 '달려들다', '덤벼들다'의 의미에 해당하는 경상도 방언이다. '달가들다'의 형태론적 구성은 {달기-} + {-어(연결어미)} + {들-}이다. 즉 '달기다'와 '들다'가 결합한 합성어이다. '달기다'는 '기세 좋게 달음질쳐 빨리 가거나 오다'의 의미를 갖고 있는데, 표준어 '달리다'와 비슷한 말이다. '울기다', '알기다', '듣기다(들리다)'에서 보듯이 표준어의 피·사동접사 '-리-'가 경상도 방언에서 '-기-'로 대응되는 예들이 많다. 표준어 '달리다'가 '달기다'로 대응되는 것은 이와 평행한 현상이다. 그런데 '달기다'가 단독으로는 잘 쓰이지 않고, '달가들다'의 합성어에서 하나의 화석처럼 '달기다'를 확인할 수 있다.

담살이

- 표준어 : 머슴, 식모
- 품　사 : 명사
- 뜻풀이 : 남의 집에서 지내면서 시중을 들어 주고 삯을 받는 일 또는 그 사람.
- 다른 방언형 : 담사리, 머슴, 머삼, 머숨, 모심, 머음, 일꾼, 나무집사리
- 사용 지역 : 경상도

　"행수님께서 용납하신다면 우선은 이 마방에서 빨래품을 팔고 동자치 노릇을 지낼까 하니 거북하신 대로 용납하여 주십시오."우리 마방에서 **담살이**를 하시겠단 말씀이오? 〈김주영, 객주〉

　상전을 모시는 **담살**이란 것이 씨종인 월이 같은 여자에겐 그것이 평생의 업이겠거니 해서 참혹을 묵묵히 참아 갈 수 있겠지만 천소례에겐 그 수모를 견뎌내기 어려울 것이란 십분 짐작할 만하였다. 〈김주영, 객주〉

　'담살이'는 남의 집에서 지내면서 시중을 들어 주고 삯을 받는 일 또는 그 사람을 말하는 것으로, {담(牆)}+{살-}+{-이}로 분석된다.

　경북대본 〈화전가〉에 '사롬乙 보으도 순직하니 안팍 담사리 잇셔쥬면 밧사롬은 一白五十及 쥬고자너 사전은 빅양 쥼셔(사람을 보아도 순진하니 안팍에 담살이 있어주면…)'에 '담사리'의 형태가 보인다.

　현재 '담살이'의 방언 이형태는 전라도에 '담사리', '땀사리', 충청도에 '답싸리', 제주도에 '다사리' 등 다양하게 나타난다. 이들 어형은 대체로 '담사리'에서 경음화 된 형태이거나 음운이 교체 또는 탈락한 어형으로 분화되었다. 경상도에서는 '담사리' 외에 '곁방사리(곁방살이)', '나무집사리(남의집살이)' 등도 사용한다. '곁방사리'는 '곁방살이'에서 'ㄱ'이

'ㅈ'으로 교체된 것이며, '나무집사리'는 '남의 집 살이'가 그대로 하나의 단어로 굳어진 것이다.

'ㅈ'으로 교체된 것이며, '나무집사리'는 '남의 집 살이'가 그대로 하나

당세기

- 표준어 : 고리
- 품 사 : 명사
- 뜻풀이 : 짚을 엮어 만든 상자. 옷이나 물건 등을 담는 데 사용한다.
- 다른 방언형 : 당시기, 소쿠리
- 사용 지역 : 경상도

나무 될 거는 떡잎 적부터 알더라고 보선볼 하나라도 대볼 생각은 않고 저 고리 진동이나 한 붙이보든지, 그런 이세는 배울 생각 안 하고 밤낮 한다는 기이 이런 지랄 겉은 짓이니, 이기이 머꼬? 구신 떡 **당새기**가! 〈박경리, 토지, 3, 2002, 100-101〉

"쌀이 다 됐을테이 저녁답에 인철이 우리 점방에 왔다가거라. 몇 되 팔아 주꾸마." "옥경이 학교 가기 전에 머리 좀 빗고 가라. 걸뱅이 아 맨치로 쎄가 리라 하양더라. 참빗 **당시게** 안에 있으니 매매 빗으믄 된다." 누나도 마찬가 지였다. 〈이문열, 변경, 1998, 2, 217〉

'당세기' 또는 '당시기'는 '고리'에 해당하는 경상방언으로 주로 옷이 나 물건을 담는 데 사용된다. 흔히 반짇고리를 '바늘당새기', '바늘당시 기', '반질당새기', '반질당세기'라고 한다.

'당세기'는 곡식 등을 담는 데 사용하는 것을 '봉세기'라 한 것과 관 련하여 그 어형을 유추할 수 있다. 즉 '당세기'는 '담다'는 동사에 '시 (茅)'와 접사 '-기'가 결합한 어형이며, '봉세기'는 '봉하다(封)'는 동사에 명사 '시(茅)'와 접사 '-기'가 결합한 것으로 분석할 수 있다. 즉 '당세 기'와 '봉세기'는 무언가를 담기 위해 띠(풀)로 만든 그릇으로 풀이된다. 이와 유사한 어형인 '봉세기'는 한 말, 두 말 정도 꽤 많은 곡식을 담는 자루로 '당세기'와는 크기와 용도에서 차이가 있다.

'당시기'는 '당세기'에서 뒤 음절의 'ㅣ'모음의 영향으로 '세'의 /ㅔ/가 /ㅣ/로 변화한 것이다. '당세기'가 처격조사 '-에'와 함께 쓰일 경우에는 '당시게 담아라(당세기에 담아라)'처럼 '당시게'로 축약된 형태로 나타나는데, '당세기'의 또 다른 방언 이형태인 '당시게'와 그 형태는 같지만 형태론적 구성은 다르다.

당시게

- 표준어 : 고리
- 품　사 : 명사
- 뜻풀이 : ① 껍질을 벗기어 버린 고리버들의 하나. 옷 따위를 담는 상자나 키 따위를 만드는 감으로 쓴다.
  ② 고리버들의 가지나 대오리 따위로 엮어서 상자같이 만든 물건을 뜻한다.
- 다른 방언형 : 당시개, 당시기, 당새기, 당세기, 도방구리
- 사용 지역 : 경상도

"옥경이 학교 가기 전에 머리 좀 빗고 가라. 걸뱅이 아맨치로 쎄가리가 하얗더라. 참빗 **당시게** 안에 있으니 매매 빗으믄 된다. 〈이문열, 변경, 1989, 2, 217〉

‘당시게 / 당시기’는 ‘고리’의 경상도 방언형이다. ‘바느질 당시게’, ‘떡 당시게’, ‘옷 당시게’처럼 그 용도에 따라 ‘당시게’를 구분한다. ‘바느질 당시게’에 대응하는 표준어가 ‘반짇고리’이다. ‘바느질 당시게’는 달리 ‘바느질 소구리’, ‘바느질 깡저리’라고 하는데, 이러한 사실로 미루어 ‘당시게’와 ‘소구리(소쿠리)’, ‘깡저리’는 서로 비슷한 용도로 사용되었던 것으로 추정된다. 실제 ‘당시게’, ‘소구리’, ‘깡저리’를 사용된 재료나 그 모양과 크기 등으로 정확히 구분하는 것은 힘들다.

당알지다

- 표준어 : 당차다
- 품   사 : 형용사
- 뜻풀이 : 나이, 처지나 겉모양에 비하여 마음이 당차거나 행동이 야무지고 오달
지다.
- 다른 방언형 : 땅알스럽다
- 사용 지역 : 경상도

옥연은 안차고 **당알진** 계집애였지만 열 네 살이란 나이가 있어 휑덩그렇게 빈집을 혼자 지키느라고 꽤 무서웠던 터에… 〈현진건, 정열의 회오리〉

사램이란 지 푼수를 알알 긴데, 쑥으막해 있어도 멋할 긴데 제집이 **땅알스 러바서** 안 그렇나. 허연 잇석을 드러내고 희희낙락 하니 웃을 처지가 되나? 참 세상에 비윗장 좋은 그런 계집도 처음 봤다. 〈박경리, 토지, 2, 319〉

‘당알지다’는 나이, 처지나 겉모양에 비하여 마음이나 행동이 야무지고 오달지다는 의미이다. ‘당알지다’의 어형은 ‘당차다’와 ‘알지다’가 결합하여 하나의 어형으로 굳어진 것으로 지역에 따라 ‘당알-’에 ‘-스럽다’가 결합된 ‘땅알스럽다’도 나타난다.

대맹이

- 표준어 : 능구렁이
- 품　사 : 명사
- 뜻풀이 : ① 뱀과의 하나. 몸의 길이는 120cm 정도이며 등은 붉은 갈색, 배는 누런 갈색이고 온몸에 검은 세로띠가 있다. 동작이 느리고 독이 없다. 인가 근처나 논두렁에 흔히 나타나는데 한국, 중국, 대만 등지에 분포한다.
  ② 음흉하고 능청스러운 사람을 비유적으로 이르는 말.
- 다른 방언형 : 구렝이, 구레이, 구링이, 구리, 구딩이
- 사용 지역 : 경상도

"종년이 쌀 뒤주에 쌀을 내러 간께 쌀 뒤주 밑에서 말이다. 조깬썩 조깬썩 하는 소리가 나더라 안 카나. 그래 본께 누우런 **대맹이**가 있더란다. 종년은 그만 화통이 터져가지고 살았일 적에도 밤낮 조깬썩 조깬썩 하더마는 죽어서도 조깬썩 조깬썩 ! 하믄서 끓는 물을 확 찍티맀더란다. 등이 홀딱 뱃기진 대맹이는 눈물을 흘리면서 집안을 돌아댕겼다 카는데 지금도 그 등이 뱃기진 흰 구딩이가 집찌끼미로 있다 안 카나. 〈박경리, 토지, 1994, 1, 109〉

　표준어 '능구렁이'에 대응하는 경상도 방언형에는 '대맹이, 구링이, 구리, 구딩이' 등이 있다. 예컨대 "그때 구리이가 오는데 삽작걸에 저만치 들어올 때는 지게막대기만 하디마는 삽작걸에 들어 올 때는 마당에 들어오니 맷방석만 해지더란다(그때 구렁이가 오는데 대문에 저만큼 들어올 때는 지게막대기만 하더니만 대문에 들어 올 때는 마당에 들어오니 맷방석 만 해지더란다)."를 들 수 있다. '구렁이'가 / ㅣ / 모음역행동화 현상에 의해 '구렝이'가 되고, 다시 / ㅔ / 〉 / ㅣ / 과정을 거쳐 '구링이'가 된다(구렁이〉구렝이〉구링이). 경상도에서는 '며느리〉메

느리>미느리, 게>기, 세상>시상'에서 보듯이 / ㅔ / > / ㅐ / > / ㅣ / 변화가 광범위하게 일어나고 있다.

국어사 자료에서 '구렁이'에 소급되는 최초의 형태는 15세기의 '구렁이'와 '구령이'이다. 15세기에 'ㄹ' 뒤에서 반모음 / y / 가 탈락하지 않았기 때문에 '구령이'와 '구렁이'는 다른 방언형이었던 것으로 보인다. 19세기에 나타나는 '굴엉이'는 제1음절과 제2음절을 분철한 표기에 불과하다.

대배기

문학 속의 경상 방언

- 표준어 : 능선
- 품 사 : 명사
- 뜻풀이 : 등성이, 능선, 산이나 언덕 따위가 길게 이어진 마루.
- 다른 방언형 : 산몬댕이, 산꼭더기, 산꼭다, 말레이, 산만데이, 산꼭뎅:, 떠베이
- 사용 지역 : 경상도

물론 개간허가사 났제 글치만 곧 쉽지는 안했다. 한 이태 **산대백**이마다 얼마나 뱃기놨는지… 그러이 아무리 나라라캐도 그 많은 보조 어예 척척 내놓겠노? 아지매가 안달복달 쫓아 댕기 된 기제. 요새는 신청내도 허가가 많이 까다로바졌다카드라 〈이문열, 변경, 1996, 4, 63〉

산길은 말이따, 좀 두르는 것 같아도 **대배기** 타고 내리는 게 젤 편하제 〈이문열, 변경, 1996, 4, 141-142〉

산길에는 **대백**이밖에 딴 수 없는게라 먼저 가서 풀짐을 내려 놓고 기다리던 진규 아버지가 헐떡이며 지게를 내려 놓는 철이를 거들떠 보지도 않고 그렇게 말했다. 〈이문열, 변경, 1996, 4, 142〉

'대배기'는 '산등성이, 능선'에 해당하는 경상도 방언이다. '대배기'는 '더기'와 '배기'가 결합한 것으로, '더기'는 높은 곳의 평평한 땅을 말한다. '더기배기'에서 'ㄱ'이 약화 탈락되어 '데배기'로 변화된 것이다. 경상도 방언에서 /ㅔ/와 /ㅐ/는 중화되어 일반적인 발화에 있어 변별되지 않으므로 /ㅔ/와 /ㅐ/가 표기자에 따라 선택적으로 쓰인다. '대배기'는 '산대배기', '산때배이', '산만데이' 등과 같이 '산'이 결합한 어형

으로 쓰이는 경우가 많다. '대배기' 자체가 산등성이, 능선을 의미하는 데 '산'을 덧붙여 쓰는 것은 의미를 강조하기 위한 것으로 보인다.

또한 '대배기'는 '버섯이 대배기네'와 같이 '굉장히 많다'라는 의미로도 쓰인다. 이는 높은 산등성이를 의미하는 '대배기'의 기본 의미가 '양이나 수가 많다'는 의미로까지 확장된 것이다.

댕기다

- 표준어 : 다니다
- 품   사 : 동사
- 뜻풀이 : ① 어떤 볼일이 있어 일정한 곳을 정하여 놓고 드나들다.
             ② 볼일이 있어 어떠한 곳에 들르다.
- 다른 방언형 : 당기다
- 사용 지역 : 경상도

그 때 뱃속에 아가 놀래 가주고 얼라를 낳아 놓으이 얼라 다리가 똑 가시게 걸애. 골병이 들어 가주고. 쫓개 **댕기니라꼬** 골병이 들었잖니껴. 요새도 억시 적은 편은 안 가도 기중 약하니더. 우리 아아덜 중에서 기중 약해. 〈김점호, 베도 숱한 베 짜고, 1992, 59〉

마느래 자리를 잡으러 **댕기더니만** 자기 가족들을 어데 자리를 잡아 놓고 나는 현반에 자라 그랬어. 요새 기차 현반엔 못 올라 가지. 그 현반은 사람이 잘만 했어. 이사를 간다꼬 이불 한 보따리하고 또 내 옷 한 상자 옇은 것 있었는데 내 머리맡에 놓고 잤어. 〈성춘식, 이부자리 피이 놓고, 1992, 101〉

산은 평평한데 새강이고 뭐고 풀이 우거졌고. 길이 서울 거리보다 더 널러. 사람이 끌고 **댕기는** 인력거, 말이 끌고 대니는 마차, 똔 전차가 왔다갔다 하고. 〈성춘식, 이부자리 피이 놓고, 1992, 105〉

'당기다', '댕기다'는 경상도에서 두루 쓰이는 말로 '다니다'의 방언형이다. '댕기다'는 '당기다'에서 / ㅣ / 모음역행동화가 적용된 것이다.

중세국어 어형은 '돈니다, 둔니다, 듀니다'이다. 이 가운데에서 '돈니다'와 '둔니다'의 출현 빈도가 높고, '듀니다'는 빈도가 아주 낮다. '듀니다’는 ‘ᄃᆞᆮ니다’에서 ‘ㄴ’이 탈락한 형태이며, ‘ᄃᆞᆮ니다’는 ‘ᄃᆞᆮ니다’의 자음 동화를 반영한 형태이다. 이렇게 보면 ‘ᄃᆞ니다’는 ‘ᄃᆞᆮ니다’로까지 소급하며, ‘ᄃᆞᆮ니다〉ᄃᆞᆮ니다〉ᄃᆞ니다’의 변화 과정을 거친 것임을 알 수 있다. ‘ᄃᆞᆮ니다’는 ‘ᄃᆞᆮ다〔走〕’의 어간 ‘ᄃᆞᆮ-’과 ‘니다〔行〕’의 어간 ‘니-’가 합성된 동사이다. 이렇듯 동사 어간을 결합하여 합성 동사를 만드는 방식은 중세국어에서 아주 일반적이었다. 특히 ‘니다’는 ‘ᄃᆞᆮ니다’를 비롯하여 ‘노니다, 걷니다, ᄂᆞ니다(날아다니다)’ 등에서 보듯 합성동사 생성에 적극적으로 참여한다. 이 경우의 ‘니-’는 계속 진행의 뜻을 가진 접미사에 가까운 성질을 띤다. ‘ᄃᆞᆮ-’과 ‘니-’의 의미를 고려하면 ‘ᄃᆞᆮ니다’는 ‘달리며 가다’라는 어원적 의미를 갖는다. ‘ᄃᆞ니다’는 ‘ㆍ〉ㅏ’ 변화에 따라 ‘다니다’로 변한다. ‘다니다’가 이미 17세기 문헌에서 발견된다.

더부렁거리다

- 표준어 : 일렁거리다
- 품 사 : 동사
- 뜻풀이 : 물에 물결에 따라 이리저리 흔들리다.
- 다른 방언형 : 더부렁그리다
- 사용 지역 : 경상도

> 青春을 잃어버린 落葉은, 미친 듯, 나부끼어라, / 설업게도, 길겁게, 조으름 오는 寂滅이, **더부렁그리다** 〈이상화, 가을의 風景〉
>
> 푸른 湖面을 / 寂寥가 / 자취없이 **더부렁거릴** 때, / 안개처럼 어리운 憂愁 속에 / 허거픈 마음은 잠들 줄 모르고 〈윤곤강, 肉體, 만가, 43〉

'더부렁거리다'는 '물위에 떠서 물결에 따라 이리저리 흔들리다'라는 의미로 의태어 '더부렁'에 '-거리다'가 결합된 것이다. '더부렁'에 대한 정확한 어원은 알 수 없으나 경상도에서 수제비를 '더부렁죽'이라고 하는 것에서 그 의미를 짐작할 수 있다. '더부렁죽'은 수제비를 할 때 반죽한 것을 떼어 넣으면 그 즉시 위로 떠올라 둥둥 떠 있는 모양을 빗대어 붙인 이름이다.

위 예문 가운데 이상화의 시 '낙엽은 미친 듯 나부끼어라 / 조으름 오는 적막이 더부렁그리다'에서 '더부렁그리다'는 '나부끼어라'와 대응을 이루며 '물결에 따라 일렁거리는 것처럼 바람에 따라 이리저리 움직이는 모습을 표현한 것이다.

더우잡다

- 표준어 : 더위잡다
- 품   사 : 동사
- 뜻풀이 : 손가락을 우그리어 힘 있게 꽉 잡다. 끌어 잡는다.
- 사용 지역 : 경상도

들깨는 오던 걸음을 되돌려서 소리를 치며 비탈길을 **더우잡았다.** 〈김정한, 사하촌〉

'더우잡다'는 '움켜잡다', '꽉잡다'는 것을 가리킨다. 〈살려 쓸 만한 토박이말 5000)〉에 의하면 '더위잡다'는 '끌어 잡다'는 뜻으로 구체적으로 높은 데 오르려고 무엇을 끌어 잡는 것을 말한다. 또한 굳은 기반을 잡는 것 역시 '더위잡다'라고 한다. '생활의 기반을 더위잡다' 따위로 쓴다.

이미 15세기부터 '더위잡다'의 어형을 볼 수 있다. 그러나 당시의 의미는 굳이 '높은 곳에 오르기 위해서'가 아니라 무엇을 '붙잡다, 움켜잡다'라는 뜻으로만 쓰였다. 즉 '더위잡다'는 동사 '더위다'와 '잡다'가 결합하여 만들어진 합성동사이다. '더위다'는 '잡다'라는 뜻을 갖는 동사이다. 이 지역에 나타나는 '더우잡다'는 19세기에 나타난 어형으로 '더위잡다'에서 반모음 'y'가 탈락한 것이다.

덤불이 커야 토째비도 크다

- 표준어 : 덤불이 커야 도깨비가 난다
- 품　사 : 속담
- 뜻풀이 : 의지할 바탕이 크고 풍족해야 일이 잘 된다는 뜻의 속담이다.
- 사용 지역 : 경상도

"**덤불이 커야 토째비도 크다꼬**, 마 서울로 가입시다. 새로 시작하는 거 어디 믄 어떻겠어예? 사람은 나서 서울로 가야 된다는 말도 있잖는교?" 〈이문열, 오 디세이아 서울, 1993, 2, 427〉

'덤불이 커야 토째비도 크다'라는 속담은 '의지할 바탕이 크고 풍족 해야 일이 잘 된다.'는 의미를 가진 속담이다. 여기서 '토째비'는 '도깨 비'의 경상도 방언형으로 '동물이나 사람의 형상을 한 잡된 귀신의 하 나'이다. '도깨비'의 방언형에는 '토째비' 이외에도 '도까비, 도쩨비, 독 갑이, 또개비, 똘째비, 토깨비, 토째비, 토쩨비, 허까비, 허깨비, 홀개 비, 홀깨비' 등 다양하게 사용되고 있다. '두억신 되려시나 독갑이 되 려시나〈萬言詞答〉라는 데서 볼 수 있듯이 '도깨비'의 고형은 '독갑이'인 데 경상도에서는 아직 고형이 다른 방언형과 같이 사용되고 있다.

국어사 자료에서 '도깨비'에 소급되는 최초의 형태는 15세기의 '돗가 비'이다. 17세기 어형 '독갑이'는 16세기 초에 음절 말 'ㅅ'의 발음이 'ㄷ'과 같아짐에 따라 '돗가비'의 'ㅅ'이 'ㄷ'으로 바뀌고, 이 'ㄷ'이 뒤에 오는 'ㄱ'에 동화된 것이다. 그리고 '도깨비'는 돗가비[도까비]에서 /ㅣ/ 모음역행동화된 것이다.

덤짜

- 표준어 : 대응 표준어 없음
- 품   사 : 명사
- 뜻풀이 : 거저로 얻게 된 사람.
- 사용 지역 : 경상도

"소화 옛서방이 아마 협률산가 뭔가 하고 연줄이 닿을 기다. 그러나 소화
야 어디 제대로 된 기생가? **덤짜**지 **덤짜**." "**덤짜**나마나 그런 거 내사 모르겠
고," 〈박경리, 토지, 5, 161〉

"아따! 그라믄 금송아지 갖고 왔든가? 과분지 소박데긴지 아니믄 **덤짜**인지
그 여자 내력이사 우리가 우찌 알까마는 혼자 있는 젊은 것이 돈이 많았으믄
얼매나 많았것노." 〈박경리, 토지, 12, 16〉

'제 값어치 외에 거저로 조금 더 얹어 주는 일. 또는 그런 물건'을
'덤'이라고 하는데, 사람도 그 대상이 된다. '덤짜'는 '거저로 얻게 된
사람', '가외의 사람'을 이르는 말로 {덤}＋{자(者)}의 형태로 유추해
볼 수 있다. 참고로 경남에서는 '바위'를 '덤'이라 부르기도 한다.

데불다

- 표준어 : 데리다
- 품　사 : 동사
- 뜻풀이 : 아랫사람이나 동물 따위를 자기 몸 가까이 있게 하다.
- 다른 방언형 : 대리다, 다리다, 대불다
- 사용 지역 : 경상도

시방도 神農 적 베틀에 질쌈하고 / 바가지에 밥 먹고 / 갓난 것 **데불고** 톡톡 털며 사는 七寸 조카 젊은 과수 며느리며 / 비록 갓망건은 벗었을망정 / 浩然한 기풍 속에 새끼 꼬며 / 詩書와 천하를 논하는 왕고못댁 왕고모부며 / 〈유치환, 생명의 서, 거제도 둔덕골, 1991, 76〉

"억울하고 서러운 내 팔자야. 전생에 무신 원한이 맺혀 내 신세가 이꼴이고. 아이구, 울 엄마요, 초롱같은 같은 세 자슥새끼 **데불고** 홀몸으로 우째 살꼬오" 아치골댁 입에서 설움에 젖은 쉰소리가 풀어진다. 〈김원일, 불의 제전, 1, 30〉

　현대국어의 '데리다'는 '아랫사람이나 동물 따위를 몸 가까이 하다'는 뜻이다. 그래서 '데리다'의 목적어는 아이나 개 등이 된다. 또한 '데리다'의 활용형도 거의 대부분 '데려'와 '데리고'로만 쓰인다. '데려서'나 '데리지', '데리니' 등의 활용형은 쓰이지 않는다. '데리다'의 기능 역시 단독으로 쓰이지 못하고 그 뒤에 반드시 '오다'나 '가다'가 와야 한다. 즉 '데려 오다'나 '데려 가다'의 구성으로 쓰이는 것이 대부분이다.

　그러나 옛 문헌에서 '데리다'의 활용과 쓰임을 보면 많이 다른 점을 알 수 있다. '데리다'의 고형은 '드리다'이다. 물론 '드리다'도 아랫사람을 목적어로 취하지만 〈속삼강행실도〉에 보면 '어버이' 같은 존칭어도 목적어로 취하고 있다. 또한 '드리다'가 단독으로 쓰인 예도 많았다. 이런 변화를 보면 '드리다'는 후대로 올수록 활용형과 사용 문맥이 제한적으로 바뀌었음을 알 수 있다. '드리다'가 '데리다'로 그 꼴이 변화한 것은 음운변화의 결과이다. '드리다〉더리다〉데리다'와 같은 단계를 거친 것인데, 두 번째 단계에 있는 /·/가 /ㅓ/로 변화한 것은 /·/ 변화에서 조금 특이한 것이다. '곧다'가 '겉다'로 변하는 것이나 '놈〉넘'(他)과 같은 예에서 '·〉ㅓ' 변화를 확인할 수 있다.

'데리다'의 경상도 방언형은 '대리다, 다리다, 대불다, 데불다' 등 여러 형태가 있다. 특이한 것은 어중 /ㅂ/의 형태인데, 고어형인 '드리다'에서도 /ㅂ/의 형태를 유추할 수 있는 근거가 보이지 않는다.

도꿋날

- 표준어 : 도끼날
- 품 사 : 명사
- 뜻풀이 : 도끼에서 물건을 찍거나 자르는 데 쓰는 쇠로 된 날카로운 부분.
- 다른 방언형 : 도꾸날
- 사용 지역 : 경상도

> "그런 뇌점병(폐결핵)쟁이가 어찌 시집을 갈까?" "벼락 맞을 소리 하지도 마라. 입도 **도꿋날**같이 방정맞다." 석원은 펄쩍 뛴다. 〈박경리, 김약국의 딸들, 1993, 32〉

'도끼'의 경상도 방언형이 '도꾸'이다. 따라서 '도꿋날'은 {도꾸} + {ㅅ}(사이시옷) + {날}(연장의 가장 얇고 날카로운 부분)의 합성어이다. 실제 표면형은 'ㅅ(사이시옷)'이 '날'의 /ㄴ/에 의해 비음동화되어 [도꾼날]로 나타난다. '도끼'의 중세국어 어형은 '돗귀(돗귀와 톱과로 버히느니라(도끼와 톱으로 베느니라)〈월인석보, 1459, 1:29〉)'인데, 경상도 방언의 '도꾸'는 '돗귀>도뀌>도꾸'의 변화 과정을 겪은 것이다. 경상도 방언에서는 '귀신', '귀찮다'가 [구신], [구찬타]처럼 이중모음 'ㅟ[wi]'가 [ㅜ]로 나타나기도 하고, '귀엽다', '뒤'가 [기엽따], [디]처럼 [ㅣ]로 나타나기도 하는데, '도뀌>도꾸'의 변화는 바로 전자의 현상이 적용된 것이다.

도디키다

- 표준어 : 훔치다
- 품   사 : 동사
- 뜻풀이 : 남의 물건을 남몰래 슬쩍 가져다가 자기 것으로 하다.
- 다른 방언형 : 후비다, 도둑키다, 도딕키다
- 사용 지역 : 경상도

> 아아는 업고 구루마에는 솥쟁기, 식량 겉은 거 싣고 놋그륵 가튼 거는 마카 거름에 파묻고 인민군들 오마 옷겉은 거 **도디캐 간다꼬** 그래가 시집 칠대조 산소가 있는 골짜아 드갔는 거래. 〈김점호, 베도 숱한 베 짜고, 1992, 56〉

'도둑키다, 도딕키다, 도디키다, 후비다'는 남의 물건을 훔치는 것을 의미하는 경상도 방언형이다. '도둑'이라는 단어는 '남의 물건을 훔치거나 빼앗는 따위의 나쁜 짓. 또는 그런 짓을 하는 사람'을 뜻하는데, 경상도 방언형인 '도둑키다, 도딕키다, 도디키다' 형에서 '도둑'이라는 단어의 형태를 찾아 볼 수 있다. '후비다'는 〈표준국어대사전〉에서는 '틈이나 구멍 속을 긁거나 돌려 파내는 것'이라고 등재되어 있는데, 경상도 방언에서는 '도둑질'하는 경우에도 사용된다. 다른 사람의 주머니에서 무엇을 꺼내는 행동이 '후비다'라는 말과 통해서 함께 쓰이는 경우이다.

도로시

- 표준어 : 도리어
- 품 사 : 부사
- 뜻풀이 : 예상이나 기대 또는 일반적인 생각과는 반대되거나 다르게.
- 다른 방언형 : 도루혀, 도려, 도리, 도리세, 도레여, 도릿, 도이여, 도로혀
- 사용 지역 : 경상도

고사리순에사 산짐승 내음새, 암수컷 다소곳이 밤을 새운 꽃고사리 / **도롯**이 숨이 죽은 고사리밭에 바람에 말리는 구름길 八十里 〈박목월, 雪伏嶺, 산도화(山桃花), 1955〉

참말로 언성시럽니더 울고 싶은 놈 귀때기 때기기로 한 번 시원하게 터주소. 신문 방송에 크게 한 방 맞더라도 그 길이 이놈의 탄광 문 닫을 수 있으믄 **도로시** 속시원할시더. 〈이문열, 변경, 9, 33〉

그뿌이 아이라 사람이 몽지리 형맨치로 공부하기 좋은 머리로 태어난 것도 아이고 그 중에는 책 속에 파묻어봐도 안 되는 머리도 있다꼬. 내민치로 천생 노동자로 늙어야 할 팔자말이다. 그것도 **도로시** 그쪽이 훨씬 더 많을끼라. 〈이문열, 변경, 11, 81〉

'도로시'는 '도리어', 표준어 '오히려'에 대응하는 경상도 방언이다. '도로시'의 어형은 '도리어'의 중세국어 어형인 '도로혀'에서 찾을 수 있다. 도로혀는 {돌(回)-} + {-ㅇ-} + {혀(引)-}의 결합으로 '도ᄅ혀'에서 '도ᄅ혀〉도로혀'로 변화하였다. 현재 경상도 방언에 남아 있는 형태 '도로혀', '도루혀' 등은 중세국어 어형이 그대로 남아 있는 것이다.

'도로시'와 '도리세' 등은 '도로혀'의 'ㅎ'이 'ㅅ'으로 변한 것으로 이는

/ㅣ/모음 앞에서 /ㅎ/이 /ㅅ/으로 바뀌는 /ㅎ/ 구개음화에 따른 것이다.
이 /ㅎ/ 구개음화는 '형〉성', '혀〉세' 등과 같이 경상도 방언에서 많이
나타나는 음운현상 가운데 하나이다.

도척이 겉은 인심

- 표준어 : 대응 표준어 없음
- 품　사 : 관용어
- 뜻풀이 : 관용적으로 쓰여 '인정이 매우 야박함'을 나타낸다.
- 사용 지역 : 경상도

　　그것도 왜놈을 앞장세우고 또 그자는 의병들헌티 당한 것을 핑곌 삼고 또, 또 죄 없는 사램꺼지 의병으로 몰아서 잡아죽이고 잡아넘기고, **도척이 겉은 인심** 아니고 멋이겠소? 〈박경리, 토지, 2002. 7. 19〉

　　'도척'은 한자어 '도적(盜賊)'을 말한다. '도적'에서 어떠한 과정에 의해 '도척'이 되었는지 알기는 어려우며, 대개 '도척'에 사람이나 사물의 뜻하는 접미사 '-이'가 결합한 '도척이' 형으로 쓰인다. '도척이 겉은 인심'은 결국 '도적같은 인심'을 말하는데, '인정이 매우 야박함'을 나타내는 관용구이다. 도적이 남의 물건을 빼앗거나 훔치면서 남에게 베풀지 않는 속성을 가지고 있는 데서 유추된 관용구라고 할 수 있다.

독갑이

- 표준어 : 도깨비
- 품　사 : 명사
- 뜻풀이 : 동물이나 사람의 형상을 한 잡된 귀신의 하나. 비상한 힘과 재주를 가지고 있어 사람을 홀리기도 하고 짓궂은 장난이나 심술궂은 짓을 많이 한다고 한다.
- 다른 방언형 : 도까비, 도째비, 또깨비, 똘째비, 토깨비, 토째비, 토쩨비, 톳째비, 허까비, 허깨비, 헉깨비, 홀개비, 홀깨비
- 사용 지역 : 경상도

그러치 안흐면 **독갑이** 작난이나 아닌가 하야 무쇠무쇠한 증이 들어서 동무를 째웟다가 〈현진건, B사감과 러브레타, 1925, 21〉

어홍한 이 구석 저 구석에서 **독개비**가 튀어나올 듯 나올 듯하다. 〈현진건, 荒原行, 1929, 92〉

「마돈나」오느라가자, 압산그름애가, **독갑이**처럼, 발도업시이곳갓가이 오도다, 〈이기철 편, 이상화전집, 나의 寢室로, 1982, 84〉

그것은 날근누덕이에서난 **독갑이**가튼 반갑지안흔그影姿이엇다. 〈이기철 편, 이상화전집, 무산작가와 무산작품, 1982, 271〉

감음이들고 큰물이지고 불이나고 목숨이만히죽은올해이다. 朝鮮사람아 金剛山에불이낫다 이한말이 얼마나깁흔默示인가. 몸서리치이는말이아니냐. 오 한우님—사람의弱한마음이만든**독갑이**가아니라 누리에게힘을주는 自然의 靈精인 한아쏜인사람의睿智—를불러말하노니 잘못짐작을갓지말고 바로보아라 이해가 다가기전에—. 朝鮮사람의가슴마다에 숨어사는 모든한우님들아! 〈이기철 편, 이상화전집, 이해를 보내는 노래, 1982, 131〉

독갑이노래하자는목숨아, 너는 돌아가거라. 〈이기철 편, 이상화전집, 방문거절, 1982, 137〉

慣性이란해골의쩨가밤낮으로독갑이춤추는것뿐이아니냐? 〈이기철 편, 이상화전집, 오늘의노래, 1982, 162〉

웃으꽝스런 독갑이에세 홀린 긴 꿈이엇구나 〈이기철 편, 이상화전집, 지구흑점의 노래, 1982, 188〉

'독갑이, 도까비, 도째비, 또깨비, 똘째비, 토깨비, 토째비, 토쩨비, 톳째비, 허까비, 허깨비, 헉깨비, 홀개비, 홀깨비'는 '도깨비'의 경상도 방언형이다. 국어사 자료에서 '도깨비'가 소급하는 최초의 형태는 15세기의 '돗가비'이다. 17세기 어형 '독갑이'는 16세기 초에 음절 말 /ㅅ/의 발음이 /ㄷ/과 같아짐에 따라 '돗가비'의 /ㅅ/이 /ㄷ/으로 바뀌고, 이 /ㄷ/이 뒤에 오는 /ㄱ/에 동화된 것이다(돗가비〉돋가비〉독가비).

경상도 방언형 '독갑이'는 '독가비'를 분철 표기한 것으로 그 발음은 둘 다 [도까비]로 같다. 표준어 '도깨비'는 '독가비'에서 / ㅣ / 모음역행동화된 것이다. 따라서 '독갑이'가 '도깨비'보다는 앞선 형이다.

독새나다

- 표준어 : 동나다
- 품   사 : 동사
- 뜻풀이 : 물건 따위가 다 떨어져서 남아 있는 것이 없게 되다.
- 다른 방언형 : 독시가 나다
- 사용 지역 : 경상도

> 머리 다리가, 머리함이라 그는 큰 함에다 여 논 걸(넣어 놓은 것을), 종갓집에 우리 종질녀가 시집 갈 때 빌리(빌려) 간다고 큰 집에 가져 갔어. 맹 거 있으면 있제 하고 돴디이, 한동안에 그때 다리가 **독새났잖아요**. 한 다리 돈이 몇천원 되고 이랬는데 우리는 몇만원 짜라래요. 그거 몽땅 다 잃어버렸어요.
> 〈성춘식, 이부자리 피이 놓고, 1992, 54〉

‘독새나다, 독새가 나다, 독시가 나다’는 ‘물건 따위가 다 떨어져서 남아 있는 것이 없게 되다’라는 의미로 ‘동나다’에 대응되는 경상도 방언형이다. ‘독새가 나다’라는 구의 형태로 사용되고 있는데, ‘독새’가 어떤 의미를 가지는지는 확실하지 않다. 다만 경상도 방언에는 ‘독수리’의 방언형으로 ‘독새’가 쓰이고 있다.

돌삐

- 표준어 : 돌멩이
- 품　사 : 명사
- 뜻풀이 : 돌덩이보다 작고 자갈보다 큰 돌.
- 다른 방언형 : 독, 독맹이, 돌미, 돌밍이, 돌뺑이
- 사용 지역 : 경상도

인내들은 와 효부, 열부, 끝내는 망부석 카는 / **돌삐**가 돼야 되능교? / 용왕님께서는 하마 정신이 오락가락 / 그네를 타시니더. 이 시대 맨끄티 / 〈정숙, 신처용가, 돌삐가 돼야 되능교?, 1996, 29〉

옛날에는 **돌미** 하나썩 얹어 놓고, 어떤 데는 가마 지게 갖다가 눌리 놓고, 까시덤배기 갖다 놓고. 마캐 눌리 놨어. 우리가 어른이라도 가 보미 무섭어. 〈김점호, 베도 숱한 베 짜고, 1992, 62〉

독 새에 풀 한 포기 억지로 빠져나와 해를 보려고 동쪽으로 고개를 드는데, 동생들이 호매로 쪼아가면 그 풀 뿌리는 또 억지로 나오니라고 얼마나 외로이 얼마나 앨를 먹을까? 〈이오덕, 일하는 아이들, 1978, 59〉

성춘네 집 언덕 우에 쉬다가 일어서는데 / 뒤에 있는 **독맹이**에 받혀서 그 높은 곳에서 떨어질 때 / 풀하고 구불어 내려와서 도랑 바닥에 떨어졌다. 〈이오덕, 일하는 아이들, 1978, 114〉

'돌멩이'의 경상도 방언형에는 '독, 독맹이, 돌미, 돌밍이, 돌삐, 돌뺑이'가 있다.

국어사 자료에서 '돌'이 소급하는 최초의 형태는 15세기의 '돓'이다.

'돓'은 15세기 국어에서 모음 앞에서는 어말의 /ㅎ/이 나타나고, 평음 앞에서는 평음과 결합하여 유기음이 되며, 그밖의 다른 환경에서는 /ㅎ/이 탈락하여 '돌'로 실현되는 것이 원칙이다. 그러나 15세기부터 이미 /ㅎ/이 탈락하지 않을 환경에서 탈락하는 예들이 보이는 반면에, /ㅎ/이 실현되는 예는 19세기까지도 나타난다. '돌'에 도구의 부사격 조사가 결합한 형식이 '돌ᄒ로'가 아니라 '돌로'로 나타나기 시작하는 시기와 '돌'에 접속 조사 '과'가 결합한 '돌콰'가 마지막으로 나타나는 시기가 17세기이므로, 대개 18세기부터는 '돓'의 /ㅎ/이 탈락했다고 볼 수 있을 것이다.

돌이돌이

- 표준어 : 대응 표준어 없음
- 품　사 : 부사
- 뜻풀이 : 가까운 거리에 함께 있는 모습.
- 다른 방언형 : 돌레돌레
- 사용 지역 : 경상도

바자에 까치 한 마리 까각이다 가도 어머님은 지향 없는 기다림에 조바심해 살았느니 / 누구렛집 막동이의 돌날이라도 / **돌이 돌이** 한울안 같은 적은 모꼬지였다. // 〈유치환, 청마시초, 故園, 47〉

'돌이돌이'는 '가까운 거리에 함께 있는 모습'을 나타내는 경상도 방언이다. 달리 '돌레돌레'라고도 한다. 〈표준국어사전〉에 등재되어 있는 '돌레돌레'는 '사방을 요리 조리 살피는 모양'이라고 풀이하고 있는데, 표준어와는 형태는 같지만 그 의미는 다르다.

돔바다

- 표준어 : 훔치다
- 품   사 : 동사
- 뜻풀이 : 남의 물건을 남몰래 슬쩍 가져다가 자기 것으로 하다.
- 다른 방언형 : 돔부다, 돔바가다, 돔바오다, 돔비가다
- 사용 지역 : 경상도, 전라도

"그러니 머슴놈 구천이는 남으 제집을 **돔바**잤으니 옛 법에는 장살감이라! 그렇나 안 그렇나!" 〈박경리, 토지, 1994, 5, 243〉

"그 자석들 대구 한 손 **돔바**올라 캤는데, 하마 올 기구마는." 〈박경리, 토지, 7, 1994, 59〉

"우떻기 된 계집인데 남의 새 총각을 **돔비**가노. 그래 계집은 또 그렇다 치자. 만고에 미친놈 아이가. 혼비가 없는 것도 아니겄고 어디가 뱅신이가? 자식 새끼 딸린 헌계집이라니, 말이나 되는 일가." 〈박경리, 토지, 1994, 15, 73〉

"이상히도 생기었다. 맹랑히도 생기었다. 늙은 중의 입일는지 털은 돋고 이는 없다. 소나기를 맞았는지 언덕 깊게 파이었다. 콩밭 팥밭 지냈던지 **돔부**꽃이 비치었다. 도끼날을 맞았던지 금바르게 터져 있다. 〈이현수, 신기생뎐, 2005, 100〉

{돔바다}는 '훔치다'의 경상도, 전라도 방언형이다. '돔바가다'는 {돔부-} + {-아-} + {가다}로 '훔쳐가다'는 뜻이고, '돔바오다'는 {돔부-} + {-아-} + {오다}로 '훔쳐오다'라는 뜻의 합성어이다. 모음이 교체된 형태인 '돔비가다'도 함께 사용되고 있다. 위의 〈신기생뎐〉의 예문

은 '여성의 성기'를 비유한 구절이다. 여기서 '돔부꽃'은 {돔부-} + {꽃}
의 합성어로 '여성, 여성의 성기'를 비유적으로 나타낸 말이다. 제주도
에서는 '돔박꽃'이라는 방언형이 있는데, 이는 {돔박} + {꽃}의 합성어
로 '동백꽃'을 뜻하는 말이다.

돔방치마

- 표준어 : 동강치마
- 품 사 : 명사
- 뜻풀이 : 치맛단이 무릎에 오는 짧은 치마.
- 사용 지역 : 경상도

얼마 후 연학이는 잠이 든 것 같았고 자는 시늉을 했으나 홍이는 잠을 이루지 못하는 것 같았다. 용이는 어둠을 쳐다보고 있었다. 검정 **돔방치마**를 입은 강청댁이 논둑길을 걸어오는 모습이 보인다. 색바랜 종이꽃과 칙칙한 빛깔의 화상(畫像)과 촛불에 흔들리는 머리 그림자, 밤새도록 월선의 부드러운 머리칼을 쓸어준 일이 생각난다. 〈박경리, 토지, 7, 283〉

생각한다. 신세한탄할 새도 없었다. 남의 눈치 살피며 갈아입을 옷도 없었다. 검정빛 **돔방치마**에 누덕누덕 기운 흰저고리 하나로 가을, 겨울을 보내면서 먹고 살기에 쫓겼던 시절이었다 〈박경리, 토지, 8, 315〉

밑바닥에서 세상을 올려다보고 있으면 말이야. 오늘 너를 보았을 때도 야아, 명희도 웃기는 여자로구나, 내 솔직한 고백이다. 하기는 말똥머리에 **돔방치마**, 투박한 구두, 이런 내 꼬락서니를 세상에서는 더러 웃음거리로 삼긴 하더라마는, 어떤 때는 내가 나를 비웃기도 하지마는… 곤두박질에 통곡, 절망과 비애가 밀어닥치고 떠나고 또 밀어닥치고 어쩌면 나는 계속 열병을 앓으며 헛소리를 하는 병자가 아닐까, 느껴질 때가 있고 정신 착란증에 걸린 것 같은 생각이 들 때도 있지만 그러나 먼 곳에서, 먼 바다 쪽에서 밤배의 고동소리를 듣는 것 같은 순간도 있었어. 〈박경리, 토지, 10, 131〉

‘무릎까지 오는 짧은 치마’를 ‘동방치마’라고 하는데, 이에 대응되는 경상도 방언 어휘가 '돔방치마'이다. 〈표준국어대사전〉에 등재되어 있는 '동강, 동강이'는 '일정한 부피를 가진 긴 물건의, 짤막하게 잘라진 부분이나 쓰고 남아 짤막하게 된 부분'을 의미한다. '동강치마'는 {동강}＋{치마} 형태의 합성어이다. 경상도에서 쓰이고 있는 '돔방치마'는 '동강'에서 / ㄱ / 이 / ㅂ / 으로 대치된 형태이다.

돔배기

- 표준어 : 돔발상어
- 품 사 : 명사
- 뜻풀이 : ① 돔발상엇과의 바닷물고기. 몸의 길이는 140cm 정도이며, 푸른 갈색이다. 주둥이는 길고 뾰족하며 가슴지느러미가 길고 두 개의 등지느러미 앞에 뿔 모양의 날카로운 가시가 하나씩 있다.
  ② 상어고기를 토막 낸 것. 경상도 지역에서는 꼬지에 꿰거나 산적하여 제사상에 올린다.
- 다른 방언형 : 돔바리, 민드미
- 사용 지역 : 경상도

"그거는 아인 같고예. 아매 이리저리 떠 댕기는 사람인 갑는데 인심 쫌 낸 모양입니더. 저그 집에 델꼬 가 저녁까지 멕이가 델꼬 왔으이께는. 그란데 행임, 이기 뭐십니꺼?" "뭐시기는 뭘시라. 제사 음복이제. 너그들 속 출출할 거 같애 찌짐 쪼가리하고 **돔배기** 몇 개 가주고 왔다. 소주 한 빙하고." 〈이문열, 변경, 1998, 9, 62〉

'돔배기'는 〈표준국어대사전〉에 '돔발상어'의 경북방언으로 나오며, 이와 함께 '도막'에 해당하는 경남방언으로 나온다. 일반적으로 경상도 지역에서 '돔배기'는 '상어'를 말하기보다 '상어고기를 토막 낸 것'을 일컫는다. 경상도 지역에서는 제사상에 상어고기를 토막 내어 올리는데 이 토막 난 상어고기를 '돔배기'라고 한다. '돔배기'의 어형은 돔발상어에서 '돔발'과 접사 '-기'가 결합된 어형으로 '돔발기'에서 'ㄹ'탈락과 /ㅣ/ 모음역행동화에 의해 '돔배기'가 되었다.

동개다

- 표준어 : 포개다, 쌓다
- 품　사 : 동사
- 뜻풀이 : ① 놓인 것 위에 또 놓다.
　　　　　② 여러 겹으로 접다.
- 사용 지역 : 경상도

"조선놈은 살알 시 개를 **동개놓고** 못 배긴다카더, 인제 겨우 살만하이 하마 그 짓이가? 아이구 분해, 어예 벌인 돈인데… 이 눔아, 말해 봐라 니가 다 벌인 돈이가?" 〈이문열, 오디세이아 서울, 1993, 2, 480〉

경상도 방언어휘 '동개다'는 표준어 '포개다, 쌓다'에 대응되는 어휘로 "놓인 것 위에 또 놓거나 여러 겹으로 접다."라는 의미로 사용된다. '두 손을 동개놓골랑(두 손을 포개 놓거들랑)', '잘 때 발을 동개지 마라 재수없데이(잘 때 발을 포개지 마라 재수없다)' 등으로 사용할 수 있다. 경상도에서는 '동개다'의 동음이의어가 사용되고 있는데, '살림을 동개부리다니 그기이 무신 소리꼬?'가 그것이다. 이때의 '동개다'는 '살림을 정리하다'라는 의미이다.

두구미

- 표준어 : 먹둥구미
- 품　사 : 명사
- 뜻풀이 : 짚으로 만든 둥글고 울이 깊은 그릇.
- 다른 방언형 : 두꾸마리, 두꾸매기, 둥구메기, 둥구마리, 둥구매기, 두꾸마리, 둥기미
- 사용 지역 : 경상도

'두구미'는 짚으로 엮어 만든, 둥글고 울이 높은 그릇으로, '둥구미'에서 'ㅇ'이 탈락된 어형이다. '둥구미'는 주로 씨를 담거나 곡식을 담는 데 사용하는 것으로 그 크기와 용도에 따라 이름이 다르다. '먹둥구미'는 목에 걸고 씨앗을 뿌릴 때 사용하는 것으로 '씰뚜구미'라고도 한다. '씰뚜구미'는 {씨}＋{둥구미}로 '씨둥구미'에서 'ㄹ'삽입과 경음화가 일어난 것이다.

둔둘배기

- 표준어 : 언덕
- 품   사 : 명사
- 뜻풀이 : 땅이 비탈지고 조금 높은 곳.
- 다른 방언형 : 엉덕, 엉둑, 번덕, 뻔덕, 뻔떡, 두덜, 덩말랭이, 두두막
- 사용 지역 : 경상도

　　너무 자족하지는 마라. 우리 매이는 몰라도 니는 아이라. 니는 근동이 뜨르르하던 이동영이 아들이라꼬. 저 산전 저 집이 잠시 쉬어갈 바람막이 **둔둘배기**는 될지 몰라도 폭 파묻혀 살 곳은 아닌 동싶다. 〈이문열, 변경, 1992, 4, 243〉

　'둔둘배기'는 '둔덕'의 경상도 방언 '둔둘'에 접미사 '-배기' 결합한 파생어로, '언덕'을 나타내는 경상도 방언 어휘이다. 이 외에도 경상도에서는 '엉덕, 엉둑, 번덕, 뻔덕, 뻔떡, 두덜, 덩말랭이, 두두막' 등이 사용되고 있는데, 경상북도와 경상남도에서 사용되는 어형이 조금 차이를 보인다. 경상북도에서는 '엉덕, 번덕, 뻔덕, 뻔떡'형이 많이 사용되고 있고, 경상남도에서는 '엉덕, 엉둑, 두덜, 덩말랭이, 두두막'형이 많이 사용된다.

둘벙판

- 표준어 : 두리반
- 품 사 : 명사
- 뜻풀이 : 빙 둘러 앉아 먹는 큰 상.
- 다른 방언형 : 두레반, 둘레반, 둘레판, 둥글반
- 사용 지역 : 경상도

> 지난날 우리는 찬 겨울 바람이 구워낸 꽁치 서너 토막을 **둘벙판**에 올려놓고 살이 깊은 토막을 차지하려고 떼를 쓰며 울음으로 빈소상을 물린 뒤 〈이상규, 미국으로 이민 떠난 형님에게〉

> 여자 세 사람은 넉넉한 **둘레판**에 둘러앉아 저녁을 먹기 시작했다. 〈박경리, 토지〉

'둘벙판'은 여러 사람이 둘러 앉아 먹는 둥근 밥상인 '두리반'을 말한다. '두리반'은 '두리상', '두리기상'이라고도 한다. '두리상'은 {두리}＋{상}의 결합으로 둥근 것의 둘레를 의미한다. '두리'가 붙은 어형으로 '가두리, 변두리, 전두리, 테두리' 등이 있다. '두리'는 둥근 것, 원을 의미한다.

대체로 '두리반'은 '두레반' 등으로 전국에 분포한다. 강원 지역에는 '두렁반'이라고도 한다. 이 지역에서 보이는 '둘벙판'은 이 '두렁반'과 관련이 있는 것으로 보인다.

중세국어에서 둥글다는 의미의 어형은 '두렵다', '두렫다' 등으로 나타난다. 이를 토대로 '둘벙판'과 '두렁반'을 유추해 보면, {두렵/두렫-}＋{-엉}＋{반}으로 분석할 수 있다. '두려벙반'에서 'ㅕ'탈락과 'ㄹ'이 앞음절의 말음으로 내려가 '둘벙반'이 되고, 이후 다시 거센소리화되어 '둘벙판'이 된 것이다. '두렁반'은 '둘벙반'에서 'ㅸ'이 'ㅇ'으로 되어 둘엉반〉두렁반'으로 변화한 것이다.

둥구매기

- 표준어 : 멱둥구미
- 품   사 : 명사
- 뜻풀이 : 짚으로 둥글고 울이 깊게 결어 만든 그릇. 주로 곡식이나 채소 따위를 담는 데에 쓴다.
- 다른 방언형 : 둥구마리, 둥기미
- 사용 지역 : 경상도

참았어야 했다. 막판 뒤집기에 성공하려면 연놈이 눈앞에서 환장을 하게 만들어도 끝까지 참았어야 했다. "**둥구매기** 뒤집는 소리 하고 자빠졌네!" 타박네가 끼얹는 찬물을 고스란히 덮어쓰고 나서야 정신이 들었다. 〈이현수, 신기생뎐, 2005, 135〉

'짚으로 만든 둥글고 깊게 만든 그릇'을 '멱둥구미'라고 한다. 주로 씨앗을 담거나 곡식을 담을 때 사용되는데, 용도나 크기에 따라 다양한 이름으로 불리고 있다. '목에 걸고 씨앗을 뿌릴 때 사용하는 것'은 '씰뚜구미'라고도 하는데, 이에 대응되는 경상도 방언 어휘가 '둥구매기, 둥구마리, 둥기미'이다. '둥구매기 뒤집는 소리 하다'는 '말이 되지 않는 어처구니 없는 소리를 하다'라는 의미이다.

뒤배지다

- 표준어 : 뒤집어지다
- 품 사 : 동사
- 뜻풀이 : ① 안과 겉이 뒤바꾸어 지다.
  ② 조용하던 것이 소란하고 어지럽게 되다.
  ③ (속되게)꼼짝 아니하고 누워 있거나 또는 잠자코 있다.
- 다른 방언형 : 뒤비지다, 대배지다, 디비지다, 드배지다
- 사용 지역 : 경상도

"펀펀히 **뒤배져**(드러누워) 낮잠이나 자지 말고 이불 호청 좀 뚜드려 놔라. 아침에 풀해놓은 광목 홑이불 말이라." 새삼 점심 전의 감정이 되살아나는지 처음부터 악의가 뚝뚝 돋는 듯한 말투였다. 〈이문열, 변경, 1992, 4, 176〉

오뉴월 땡볕에 산전(山田) 한 평만 **뒤배**(뒤집어)봐라. 목궁게(목구멍이) 대통 소리 날 게따. 〈이문열, 변경, 1992, 4, 66〉

'뒤배지다'는 '뒤집어지다'의 경상도 방언형이다. '뒤집다'의 경상도 방언형이 '뒤배다'이다. 따라서 '뒤배지다'는 {뒤배-} + {-어} + {지다}가 결합한 통사적 피동형이 단어화된 것이다. 표준어 '뒤집다'에 대응하는 경상도 방언형에는 '뒤배다' 외에 '뒤비다, 디배다, 디비다'형이 있는데, 그 중심 의미는 '안과 겉, 위와 밑을 바뀌게 하다'의 의미이다.

'뒤배다'에 '-어 지다'가 결합한 '뒤배지다'는 '안과 겉, 위와 밑이 바뀌어지다'의 의미도 있지만, 예문에서 보듯이 '드러눕다'의 의미로도 쓰인다.

'뒤배다'는 중세국어 어형 '드위혀다'와 관련된다. '뒤배다'의 존재로

미루어 볼 때 중세국어 '드위혀다'의 '위'는 중세국어 당시에 이미 / ᄫ /
〉/ w / 변화를 겪은 것이다(뷔〉위). 따라서 경상도 방언의 '뒤배다'는
중세국어 '드위혀다'보다 고형으로(*드뷔혀다〉드위혀다), 경상도 방언
의 보수성을 보여주는 어휘 중의 하나이다.

뒤비다

- 표준어 : ① 뒤집다 ② 뒤지다
- 품　사 : 동사
- 뜻풀이 : ① 안과 겉 또는 차례나 방향이 반대로 바뀌게 뒤바꾸다.
　　　　　② 무엇을 찾으려고 샅샅이 들추거나 헤치다.
- 다른 방언형 : 두이비다, 나비다, 디배다, 디베다, 디비다, 디지다, 디끼다, 디비시
　　　　　　　다
- 사용 지역 : 경상도

내 여쭘 나온나 보자. 니가 도로새 뭔 유세겼다고 입을 한 발이나 내밀고 뻗치노? 빌어먹을 것아. 그래 하루종일 사람 허패를 **뒤배** 놓고 그대로 유부족이라꼬 밥도 안 처 먹나? 〈이문열, 변경, 1996, 4, 157〉

홍, 제 숭은 뒤에 치고 남의 숭은 앞에 차네. 치마를 **뒤비시** 입고 병원까지 간 생각은 안 나는 모양이제? 〈박경리, 토지, 10, 267〉

마음만 묵으믄 그까짓 헌계집 **뒤비시** 업고 올 수도 있고 멀 못해 대접을 해주니께 강아지 부뚜막에 똥싼다카더마는 헌계집 업고 오는 거사 나랏법으로도 못 막게 돼 있는 것 몰라요? 〈박경리, 토지, 14, 105〉

"어디 **뒷빗이** 업고 올 늙은 처자가 없나?" "그러기 말이다. 처분만 기다리다가는 몽달이귀신 될 기구마." 〈박경리, 토지, 3, 295〉

지 몸은 시궁창을 구르고 세상 온갖 잡것들에게 짓밟혀도 이 에미한테는 지지 않을라 카는 게 그년이라꼬. 어쨌든 이 에미만 이기믄 세상 성공 혼자 한 거로 **뒤비** 아는 기 그년이라. 그래서 그놈아를 끌어댔지만 내가 어디 지년을 모르나? 〈이문열, 변경, 1996, 6, 84〉

'뒤비다'는 '안과 겉을 뒤바꾸다'라는 의미와 '무언가를 찾기 위해 들추거나 헤치다'라는 의미가 있다. 전자의 의미에 해당하는 방언 이형태로는 '디비다', '디비시다' 등이 있고, 후자의 의미에 해당하는 방언 이형태로는 '디지다', '나비다' 등이 있다.

그리고 경상도 방언에서는 '뒤비' 단독으로 쓰여 '거꾸로'라는 의미의 부사로 쓰이기도 한다. 이에 해당하는 방언 이형태로는 '꺼꿀재비로, 꺼꿀로, 까꾸로, 까꿀로, 디비시' 등이 있다.

'뒤비다'와 관련된 어형이 문증되지는 않지만, 중세국어에서 '뒤집다'와 '뒤지다'는 모두 '드위다'에 대응된다. '모몰 드위여 하놀홀 向ᄒᆞ야 울워러 구루메소니(〈두시언해, 1481, 11:16〉'에서는 '뒤집다'의 의미로 쓰였으며, '다 히여 지블 드위라코져 ᄒᆞ나 ᄯᅩ 사를 資産이 업도다(〈두시언해, 1481, 25:37〉'에서는 '뒤지다'는 의미로 쓰였다. '드위다'의 중세국어 이전의 어형은 '*드븨다'였고, 현재 경상도 방언에서는 '뒤비다', '디비다'로 남아 있다.

뒤직이

- 표준어 : 두더쥐
- 품   사 : 명사
- 뜻풀이 : 두더짓과의 포유동물을 통틀어 이르는 말.
- 다른 방언형 : 두지기, 두디기, 디지기, 뒤지기, 뛰지기, 띠지기, 디더구, 디저구, 디저기, 디디기, 논떨간지
- 사용 지역 : 경상도

이 世紀를 물고너흐는, 어둔 밤에서 / 다시어둠을 꿈구노라 조우는 조선의밤 / 忘却뭉텅이가튼, 이밤속으론 / 해쌀이비초여 오지도 못하고 / 한우님의 말슴이, 배부른군소리로 들리노라 // 나제도밤—밤에도밤— / 그밤의어둠에서쏨여난, 뒤직이가튼신령은, / 光明의목거지란일홈도모르고 / 술취한장님이머—ㄴ길을가듯 / 비틀거리는자욱엔, 피물이흐른다! // 〈이기철 편, 이상화전집, 緋音, 1982, 80〉

'두더지'에 대한 경상도 방언 '뒤직이'는 '파헤치다'라는 의미를 지닌 '뒤지다'의 어간 {뒤직}＋{-이(명사화파생접사)}의 합성어이다. 어휘 역사를 살펴보면 '두더지'를 뜻하는 형태는 '두디쥐, 두더쥐, 두더쥐, 두더지' 등이 있다. 16세기와 17세기에 나타나는 '두디쥐'는 '뒤지다'라는 뜻의 '두디-'에 명사 형성 접사 '-이'가 결합하여 형성된 '두디'에 다시 '쥐'가 결합한 것으로 분석된다. 한글학회의 〈우리말큰사전〉에 등재되어 있는 '두지쥐'는 '두디'의 제2음절의 첫 자음이 구개음화를 겪은 형태이다.

'두더지'의 경상도 방언형은 '두지기, 두디기, 뒤직이, 디지기, 뒤지기, 뛰지기, 띠지기, 디더구, 디저구, 디저기, 디디기, 논떨간지' 등이 있다. '뒤직이, 뒤지기, 디지기, 뛰지기, 띠지기' 등의 대부분의 어형이 {뒤지

-+-이}의 형태에서 나온 것임을 알 수 있다.

참고로 경북 방언에서는 '더덕'을 '두더지'라고 하기도 한다.

드가다

- 표준어 : 들어가다
- 품　사 : 동사
- 뜻풀이 : 밖에서 안으로 향하여 가다. 새로운 상태나 시기가 시작되다. 어떤 일에
　　　　　돈, 노력, 물자 따위가 쓰이다. 안에 삽입되다.
- 다른 방언형 : 디가다
- 사용 지역 : 경상도

　　집바(질빵)가 벗겨지이 가매(가마)는 가매대로 주루루 널쩌 뿌리고(떨어
져버리고) 사람은 사람대로 나가 떨어지고. 우습지. 타고 바로 본집에 **드가는**
사람도 있고, 또 옆집에 **드가가** 중점(점심)을 하기도 하니더. 〈김점호, 베도 숱한
베 짜고, 1992, 22〉

　　서울 사람들 그양 뚜께이만 덮어 놓으만 벌게 들어가는지 모리지. 벌기 **드
가지 뭐.** 그래 한달이나 두달이나 되만 간장을 딸이잖애요. 〈성춘식, 이부자리 피
이 놓고, 1992, 74〉

　　경상도 방언에서는 조어법상 합성동사는 {동사어간}＋{-아/어}＋
{동사어간} 형식을 취하지 않고, {동사어간}＋{동사어간} 형식으로
만들어진 것이 많다. 위에서 제시된 '드가다(＝들어가다)'는 물론 '떳
부리고(＝떼어버리고), 인나다(＝일어나다), 주옇고(주어넣고)'와 같
이 독특한 조어법상 특징을 가진다.

들마꽃

- 표준어 : 제비꽃
- 품　사 : 명사
- 뜻풀이 : ① 제비꽃과의 식물을 통틀어 이르는 말.

  ② 제비꽃과의 여러해살이 풀. 높이는 12㎝ 정도이며 잎은 뿌리에서 모여 나고 피침 모양이다. 4~5월에 자주색의 꽃이 잎 사이에서 나온 꽃줄기 끝에 한 개씩 옆을 향하여 피고 열매는 삭과(蒴果)이다. 어린 잎은 식용한다.
- 사용 지역 : 경상도

혼지라도 가쁘게나 가자 / 마른 논을 안고 도는 착한 도랑이 / 젖먹이 달래는 노래를 하고 제 혼자 어깨춤만 추고 가네. // 나비 제비야 짭치지마라 / 맨드램이 **들마꼿**에도 인사를해야지 / 아주까리 기름을바른이가 지심매든 그들이라 다보고십다. // 〈이기철 편, 이상화전집, 빼앗긴 들에도 봄은 오는가, 1982, 16〉

'들마꽃'에 대한 해석은 매우 구구하다. 먼저 '들에 핀 마꽃', 혹은 '들메나무'(문덕수, 1982, 현대시의 해석과 감상)로 해석한 경우도 있는데 이는 잘못이다. '들메나무'는 야산에 자생하는 키가 매우 큰 나무이기 때문에 앞에서 든 '맨드라미'와 조응이 되지 않는다.

한편으로 '들마꽃'을 '들꽃'으로 해석하거나 {들(入口)} + {마(마을)} + {꽃(花)}, 곧 '마을 입구에 피어 있는 꽃'으로 해석하는 견해(이상규, 2001, 〈정본 이상화시전집〉)도 있다. 생물학자인 박지극 선생께서 들마꽃은 '메꽃'의 대구 방언형이라는 증언을 해 주었다. '메꽃'은 〈표준국어대사전〉에 메꽃과의 여러해살이 덩굴풀로, 줄기는 가늘고 길며 다른 것에 감겨 올라간다. 잎은 어긋나고 타원형 피침 모양이며 양쪽

227

밑에 귀 같은 돌기가 있다. 여름에 나팔꽃 모양의 큰 꽃이 낮에만 엷은 붉은 색으로 피고 저녁에 시든다. 뿌리줄기는 '메' 또는 '속근근'이라 하여 약용하거나 어린잎과 함께 식용한다. 들에 저절로 나며, 한국, 일본, 중국 등지에 분포한다.

〈申通〉이라는 잡지 1925년 7월호(88-89쪽)에 녹성(綠星)이라는 필명의 시인의 작품 '버들과 들마꽃(菫)'에 '들마꽃'이 나타난다. '한가한 근심에 / 느러진 버들 / 봄바람 어즈러워 / 부댓기도다 // 도홍색에빗최여 / 눈을뜬버들 / 그마암에머리숙인 / 어린들마꽃'에서 '버들'과 '들마꽃'이 서로 만나지 못하는 이별의 아쉬움을 노래하는 이 작품에 나타난 '들마꽃'은 이상화의 시에 나타난 '들마꽃'과 동종임을 확인할 수 있다. 곧 봄에 피었다 곧 져버리는 생명력이 길지 않은 꽃이다. 이 '들마꽃(菫)' 은 한자어로 '근화(菫花)'이며, 이 꽃이 의미하는 '제비꽃, 씀바귀꽃, 무궁화꽃' 가운데 '제비꽃'으로 규정하고 있다〈육근웅, 2000, 빼앗긴 들에도 봄은 오는가의 한 이해〉.

듬짜

- 표준어 : 하급기생
- 품 사 : 명사
- 뜻풀이 : 기생 중에서도 그 질이 낮은 하급 기생을 이르는 말.
- 사용 지역 : 경상도

> 신식 식자 제놈들이 풍월을 어찌 알 것이며 추수 끝낸 촌부자들 외입하는 기생집이지. 그러고 보면 운삼이도 귀한 사람이었던가. 흥, 그래서 소화도 의리를 지키는지 모르겠구나. 젊은 시절에는 상판만 반반하지 **듬짜**라고 멸시받는 소화가. 어느 날, 네가 또다시 날 찾아왔을 때 나도 세상에 없는 사람이 될지 그건 아무도 모른다." 연홍은 한탄하듯 말했다. 〈박경리, 토지, 9, 57〉

'듬짜'는 '가무가 시원찮은 하급 기생'을 이르는 말이다. 이와는 다르게 최기호의 〈사전에 없는 토박이말 2400〉 112쪽에는 '듬짜'를 '도회에서 멀리 떨어져 사람이 많이 살지 않는 변두리나 깊은 곳에 사는 사람'을 낮잡아 이르는 말을 이른다고 풀이하고 있다.

'기생'이라는 말의 어원을 살펴보면 강헌규(1985)는 '기생'이란 단어는 '유기장(柳器匠)'의 '기장'에서 변한 것이다. 그 근거는 첫째, 기장(器匠)의 자녀들은 종(奴婢)이 되었는데, 계집종(婢) 가운데 재색(才色)이 뛰어나면 관료의 성욕 충족의 대상으로서 기생이 되는 것이다. '기장(器匠)'을 '기생(妓生)'으로 대체한 시기는 불명확하나 '고리장이(柳器匠)의 딸'보다 '기생'은 격을 높인 말임에 틀림없다. 이제 고리를 만드는 '장이'가 아니고 양반 관료 상대의 인간적 삶을 누릴 수 있는 신분인 '기생'이다. 둘째, 〈고려사 절요〉권 22 충렬왕 4 기해 25년 5

월 조의 '男粧'도 '기장→기생'의 발달에 크게 암시적이다. '男粧'은 비단 옷을 입히고 말총모자를 씌운 한 떼의 뛰어난 기생이나 관비(官婢)·무당을 이르는 것으로 화랑·창부(倡夫)와 통한다. 셋째로 / ㅈ / < / ㅅ / 음의 교체 예가 많다. 넷째로 음이나 뜻의 면에서 '匠'은 '생'의 음과 유사하다고 보고 있다.

디건이

- 표준어 : 두견이, 두견새
- 품   사 : 명사
- 뜻풀이 : 두견과의 새. 편 날개의 길이는 15~17cm, 꽁지는 12~15cm, 부리는 2cm 정도이다. 등은 회갈색이고 배는 어두운 푸른빛이 나는 흰색에 검은 가로줄 무늬가 있다. 여름새로 스스로 집을 짓지 않고 휘파람새의 둥지에 알을 낳아, 휘파람새가 새끼를 키우게 한다. 한국, 일본, 말레이시아 등지에 분포한다.
- 다른 방언형 : 두견이, 두견새
- 사용 지역 : 경상도

> 말도 마이소. **디건이**(두견새) 목에 피 내묵듯 하고 사는 우리 모자를 어떻게 잡을꼬 하는 생각뿐입니더. 〈박경리, 김약국의 딸들, 1993, 139〉

'디건이'는 '두견이'의 경상도 방언으로, 표준어 '두견이'에 경상도 방언의 특징적인 음운 현상이 적용된 것이다. 먼저 '두견이'에서 '견/kyen/'의 /y/에 의해 역행동화를 입어 '뒤견이'가 되고, '뒤견이'에서 〔뒤〕의 이중모음 / ㅟ / (/ wi /), '견'의 이중모음 / ㅕ / (/ yə /)가 각각, / ㅣ / , / ㅓ / 로 단모음화되어 '디건이'가 된 것이다. 형태론적으로 '디건이'는 '두견'의 경상도 방언 '디건'에 사물이나 사람을 지칭하는 접미사 '-이'가 결합된 파생어이다.

참고로 경상도 방언에서 '두견'이 결합된 복합어 가운데 '두견화'가 있다. '두견화'는 '진달래꽃'을 가리키는 말로, '두견화'의 '두견'은 '두견새'의 '두견'과 의미적으로는 관련이 없다.

디기

- 표준어 : 되게
- 품　사 : 부사
- 뜻풀이 : 아주 몹시.
- 다른 방언형 : 에벅, 에부, 에북, 데:기, 디게, 시:기, 씨:기, 십상
- 사용 지역 : 경상도

어미한테 놓아 주면 새끼들은 젖을 쪽쪽 빨아 먹는다. 그걸 보면 **디게** 귀엽다 〈이호철, 비오는 날 일하는 소, 고양이〉

일가끼리 일이 있다꼬 오고 없으믄 안 오나? 그리고 영희 그 기집아는 뭐 한다노? 어예 한 번 코빼기도 안 내비치고 집안에만 처박혀 있는지 모리겠다. 너어 집에 뭐 **디기** 좋은 일 있나? 〈이문열, 변경, 1996, 4, 100〉

이거는 요새말로 아주 민주적이고 확실하지마는 시간이 마이 걸리고 또 그 과정에서 **되기** 말썽시러불 낍니더. 그라이 우리 형편에 어느 쪽이 좋은지 그것도 미리 결정해야 안되겠습니꺼? 〈이문열, 변경, 1998, 12, 75〉

"내 죽은 뒤엔 여관이라도 지어서 세 받으며 살라고 질가로 난 판판한 밭뙈기 하나 사줬더니 석 달 반 반에 홀랑 팔아가지고 나른기 박가더나, 이가더나?" "박상장이오." "이럴 때 보마 기억력 하난 **디기** 좋네." 〈이현수, 신기생뎐, 2004, 36〉

"내일 춤기생 화초머리 얹는다매요? 그라마 살 끼 한두 가질까." "발쎄 거 그꺼정 들어갔더나. 소문 **디기** 빠르네." "하무요. 부용각에 구경 온다고 다들 난리났으요." 〈이현수, 신기생뎐, 2004, 61〉

하이고 마. 가재는 게 편이라고 말 한마디 잘못했다 코 떨 뻔했네. 찌르면 피는커녕 맬간 물만 나오게 생긴 저 할매랑 사니라꼬 자네들이 억수로 고생한다. 〈이현수, 신기생뎐, 2004, 62〉

… 씨호도처럼 땡글땡글 야물어빠진 타박할매와 사람이 좋아도 너무 좋아가 물러터지다 못해 질크러진 마담언니가 본드로 붙인 것마탕 평생을 달라붙어 사는기, 자다 일어나 생각해도 요상타. 내는 바람벽을 타마 탔지. 저 씨호도 겉은 할매랑은 단 십 분도 같이 몬 산다. 노백이 경끼할 작정을 하마 몰라도. 그카고 보마 마담언니가 디기 무던한 사람이데이. 그 언니, 술은 여전히 묵제? 〈이현수, 신기생뎐, 2004, 64〉

뱃속만 한거 채우고 있었는 기라예. / 디기 무살 때 알아봤다꼬예? / 돼지인테는 진주도 땐지주지 마라 칸다꼬예? 〈정숙, 우야꼬.우야끼나!. 신처용가, 61〉

폭풍이 몰아치는 여름밤, 서방님예 / 오늘따라 대금을 불고 기시는 그 모습 / 미치도록 디기 멋집니더. 홀딱 반하겠심더 / 〈정숙, 홀딱 반하겠심더. 신처용가, 32〉

데기 이상한 거 있지예 / 지가예, 자꾸 빌민서 들고 또 들고 했어예 / 야무락지게 다짐받을라꼬예 〈정숙, 답다분 사람이 새미판다꼬예, 신처용가, 74〉

'디기' 또는 '디게'는 '꽤', '굉장히' 등에 해당하는 경상도 방언형으로, '몹시 심하거나 모질다'는 의미의 '되-'에 부사파생접사 '-게'가 결합된 '되게'에서 변화된 어형이다. 방언 이형태에 '디게'와 '데기' 등의 어형이 있는 것으로 보아 '되게〉디게 / 데기〉디기'로 변화된 것을 알 수 있다.

이 외에 '꽤', '굉장히'의 의미를 갖는 '에북, 에벅' 등은 '제법'에서 온 말이며, '시기'는 '세게'에서 / ㅔ /〉/ ㅣ /의 고모음화를 겪은 것이다.

디비다

- 표준어 : 뒤집다
- 품   사 : 동사
- 뜻풀이 : ① 안과 겉을 뒤바꾸다. 위가 밑으로 되고 밑이 위로 되게 하다.
         ② 일 따위의 차례나 승부를 바꾸다.
         ③ 되어 가는 일이나 하기로 된 일을 돌려서 틀어지게 하다.
         ④ 눈을 크게 홉뜨다.
- 다른 방언형 : 두배다, 뒤비, 뒤비시다, 뒤비다, 뒤배다, 디끼다, 디비
- 사용 지역 : 경상도

근데 안질이 옳잖은 어른을 만내가 **디배** 되이께네, 남자하고 바꽈가 살림을 살게 되이께네 성질 배랬어요. 짜증도 내고, 어떨 땐 언성도 높이고. 〈김점호, 베도 숱한 베 짜고, 1992, 131〉

사랑도 받았는데 그동안에도 하마 생산 늦는다고 옷을 벗어 놔 놓으면 자꼬 **두배**보시고 그랬지만 꾸지람 별로 들은 일 없어요. 그동안 꾸지럼 들을 여개가 있어야지. 〈성춘식, 이부자리 피이 놓고, 1992, 66〉

'아배 원수를 갚겠다는 그 따우로 시시한 생각이믄 애시 날 따라나설 염도 내지 마라. 한평생이 잠깐인데 무덤 속에 묻히서 다 썩어부린 세월까지 **뒤비**시가지고 살아줄라 카는 것은 어리석은 짓이라. 사나아라 카믄 원한도 크기 가지야 하고 인정도 크기 가지야, 그래야만 연장 달고 세상에 나온 보램이 안 있었나. 이 세상에 억울한 놈 니 하나뿐인 줄 아나?' 〈박경리, 토지, 5, 169〉

"진주 바닥이 **뒤비**지도록 소문은 났고 나이나 어리다 말가. 그 목이 뿌러질 놈 기다리니라고 좋은 세월 다 보내고 어디 눈까리 똘박한 사램이 니 데리고 가겄나? 그러이 니 앞길 생각해서 논박을 받아감서 돈을 받아온 긴데 우째 그리 에미 맘을 모리노." 〈박경리, 토지, 9, 448〉

　　"까다러븐 거는 그쪽이지. 내야 자식 있고 마누라 있고 남과 겉이 사는 사람 아니요? 안개 피우지 말고 남자른은 남자답기 하나 **뒤비시업고** 오믄 될 긴데 청승스러버서 못 보겠네." 〈박경리, 토지, 10, 46〉

　　"흥, 제 숭은 뒤에 차고 남의 숭은 앞에 차네. 치마를 **뒤비시** 입고 병원까지 간 생각은 안나는 모앵이제?" 〈박경리, 토지, 10, 257〉

　　"마음만 묵으믄 그까짓 헌계집 **뒤비시** 업고 올 수도 있고 멀못해. 대접을 해주니께 강아지 부뚜막에 똥싼다 카더마는 헌계집 업고 오는 거사 나랏법으로도 못 막게 돼 있는 것 몰라요?" 〈박경리, 토지, 14, 105〉

　　"**뒤비시** 업고 가든지 가꾸로 매달아 가든지 보쌈을 해가든지 나랏법도 못 막는다믄 두발 가진 사램이 제 발로 걸어 나오는 것도 나랏법으로는 못 막을 기요." 〈박경리, 토지, 14, 105〉

　　"나 그만 과부나 소박떼기 하나 **뒤비시** 업고 올라요." 〈박경리, 토지, 14, 290〉

　　"내가 아는 법은, 장개 못 간 엄더레 총각이 과부나 소박데기를 **뒤비시** 업고 와서 사는 것을 나라에서는 눈감아주었고 여자가 남자보다 나이 많은 것은 우리네 혼인 풍속 아니었던가요 ? 머가 또 잘못된 것이 있다믄 말해보소. 〈박경리, 토지, 14, 307〉

　　경상도 방언의 '뒤비, 디비'는 '거꾸로, 도리어, 뒤집어'의 의미를 가진 방언형이다. 이와 함께 '두배다, 뒤비시다, 뒤비다, 뒤배다, 디기다'는 동사로 '안과 겉, 위와 밑을 바뀌게 하다'라는 의미를 가지고 있는 방언형이다.

　　또한 경상도 방언에서는 '디비다'를 '어떤 것을 찾기 위해 이곳저곳을 수시고 다니는 행위'를 의미하기도 한다. 예를 들면 '니 옷장 좀 디비 봐라. 저번에 산 청바지가 어디 있을 끼다'와 같은 문맥에서 '디비다'는 표준어 '뒤지다'에 대응되는 어휘로 사용된다.

'디비다'는 중세국어 '드위다'에서 온 것이다. 중세국어에서 '뒤집다'와 '뒤지다'는 모두 '드위다'에 대응된다. '모물 드위여 하늘홀 向ᄒ야 울워러 구루메소니(〈두시언해, 1481, 11:16〉'에서는 '뒤집다'의 의미로 쓰였으며, '다 히여 지블 드위라코져 ᄒ나 ᄯ 사를 資産이 업도다(〈두시언해, 1481, 25:37〉'에서는 '뒤지다'는 의미로 쓰였다. '드위다'의 중세국어 이전의 어형은 '*드븨다'였고, 현재 경상도 방언에서는 '디비다', '뒤비다' 등으로 남아 있다.

디이다

- 표준어 : 데다
- 품　사 : 동사
- 뜻풀이 : ① 몹시 놀라거나 심한 괴로움을 겪어 진저리가 나다.
　　　　　② 불이나 뜨거운 기운으로 말미암아 살이 상하다. 또는 그렇게 하다.
- 다른 방언형 : 디다
- 사용 지역 : 경상도, 강원도, 전라도

　'디이다'는 표준어 '데다'에 대응되는 경상도 방언이다. 예문의 '디이다'는 뜻풀이 ①번의 의미로 사용된 경우이다. '데다'에서 경상도 방언의 특징적인 음운현상 중의 하나인 / ㅔ / > / ㅣ / 에 의해 '데다>디다'가 된 것이다. '디다'는 [디:다]처럼 장모음으로 실현되는데, 장모음을 표기상으로 나타낸 것이 '디이다'이다. / ㅔ / > / ㅣ / 변화는 '제사>지사, 베개>비개, 세상>시상, 게>기' 등에서 쉽게 확인할 수 있다. 표준어 '데다'에 대응되는 '디다' 외에 '고단하다'에 대응되는 '디다'도 있는데, '몸이 거러쿰 디나? 암일도 아하고도(몸이 그렇게 고단하나? 아무 일도 안하고)'에서의 '디다'가 그것이다. 이 '디다'는 표준어 '되다'가 '되다>뒈다>데다>디다'와 같이 음운 변화를 한 것이다.

디지기

- 표준어 : 두더지
- 품　사 : 명사
- 뜻풀이 : 두더짓과의 포유동물. 몸의 길이는 9~18cm, 꼬리의 길이는 1~3cm이며 몸은 어두운 갈색 내지 검은 갈색이고 머리는 노란색이다. 앞뒤 다리는 짧으나 발바닥이 넓고 커서 삽 모양이며 발가락은 다섯 개씩이다. 귀와 코는 예민하나 눈은 퇴화하여 매우 작다. 땅속에 굴을 파고 살며 지렁이, 곤충의 애벌레 따위를 잡아먹는다.
- 다른 방언형 : 두직이, 두데지, 두더지이, 논떨간지, 두두기, 뒤직이
- 사용 지역 : 경상도

　　낮에도 밤-밤에도 밤- / 그 밤의 어둠에서 스며난, **뒤지기**같은 신령은 / 光明의 목거지란 일홈도 모르고 / 술취한 장님이 머-ㄴ길을 가듯 / 비틀거리는 자욱엔, 핏물이 흐른다! 〈이상화, 緋音, 이상화전집, 22〉

　　도굿대(나무공이)로 뜰안 밭을 쿵쿵 찧으며 다닌다. 땅 속에 두더지가 없으라고 디지기(두더지) 방아 찧자, **디지기** 방아 찧자 하며 찧는 방아다 〈이아정, 그 산에 가고 싶다, 2002〉

'디지기'는 '두더지'의 경상도 방언이다. 땅을 파는 두더지의 특성으로 인해 붙여진 이름이다. 경상방언에 '흙을 파헤치다'는 의미로 '뒤지다'가 있다(마음도입도없는 흙인줄알면서 얼마라도 더달라고 정성껏뒤지는〈이상화, 暴風雨를 기다리는 마음〉, 이 오병춘이 이런저런 거간으로 산 지 하마 이십 년이씨더. 척 보면 훤하다 카이요. 이형은 땅을 뒤지기는 할 수 있을지 몰라도 걸꿀 농사꾼은 아이라. 인제 여기서 이형이 할 일은 끝났다꼬.〈이문열, 변경, 1996, 6:264〉, 그런데 이형은

이거저거 다 파이라. 오이 가미 내 눈여기보지만은 백날 가봐야 이래 가주고는 안 된다꼬. 뒤진 지 하마 3년인데 이거는 다부 산으로 돌아가는 거 아이라? 고마 나서는 사람 있을 때 넘구소. 그게 이형 고생도 면하고 땅도 꼬라지가 된다꼬〈이문열, 변경, 1996, 6:264〉).

　'디지기'의 어형 형성 과정을 보면 동사 '뒤지-'에 명사파생접사 '-이'가 결합하여 '뒤직이'가 되었으며, 여기에 단모음화와 연음화를 겪어 '디지기'가 되었다(뒤직이>디직이). 방언 이형태로 '두대지'도 쓰인다.

따가리

- 표준어 : 뚜껑
- 품　사 : 명사
- 뜻풀이 : 그릇이나 상자 따위의 아가리를 덮는 물건.
- 다른 방언형 : 개뜨뱅이, 두께, 두꿍, 두끼이, 두뱅이. 따개비, 따개이, 따까리, 따깨이, 따깽이
- 사용 지역 : 경상도

내 일찍이 불효 한 적 없었고 사랑채 아버님이 쓰시던 기물은 호롱 **따가리** 하나도 옮겨가지 않고 그대로 보존하는 이유를 알 터인 즉, 내 말 알아 들었제 〈김원일, 불의 제전〉

'따가리'는 '뚜껑'에 해당하는 경상도 방언이다. 이외에도 '두껑'에 해당하는 방언형으로 '두께, 두꿍, 두끼이, 두뱅이, 따개비, 따개이, 따가리, 따깨이, 따깽이, 개뜨뱅이' 등이 있다. 이들은 크게 '두껑'류와 '두배', '따가리'류로 나눌 수 있다.

고문헌에 기록된 '뚜껑'과 관련된 형태는 15세기와 16세기에 나타나는 '눘두뵈'의 '두뵈', 16세기부터 19세기까지 나타나는 '두에', 16세기에 나타나는 '두베', 18세기와 19세기에 나타나는 '쑤에' 등이 있다. 이 형태들은 고대의 어형 '*둡'에 도구를 나타내는 명사 형성 접사 '-게'가 결합한 것이다. '따가리'는 후대에 나온 것으로 보이며, 그 어형은 '(뚜껑을) 따다'와 관련되어 있다.

따개다

- 표준어 : 쪼개다, 가르다
- 품　사 : 동사
- 뜻풀이 : ① 둘 이상으로 나누다.
  　　　　② 쪼개거나 나누어 따로따로 구별하다.
- 사용 지역 : 경상도

껍데기가 네 개로 벌어져요. 그라믄 그 사이에 인제 목화 한 쪼가리씩이 나오지. 첨에 벌어질 때 **따개** 보믄 꼭 마늘 쪽 겉지. 안즉은(아직은) 솜도 아이고. 〈김점호, 베도 숱한 베 짜고, 1992, 149〉

쪼개믄 안은 쫌 뽈수롬하민서 까맣게 돼야 되고. 그걸 칼로 **따개**, 장도리로 뚜디리 가며, 물로 씨이(씻어) 놓지. 그걸 정월에나 삼월에나 담는데 달아라고(맛이 달라고) 닭날에 담아. 〈성춘식, 이부자리 피이 놓고, 1992, 73〉

무꾸익질을 하고 무꾸적도 하고. 익질은 무꾸(무우)를 **따개** 가지고 밥 할 직에 옇어서 익히 가지고 내서 얇게 쌀이서 무치는 거지. 어른들 반찬은 물러야 되거든. 무꾸적은 얇게 쌀인 거 익혀서 밀가루로 부치지. 〈성춘식, 이부자리 피이 놓고, 1992, 76〉

"농구랭이겉이 백배사죄를 했일까? 그라나믄 **따개칼**로 그놈 배애지를 찔러 직있일까? 〈박경리, 토지, 10, 254〉

'따개다'는 '어떤 물건을 베거나 찍어서 갈라지게 하는' 경우 즉 '쪼개다, 가르다'에 대응되는 경상도 방언형이다. '따개칼'은 '물건을 가르는데 쓰는 칼'을 말하는데, 〈표준국어대사전〉에도 등재되어 있다. '따개칼'은 경상도 방언형인 '따개다'와 연관지어 생각해 보면 '따개다'의 어간에 '칼'이 결합한 합성어일 가능성이 있다({따개-}＋{칼}). 경상도 방언에는 '따께모자, 따께이모자'라는 말도 있는데, 이는 '차양이 달린 모자'를 말한다.

따께모자

- 표준어 : 차양 모자
- 품 사 : 명사
- 뜻풀이 : 차양 달린 모자. 챙 달린 모자.
- 다른 방언형 : 따께이모자
- 사용 지역 : 경상도

"아니다. 말이 쉽지 니하고는 형편이 다르고 뜨기는 어려분 일이제. 세상이 하도 험하다 보이 순사만 보아도 가심이 철렁 내리 앉고 **따께모자**만 보아도 우둔증이 생기고." 〈박경리, 토지, 10, 255〉

'따께모자, 따께이모자'는 '차양, 챙이 달린 모자'를 이르는 경상도 방언이다. 〈표준국어대사전〉에 등재되어 있는 '따개'는 '병이나 깡통 따위의 뚜껑을 따는 물건'이라고 되어 있지만, '따께모자, 따께이모자'에서 사용된 '따게이, 따께'는 '뚜껑'의 경상도 방언형인 '따께이, 따께이'에 '모자'가 결합한 합성어이다.

따시다

- 표준어 : 따듯하다
- 품　사 : 형용사
- 뜻풀이 : ① 뜨겁지 않을 정도로 온도가 알맞게 높다.
　　　　　② 덥지 않을 정도로 기온이 알맞게 높다.
- 다른 방언형 : 뜨시다
- 사용 지역 : 경상도

"아이고! 아이고! 내 자식아! 박복한 내자식아아 남드은 **따신** 바에 잠자는 데 동지섣달 설한풍에 천길 물속에서 몇 만년을 살갔다고오, 없는기 한이로 구나아! 나를 어쩌라고 니만 갔노오." 〈박경리, 김약국의 딸들, 1993, 189〉

"돈냥 있는 집 자식들치고 똑똑한 놈 못 봤다. 애비 벌어놓은 살림 까묵기 일쑤지. 우리네사 까묵을 살림도 없다만, 에라 우리 없는 놈이 제일 편하구 마, 배부르고 등 **따시믄** 그만이제." "흥, 배 부르고 등 **따시기는** 쉬운 일이가?" 〈박경리, 김약국의 딸들, 1993, 276〉

"애야 잘 때는 문을 꼭 닫아 걸고 자거라!?" 해순이는 고개를 못들었다. 대 답 대신 시어머니 국대접에 새로 떠 온 **따신** 국만 떠보댔다. 메역도 한무럽 지고 고등어 철이 가까워 왔다. 〈오영수, 갯마을, 1953, 122'〉

'따시다' 경상도 지역 외에도 전라도 지역에서도 쓰이는데, 전라도 지역에서 '따숩다'의 형태로 쓰인다. 흔히 '찬밥 더운밥 가리지 않는다' 는 표현에서 보듯이 표준어에서 '찬밥'에 대응하는 반대말은 '더운밥'이 다. 그러나 의미로 보면 '덥다'의 반대말은 '춥다'이므로 '더운밥'의 반 대말은 '추운밥'이 되어 의미의 대응이 맞지 않다. 하지만 경상도 방언에서는 '찬밥'의 반대말로 '따신밥'이 대응되어 의미적으로 맞다.

'따시다'는 온도가 뜨겁지 않고 알맞게 높은 경우뿐만 아니라 날씨가 덥지 않고 알맞게 높은 경우에도 쓰인다. '불을 많이 때서 방바닥이 따시다', '오늘 날씨가 참 따시다'에서 보듯이 '따시다'는 표준어의 '뜨뜻하다'와 '따뜻하다'의 의미를 아우르는 의미이다. 그러나 또 다른 방언형인 '뜨시다'는 온도가 뜨겁지 않고 알맞게 높은 경우에만 쓰이고, 날씨를 나타낼 때는 쓰이지 못하는 특성이 있다.

기원적인 어형은 'ᄃᆞᆺ다'이다(그듸논 ᄃᆞᆺ 딜 좇논 그려기를 보라(그대는 따뜻한 데를 좇는 기러기를 보라)〈초간두시언해, 1481, 9: 33〉). 중세국어 'ᄃᆞᆺ다'에서 둘째 음절 이하의 아래아(/ ᆞ /)가 / ㅡ /로, 첫째 음절의 아래아가 / ㅏ / 로 변화하여 '다스다'가 된 후, / ㅅ, ㅆ, ㅈ, ㅊ, ㅉ / 아래의 / ㅡ / 가 / ㅣ / 로 변하는 음운 현상과 어두경음화를 겪어 '따시다'가 되었다(ᄃᆞᆺ다〉다스다〉다시다〉따시다).

딸

- 표준어 : 딸기
- 품　사 : 명사
- 뜻풀이 : 장미과 딸기속, 거문딸기속, 뱀딸기속 및 나무딸기속의 일부를 포함하는 식물을 통틀어 이르는 말. 보통은 딸기속 식물을 가리키며 열매는 식용하는 것이 많다.
- 다른 방언형 : 따리
- 사용 지역 : 경상도

덤불을 헤치며 들어가는데 / 머가 내 발등에 / 미키적하였다. / 나는 고마 / 가슴이 펄떡하였다. / 가만히 보니 / 짝두꼬지가 그랬다 / 짝두꼬재한테 오지게도 속았다. // 〈이오덕, 일하는 아이들, 딸 따 먹기, 1978, 77〉

"그때, 끄때 말이야. 딸을 봉순이가 따왔어." "산딸은 좀더 있어야 익십니다." 〈박경리, 토지, 1, 160〉

"산딸보담은 엿이 더 맛나지요. 꿀이 더 맛나지요." "아니야! 딸이 맛나!" 〈박경리, 토지, 1, 160〉

"하낫도 안 단 딸이 머가 맛납니까." 〈박경리, 토지, 1, 160〉

"딸이 맛나다고 해!" "예, 예, 애기씨 딸이 맛나요." 〈박경리, 토지, 1, 160〉

총각들 딸 먹어 봄세 / 잘 익은 산딸 먹어 봄세 // 〈서지월, 강물과 빨랫줄, 산딸기, 1989, 92〉

'딸기'에 대응되는 경상방언 어휘는 '딸, 따리' 등이다. '딸', '따리'의 발음은 [딸:], [따:리]처럼 장모음이다.

‘딸기’는 15세기 문헌에 ‘ᄣᅡᆯ기’로 표기되어 나온다. 그런데 이 ‘ᄣᅡᆯ기’의 어원은 알기 어렵다. 일설에 ‘ᄣᅡᆯ기’의 어근을 ‘*둘’로 보고 이 ‘*둘’을 만주어 ‘씨(種)’를 뜻하는 ‘tar’과 동원어(同源語)로 설명하기도 한다. 이를 근거로 ‘딸기’는 하나의 씨이면서 과일인 것으로 보고 있다. 그러나 ‘딸기’가 이른 시기에 ‘ᄠᅩᆯ기’가 아니라 ‘ᄣᅡᆯ기’로 표기되어 나온다는 점에서 ‘*둘’을 재구하는 것은 무리이다. ‘*둘’을 따로 떼어낸다면 ‘기’는 또 무엇인지 분명하게 드러나지 않는다. 15세기의 ‘ᄣᅡᆯ기’는 17세기까지는 단독으로 쓰이다가 18세기에 오면 ‘ᄽᅡᆯ기, 싸올기, ᄻᅩᆯ기, ᄠᅩᆯ기’ 등으로 다양하게 표기된다. 이중 ‘ᄽᅡᆯ기’는 어두자음군 ‘ᄡ’과 ‘ᄶ’의 혼용에 따라 나타난 어형이다. 19세기에도 ‘ᄽᅡᆯ기, ᄻᅩᆯ기, ᄠᅩᆯ기, 딸기’ 등으로 다양하게 표기된다. 〈조선어사전〉(1920)에는 여전히 ‘ᄽᅡᆯ기’로 표기되나, 〈조선어사전〉(1938)에는 ‘딸기’로 표기된다. 경상도 방언에서 쓰이는 ‘따리’는 경상 방언형 ‘딸’에 주격조사 ‘-이’가 붙어 그대로 명사로 굳어진 형태이다.

땡삐

- 표준어 : 땅벌
- 품　사 : 명사
- 뜻풀이 : 땅속에 집을 짓고 사는 벌. 말벌과의 벌. 몸의 길이는 암컷이 1.6cm, 일
　　　　벌이 1.2cm 정도이며, 검은색이고 등 쪽에 각각 누런색을 띤 백색의 얼
　　　　룩무늬와 줄무늬가 있다.
- 다른 방언형 : 댕삐
- 사용 지역 : 경상도

"아따 **땡삐**같이 뎀비네. 누가 오늘 밤에 숨넘어가나?" 〈박경리, 토지, 1, 136〉

"허허어. **땡삐**같이 그리 쏘지만 말고, 모로 가나 옆으로 가나 볼 일은 다 본 처지 아냐? 추우면 내 목도리 끌러줄까?" 〈박경리, 토지, 5, 301〉

"쪽도리 안 썼으믄 할매가 되도 가시나가 앙이가? 술이나 어서 부어. 하기 사 고렇기 **땡삐**겉이 쏘아야 맛이지 헤롱헤롱 사내놈 옷자락 잡고 늘어진 꼴, 그건 다시없이 추물인께." 〈박경리, 토지, 9, 142〉

'땅벌'의 경상도 방언형은 '댕삐, 땡삐'이다. 일반적인 '벌'을 의미하기도 하고, '성질이 집요하고 무서운 사람을 비유하는 말'로 쓰이기도 한다. 이 방언형은 강원도와 충북에서도 함께 쓰인다.

'땅벌'이 역사적으로 소급되는 최초의 형태는 19세기에 나타나는 '짱벌'로서, {짱(地)}＋{벌(蜂)}로 분석되는 통사적 합성어이다. 이 '짱'은 표기만 현대어의 '땅'과 다를 뿐, 발음은 현대어와 같았다.

17세기에는 '짯벌'이라는 형태도 나타나는데, 이것은 '짱'의 고형인

‘쌓’과 ‘벌’이 통합된 것이다. 국어사 자료에서 ‘쌍’이라는 형태가 17세
기부터 나타나는 것으로 미루어, ‘쌍벌’이라는 형태는 19세기 이전부터
존재했던 것으로 판단된다.

떠리미

- 표준어 : 떨이
- 품　사 : 명사
- 뜻풀이 : 팔다 조금 남은 물건을 다 떨어서 싸게 파는 일. 또는 그렇게 파는
　　　　　물건.
- 다른 방언형 : 뜨러미
- 사용 지역 : 경상도

"**떠리미**요. **떠리미**! 이렇게 싼 물건은 난생 못봤을 기요. 봤이믄 봤다 카
소! 몽땅 개값으로 던지고 갈라누마. 아 서울 자식놈 찾아 갈라누마. 누구든
지 몽땅가지믄 수 터지요! 개값이요오 개값!"〈박경리, 토지, 1, 69〉

"**떠리미**, **떠리미**요!" 외치던 늙은 방물장수도 펴놓은 전을 주섬주섬 거둬넣
는다. 포목, 건어, 약초, 지물, 모든 난전은 짐을 걷는다. 떡장수는 떡시루를
싸전 처마 밑으로 옮겨놓고 봉기는 입을 닦으며 슬며시 일어섰다. 〈박경리, 토
지, 1, 384〉

"어허어! **떠리미**요, **떠리미**! 이렇기 싼 물건은 난생 못 봤일 기요! 봤이믄
봤다 카소! 야?" 깡마른 등짐장수 늙은이는 자기 모습과 마찬가지로 낡고 때
묻은 잡동사니 물건들을 줄레줄레 해진 삿자리에 펴놓고 가래 끓는 목소리로
혀를 내둘러 마른 입술을 연방 축여가며 외치고 있었다. 공노인은 그 옆을
스치며 지나간다. "**떠리미**요. **떠리미**! 몽땅 개값으로 던지고 갈라누마. 서울
있는 내 자식놈 찾아갈라누마. 누구든지 몽땅, 모, 몽땅, 어허헉."〈박경리, 토
지, 6, 115〉

'팔다 조금 남은 물건을 다 떨어서 싸게 파는 일. 또는 그렇게 파는

물건'을 '떨이'라고 하는데, '떨이'의 경상도 방언형이 '떠리미, 뜨러미'
이다. '떨이'에 '-미'의 형태가 붙은 것이라 볼 수 있다. 또한 경상도에
서는 / ㅡ / 와 / ㅓ / 의 변별력이 없으므로 '떠리미' 형과 '뜨러미'형이
함께 쓰이고 있다. 이와 유사하게 강원도에서는 '떠레미'라는 방언형이
사용되고 있다.

떼기

- 표준어 : 딱지
- 품　사 : 명사
- 뜻풀이 : 아이들이 가지고 노는 장난감의 하나. 두꺼운 종이쪽에 그림을 그리거나 글을 쓴 것으로, 종류와 노는 법이 여러 가지가 있다.
- 다른 방언형 : 때기
- 사용 지역 : 경상도

떼기 같은 거 사지 말고 시원한 아시께끼나 하나씩 사 묵으라 캐라 〈이문열, 변경, 1998. 〉

'떼기'는 '딱지'의 경상도 방언형으로, '딱지치기'를 '떼기치기'라고도 한다. '떼기'의 어원은 분명하지 않으나 '떼기'의 어형과 의미를 토대로 '떼기'는 땅에서 분리시켜 뒤집게 하는 놀이이므로 {떼}＋{-기}로 나눌 수 있다. '떼기'의 어형은 경상도 지역 외에 전남 방언에서도 나타난다.

또랑창

- 표준어 : 도랑
- 품 사 : 명사
- 뜻풀이 : 매우 좁고 작은 개울.
- 다른 방언형 : 또랑, 고랑, 도구
- 사용 지역 : 경상도

"**또랑창**에 대가리 박고 칵 디져삐리지, 무단시 이래 살아 뭘 하겠나! 요노무 카드. 보기만 해도 몸쎄리가 쳐진다, 몸서리가!" 〈이현수, 신기생뎐, 2005, 63〉

경상도 방언에서 '도랑'에 대응되는 어형은 '또랑, 고랑, 개또랑, 질또랑, 물꼬랑, 새미꼬랑, 도구또랑, 도구, 해치꼬랑, 퇴수또랑, 테수또랑, 또랑창' 등으로 매우 다양하게 나타나는데, 이는 모두 '매우 좁고 작은 개울'을 뜻한다. '도랑'의 경상도 방언 어휘는 '도랑'형과 '고랑'형으로 구분할 수 있는데, 대부분 어두경음화된 '또랑, 꼬랑'의 형태로 사용하고 있다. 어두경음화 현상은 경상도 방언은 물론이고 다른 방언에서도 많이 나타나는 현상인데, '가시〉까시, 돌배〉똘배, 두부〉뚜부, 고추〉꼬추, 소주〉쏘주' 등이 이에 해당한다. '또랑창, 새또랑, 개또랑, 질또랑, 도구또랑'은 {또랑}＋{창}, {새, 개, 질, 도구}＋{또랑}의 형태로 '또랑'이 사용된 복합어이다. 전국적으로 '도랑, 내, 개울'의 방언형은 아주 다양하게 나타나고 있는데, 이는 '도랑, 내, 개울'의 크기에 대한 구분이 확실하지 않기 때문인 것으로 보인다. 사전에는 '도랑〈개울〈시내〈내〈강'의 순으로 나타나 있지만 화자들은 크기를 혼동해서 사용하고 있고, 방언형도 다양하게 나타나고 있다.

또뱅이

- 표준어 : 똬리
- 품　사 : 명사
- 뜻풀이 : 새끼를 돌돌 감아 만든 것으로 짐을 머리에 일 때 머리에 받치는 고리 모양의 물건.
- 다른 방언형 : 따배기, 따배, 따반지, 따배이, 따바리
- 사용 지역 : 경상도

이분이는 그 밥을 정지 바닥에 새끼**또뱅이** 깔고 날된장 한 가지만으로 쪼그리고 앉아 혼자서 먹었다. 눈물이 밥바가지에 뚜두둑 떨어졌다. 〈권정생, 한티재 하늘, 1, 129〉

안태 밖에 나왔을 때 천개골 구멍이 **따바리** 구멍만 했을거라 〈박경리, 토지, 9, 228〉

'또뱅이'는 새끼를 돌돌 감아 만든 것으로 머리에 짐을 일 때 사용하는 것이다. 경상도 방언에서는 '따배이', '따배'라고도 한다. '따배이'의 어원에 대하여 문증되지 않아 정확히 정의할 수는 없지만, 그 어형과 의미에서 {딯-}＋{-뱅이}로 유추해 볼 수 있다. 즉 새끼로 돌돌 감아 만든 납작한 모양에서 동사 '딯-'에 '-뱅이'가 결합한 것으로 볼 수 있다. '또뱅이' 역시 '또아리'의 '또'에 '-뱅이'가 붙은 것으로 추정할 수 있다.

뚜게이

- 표준어 : 뚜껑
- 품   사 : 명사
- 뜻풀이 : 그릇이나 상자 따위의 아가리를 덮는 물건. 덮개. 만년필이나 펜 따위의
  촉을 보호하기 위하여 겉에 씌우는 물건.
- 다른 방언형 : 따깨이, 따깽이, 따꿍, 따까리, 따가리
- 사용 지역 : 경상도

국어사 자료에서 '뚜껑'에 직접 소급하는 형태는 19세기의 '두겅, 둣 겅, 둑겅' 등이다. 이 중에서 '두겅'이 나타나는 이유는 분명하지 않다. 나머지 '둣겅'과 '둑겅'은 둘 다 '두껑'이라는 발음을 표기한 것으로, 이 시기에 나타나는 '둣게'에 '엉'이라는 접미사가 결합된 것으로 보인다.

'둣게'는 15세기부터 17세기까지 나타나는 '둪게'에서 제2음절의 끝 자음 'ㅂ'이 뒤에 오는 'ㄱ'에 동화되어 'ㄱ'이 된 후 이 두 'ㄱ'이 'ㄲ'으 로 바뀐 어형을 표기한 것이다. 그리고 '둪게'는 어근 '둪-(蓋)'에 도구 를 나타내는 명사 형성 접사 '-게'가 결합한 것이다.

한편 '뚜껑'을 뜻하는 또 다른 형태로는 15세기와 16세기에 나타나는 '놨두뼤'의 '두뼤', 16세기부터 19세기까지 나타나는 '두에', 16세기에 나 타나는 '두베', 18세기와 19세기에 나타나는 '쑤에' 등이 있다. 이 형태 들은 고대의 어형 '두붕-'에 도구를 나타내는 명사 형성 접사 '-게'가

결합한 것으로 보인다. '두베'의 제2 음절은 '*두붕게'의 제2음절의 첫 자음 'ㄱ'이 약화된 것이고, '두베'는 '두베'의 방언형으로 보인다. 그리고 '두에'는 '두베'의 'ㅸ'이 탈락한 것이고 '쑤에'는 '두에'의 제1음절 첫 자음이 된소리로 바뀐 것이다.

'뚜껑'을 이르는 경상도 방언에는 '따깨이, 따깽이, 따꿍, 따까리' 등이 있다. 이 방언형 중에서 '따까리'는 '뚜껑', '군대식 은어', '부스럼 등의 딱지' 등을 의미하기도 한다. '따깨이, 따깽이'는 {따개} + {이(명사화 접미사}, {따개} + {-앵이 / -엥이('앙이'의 / ㅣ / 모음 역행동화형)} 구조로 경음화를 거친 형이다.

뚜디리다

- 표준어 : 두드리다, 뚜드리다
- 품 사 : 동사
- 뜻풀이 : ① 소리가 나도록 잇따라 치거나 때리다.
            ② 때리거나 타격을 주다.
            ③ (주로 '가슴', '마음', '심금', '양심' 따위의 말과 함께 쓰여) 감동을 주거나 격동시키다.
            ④ (주로 '뚜디리' 꼴로 쓰여) '마구', '함부로'의 뜻을 나타낸다.
- 다른 방언형 : 띠디리다, 뚜딜기다, 띠딜기다
- 사용 지역 : 경상도

한실댁은 일어섰다. "안 갈라요." "안 가믄 어짤 것고." "밤낮 **뚜디리** 패고, 내사 안 갈라요." "어이구, 내가 이날까지 남 못할 짓 안했건마는 무슨 액운이 이리 많은고!" 〈박경리, 김약국의 딸들, 1993, 162〉

'뚜디리다'는 '뚜드리다'의 경상도 방언이다. 표준어의 경우에는 '두드리다'가 있고 '두드리다'의 센말로 '뚜드리다'가 있다. 그런데 경상도 방언에서 '두드리다'는 쓰이지 않고 어두경음화된 '뚜디리다', '띠디리다' 형만 나타난다. '뚜디리다'는 '뚜드리다'에서 '리'의 / ㅣ / 모음에 의해 '드'가 / ㅣ / 모음 역행동화를 겪은 것이다(뚜드리다〉뚜듸리다〉뚜디리다). 경상도 방언에서는 '대리미(←다리미)', '베리다(←버리다)'에서처럼 개재자음이 / ㄹ / 일 때도 / ㅣ / 모음 역행동화가 일어나는 특성이 있다. 그리고 '띠디리다'는 '뚜디리다'에서 다시 '디'의 / ㅣ / 모음에 의해 [뚜]가 / ㅣ / 모음 역행동화를 겪어 '뛰디리다'가 된 후 이중모음 / ㅟ / (/ wi /)가 / ㅣ / 로 단모음화된 것이다(뚜드리다〉뚜디리다〉뛰디리다〉띠디리다).

뛰

- 표준어 : 풀, 잔디
- 품 사 : 명사
- 뜻풀이 : ① 초본 식물을 통틀어 이르는 말.
         ② 볏과의 잔디, 물잔디, 금잔디, 비로드잔디, 갯잔디 따위를 통틀어 이르는 말.
- 다른 방언형 : 떼, 뗏짱, 띠
- 사용 지역 : 경상도

마음의 막다른 / 날근 쮜집에선 / 뉜지모르나 까닭도업어라. 〈이상화, 이상화전집, 단조, 1982, 105〉

하늘에 하얀 띠집 뭉게뭉게 대추 아주까리 〈박태일, 약쑥개쑥, 상량노래, 1995, 67〉

가을이다 / 더 멀고 거침이 없는 / 우리들의 삶이 끝날 듯 / 되살아나는 / 저기 저곳에다 / 뗏집이라도 한 채 지으리라. 〈조태일, 산속에서 꽃속에서, 지평선, 1991, 130〉

경상도 방언에서는 '띠', '떼', '뗏장', '뛰'란 '풀', '잔디'를 의미한다. 그러니까 '풀로 지붕을 이은 집을 '띠집'이라고 한다.

'잔디'는 '작다, 가늘다'의 뜻을 가지는 '쟐다'와 '띠'를 뜻하는 명사가 결합하여 이루어진 단어이다. '잔 띠'의 뜻을 가지는 구 구성이 명사로 변한 것이다. '잔디'는 본디 '잔 띠'라는 뜻을 가지는 '*쟌 뛰'와 같은 형태였을 터인데, '쟌뛰 / 쟘뛰〉쟌쮜 / 쟘쮜〉쟌쮜〉쟌띄〉쟌듸〉잔디'와 같은 역사적 변화 과정을 겪었다. '띠'를 뜻하는 '뛰'는 17세기에 실제로는

'〔뛰〕'처럼 소리났다. 따라서 표기로는 'ㄸ'을 썼지만 당시에 된소리를 나타내는 'ㅉ'과 같은 소리를 나타냈다. 결국 '쟌뛰 / 쟘뛰'는 '쟌쮜 / 쟘쮜'로도 쓸 수 있었다. 이 네 가지 표기(쟌뛰, 쟘뛰, 쟌쮜, 쟘쮜)는 같은 소리를 나타내는 것이었다. 17세기 말부터 18세기까지는 같은 형태로서 4가지의 서로 다른 표기가 있었던 것이다.

경상도에서 사용되는 방언형인 '띠'는 원래 '잔디'가 '쟐다'와 '띠'가 결합한 합성어의 형태라 볼 때({쟐-} + {띠}〉잔 띠), 뒤의 '띠'만 사용하여 '잔디'의 의미를 가진다고 볼 수 있다. 따라서 경상도에서 사용하는 '띠, 떼'는 '풀'의 의미, '잔디'의 의미를 함께 가진 일반적인 '잔디'보다는 의미역이 넓은 단어이다.

뛰집

- 표준어 : 초가(草家), 띳집
- 품　사 : 명사
- 뜻풀이 : 짚이나 갈대, 띠 등으로 지붕을 이어 이은 집.
- 다른 방언형 : 띠집, 떼집
- 사용 지역 : 경상도

마음이 막다른 / 날근 쮜집에선 〈이상화, 單調, 백조〉

날아올라간 하늘 소녀들의 상처의 핏자죽. / 곧고 어지신 이들이 사시던 **띠집**의 주춧자리, 〈박두진, 대숲, 수석열전, 박두진전집4, 42〉

하늘에 하얀 **띠집** 뭉게뭉게 대추 아주까리 〈박태일, 상량노래, 약쑥개쑥, 67〉

　‘뛰집’은 ‘초가’(草家)의 경상도 방언이다. 이상화 시에 나오는 ‘쮜집에선’에서 ‘쮜’는 ‘띠’를 말한다. 그런데 경상도 방언에서 ‘띠’, ‘떼’는 ‘풀’을 말하기도 하고 ‘잔디’를 말하기도 한다. 그러니까 ‘뛰집’은 ‘풀로 이은 집’, ‘초가’가이다.

뜨시다

- 표준어 : 따뜻하다
- 품 사 : 형용사
- 뜻풀이 : 기분 좋을 만큼 알맞게 덥다, 보드랍고 포근하다.(반대말=차다)
- 다른 방언형 : 따시다
- 사용 지역 : 경상도

> 다리는 일년 가도 전화 한번 아하는 미느리들이 있다이더. 우리는 요새도 자주 전화해 가주고 "춥은데 방 **뜨시게** 해가 있으이소." 카지. 인제 막내만 장개 보내믄 끝이지. 〈김점호, 베도 숱한 베 짜고, 1992, 72〉
>
> **뜨신** 방에 엎드려 메밀묵 사이소 들을 때 / 〈최영철, 홀로 가는 맹인 악사, 메밀묵 장수, 1994, 15〉

'뜨시다, 따시다'는 '따뜻하다'의 경상도 방언형이다. 표준어와 중부 방언에서는 '더운밥, 더운물, 더운 방'인데 경북방언에서는 '뜨신밥, 떠신물, 떠신방'이다. 물리적 온도는 기체이거나 고체 또는 액체와 상관없이 '찬-' 또는 '식은-'과 결합한다. 그런데 중부방언에서는 '더운-'과 결합되어 '더운밥'과 '*추운밥'이라는 비체계적인 대응을 보여준다. 경북방언에서 '찬밥'과 '더운밥'이 대응은 체계적이라 할 수 있으나, 중부 방언의 '찬밥', '더운밥'의 대응은 온도어휘의 체계적인 대립에서는 벗어났다고 할 수 있다.

'뜨시다' 경상도 지역 외에도 전라도 지역에서도 쓰이는데, 전라도 지역에서 '따숩다'의 형태로 쓰인다. 흔히 '찬밥 더운밥 가리지 않는다'는 표현에서 보듯이 표준어에서 '찬밥'에 대응하는 반대말은 '더운밥'이다. 그러나 의미로 보면 '덥다'의 반대말은 '춥다'이므로 '더운밥'의 반대말은 '추운밥'이 되어 의미의 대응이 맞지 않다. 하지만 경상도 방언에서는 '찬밥'의 반대말로 '따신밥'이 대응되어 의미적으로 맞다.

'뜨시다'는 온도가 뜨겁지 않고 알맞게 높은 경우에만 쓰이고, 날씨를 나타낼 때는 쓰이지 못하는 특성이 있다. 반면 '뜨시다'와 비슷한 '따시다'는 '뜨시다'가 쓰이는 문맥에서서 쓰일 뿐만 아니라 날씨가 덥지 않고 알맞게 높은 경우에도 쓰인다. 즉 '오늘 날씨가 참 뜨시다'는 안 되지만, '오늘 날씨가 참 따시다'는 가능하다. 따라서 '따시다'는 '뜨시다'보다 의미역이 넓다.

띠묵다

- 표준어 : 떼어먹다
- 품 사 : 동사
- 뜻풀이 : ① 남에게 갚아 주어야 할 것을 갚지 않다.
          ② 남의 몫으로 주어진 것을 중간에서 부당하게 가로채다.
- 다른 방언형 : 띠먹다
- 사용 지역 : 경상도

표준어 '떼어먹다'는 '떼다'와 '먹다'가 결합된 합성어인데, '남에게 갚아 주어야 할 것을 갚지 않거나 남의 몫으로 주어진 것을 중간에서 부당하게 가로채다'라는 의미로 사용되는 어휘이다. 경상도 방언에서 '떼어먹다'에 대응되는 어휘는 '띠먹다, 띠묵다'이다.

'ㅔ〉ㅣ'로 되는 음운현상은 전국에서 두루 실현되지만 특히 경상도 방언에서는 다른 방언에서보다 더 강하게 일어난다. 'ㅔ〉ㅣ'뿐만 아니라 '며느리〉메느리〉미느리'처럼 'ㅕ〉ㅔ'로 된 /ㅔ/도 /ㅣ/로 바뀐다. 이러한 현상에 의해 '떼어묵다'가 '띠어묵다'가 된 후 '띠어'가 '띠이'로 완전 순행동화되어 '띠묵다'가 되었다. 실제 발음은 〔띠:묵다〕처럼 장모음으로 실현된다. 참고로 '먹다'의 경상도 방언형이 '묵다'이다.

마디다

- 표준어 : 꽉 차다, 넘치다, 절약이 되다
- 품　사 : 형용사
- 뜻풀이 : ① 가득 차서 밖으로 흘러나오거나 밀려나다.
  ② 일정한 정도를 훨씬 넘을 만큼 많다.
  ③ 느낌이나 기운이 정도를 벗어나도록 강하게 일어나다.
- 다른 방언형 : 마디질 못하다
- 사용 지역 : 경상도

그새 추수하느라 틈이 없었고 수숫대 고춧대 통대가 있으니 우선은 지낼 만했으나 부피만 컸지 그것들은 **마디질** 못해 그세 동안 동이 날 것이다. 땔감의 준비는 사실 절박한 일이었다. 〈박경리, 토지, 15, 130〉

'마디다'는 여러 의미를 가진 경상도 방언형이다. '꽉 차다, 넘치다, 절약이 되다. 잘 닳지 않거나 줄지 않다'라는 뜻을 가진 말이다. 예를 들어 "그게 양은 적어도 쓸 때는 마디서 오래 쓸 수 있다."에서는 '마디다'가 '닳거나 없어지는 동안이 오래'라는 뜻이다. 또한 관용구 '마디지 못하다'는 '잘 닳지 않거나 줄지 않는 것이 아니다.' 즉 '헤프다'의 의미를 가지고 있다.

마뜩다

- 표준어 : 깨끗하다
- 품　사 : 형용사
- 뜻풀이 : ① 때나 먼지가 없다.
　　　　　② 청결하다.
　　　　　③ 말쑥하다.
　　　　　④ 맑고 산뜻하다.
　　　　　⑤ 올바르고 떳떳하다.
　　　　　⑥ 아무 것도 남은 것이 없이 말끔하다.
- 다른 방언형 : 마떡다, 마띠맞다
- 사용 지역 : 경상도

　　우리 아들이 돈은 없어도 자가용을 몰으이 **마뜩하이** 해 다니거든. 그래가 선을 봐 가주고 배필 됐잖니껴. 〈김점호, 베도 숱한 베 짜고, 1992, 72〉

　　그랬던 게 요새는 서울 가가 잘 산다. 발 뒤꾸무리 까지고, 까시 천지던 게 요새는 잘 살아. 아아덜은 전부 씻개지도 안허고 아물따나 키왔는데 요새는 다 **마뜩하이** 살지. 〈김점호, 베도 숱한 베 짜고, 1992, 159〉

　　마뜩한 흙을 상주 오지랖에 떠 옇어 가주고 손으로 "취토, 취토, 취토" 세 번 하므는 그 담엔 일꾼이 팬하게 메꾸니더. 그라고 들구를 찧지. 〈김점호, 베도 숱한 베 짜고, 1992, 166〉

　　'마뜩다'는 '깨끗하다'의 경상도 방언형으로 '때나 먼지가 없다. 청결하다, 말쑥하다, 맑고 산뜻하다, 올바르고 떳떳하다, 아무 것도 남은 것이 없이 말끔하다'라는 의미를 가지고 있다. 이외에도 '마떡다, 마띠맞다'도 함께 사용되고 있다.

어휘 역사적으로 살펴볼 때 국어사 자료에서 '깨끗하다'의 의미로 나타나는 최초의 형태는 15세기부터 17세기 문헌에 나타나는 'ᄌᆞᆽᄌᆞᆽᄒᆞ다'이다. 이것은 {ᄌᆞᆽᄌᆞᆽ-}+{ᄒᆞ-(爲)}+{-다(어미)}'로 분석된다. 18세기 문헌에는 'ᄭᆡᄌᆞᆽᄒᆞ다'가 나타나는데, 어두의 자음은 15세기부터 시작된 경음화를 겪었다고 설명할 수 있지만 제1음절 모음이 /·/에서 /ㅐ/로 된 이유는 쉽게 설명할 수 없다. 17세기 문헌인 〈마경언해〉(1682)에 '깨끗이'의 뜻으로 'ᄭᆡᄀᆞ지'가 나타나는데, 이것은 {ᄭᆡᄌᆞᆾ(어근)}+{-이(부사 파생접사)}'로 분석된다. 18세기 형태인 'ᄭᆡᄌᆞᆽᄒᆞ다'는 이 'ᄭᆡᄌᆞᆾ'에 'ᄒᆞ다'가 붙은 것이다.

마실

- 표준어 : 마을
- 품　사 : 명사
- 뜻풀이 : 주로 시골에서, 여러 집이 모여 사는 곳.
- 다른 방언형 : 말, 마, 동내, 동네, 동니, 부락
- 사용 지역 : 경상도

예전에 우리 징조부, 조부 그러실 때는 "**마실**에 솟대 그늘 때문에 웃캐를 못 말랐는디" 그랬어요. 벼실(벼슬) 하고 고햐아(고향에) 돌아오만 솟댈 세 왔는데 그키 많았단 말이래. 〈성춘식, 이부자리 피이 놓고, 1992. 21〉

앞에 가는 구종구비 드러서니 이제 보던 산이요 눈의 익은 **마실**이라 반갑 도다 반갑도다 옛날보던 길이로다. 〈경북대본 사친가〉

아무 **마실**에 안동댁도 열아홉에 상부하고 제가 공연이 발광나서 내성으로 갔다더니. 〈경북대본 화전가〉

국어사 자료에서 '마을'이 소급하는 최초의 형태는 15세기의 'ᄆᆞᅀᆞᆶ' 이다. 16세기부터 나타나는 'ᄆᆞᅀᆞᆶ, ᄆᆞ올, ᄆᆞᅀᆞᆶ, ᄆᆞ을' 등은 16세기 중 엽에 일어난 /ᅀ/의 탈락을 경험한 형태이고, 'ᄆᆞ을'의 제2음절은 16 세기 후반에 일어난 비어두 음절에서의 'ᆞ〉ᅳ' 변화를 경험한 것이다. 그리고 19세기에 나타나는 '마올, 마을'은 18세기 중엽에 어두 음절에 서 일어난 'ᆞ〉ㅏ'의 변화를 경험한 형태이다.

'마실'은 '마을'의 강원, 경상, 충청 지역의 방언형이다. 또한 북한에 서도 '마을'을 이르는 말로 쓰이거나 '베실(삼 껍질에서 뽑아낸 실)'을

나타내기도 한다. '마실'은 '야시/여시(여우), 가시게/가새(가위), 저실(겨울), 가실(가을)' 등과 같이 고어의 'ㅿ'이 'ㅅ'으로 대응되는 경상도 방언의 특징 중의 하나이다. '마실' 이 외에도 '마실, 말, 마, 동내, 동네, 동니, 부락' 등이 함께 사용되고 있다.

말

- 표준어 : 가래톳
- 품   사 : 명사
- 뜻풀이 : 허벅다리 윗부분의 림프절이 부어 생긴 멍울.
- 사용 지역 : 경상도

"아이따. 암만 캐도 끌테기에 찔린 그 발이 걱정이라. 말이 벌겋게 섰다며? 파상풍인동 모르이 미련될 일이 아니라꼬." 〈이문열, 변경, 1992, 4, 193〉

'말'은 표준어 '가래톳'에 대응되는 경상도 방언이다. '말'은 몸에 생기는 멍든 상처인 '멍울'을 나타내는데, 주로 '말이 서다'로 쓰인다. '가래톳'은 전국적으로 '가라지, 가래멍이, 가래멍어리, 가랫도리, 가레덧, 가레뜻, 가리토시, 다리낑, 멀' 등의 형태로 사용되고 있다. '가래톳'의 고어형은 '가룻톳, 가랏돗'으로 {가룰} + {-ㅅ} + {톳}의 구성이다.

말매나물

- 표준어 : 말냉이
- 품　사 : 명사
- 뜻풀이 : 십자화과의 두해살이풀. 높이는 60cm 정도이며, 잎은 뿌리에서 모여나
  고 구둣주걱 모양이다. 줄기잎은 긴 타원형으로 약간 줄기를 싼다. 들판
  이나 밭뚝에서 자라며 봄에 새순을 뜯어서 먹는다.
- 사용 지역 : 경상도

> 띄엄 띄여 보히는 그림 쪼각은 / 압밭에 보리밧헤 **말매나물** 캐러간 / 가신
> 애는 가신애와 종달새소리에 반해 // 〈이육사, 草家, 1938〉

'말매나물'은 '말냉이'의 경상도 방언이다. '말매나물'은 {말매} + {나
물}의 합성어라는 사실 외에, '말매'의 어원을 추정할 수 있는 방언형
이나 문헌 자료는 없다. 표준어 '말냉이'에서 '말'과 '말매'가 관련되었
으리라는 것 정도만 말할 수 있다.

말소두레기

- 표준어 : 말전주
- 품　사 : 명사
- 뜻풀이 : 시비하거나 이 사람에게는 저 사람 말을, 저 사람에게는 이 사람 말을
　　　　　좋지 않게 전하여 이간질하는 짓.
- 다른 방언형 : 말소두래기, 말소두레기 일다, 말소두레기 일으키다
- 사용 지역 : 경상도

"확실찮은 얘길 했다가 나중에 똥 묵으믄 우짤라꼬." "내사 노을 입때까지 **말소두레기** 일으킨 일은 없구마." 〈박경리, 토지, 2, 191〉

"내사 머리빡이 허옇기 돼 가지고 **말소두레기** 이는 것 달갑잖구마. 누구 맨치로 타작마당에서 몰매 맞는 건 싫은께. 자식들 보기 부끄러버 우째 사노." 〈박경리, 토지, 9, 390〉

'말소두레기'는 '남에게 시비'하거나 '이 사람에게는 저 사람 말을, 저 사람에게는 이 사람 말을 좋지 않게 전하여 이간질하는 짓'인 '말전주' 하는 일 따위를 이르는 말이다. '말전주'가 어떻게 '마소두레기' 형으로 사용되고 있는지는 알 수 없다. 대부분 '말소두레기 일다, 말소두레기 일으키다'라는 형태로 사용하고 있다. 이는 '말이 나게 하다. 말을 퍼트리다'라는 의미이다.

말장

- 표준어 : 모두, 전부
- 품　사 : 부사
- 뜻풀이 : 일정한 수효나 양을 빠짐없이 다.
- 다른 방언형 : 말짱, 모도, 몰쏙 다, 마카, 마카 다, 말캉, 말케, 마칸, 마컨, 마큰, 마캉, 말카, 말캉, 말캐, 말쿰
- 사용 지역 : 경상도

"학생들이 만세를 불렀다꼬 **말장** 잽히갔다 안 카나. 사방에서 붙잽히갔단 다. 영호 그눔아아도 잽히갔단 말이다. 참말로 니 모리고 오는 기가?" 〈박경리, 토지, 10, 58〉

"명천하늘에는 이자 벼락도 동이 난 모앵이라. 생각 겉으믄 여기저기 사방 에다 불을 싸질러서 **말장** 꼬슬러부리고 마아 세상 끝장내는 기이 상수 아인 가 싶다." 〈박경리, 토지, 10, 58〉

"학상들이 **말장** 들고일어나믄 어른들도 법구겉이 보고만 있일 일이던가!" 〈박경리, 토지, 10, 64〉

"볼기 정도 가지고 되나. 감질나는 얘기지. 대포랑 총칼을 다 빼앗고 왜놈 들을 몰아내고 있다믄 얼매나 신바람이 나겄노. 옛적에 우리 이순신 장군이 하셨듯이 바다 속으로 **말장** 처넣어부렀이믄, 그래야 후환이 없일 기고." 〈박경 리, 토지, 10, 64〉

그뿐이가, 짚배도 필필이 가지오고, 초상에 쓰는 개기는 **말장** 여수서 가져 왔다 카데. 얼음에 채워가지고 자동차로 실어왔다 안카나. 〈박경리, 토지, 12, 16〉

"그래도오! 이빠지고 머리빡 허연 나를 우짜리, 싶어서 간 큰 소리를 텅텅하는 모엥이다마는, 허허어 참 제집이란 늙으믄 여수가 되는 긴가, 내가 그거를 모리고 데꼬 살았이니 **말장** 허세비다 그 말이제?" 〈박경리, 토지, 13, 364〉

서울 장사 남는다고 새경돈 **말장** 츄심하여 참씨 열통 무역하여 딧동선의 부처싯고 〈경북대본, 화전가〉

표준국어대사전에 등재된 '말짱'은 '부정의 뜻을 나타내는 서술어'와 함께 쓰여 '속속들이 모두'를 뜻하는 말이다(예: 저 친구 술 끊었다더니 말짱 거짓말이었군, 피를 부르지 않게끔 미리 어떻게든 조처해 달라는 화순네의 하소연에 운암댁은 말짱 소용없는 일이라며 도리질만 했다.〈윤흥길, 완장〉). 하지만 경상도 방언에서 '말장, 말짱'은 뒤에 부정적인 의미를 가진 서술어가 나오지 않아도 여러 서술어와 쓰일 수 있다 (예: 초상에 쓰는 고기는 말장 여수서 가지고 왔다 카데.).

이 외에도 '모두, 전부'를 의미하는 경상도 방언에는 '말장, 말짱, 모도, 몰쏙 다, 마카, 마카 다, 말캉, 말케, 마칸, 마컨, 마큰, 마캉, 말카, 말캉, 말캐, 말쿰' 등으로 다양한 형태가 쓰이고 있다. 국어사 자료에서 '모두'가 소급하는 최초의 형태는 15세기의 '모도'이다. 이 말은 '몯-(會)'이라는 용언 어간에 부사 형성 접사 '-오'가 결합한 것으로 분석된다. 19세기에 나타나서 현대어로 이어지는 '모두'는 비어두음절에서 일어난 'ㅗ〉ㅜ' 변화를 경험한 것이다. 그리고 '모두'가 명사의 뜻을 가지게 된 것은 20세기에 들어와서의 일로 보인다. 경상도에서는 고어의 형태인 '모도'도 아직 사용되고 있다.

매가리

- 표준어 : 힘, 기운
- 품 사 : 명사
- 뜻풀이 : 생명이 살아 움직이는 힘.
- 다른 방언형 : 매가리 없다, 매가리 빠지다
- 사용 지역 : 경상도

> 천일어매는 배추를 솎다 말고 눈부시게 흰 나래를 부챗살같이 펴고 나는 백로를 올려다보며 말했다. "가슬에는 장개보내야 안 하겠나." "보내야 할 긴데." "매가리 없이 와 그라노. 말하는 데도 없나?" "아무도…… 우리집 일이 늘 안 그렇십니까. 혼삿길 열기가 어렵지요." "우리도 혼삿말 있을 때마다 천일아배 성질 때문에 말이 많았네라. 그러이 부모란 자식 혼인길 막는 짓은 하지 말아야, 우떤 때는 양잿불 묵고 콱 죽고 저버도 자식들 앞길 생각해서……〈박경리, 토지, 12, 82〉

경상도에서는 '매가리', '매가리 없다'라는 말을 많이 사용하고 있는데, 이는 '힘, 기운, 맥(없다)'을 의미하는 방언형이다. 방언형인 '매가리'는 {맥} + {-아리}의 형태로 분석할 수 있는데, 접미사 중에서 '-아리'는 대체로 비하하는 의미를 포함하고 있다. 예를 들면 '속창아리, 창아리, 주둥아리' 등에서 볼 수 있다. '맥아리, 매가리'도 표준어 '맥'을 비하하는 어휘로 쓰이고 있다. 그렇기 때문에 뒤어 오는 말들이 '맥아리가 없다, 맥아리 빠지다'와 같이 부정적인 어휘들이 대부분이다.

매구

- 표준어 : 꽹과리
- 품　사 : 명사
- 뜻풀이 : 농악과 무악 따위에 사용하는 타악기의 하나. 놋쇠로 만들어 채로 쳐서
　　　　　소리를 내는 악기로, 징보다 작으며 주로 농악에서 상쇠가 치고 북과
　　　　　함께 굿에도 쓴다.
- 다른 방언형 : 메구, 꽹가리, 깽가리, 깽마구, 깽매구, 깽매기, 깽매, 깽수, 깽사,
　　　　　　　 깽생이, 깽채, 깽채미, 깬쭈깽이, 강세, 깡세, 캥수, 캥쎄, 캥상, 캥
　　　　　　　 망, 캥세째기, 꽹매, 꽹쇄, 꽹기미, 깽매귀, 깽매구히, 꽝쇄, 깽깨미
- 사용 지역 : 경상도

종놈이 달아나니 말이 있이까. 과부 시엄씨는 웃방에, 과부 며느리는 아랫
방에 앉아서 마당에 **매구**를 치니 말이 있이까. 〈박경리, 토지, 1, 242〉

"**매구**치기 좋겄제? 마당이 넓어서 그렇다는 얘기다." 〈박경리, 토지, 5, 176〉

내가 오기로만 할라 카믄 그놈의 돈 그 집구석에 가서 메어치고 접다마는,
자식 하나 없는 셈치고 니사 혼삿날에 가서 굿을 치든 **매구**를 치든 우찌 그리
에미 맘을 모리는고. 〈박경리, 토지, 9, 447〉

발은 쪼맨하고. 설이믄, 정월 초순이믄, 양거리 춤이라꼬, 온 보름전을 사
뭇 놀아, 때때 나발 부고, 거리에 댕기믄 벙치건 씨고, 여자들은 치장을 해가
지고 나발 부고 **꽹쇄** 치고 잘 놀아요. 용춤 추고. 〈성춘식, 이부자리 피이 놓고, 1992,
110〉

'꽹과리'의 경상도 방언형에는 '매구, 메구, 꽹가리, 깽가리, 깽마구,
깽매구, 깽매기, 깽매, 깽수, 깽사, 깽생이, 깽채, 깽채미, 깬쭈깽이,

강세, 깡세, 캥수, 캥쎄, 캥상, 캥망, 캥세째기, 꽹매, 꽹쇄, 꽹기미, 깽매귀, 깽매구히, 꽝쇄, 깽깨미' 등으로 지역마다 다양하게 사용되고 있다. '매구'라는 말은 이 외에도 '천 년 묵은 여우가 변하여 된다는 전설에서의 짐승'를 뜻하기도 하고, '농악, 풍물놀이'를 의미하기도 한다.

다음의 예에서 나타나는 '매구'는 '여우'라는 의미로 남자를 홀리는 여성에게 비유적으로 쓰일 말이다. "이마빡에 피도 안 마른 것들이 매구 겉은 년들 끌고 와서."〈박경리, 토지, 1:399〉, "소나아치고 제집 마다카는 놈 보았소? 열 제집도 싫다 안 칼 긴데 그 매구 겉은 년이 지 한몸 내놓겠다 카는데 마다할 시레비자식이 이 세상에 어디 있겠느냐 말이요. 그런 시레비 겉은 놈이 있이믄 나 눈 닦고 볼라요! 눈 닦고 똑똑히 볼라요!"〈박경리, 토지, 2:227〉.

매끔하다

- 표준어 : 매끈하다, 말끔하다
- 품　사 : 형용사
- 뜻풀이 : ① 차림이나 꾸밈새가 환하고 깨끗하다.
　　　　　② 생김새가 말쑥하고 훤칠하다.
- 다른 방언형 : 매끔하다, 맬끔하다, 맬꼼하다
- 사용 지역 : 경상도

개 훑은 죽사발 같은 상판이믄 오금을 못 쓰거든. 실상은 **매꼼한** 그놈들보다 나 같은 텁석부리가 인정도 많고 마음도 대천지한 바다처럼 넓은 기라.
〈박경리, 김약국의 딸들, 1993, 29〉

'매꼼하다'는 '매끈하다'의 경상도 방언이다. 경상도 방언에서는 '매끈하다'와 '말끔하다'가 특별히 구분되지 않고 사용되는데, 대체로 '말끔하다'가 '매끈하다'의 의미로까지 확장되어 사용된다. 즉 '매끈하다'가 쓰일 자리에도 '말끔하다'를 사용한다. 형태적으로 보면 '매꼼하다'는 '매끈하다'와 '말끔하다'의 두 형태가 서로 뒤섞인(혼효된) 결과라고 할 수 있다. 즉 '매끈'과 '말끔'이 뒤섞여 '매끔'이 되고, 이후 /ㅡ/를 /ㅗ/로 바꾸는 음운 현상이 적용되어 '매꼼하다'가 된 것으로 보인다. 그렇기 때문에 의미적으로 '매꼼하다'가 '매끈하다'와 '말끔하다'의 두 의미를 모두 갖고 있다.

매란

- 표준어 : 두서, 형편
- 품　사 : 명사
- 뜻풀이 : 일의 차례나 갈피.
- 다른 방언형 : 매련, 매란없다, 매련없다, 매란천지, 메란형편, 매련아이다
- 사용 지역 : 경상도

그런데 우리 엄마가 기침이 막 나고, 한참 그럴 땐 마 **매란형편**이래. 늘어져 가주고. 가래도 들이 나고. 밤으로 그라마는 나는 마 밤새도록 일났다 누웠다. 똑 바른 말로 머슴아들은 어데 그런 데 신경쓰나? 〈김점호, 베도 숱한 베 짜고, 1992, 18〉

또 집에 오이 더운데 갔다와서 더우를 먹고 왕땀때기가 돋아서 **매련** 없었어. 〈성춘식, 이부자리 피이 놓고, 1992, 30〉

모른 척 하고 있제. 속으론 애가 타서 **매련없지** 뭐. 딸 상적을 안한다는데. 문 앞에 와서 밤새도록 듣고 그랬어. 건드리는가 안 건드리는가, 이얘기나 하는가. 〈성춘식, 이부자리 피이 놓고, 1992, 58〉

'일의 차례나 갈피'를 뜻하는 '두서, 형편'의 경상도 방언에는 '매란, 매련'이 있고, 이와 함께 쓰이는 '매란없다, 매련없다'는 '형편없다'라는 뜻을 가지고 있다. 또한 '매란형편, 매란천지'라는 말도 아울러 함께 쓰고 있다(예: 내가 내 동생을 한살 먹고 봤어요. 몸이 빼빼한 게 마 매란천지래.(몸이 빼빼한 것이 형편없어.).

278

매삐다

- 표준어 : 내버리다
- 품 사 : 동사
- 뜻풀이 : 더 이상 쓰지 아니하는 물건이나 못 쓰게 된 물건 따위를 아주 버리다.
  관심을 가지지 아니하고 돌보지 아니하다.
- 다른 방언형 : 내:삔다, 내비리다, 내뻐리다, 네:비리다, 베리다(거창, 합천, 울산,
  함안, 양산, 남해), 버리다, 비:다, 에뻐린다
- 사용 지역 : 경상도

"그라믄 느그 어무이도 알고 있나?" "편지했어요. 두 번이나…" "그런데도
안죽 안 왔단 말이제? 어린 너그 둘이만 **내삘어져** 있는데도." "네…" 〈이문열, 변
경, 1996, 3, 116〉

그런 거 저런 거 내가 다 알아 뭐할 것고? 외상은 마 안도겠다. 네 보이
느그는 부모 있는 집 아아들이 아이라. **매삔** 자식들이라꼬. 안 그러믄 우째
어린 너그 둘만 놔 뚜고 하마 반 년이 넘도록 느그 엄마는 오도가도 않노?
〈이문열, 변경, 1996, 3, 206〉

"짐 보이 내 해놓은 대로 같다마는 오다가 나무 **매삘지는** 안했나?" "나무를
왜 버려요? 솔가지 하나 안 흘렸어요." 그제서야 말문이 열린 철이 감정 섞인
말로 쏘아 붙였다. 〈이문열, 변경, 1996, 4, 145〉

부모처자 다 **매삘고** 거다 가 잘 돼보이 그기 얼매겠노? 전쟁 끝나고 너어
할매 너어 어무이 여게 내려와 한 이태 고생하는거 보고 나는 또 이런 생각
을 했더라. 〈이문열, 변경, 1996, 4, 147〉

면실박이 땅기운 돋우는 데 도움이 되고 정부 보조가 많으이 덥석 받기는
했지마는 뿌리기 귀찮고 효과가 더디이 그양 처**매삐리** 났다가 살 사람 있다

카이 넘가주고 만 긴데. 〈이문열, 변경, 1998, 9, 137〉

이거 안 되겠구마는 씰데없는 영장치지 않을라 카믄 어디 멀찌기 꺼다 매삘어야 될씨더. 하마 호열자인동도 모리고… 〈이문열, 아가, 2000, 22〉

이것들을 어째서 **냇비리겠노**. 그건 사람의 도리가 아니제. 절대 사람의 도리가 아니제 〈권정생, 한티재 하늘, 1998, 1, 183〉

그런데도 거다 하나뿐인 동생은 **쳐매삘어둬놓고** 쏘댕기다가 인제야 겨우 그걸 알았구나? 〈이문열, 변경, 1998, 〉

'매삘리다'는 '내버리다'의 경상도 방언이다. 경상도 방언에서 '버리다'는 /ㅣ/ 모음역행동화된 '베리다'와 '베리다'에서 다시 /ㅔ/〉/ㅣ/와 어두경음화를 겪은 '삐리다'로 실현된다. 그러니까 '매삘리다'는 '매'에 '삐리다'가 결합한 것이다. '매삘리다'의 '매'는 '내버리다'의 '내'인데, '내'가 '매'로 바뀐 이유는 파악하기 어렵다.

〈소설어사전〉에서는 '매삐다'는 '내버리다', '매삘다'는 '내다버리다'로 의미를 구분하고 있다. 그러나 문학 작품에서 사용된 경우를 살펴보면 '매삐다'와 '매삘다'가 구별되어 사용되지는 않는다.

'쳐매삘다'는 '내버려 놓다'에 해당하는 경상도 방언형으로, 강조의 접사 '처-'가 합해서 이루어진 말이다.

매살다

- 표준어 : 대응 표준어 없음
- 품　사 : 동사
- 뜻풀이 : 야무지게 묶다.
- 사용 지역 : 경상도

수임아, 사돈댁에서 이렇게 부고를 보내 온 걸 보이까네 니를 그 댁 미느리로 아직 잊지 않은 거다. 어서 **매살라**가지고 나서 가그라. 〈권정생, 한티재 하늘, 1998〉

'매살다'는 먼 길 떠날 때 짐을 야무지게 묶어 꾸리는 것을 말한다. '매살다'에 대한 어원에 대하여는 문헌자료가 거의 없어 정확히 살필 수 없다. 대략 '보통 보다 심하게, 또는 보통보다 공을 들여'의 의미인 부사 '매'와의 관련이 있을 것으로 추정된다.

매이

- 표준어 : 따위, 같은 유형
- 품 사 : 의존명사
- 뜻풀이 : 명사 또는 대명사 아래 쓰이어 그와 같은 종류.
- 다른 방언형 : 메이, 따우, 따위, 따이
- 사용 지역 : 경상도

장죽 물고 뒷짐지고 구경만 하던 농사, 세월만 바뀐다고 저절로 지에지나? 들에 나가섰다꼬 저절로 논이 갈랬고 기심이 **매에지나**? 생각하믄 오늘 시방까지 그눔의 땅만 믿고 대가리 처박고 촌구석에서 썩은 우리 **매이**만 숙맥이제 〈이문열, 변경, 1996, 4, 67〉

하이고, 그 사람이 대통령이 되든 우얍니꺼? 옛날에도 이승만이보다 더 무섭던 기 한민당이라요. 참말로 언성시럽제. 그 사람이 된다카믄 우리**매이**는 이대로 몬 살끼라. 명혜어무이는 안 겪어봐 모를 끼라요. 〈이문열, 변경, 1996, 2, 220〉

우리 **매이**는 몰라도 니는 아이라, 니는 근동이 뜨르르하던 이영동이 아들이라꼬. 저 상전 저 집이 잠시 쉬어갈 바람막이 둔둘배기는 될지 몰라도 폭 파묻혀 살 곳은 아닌동싶다. 〈이문열, 변경, 1996, 4, 243〉

우리 **매이** 이왕 이남에 살바에사 군인이 하는 게 열배 낫제 그러이, 니 허뿌 민조니 뭐니 하는 소리에 넘어가지 마라꼬 그 민주 그거 우리하고는 아무 상관이 없는 게라. 〈이문열, 변경, 1996, 5, 15〉

아매 한 칠월은 왰는데 조쪽 신작로로 가 조밭을 매다보이 너그 아부지가 호말을 타고 지나가더라. 우리 **매이**하고는 영 별종 같은 게 부럽기도 하고 신

세 한탄도 나데 〈이문열, 변경, 1996, 4, 146〉

　몰라, 그게 귀신인동 모리겠다마는 저녁답에 뒷골 둥천에서 마를 낼따보고 있으믄 그러매이 사람들이 있다. 〈이문열, 아가, 2000, 233〉

　더군다나 요새는 낙하산 인사라꼬 군대 뿌시래기들이 정치줄타고 광업소장이다 뭐다 턱턱 내리온다카는데 글마들 그거 어떻노? 그러 **매이**들일수록 광산에… 〈이문열, 변경, 9, 34〉

　'매이'는 '따위, 마냥, 처럼' 등에 해당하는 경상도 방언이다. 경상도 방언에서 '매이'는 '우리 매이'에서는 의존명사로 쓰이며 '그매이로'에서는 조사로 쓰인다. '매이'에 대한 정확한 어원은 살필 수 없으나 '처럼'의 의미인 '마냥'에서 어원을 유추할 수 있다.

매태

- 표준어 : 때자국
- 품 사 : 명사
- 뜻풀이 : 오랫동안 사용하지 않은 물건 등에 자연적으로 끼인 땟자국.
- 사용 지역 : 경상도

> 이 밤에 날부를이 업거늘! 고이한 소리! / 황야를 울니는 불마진 獅子의 신명인가? / 오 소리는 장엄한 네생애의 마즈막 포효! / 내 고도의 **매태낀** 성곽을 깨트려 다오! // …… / 소리! 고이한 소리! 지축이 메지게 달녀와 / 고요한 섬밤을 지새게 하난고녀. // 〈심원섭, 이육사전집, 해조사, 1986, 29〉

'매태낀'에서 '매태'를 〈표준국어대사전〉에서는 '이끼'와 같은 말로 풀이하고 있지만, '이끼'와는 그 의미가 다르다. 경북 안동방언에서 '매태'란 '오랫동안 말을 하지 않고 있거나 잠을 오래 자고 나면 눈가나 입가에 침과 부유물이 끼이는 것' 혹은 '오랫동안 사용하지 않은 물건 등에 자연적으로 끼이는 땟자국'의 의미로 사용된다. 따라서 이육사의 '내 고도의 매태낀 성곽을 깨트려다오!'라는 구절에서의 '매태'란 '오랫동안 사용하지 않은 성곽에 끼인 세월의 땟자국'이라는 의미이다.

맥지

- 표준어 : 쓸데없이, 공연히
- 품　사 : 부사
- 뜻풀이 : 까닭이나 필요가 없이, 소용없이, 아무 가치 없이.
- 다른 방언형 : 맥제, 백지, 백제, 백지로, 백찔로
- 사용 지역 : 경상도

"**백지** 죄 없는 나보고만 성을 내네. 머 영에서 매맞고 집에 와서 계집 친다 카더마는"〈박경리, 토지, 7, 201〉

"그리 하라고 부모가 시킨 것도 아니것고 **백지** 성님(형님)이 그래싸아서 그렇지. 기성아배는 지누서 유지고 출세했다 안캅니까?"〈박경리, 토지, 16, 341〉

"뭣이 어쨋다고 야단이고." "다 듣고서 **맥지** 그러네."〈박경리, 토지, 7, 70〉

"와, 그래도 서너 명은 실컷 갈라묵을 기다. 어이구 불쌍한 내 동생." "하참, **맥지** 그래쌓네."〈박경리, 토지, 13, 246〉

'쓸데없이, 공연히'의 의미를 가진 경상도 방언에는 '맥제, 맥지, 백지, 백제, 백지로, 백찔로' 등이 함께 사용되고 있다. 다양한 형태가 사용되고 있는데 크게 '백지'형과 '맥지' 형으로 구분할 수 있다.

맨다리

- 표준어 : 삭정이
- 품　사 : 명사
- 뜻풀이 : 살아 있는 나무에 붙어 있는 말라 죽은 가지.
- 다른 방언형 : 동달, 동다리, 마른가지, 만차리, 사근다리, 삭다리, 삭딸, 삭따구,
　　　　　　삭따리, 석까지, 석다리, 썩따리, 아장가리, 자지랑개비, 제장게비,
　　　　　　쪼가리, 해차리
- 사용 지역 : 경상도

　아이고, 그것도 나무라꼬 했나? 몽침이만한 **맨달이**단 서너개 가주고 갈라
꼬 오뉴월 산길을 십리나 왔단 말이제 그러더니 철이에게서 낫을 뺏아들고
그때껏 애써 묶은 솔가지단을 툭툭 쳐 흩어버렸다. 〈이문열, 변경, 1996, 4, 142〉

　김 주사가 못자리 써레질하라 카는 것도 그만 놔뚜고 산으로 내뺐디……
맨달이라도 한 짐 해가지고 내리가 주인 머팅이나 면하고 봄바람이나 씰라
캤디…… 〈이문열, 아가, 2000, 73〉

　경상도 방언에서 '살아 있는 나무에 붙어 있는 마른 가지'를 '삭따
리', '맨다리', '동다리' 등이라고 한다. '삭따리', '삭다리'는 '삭은 가지'
라는 의미에서 붙여진 것이고, '맨다리'는 '다리'에 접사 '맨'이 붙은 것
이다. '맨다리'의 '맨'은 '맹물', '맨 것' 등의 '맹-'과 '맨-'과 같은 것으로
'다른 것이 없는'의 의미이다. 그리고 '삭다리, 맨다리, 동다리'에서 '다
리'는 나무에 달린 가지를 '다리'에 비유한 것이다.

맨치로

- 표준어 : 처럼
- 품 사 : 조사
- 뜻풀이 : 모양이나 성질이 서로 비슷하거나 같음을 나타내는 조사.
- 다른 방언형 : 맨키로, 맹키로, 맹우로, 매로
- 사용 지역 : 경상도

"사람 영약한 거 범보다 무섭다 안 했나? 그놈 건디리봐야 물구신**맨치로** 감고들 긴데, 일 없이 풀리나온 것만도 잘 된 일이라 생각해야제." 〈박경리, 토지7, 2002, 25〉

"그놈도 미친 놈이고, 서 서방**맨치로** 미친 놈 자꾸 생기것소." 〈박경리, 토지7, 2002, 27〉

아 금매 지난분에 마서방, 순사만 보면 꽁지에 불 붙은 거**맨치로** 달아나는 디 우째 그런당가? 〈박경리, 토지7, 2002, 28〉

사변 전에 하마 죽기사 했다마는 그 때문에 그 아주무이는 더 우리를 친동 기**맨치로** 생각한단 말이다. 내외가 다 그런데 어예 우리를 안 반기겠노? 〈이문 열, 변경, 1992, 1, 28〉

내**매로**(나처럼) 사업하드께 하지 말고, 불뚝농군(농투성이)이 돼서 파느 기라. 〈이문열, 변경, 1992, 4, 69〉

"말로는 호구 조산동 뭔동 한다 캤는데 해필 너 아부지 일만 꼬치꼬치 묻 는 기라. 아무리 난리 중에 죽었다 캐도 통 믿을라 안 카능 게 눈치가 다르더 라. 뭘 알고 온 사람**매로**……." 〈이문열, 변경, 1992, 1, 23〉

　'-맨치로'는 조사 '-처럼'의 경상도 방언이다. '-맨치로'는 여러 가지 이형태로 쓰이는데, '-맨치로'와 같은 계열에 해당하는 것으로 '-맨키로', '-맹키로', '-맹우로'가 있고, 또 다른 계열로 '-매로'가 있다. '-맨키로'에서 /ㄴ/이 /ㅋ/의 조음위치에 동화된 형이 '-맹키로'이고, 구개음화된 형이 '-맨치로'이다. 이들과 달리 '-매로'는 가운데 음절이 '-키'가 탈락한 형인데, 의미는 동일하다. '-맨치로'는 '-하고' 또는 '-랑'에 해당하는 '-캉'(니캉 내캉(너하고 나하고))과 함께 경상도 방언을 특성을 보여주는 전형적인 조사 가운데 하나이다.

맵짭다

- 표준어 : 맵짜다
- 품   사 : 형용사
- 뜻풀이 : 맛이 알알하면서 소금과 같은 맛이 있다.
- 다른 방언형 : 멥짭다
- 사용 지역 : 경상도

"시어머니 될 사람이 참 **맵짭는**갑니다.""베민이(보통 아니다), 참물도 씻어 묵을 사람이제. 용란이가 좀 골이 빠질 기다."〈박경리, 김약국의 딸들, 1993, 124〉

'맵짭다'는 '맵고 짜다'의 의미로 '맵다'와 '짭다'가 결합한 비통사적 합성어이다. '짜다'의 경상도 방언이 '짭다'이기 때문에 '맵짭다'가 되었다. 경상도 방언에서 '맵다'와 '짭다'는 '맵다, 맵고, 매버서, 매부면', '짭다, 짭고, 짜바서, 짜부면'에서 보듯이 규칙활용을 한다. '짜다'의 중세국어 어형은 '딴다'(딴 바다히라(짠 바다라)〈월인석보, 1459, 1: 23〉)인데, 이로 미루어 경상도 방언의 '짭다'의 어간말음 / ㅂ / 은 그 이유와 과정을 확인하기는 어렵지만 중세국어 이후에 삽입된 것으로 보인다.

머라카다

- 표준어 : 꾸짖다
- 품　사 : 동사
- 뜻풀이 : 주로 아랫사람의 잘못에 대하여 엄격하게 나무라고 꾸짖다.
- 다른 방언형 : 꾸중하다, 꾸지람하다, 나무랜다, 머라칸다, 머라쿠다, 머라쿤다, 머라하다, 머러카다, 머러커다, 멀카다, 멀칸다, 멀쿠다, 잡지다(남해), 잡진다, 주깬다
- 사용 지역 : 경상도

글케 말이라. 그거 참 이상하제 저거 옆에 있으믄 뭐신가 성가시고 귀찮은 일이 생기지만, 그게 꼭 싫지는 않다꼬. 엎어질라 카믄 뿌뜰어조야 되고, 지 손 안 다으믄 내가 대신 내라조야 되고, **머라 카다** 가도 거다 멕이야 되고…… 그런데 말이라 짜증나도 그래놓고 나믄 나도 뭐신가 세상에 난 값을 한 기분이라카이. 〈이문열, 아가, 2000, 113〉

이금이는 언니가 가여워 보였다. "내가 서억이 오라배한테 가서 딴 데 장개가지 마라 말하까?" "어매가 알고 **머락하마** 어야제?" "어매 몰래 오라배한테 고끼 말하제. 딴 데 장개 가지 마고 싱이하고 달라빼라꼬." 〈권정생, 한티재 하늘, 1998, 1, 114〉

'머라카다'는 간접인용문 '뭐라고 말하다'의 융합형으로, '꾸짖다', '야단치다'는 의미를 나타낸다. 표준어 '말하다'에 대응하는 경상도 방언이 '카다'이고, '뭐'의 경상도 방언이 '머'이다. 경남지역에는 이 형태가 더 축약된 '멀카다' 등의 형태가 나타난다.

머리받이물

- 표준어 : 양수(羊水)
- 품 사 : 명사
- 뜻풀이 : 양막 안의 액(液). 태아를 보호하며 출산할 때는 흘러나와 분만을 쉽게
  한다.
- 사용 지역 : 경상도

아이를 낳기는커녕 **머리받이물**도 터뜨리지 못한 산모가 픽 쓰러지자, 석쇠의 안해는 조소사의 눈자위를 뒤집어 보고 진맥도 해보았으나 당장 낭패를 볼 것 같지는 않았다. 놀란 궐녀가 다시 공방으로 뛰어들었다. 〈김주영, 객주, 6, 133〉

'머리받이물'은 '아이를 낳을 때, 먼저 산도에서 쏟아져 나오는 물'인 '양수'의 경상도 방언 어휘이다. {머리}＋{받-}＋{이(명사화 접사)}＋{물}로 이루어진 합성어이다. 양수는 태아를 보호하는 액이기도 하고, 아기가 태어날 때 먼저 흘러나와 분만을 쉽게 하는데, 양수를 '머리받이물'이라고 하는 것은 머리가 먼저 나오는 아기를 받기 위한 물이라는 뜻에서 붙여진 명칭이다.

머시마

- 표준어 : 사내아이, 사나이
- 품　사 : 명사
- 뜻풀이 : ① 나이가 어린 남자 아이를 비속하게 또는 낮잡는 뜻으로 이르는 말.
  　　　　② 한창 혈기가 왕성할 때의 남자를 비속하게 또는 낮잡는 뜻으로 이르
  　　　　　는 말.
- 다른 방언형 : 머스마, 종내기
- 사용 지역 : 경상도

"어디 인력으로 되는일이요. 아들이요?" "**머시마** 꼭진갑습니더. 머시마나 가시나나 태일 곳에 태이야지요." 〈박경리, 김약국의 딸들, 1993, 71〉

"용옥이 니느 수녀가 될라나?" "와요?" "아 처니가 꼴을 좀 내야지, **머시마** 안 같나." "내 걱정은 말고 생이나 좀 잘 입으소." 〈박경리, 김약국의 딸들, 1993, 225〉

"오늘 아침에 **머스마**가 왔드라." 〈박경리, 김약국의 딸들, 1993, 232〉

"가씨나 **머시마** 때면 몰라도 서방 있는 년을……" 〈박경리, 김약국의 딸들, 1993, 302〉

'머시마'는 '사나이' 또는 '사내아이'를 뜻하는 경상도 방언이다. '사나이'와 '사내아이'는 성인이냐 아니냐에 따라 구분되는 데 반해, '머시마'는 '사나이'와 '사내아이'를 통칭하는 의미로 사용된다. 그러나 결혼한 성인 남자에게는 사용하지 않는다. '머시마'와 비슷한 말로 '종내기'가 있다. '머시마', '종내기' 둘 다 비속하거나 낮잡는 의미가 있으며, '머

시마', '종내기'와 성(性)에 의해 대립되는 말은 '가시나'이다. 그렇기 때문에 '가시나' 역시 비속하거나 낮잡는 의미를 띤다. 상황에 따라서는 '머시마', '종내기', '가시나'가 중립적인 의미로 쓰이기도 하지만, 일반적으로는 비속하게 표현하거나 낮잡아 이를 때 쓰인다. 아주 친밀한 관계에서는 '머시마', '종내기', '가시나'가 중립적인 의미로 사용되기도 한다.

그 기원을 살펴보면 '머시마'는 {머슴} + {아이}의 합성어이다. 경상도 방언에서 '아이'는 축약되어 장모음 〔아:〕로 실현되는데, 그 결과 〔머스마:〕가 되었다. '머스마'에 다시 / ㅅ, ㅆ, ㅈ, ㅊ, ㅉ / 아래에서 / ㅡ / 가 / ㅣ / 로 바뀌는 음운 현상의 적용을 받은 것이 '머시마'이다. 그리고 '종내기'는 {종} + {나기}의 합성어인데, '종나기'에서 / ㅣ / 모음 역행동화를 겪어 '종내기'가 되었다. 즉 기원적으로 '머시마'는 '머슴의 아이', '종내기'는 '종의 아이'라는 의미였다고 할 수 있는데, '머시마', '종내기'에 비속하거나 낮잡는 의미가 있는 것은 바로 이들 형태의 기원에서 찾을 수 있다.

머이

- 표준어 : 먼저
- 품　사 : 부사
- 뜻풀이 : 시간적으로나 순서상 앞서서.
- 다른 방언형 : 머여, 머예, 먼첨, 먼청, 몬침, 먼지
- 사용 지역 : 경상도

"시작 좋은 거 뭐 있노? 순 사기제. 그래 가지고 맨 **머이** 잡은 게 앞사람 아이가. 백담사에 있는 것도 못마땅해 외국으로 후차뿔라고 얼매나 몰아댔노? 끝도 글타. 뒷사람한테 하는 기 그기 뭐꼬? 이왕 줄 거 미리 딱딱 띠 줬으믄 그 분란이 왜 나노?" 〈이문열, 오디세이아 서울, 1993, 2, 442〉

　　경상도 방언에서는 '먼저'의 의미를 가진 다양한 방언형이 사용되고 있다. 경북에서는 '머여', '머이', '머예' 형이 많이 나타나고, 경남에서는 '앞에, 먼첨, 먼청, 몬침, 먼지, 머이' 형이 광범위하게 사용되고 있다. 이 방언형들은 대응 표준어인 '먼저'처럼 '시간이나 순서상 앞서서'의 의미를 함께 가지고 있다. '점잔은 기이 머여 부더막에 올라간다 안 카나(점잖은 사람이 먼저 부뚜막에 놀라간다고 하지 않니.)'는 순서상 앞선다는 의미로 사용되고 있고, '내가 머여 가까?(내가 먼저 갈까?)'에서는 앞선 시간 또는 순서상 앞섬을 의미한다.

먹머기

- 표준어 : 칼새
- 품　사 : 명사
- 뜻풀이 : 칼샛과의 새. 몸의 길이는 18cm 정도로 제비와 비슷한데 검은 갈색에
　　　　 허리, 목, 턱이 희며 나는 속도가 빨라 소리가 들리고 높은 산이나 해안
　　　　 절벽에 분포한다.
- 다른 방언형 : 맹맹이, 명내기, 연자, 칼재비
- 사용 지역 : 경상도

> 　북만주 먼 벌판 끝 외딴 마을의 / 새빨간 석양이 물든 적막한 한때를 / 영
> 끝에 모여서들 蒼穹을 대하여 / 조잘대며 이루 나는 / 제비야 **먹머기야** 새끼제
> 비야 / 날아라 날아 마구 날아라 // … // 제비야 먹머기야 새끼제비야 / 오히
> 려 그리움의 적막한 恨에 / 날아라 날아라 마구 날아라 / 〈유치환, 생명의 서, 飛燕
> 과 더불어, 1991, 59-60〉

　유치환의 시 '飛燕과 더불어'에서 '먹머기'는 '칼새'를 뜻하는 방언형
이다. 해안이나 높은 산에 사는 '칼새'는 제비와 비슷한 새로, 날개 길
이 18cm정도이며, 네 발가락이 모두 앞쪽을 향한 것이 특징이다. 경
상도 방언의 '칼새'는 모양을 본떠서 이름을 붙인 것으로 즉, 날개가
길고 뾰족하며 칼 모양이기 때문에 '칼새'라고 한다. 방언형으로는 구
제비(평남, 평북, 함남, 황해), 맹맹이(경남), 맹애기(전북), 멍머구
리 (경기, 황해), 명내기(경북), 명마구리(경기, 황해), 병마구리(황
해), 앵매기(전북), 연자(경남), 왱매기(전북), 칼새(강원), 칼재비
(경남, 경북), 칼제비(강원, 경남, 경북) 등이 있다.

　'명매기'의 고어형은 '명막'으로 그 뒤에 '-이'가 결합되어 '명막이, 명

마기'로도 쓰였다. 현대국어의 형태 '명매기'는 '명마기'의 둘째 음절의 모음 'ㅏ'가 뒤에 오는 'ㅣ'모음에 동화되어 'ㅐ'로 바뀐 것이다. '명매기 걸음'이라는 말이 있는데, '맵시 있게 아장거리며 걷는 걸음'이란 뜻이다. 경기민요 중 '사철가'라는 노래의 '대명당 대들보 명매기걸음으로 아기장 충청 걸어 흐늘거리고 나간다'라는 가사에서 이 단어를 확인할 수 있다.

멀커대이

- 표준어 : 머리카락
- 품   사 : 명사
- 뜻풀이 : 머리털의 낱개.
- 다른 방언형 : 머리까닥, 머리까락, 머리칼, 멀카락, 멀카드락, 멀커닥, 멀터락, 머리까치, 머리꺼뎅이, 멀께뎅이, 머리카댕이, 멀커딩이, 머리터리기, 멀카딩이, 멀꺼딩이, 머리터리, 머리끼, 머리털, 멀커리, 머리커리, 멀끼
- 사용 지역 : 경상도

친정 조부모 어른들은 사이가 좋아겠어. 우리 어매, 혼자 사는 메누리를 두남을 도서 말씀은 안하시고, 명주 짠다꼬 **멀커대이** 겉은 걸 하루 멫자씩 짜 놓으이 등어리가 오뉴월 염천에 명주 짜는 게야 신선놀음이제. 〈성춘식, 이부자리 피이 놓고, 1992, 27〉

나도 맹추 앙입매. 유모도 앙입매다. 무시레 다섯 살 된 간나아 혼자 놀게 내비리두쟎구 별스럽다이. 그렁이 점점 버릇이 나빠지쟎소? 뵈주재도 머리르 끌구 **머리끼** 앙이 남는답매. 〈박경리, 토지, 6, 29〉

'머리카락'은 '머리'와 '카락'이 결합한 합성어이다. '카락'은 '국수 가락', '손가락'이라 할 때 '가락'과 같은 어원에서 온 말이다. 이 '가락'은 갈래진 것이라는 의미 요소를 공유하고 있다. '머리카락'의 경우 '카락'이 된 까닭은 분명치 않다. '머리카락'은 비교적 후대에 생겨난 단어로 17세기에 비로소 문헌에 나타난다. 그 이유는 그것과 거의 유사한 의미로 쓰이는 '머리털'이 있었기 때문인데 물론 의미상 약간의 차이는 있다. '머리카락'은 '머리털의 낱개'를 뜻하는 말로 의미가 조금 더 구

체적이지만 '머리털'은 그것보다 외연이 더 커서 '머리카락'의 의미까지 그 속에 포함하고 있는 것이다. '머리털'은 20세기까지 문헌에 꾸준히 나타나지만, 후대로 오면서 그 지위를 '머리카락'에 넘겨주었다고 설명할 수 있다.

경상도에서는 '머리카락'에 대응되는 방언어휘가 아주 많은데 '머리까닥, 머리까락, 머리칼, 멀카락, 멀카드락, 멀커닥, 멀터락, 머리까치, 머리꺼뎅이, 멀께뎅이, 머리카댕이, 멀커딩이, 머리터리기, 멀카딩이, 멀꺼딩이, 머리터리, 머리끼, 머리털, 멀커리, 머리커리, 멀끼' 등이 사용되고 있다. '멀카락, 멀커덕, 멀터럭, 멀꺼뎅이, 멀커딩이, 멀꺼딩이, 멀커리, 멀끼' 등은 '머리'에서 / ㅣ /가 탈락된 '멀'의 형태로 사용되는 어휘이다. 그리고 '머리카락'과의 경쟁에서 그 자리를 넘겨준 '머리털'도 '멀털, 머리터리, 머리터리기, 멀터락'의 형태로 남아 있다.

메리치

- 표준어 : 멸치
- 품　사 : 명사
- 뜻풀이 : 멸칫과의 바닷물고기. 몸의 길이는 13cm 정도이며, 등은 검푸르고 배는
  은빛을 띤 백색이다. 몸은 길고 원통 모양이며 비늘은 둥글둥글하다. 연
  안 회유성 물고기로 플랑크톤을 주로 먹고 산다. 한국, 일본, 중국 등지
  에 분포한다.
- 다른 방언형 : 며르치, 메르치, 멜치
- 사용 지역 : 경상도

"좋습네다. 마음대로 해보소. 나는 나대로 마음대로 할 기니. **메리치**에도
부레풀이 있다고 계집을 사람으로 안 봤다간 큰코 다칠 기요." 〈박경리, 김약국의
딸들, 1993, 56〉

　주인 노인과 소녀가 사십 분간이나 걸려서 만들어 준 요리는 겨우 냄비에
며르치를 넣고 끓인 두부 찌개 하나요, 소주가 한 병 있었다. 〈김동리, 흥남철수,
1963, 10〉

　그녀의 주문은 철이 아이들에게 따뜻한 옷을 입히지 못하고, 신발을 신기
지 못하고, 쌀을 넉넉하게 들이지 못하고, 회충약을 먹이지 못하고, **며르치**
넣은 두부 찌개를 먹이지 못하고, 벌레 먹은 이를 빼주지 못하고, 이발을 시
켜주지 못하고, 창경원 구경을 시켜주지 못하고 …… 이러한 죄목으로 철을
추궁하는 뜻이라는 것이었다. 〈김동리, 흥남철수, 1963, 15〉

　'메리치'는 '멸치'의 경상도 방언이다. '메리치'는 경상도 방언의 특징
적인 음운 현상 가운데 하나인 / ㅕ / 〉 / ㅣ / 의 적용을 받아 '멸치〉멜
치'가 되고, 다시 / ㅡ / 모음 삽입이 일어나 '메르치'가 되고, / ㄹ / 뒤

에서 / ㅡ / 가 / ㅣ / 로 교체하여 '메리치'가 되었다. / 르 / 뒤에서 / ㅡ / 가 / ㅣ / 로 교체하는 현상은 '다르다>다리다, 흐르다>흐리다, 빠르다> 빠리다'처럼 경상도 방언에서는 광범위하게 일어나는 특징적인 음운 현상이다. / ㅔ / > / ㅣ / 변화 후에 / ㅡ / 모음 삽입을 겪지 않은 것이 '멜치'이고, / ㅡ / 모음 삽입 후 '르>리'를 겪지 않은 것이 '메르치'이다.

합성어로 쓰일 때는 다른 형태로도 나타나는데, 예컨대 '멸치젓'의 경상도 방언 '멧젓'이 그것이다(철이 저거 멀쩡한 얼굴로 댕겨도 속은 멧젓(멸치젓)을 담구는 줄 내 다 안다.〈이문열, 변경, 1992, 4:256〉). '멧젓'은 {멧(멸치)} + {젓}의 합성어인데, 합성어의 선행 요소인 '멧'이 독립해서 쓰이는 경우는 없고, 합성어 '멧젓'에서만 나타난다.

메지다

- 표준어 : 터지다, 찢어지다
- 품   사 : 동사
- 뜻풀이 : ① 둘러쌓여 막혔던 것이 갈라져서 무너지다. 또는 둘러싸여 막혔던 것
          이 뚫어지거나 찢어지다.
        ② 찢기어 갈라지다.
- 다른 방언형 : 미지다
- 사용 지역 : 경상도

産室을 새여나는 분만의 큰 괴로움 / 한밤에 차자올 귀여운 손님을 마지하자 / 소리! 고이한 소리! 지축이 **메지게** 달녀와 / 고요한 섬밤을 지새게 하난고녀. // 〈심원섭, 이육사전집, 해조사, 1986, 29〉

'메지다'라는 낱말은 '어떤 틈 사이가 막히어 터지다.' 또는 '힘이 엇갈리는 방향으로 작용하여 찢어지다.'라는 의미를 가진 경상도 방언이다. 이육사의 시 '해조'에 나오는 구절 '지축이 메지게 달녀와'란 '지축이 찢어지도록 달려와'라는 정도의 의미로 해석될 수 있다. 또한 경상도 방언에서 '메지다'의 변이형으로 '미지다'가 있다. '미지다'는 '메지다'에서 '제사〉지사, 세수〉시수'처럼 경상도 방언에서 광범위하게 나타나는 /ㅔ/〉/ㅣ/ 변화의 적용을 받은 것이다. "사람들이 너무 많이 와가 운동장이 미져나갈 꺼 걸떠라(사람들이 너무 많이 와서 운동장이 복잡하여 터져나갈 것 같더라.)", "옷이 다 미져가 몬 입을따.(옷이 다 힘이 엇갈리는 방향으로 작용되어 찢어져 못 입겠더라.)"와 같이 사용된다.

모메꽃

- 표준어 : 메꽃
- 품　사 : 명사
- 뜻풀이 : 메꽃과의 여러해살이 덩굴풀. 줄기는 가늘고 길며 다른 것에 감겨 올라
 간다. 잎은 어긋나고 타원형 피침 모양이며 양쪽 밑에 귀 같은 돌기가
 있다. 여름에 나팔꽃 모양의 큰 꽃이 낮에만 엷은 붉은색으로 피고 저
 녁에 시든다. 뿌리줄기는 '메' 또는 '속근근'이라 하여 약용하거나 어린
 잎과 함께 식용한다. 밭 어귀에 흔히 볼 수 있다.
- 다른 방언형 : 들보라, 모메
- 사용 지역 : 경상도

> 빈바구니 / 차고오긴 / 너무도 / 부끄러워 // 술레짠 / 두쌤밤우에 / **모매꽃이**
> / 피엿고 〈이육사, 초가〉

'모메꽃'은 '밭 어귀에 흔히 볼 수 있는 나팔꽃 모양의 꽃'으로 이른 봄에 자라 여름에 꽃이 피고 가을이 오기 전에 시든다. 분홍, 파랑, 흰색 등의 여러 가지 색깔이 있다. 벼와 보리를 심는 이모작의 논에 특히 많이 자라며, 국수 모양의 희고 긴 뿌리는 쪄서 먹는다. 봄에 돋아나는 새싹은 나물로 먹는데 '모메싹'이라 하고 '모메', '모메이싹'이라고도 한다. 위 예문 '술레짠 두쌤밤우에 모매꽃이 피엿고'라는 구절은 '메꽃으로 화관을 만들어 쓴 모습을 묘사'한 장면이다.

모삼하다

- 표준어 : 독하다
- 품　사 : 형용사
- 뜻풀이 : 성격이 매섭고 모질며 여무지고 굳세다.
- 다른 방언형 : 무습다, 무십다, 무숩다, 미십다
- 사용 지역 : 경상도

아이다 니 잘했데이. 배고프큰 뭐든동 묵어야제. 묵고 목숨부터 살아나야 제. 느그 오빠는 아아라도 **모삼하데이**. 아아가 우째 저래 독하겠노? 니 이방 에 드가 누워 있거라이. 잠시만 있으믄 내 흰죽 쪼매 끼려 주꾸마 〈이문열, 변경, 3, 203〉

아이고 야도 인자 보이 참 **모사운** 아데이 암만 우리가 해 준 기 없다캐도 우예 코빼기도 함 안 비겠노? 명혜어머니가 남편의 은근하 비난을 그렇게 철 에게로 슬쩍 떠 넘겼다. 〈이문열, 변경, 1996, 4, 49〉

'모삼하다'는 성격이나 행동이 매섭고 모질며 여무진 것을 일컫는 경 상도 방언이다. '모삼하다'에 대한 어원은 분명하지 않은데, 다만 '무섭 다'의 중세국어 어형 '므싀엽다'와 관련되었을 것으로 추정된다.

모티

- 표준어 : 모퉁이
- 품　사 : 명사
- 뜻풀이 : ① 구부러지거나 꺾어져 돌아간 자리.
　　　　　② 변두리나 구석진 곳.
- 다른 방언형 : 모티이, 모팅이, 모캐이, 모테이
- 사용 지역 : 경상도

"세운상가 **모티**에서 전구다마 장시 한다던 그 아들 말이제요. 그것도 하다 엎었는가. 요전앞시 아들 메누리 빈몸으로 쫓아냈다카데예. 중고등학교에 댕기는 손자 둘만 딜고 산다캅디더. 그 에미 애비 속에서 나온 자슥치고는 알라들이 신통하게 공부를 잘한다크데예." 〈이현수, 신기생뎐, 2005, 62〉

　표준어 '모퉁이'에 대응되는 경상도 방언형에는 '모티, 모티이, 모팅이, 모캐이, 모테이' 등의 어형이 있다. '구부러지거나 꺾어져 돌아간 자리, 구석진 자리'를 뜻한다. '모퉁이'에서 / ㅣ / 모음 역행동화에 의해 '모팅이'로 되었다가 '모퉁이〉모팅이〉모팅이〉모티이〉모티'의 음운변화 과정을 거치는데, 경상도 방언에서는 각 단계의 어형들이 모두 사용되고 있다.

　이들 외에도 '모캐이, 모테이'도 함께 사용되고 있다. "장사를 지내고 오는데, 다른 사람은 전부 거 사립문으로 들어오는데, 자기 삼촌은 정지 모케이(부엌 모퉁이) 와서 말이지."를 예로 들 수 있다.

목거지

• 표준어 : ① 모꼬지, 연회, 잔치마당
　　　　　② 목전에 다다름
• 품　사 : 명사
• 뜻풀이 : 놀이나 잔치 또는 그 밖의 일로 여러 사람이 모이는 일.
• 사용 지역 : 경상도

　마돈나 지금은 밤도, 모든 **목거지**에 , 다니노라 疲困하야 돌아가려는도다, / 아, 너도, 먼동이 트기 전으로, 水蜜桃의 네가슴에, 이슬이 맷도록 달려오느라 // 마돈나 오렴으나, 네집에서 눈으로 遺傳하든 眞珠는, 다두고 몸만 오느라. / 빨리 가자, 우리는 밝음이 오면, 어댄지도 모르게 숨는 두별이어라. // 〈이기철 편, 이상화전집, 나의 寢室로, 1982, 84〉

　광명의 **목거지**란일홈도모르고 / 술취한 장님이 머-ㄴ길을가듯 / 비틀거리는 자욱엔, 피물이흐른다! // 〈이기철 편, 이상화전집, 緋音, 1982, 80〉

　뼈저리는 좋은맛에 자스러지는 / 보기좋게 잘도자란 과수원의 **목거지다** //
〈이기철 편, 이상화전집, 나는 해를 먹다, 1982, 207〉

　金春洙(1981)는 '나의 寢室로'의 내용 전개와 構造, 〈李相和研究〉에서 "이 시는 표현이 모호한 데가 있어 해석하기가 곤란한 부분이 있다. 우선 제1연의 '목거지'라든가 제2연 제1행의 '눈으로 유전하던 진주' 등만 해도 그렇다. '목거지'라는 말은 무슨 말인지 의미 불통이고"라고 하여 '목거지'의 의미를 해석할 수 없는 어휘로 다루었다. 역시 〈문학 사상〉에서도 ☆를 표시하여 미상의 어휘로 처리하여 오랫동안 이 단어가 뜻하는 바가 무엇인지 해명되지 못했다. 그러나 金容稷(1974)은 〈한국문학의 비평적 성찰〉에서 처음으로 '목거지'는 '모꼬지'라고도 발음되는 대구 지방의 사투리로서, '여러 사람이 모여 흥청대는 잔치마당'으로 풀이를 하였다. 그 이후 李起哲(1982)도 '목거지'를 '饗宴, 잔치마당, 모임'의 뜻을 가진 경상도 지방의 方言으로 처리하였다. '모꼬지', '목거지'를 '饗宴, 잔치마당, 모임'의 뜻을 가진 대구 방언으로 처리하는 근거는 중세국어 '몯ㄱ지'(두어둘마너 쓰리 婚姻혼 몯ㄱ지예 녀러와서〈번역소학, 1518, 10-1〉, 몯ㄱ지논 ㅈ조디 례도는 브즈런ㅎ고〈번역소학, 1518, 10-32〉)에서 찾을 수 있다. 여기서 '몯ㄱ지'는 '잔치, 모임, 宴會'라는 뜻을 가지고 있다.

그런데 문제는 이상화 시에서 여러 군데 등장하는 '목거지'를 '饗宴, 잔치마당, 모임'의 뜻으로만 해석하면 시의 문맥이 잘 통하지 않는 예가 많다. 즉 '목거지'를 달리 해석해야 하는 경우도 있다. 예를 들면 곧 "「마돈나」 지금은 밤도 모든 목거지에 다니노라."에서 '목거지'를 '모꼬지, 饗宴, 모임'으로 해석하면 시의 의미가 확연하게 잘 통하지 않는다. 그래서 이상규는 〈문학과 방언〉에서 이 구절을 "「마돈나」 지금은 밤도 모든 한계에 도달하여 다니노라"로 해석할 수 있는 가능성을 제시하고자 한다. 곧 '목전'이라는 뜻으로 곧 대구방언에서 "어떤 일이 임박하여 다되어 가는 상황을" 가리켜 "목전에 다 달았다"라고 한다. 바로 이 '목전'은 {목}＋{전(前)}의 합성어인데 '전(前)' 대신에 '-까지, -꺼지'라는 특수조사가 결합하여 '목거지'라는 단어가 합성되었다고 판단된다. 따라서 여기서 '목거지'는 "어떤 일이 급박하거나 다되어 가는 상황에 이름"이라는 뜻을 지닌 대구방언이라고 할 수 있다.

목궁기

- 표준어 : 목구멍
- 품　사 : 명사
- 뜻풀이 : 입 안에서 식도와 기도로 통하는 입속의 깊숙한 곳.
- 다른 방언형 : 목구무, 목구녁, 목구역
- 사용 지역 : 경상도

미군 부대 보일라맨 하는 거하고는 다르다이. 대학 댕기는 거하고도……
오뉴월 땡볕에 산전(山田) 한 평만 뒤배(뒤집어)봐라. **목궁게**(목구멍이) 대
통 소리 날 게따. 〈이문열, 변경, 1992, 4, 66〉

한동안은 그런 명훈을 도와 무엇에 심사가 났는지 저녁도 안 먹고 뻗대는
영희를 애써 잊어주었다. "에익, 참고 먹을라 카이 밥이 어디 **목궁게**(목구멍)
에 넘어가야제." 〈이문열, 변경, 1992, 4, 157〉

'목궁기'는 {목}＋{굼기}의 합성어이다. '목굼기'에서 '굼'의 /ㅁ/ 이
'기'의 /ㄱ/ 에 조음위치 동화된 것이 '목궁기'이다. '구멍'의 중세국어
어형은 '구무/굼ㄱ'이다. 즉 중세세국어에서는 모음으로 시작하는 조
사가 올 때는 '굼ㄱ'(굼기, 굼게)으로, 자음으로 시작하는 조사가 올
때는 '구무'(구무도, 구무만)로 곡용을 하였다. 이러한 곡용 양상이 지
금의 경상도 방언에도 여전히 이어져 '구무, 구무도'처럼 단독형과 자
음으로 시작하는 조사가 올 때는 '구무', 모음으로 시작하는 조사가 올
때는 '궁기, 궁게'처럼 '궁ㄱ'으로 실현된다. '궁ㄱ'은 원래 '굼ㄱ'이었는
데 /ㅁ/ 이 /ㄱ/ 에 조음위치 동화를 겪어 '궁ㄱ'으로 나타난다.

그런데 지금은 '구무가, 구무에, 구무도, 구무만'처럼 한편으로는 '구

무'로, 또 다른 한편으로는 '궁기가, 궁게, 궁기도, 궁기만'처럼 '궁기'로 단일화되는 변화가 진행되고 있다. 따라서 '궁게'의 경우는 {궁기}＋{에}로 재분석될 수 있다. 마찬가지로 위 예문의 '목궁게' 역시 {목}＋{궁기}＋{-에}로 재분석될 수 있다.

 '구멍'의 경상도 방언형으로는 '구무／궁기' 외에 '구녁', '구역'이 있다. '구무가 크다', '구녁이 크다'처럼 '구무／궁기'와 '구녁'은 서로 비슷한 뜻을 가지고 있어 대체되어 쓰이기도 하지만, '구녁'은 '목구녁, 콧구녁, 똥구녁, 쥐구녁'처럼 길이가 긴 구멍을 나타낼 때만 주로 쓰인다. 그래서 '종이에 구무를 뚤버라(종이에 구멍을 뚫어라)'는 자연스럽지만, '종이에 구녁을 뚤버라'는 잘 쓰지 않는다. 문헌자료상으로는 '구녁'이 '구무／굼ㄱ'에 비해 후대에 나타나는데, 이로 미루어 볼 때 '구녁'은 '구무／굼ㄱ'에 비해 후대에 생겨난 것으로 추정된다.

몰작하다

- 표준어 : 물렁하다
- 품　사 : 형용사
- 뜻풀이 : 성격이 부드럽고 유하여 물렁하다.
- 다른 방언형 : 몰랑하다, 물렁하다
- 사용 지역 : 경상도

몰작하게 볼 사람이 따로 있지 〈박경리, 토지, 4, 288〉

　'몰작하다'는 사람의 성격이 '물렁하다'라는 뜻이다. '몰작하게 볼 사람이 따로 있지'에서는 '물렁하게 볼 사람이 따로 있지'라는 의미이다. '몰작하다'의 어형을 살피기에 분명한 자료가 없으나, '묽다'에 '-작하다'가 결합하여({묽-} + {-작하다}) '물작하다〉몰작하다'로 변화된 것으로 추정된다.

몽지리

- 표준어 : 모조리
- 품　사 : 부사
- 뜻풀이 : 하나도 빠짐없이 모두.
- 다른 방언형 : 몽싹, 몽창, 모지리
- 사용 지역 : 경상도

"인자 조만간에 군인들이 좌익패 숨은 산을 이 잡듯 뒤진다 안카나.""야밤 순찰도 돈데이. 밤 열두시 오포 불고 나서 댕기는 사람은 **몽지리** 미창에 잡아 딜이서 시껍준단다." 물동이를 인 아낙네 둘이 쑤군거리는 말이다. 〈김원일, 불의 제전, 1, 106〉

'몽싹, 몽지리, 몽창, 모지리'는 '모조리'를 의미하는 경상도 방언 어휘이다. 예를 들면 "울매나 씨게 두디리마아농이 이빨이 몽창 따 뿌사졌다 아이가(얼마나 세게 두드려 맞으니 이빨이 모두 다 부서졌다)", "도끼로 가주고 모지리 쳐 없앴뿟는기라(도끼를 가지고 모조리 쳐 없앴다)" 등의 예에서 보듯이 부사로 자유롭게 사용된다.

몽창시리

- 표준어 : 몹시
- 품　사 : 부사
- 뜻풀이 : 다른 것과 견줄 수 없이 무척.
- 다른 방언형 : 몹시기
- 사용 지역 : 경상도

　‘몽창시리’는 ‘몹시’를 뜻하는 경상도 방언이다. ‘몽창시리’의 어원은 문증되지는 않았지만, ‘몽땅’을 의미하는 ‘몽창’과 ‘-시리’의 결합형으로 보인다. ‘-시리’는 ‘엄청’의 ‘엄청시리’처럼 강조의 의미로 붙는 접사이다.

무다이

- 표준어 : 괜히
- 품　사 : 부사
- 뜻풀이 : 아무런 까닭 없이.
- 다른 방언형 : 개니, 게:이, 무다이, 배끼, 배찌, 백지, 백제, 백찌로
- 사용 지역 : 경상도

망할 것들 **무다이** 자는 범을 찔벅거려 이 난리를 치게 하네 〈권정생, 한티재 하늘, 1998〉

별 다른 일도 없이 **무단히** 거긴 뭣하거 갈란공? 〈권정생, 한티재 하늘, 1998, 1, 216〉

또랑창에 대가리 박고 칵 디져삐리지, **무단시** 이래 살아 뭘 하겠나! 요노무 카드. 보기만 해도 몸써리가 쳐진다. 몸써리가! 기생들 앞으로 온 카드대금 고지서를 보고 기함을 한 타박네., 카드란 카드는 모조리 빼앗아 가위로 반토막을 내버렸다. 〈이현수, 신기생뎐, 2004, 63〉

있잖심니꺼, 서방님예 지가 가마 생각해 보니꺼네예 / **무다이** 씰데없이 서방님 의심햇던 기라예 / 맨날천날 춤추구 악기 연주나 한다고예 〈정숙, 깨소금거치, 신처용가, 40〉

'괜히'에 대응하는 경상도 방언에는 '무다이', '백지' 등이 있다. 대체로 '무다이'는 경북지역에서, '백지'는 경남지역에서 많이 사용하나 남북에 상관없이 두루 쓰이는 방언이다. '무다이'는 '무단히(無端-)'에서 'ㅎ'이 약화 탈락되고 여기에 'ㄴ'의 비모음화가 일어난 것이다. 즉 '무

단히〉무단이〉무다이'의 변화 과정을 겪었다. 또 다른 형태인 '개니',
'게ː이'는 '괜히'에 단모음화와 'ㅎ'탈락이 일어난 것이다.

무라리하다

- 표준어 : 물어주다
- 품　사 : 동사
- 뜻풀이 : ① 되물어주다.
　　　　　② 배상해주다.
- 사용 지역 : 경상도

인자 구판장 넘굴 날이 며칠 안 남았는데 또 외상 달란 말가? 안 그래도 너그 집에 수금 갈라 카든 참인데 인수인계할 때 외상 다 못 받으믄 내가 꼽다시 **무라리해야** 된다꼬. 〈이문열, 변경, 1996〉

　'물어주다', '배상해주다'는 의미의 '무라리하다'는 '되물어주는 행위'인 '무라리'에 '-하다'라는 동사가 붙은 것이다. '무라리'는 '무르다(贖)'의 중세어형인 '무르다'(半張에 써시면 一半갑슬주고 무르미니라〈박통사언해, 1677, 下:56〉(반장에 쓰면 반값을 주고 무는 것이다.))가 그대로 방언에 남아 쓰인 것이다.

　현재 경상도 방언에는 '물어주다', '값을 치르다'는 의미로 '무라주다'가 쓰인다. '무라주다'는 '물어주다'에서 연음되어 '무러주다', '무라주다'가 된 것으로 볼 수도 있으나, '무르-'에 '-주다'가 결합한 '무르주다〉무라주다'가 그대로 방언에 남아 쓰이는 것으로 해석하는 것이 타당하다.

무지개

- 표준어 : 대응 표준어 없음
- 품   사 : 명사
- 뜻풀이 : 큰 뱀.
- 다른 방언형 : 무지기, 무지개
- 사용 지역 : 경상도

어데다 무릎을 꾸러야하나? / 한발 재겨디딜 곳조차 없다 // 이러매 눈깜아 생각해볼밖에 / 겨울은 강철로된 **무지갠가보다** // 〈심원섭, 이육사전집, 절정, 1986, 40〉

'겨울은 강철로 된 무지갠가 보다'라는 마지막 구절에서 '강철로 된 무지개'에 대해 권영민 교수는 '큰 뱀'으로 해석하기도 하였다. '무지개'와 유사한 말 가운데 '무지기'라는 말이 있는데, '무지기'는 대사(大巳), 즉 큰 뱀을 일컫는다고 밝히고 있다. 그리고 이희승 선생의 〈국어대사전〉에도 '무지기'는 경상도 지역 방언으로 '무지개'를 뜻한다고 표시되어 있다. 그러나 경상도 방언에서 '무지기'가 '무지개'를 뜻하기 때문에, 경상도 방언에 익숙한 어떤 편집자가 '무지기'라는 말의 본래 뜻이 '큰 뱀'이라는 사실을 잘 모르고 이를 '무지개'로 고쳤을 가능성이 있다고 하여 권영민 교수는 이 시구를 '겨울은 독룡(강철)으로 변해버린 큰 뱀'이라는 뜻으로 해석하고 있다. 이는 경상도 방언에서 '문딩 깡철이'라는 어구가 있는데, 여기서 '강철'을 '깡철이(이무기, 용으로 승천하지 못한 뱀)'로 해석하고 또 '무지개'를 '무지기(무자수, 뱀의 일종)'로 해석한 결과이다.

　그런데 경상도 방언에서 '무지기', '무자수' 등의 뱀을 지칭하는 방언이 있으나 실재로 '무자수'는 독한 뱀이 아니라 독이 전혀 없는 뱀이라는 점을 고려한다면 그 근거는 미흡한 편이다. '무지개'에 대한 해석은 아직도 많은 논란이 있다. 학자에 따라서 견해를 달리하고 있는데, 대체로 '무지개'를 '큰 뱀, 무지기'로 보거나 표준어 '무지개'로 해석하는 경우가 있다.

　참고로 '무지개'의 경상도 방언형에는 '무저개, 무지게, 무지기, 무질개' 등이 있다.

문디 지랄하다

- 표준어 : 병신 육갑하다
- 품 사 : 관용어
- 뜻풀이 : 상대방이 어처구니 없는 행동을 하거나 마음에 들지 않는 행동을 할 때
  탐탁치 않음을 나타내는 말.
- 다른 방언형 : 문디깡철이, 문디떡다리, 문디, 문딩이
- 사용 지역 : 경상도

"봐요." 갈강갈강 귓바퀴를 물어뜯던 까끌한 목소리. "봐요." "**문디 지랄하고** 있네. 봐요는 무신 놈의 봐요고. 니가 눈을 차름하기 채리뜨고 봐요, 하고 부른다고 저놈이 개과천선할 상싶으나? 쓰리군 주제에 꼭뒤가 세 뼘이라꼬 흥뚱항뚱 거만 떠는 저 꼬라질 보고도 봐요, 하는 소리가 목구멍에서 뽀도시 굴러나오더나." 〈이현수, 신기생뎐, 2005, 122〉

경상도 방언에서 일반인에게도 '문디, 문딩이'라는 말을 많이 사용하는데, '문둥이'라는 원래 의미로 사용하기보다는 좀 더 광범위하게 사용된다. 탐탁치 않은 상대에게 사용하기도 하고, 친근한 대상에게도 사용하기도 하는 말이다. '문디 지랄하다'는 상대방이 마음에 들지 않는 일을 할 때 사용되는 말인데, 비하적인 의미로 사용하기도 하지만 친한 대상에게는 일반적인 행동에 대해서도 사용하기도 한다. '문디깡철이'는 '몹시 말을 듣지 않는 못된 놈'이라는 의미로 "문디깡철이 같은 놈. 내 앞에 두 번 나타나지도 마라."와 같이 사용된다. '문디 떡다리'는 '보기가 흉하거나 사리에 맞지 않음'을 뜻하는 말로 "문디떡따리거치 해가 어디 댕기노(이상하게 해서 어디 다니냐)"와 같이 쓸 수 있다.

문바지

- 표준어 : 대응 표준어 없음
- 품　사 : 명사
- 뜻풀이 : 문에 버려 놓은 아이.
- 사용 지역 : 경상도

> 너는 돌다리목에 쥐왔다든 / 할머니 핀잔이 참이라고하자 // 나는 진정 강
> 언덕 그마을에 / 버려진 **문바지**였은지몰라? // 그러기에 열여덟 새봄은 / 버들
> 피리 곡조에 부러보내고 // 〈심원섭, 이육사전집, 年譜, 1986, 36〉

경상도에서는 '아이를 버릴 때 다른 사람의 집 대문 앞에 몰래 버리
는, 곧 그렇게 버려진 아이'라는 뜻으로 '문바지'를 사용한다. '문바지'
의 낱말 구성은 {문}＋{-바지(접사)}와 같은 파생어 구성이다. '-바지'
는 '씨받이'와 같은 접사 '-받이'이다. 이원조편(1946)에서는 '문바지'
를 '가랭이가 벌어진, 입는 옷의 일종인 바지'로 해석한 것을 근거로
하여 '버려진'을 '벌어진'으로 교합하였다. '문바지'가 '바지'로 해석될
수 없음은 이육사의 시 '연보' 1연 1행의 시 구절이 '청다리 아래에서
주어온 아이'라는 의미 맥락과 연결하여 보면 '버려진 문바지였은지'는
'버려진 문바지였는지'로 교합되어야 한다. 그리고 '문바지'는 '남의 집
대문 앞에 버려져, 남이 이를 받아 키우는 아이'라는 뜻으로 해석되어
야 한다. 곧 "나는 진정 강언덕 그 마을에 버려진 문바지였는지 몰라?"
라는 구절에서처럼 작자 자신이 바로 영주·안동 지역에 전해오는 설
화의 주인공처럼 남의 집 대문 앞에 버려진 아이, 곧 일제치하에서 조
국을 잃어버린 '고아(고아)' 또는 '실향(실향) 의식'을 훌륭하게 표현한

대목이라고 할 수 있다.

이를 더 실증적으로 입증해 줄 수 있는 근거로는 경상도 방언에서 '-바지'라는 파생접사가 매우 생산적이다(성바지, 타성바지 등). 작가의 유년기 시절 할머니가 놀리기 위해 "너는 청돌다리목에서 주워왔다."는 말이 참인 것처럼 느껴지는 현실, 곧 필자 스스로가 일제에 침략 당한 조국에서 어쩌면 '버려진 고아'임을 나타내고 있다. 이러한 해석을 전제로 한다면 '이미 버려졌던 아이'라는 과거의 사실을 회상 추측하는 '문바지었는지'로 이해되어야 할 것이다.

문후다

- 표준어 : 무너뜨리다
- 품 사 : 동사
- 뜻풀이 : 쌓여 있거나 서 있는 것을 허물어 내려앉게 하다.
- 다른 방언형 : 문우다, 뭉궇다
- 사용 지역 : 경상도

내가 알음이적은가 모름이만흔가 / 내가 너머나어리석은가 슬기롭은가. // 아모래도 내하고저움은 미친짓뿐이라 / 남의꿀듯는집을 **문훌지** 나도모른다. // 〈이기철 편, 이상화전집, 先驅者의 노래, 1982, 160〉

'문후다', '문우다', '뭉궇다'는 '무너뜨리다'의 경상도 방언이다. 이상화의 '선구자의 노래'에 나오는 "남의꿀듯는집을 문훌지 나도모른다."라는 시 구절은 "남의 끌뜯는 집을 무너뜨릴지도 나는 모른다."라는 의미로 해석이 가능하다.

'무너뜨리다'는 18세기 문헌에 '믄흐다'의 형태로 처음 등장하며, 60년 뒤의 문헌에 '믄희치다'라는 어형도 나타난다. '믄희치다'는 '믄흐다'의 어간에 강조의 뜻을 더하는 강세접미사 '-치-'가 결합한 것이다. 강세접미사 '-치-'는 현대국어에서 꽤나 생산적인 접미사이다(넘치다, 밀치다, 부딪치다, 솟구치다 등). 현대어의 '무너뜨리다'는 동사 어간 '믄흐-'에 역시 강조의 의미를 더하는 접미사 '-뜨리다'가 붙은 것인데, '믄허뜨리다>믄어뜨리다 / 므너뜨리다>무너뜨리다'와 같은 음운변화를 겪었다. '-뜨리다' 역시 오늘날 매우 생산적인 접미사로 '깨뜨리다', '밀어뜨리다', '부딪뜨리다', '밀뜨리다', '쏟뜨리다', '찢뜨리다'와 같은 많은 파생어를 만들어 내고 있다.

경상도 방언에서 사용하고 있는 어휘들은 18세기 문헌에 나타난 '믄흐다'와 유사하다. '믄흐다'가 원순모음화를 거쳐 '문후다'가 되고 / ㅎ / 이 탈락된 형태가 '문우다'이다.

물미

- 표준어 : 이치
- 품   사 : 명사
- 뜻풀이 : 사물의 정당한 조리(條理). 또는 도리에 맞는 취지.
- 다른 방언형 : 물미나다, 물미트다
- 사용 지역 : 경상도

> "밑천이 들 것도 아니고 사실 알고 보믄 장사같이 어수룩한 게 없다. 얼마 동안 **물미**가 나믄, 또 내가 뒤에 있겠다. 뭣이 걱정이고." "송충이는 갈잎을 묵으면 죽소. 나는 농사밖에 모린께, 했일라 카믄 벌써 했제요." "딱하다, 딱 해. 니 대가리는 아무래도 돌로 된 모양이다" "돌로 되나마나, 하루 밥 세끼 묵으믄 그만이지 머한다고 남우 비우 맞출라고 안 나오는 웃음 웃어감서 살 겄소." 형에 대한 비난이요 모멸이다. 〈박경리, 토지, 11, 67〉

'물미'는 '사물의 이치'를 뜻하는 경상도 방언형이다. 주로 '물미 나다, 물미 트다'라는 구의 형식으로 많이 사용되는데, 그 의미는 '이치를 깨우쳐 하는 일이 익숙해지다, 숙달되다'이다.

참고로 경상도 방언에서 '멀미'를 '물미'라고 하기도 한다. 이때의 '물미'는 '멀미'에서 원순모음화를 겪은 것이다. 이러한 원순모음화는 '아버지, 어머니'를 '아부지, 어무이'라고 하는 것에서 보듯이 경상도 방언에서 많이 나타난다.

뭉뭉하다

- 표준어 : 대응 표준어 없음
- 품　사 : 동사
- 뜻풀이 : 구름, 연기, 솜 따위가 잇달아 뭉키어 나오다.
- 사용 지역 : 경상도

뚝배기에 시래기국을 푸면서 주모는 강포수를 힐끗 쳐다본다. 방안은 김이 서려서 **뭉뭉했다.** 〈박경리, 토지, 2, 164〉

마을에서 여기저기 잔심부름을 해 주면서 한복이 제 집에 기거하고 있을 때 한복이 또래의 소년들, 머슴방의 그 **뭉뭉한** 공기와 음담패설이 싫어서, 길상이와 같이 청년기에 들어선 또래들이 밤이면 이 집을 드나들었다. 〈박경리, 토지, 7, 108〉

뭉뭉한 공기와 열기, 담배 연기, 술 냄새, 나락과도 같은 자포자기가 팽배해 있는 분위기, 그것은 상형에게 있어선 언제나 아편과도 같은 망실의 쾌감이다. 〈박경리, 토지, 8, 135〉

한복이 돌아온 후부터 길상이 이곳을 드나들게 된 것은 첫째 머슴방의 그 **뭉뭉한** 공기 속에서 벌어지는 노름판, 여비한 잡담을 피해서였고 한복이 이외 식구가 없는 자유스러운 분위기, 이이들이 순박하고 착실하며 길상을 형 같이 따르는 인정에 끌려서였다. 〈박경리, 토지, 3, 302〉

‘뭉뭉하다’는 ‘구름, 연기, 솜 따위가 잇달아 뭉키어 나오다’라는 의미의 경상도 방언이다. 박경리 소설 〈토지〉에서는 ‘뭉뭉한 공기, 뭉뭉한 분위기’처럼 배경 설명에서 많이 나타나는데, 이는 ‘공기나 분위기가 깨끗하지 못하고 답답한 상태, 무거운 상태'를 뜻하는 말이다. '뭉뭉하다'가 단독으로 쓰이는 경우는 잘 없다.

미구

- 표준어 : 여우
- 품　사 : 명사
- 뜻풀이 : ① 갯과의 포유동물인 여우.
　　　　　② 대체로 나이에 맞지 않게 영악하게 행동하는 사람.
- 다른 방언형 : 개:시, 개여, 개여시, 개으시, 미:구, 뱅야시, 뱅여시, 애끼, 애깨이,
　　　　　　 야:시, 야꽤~이, 야꽹이
- 사용 지역 : 경상도

어린 늠이 **미구**같은 말만 골라하네 할매는 너거 먹인다고 몬 묵어 어지름 증이 도는데 마 퍼뜩 안 잘끼가 〈김원일, 불의 제전, 128〉

"매 이마짝에 피도 안 마른 것들이 **매구** 겉은 년들 끌고 와서" "그러니 그 양반을 파수보게 했지" 〈박경리, 토지, 1, 299〉

'미구'는 '여우'에 해당하는 경상도 방언이다. 대체로 어린아이가 나이에 맞지 않게 똑 부러지게 또는 영악하게 행동할 때 '미구야', '미구 긑기는' 등의 표현을 쓴다. '미구'는 '여우가 천 년을 묵으면 변한다는 짐승'인 '매구'에서 온 말이다. '매구'에서 /ㅐ/〉/ㅣ/ 변화에 의해 '미구'가 된 것이다.

여우에 해당하는 경상도 방언은 이외에도 '야시'가 있다. '야시'는 '여우'의 15세기 어형인 '야ᅀᅵ'에서 'ㅿ'이 'ㅅ'으로 남은 형태이다. "양은 도시락 딸랑이며 밤길 / 도깨비 야시 쫓는 이야기 해 주시고〈박태일, 내 서른이 넘고, 약쑥개쑥, 58〉", "야시비 보실보실 내리네예. 모리실 끼라예. / 오늘지 건디리지 마이세이〈정숙, 누구좋으라꼬, 신처용가, 87〉"에서 '야시'는 여우를, '야시비'는 '여우비'를 말한다.

미새하다

- 표준어 : 미장하다
- 품　　사 : 동사
- 뜻풀이 : 진흙과 볏짚 따위의 풀을 섞어 미장하다.
- 다른 방언형 : 새올리다
- 사용 지역 : 경상도

터진 흙벽 막고 안으로 **미세**라도 하믄 이 헛간도 방같이 맹글 수 있다. 여다 있던 보습하고 길마, 여물거리는 저쪽 빈 마구로 옮기믄 되고. 〈이문열, 아가, 2000, 41〉

'미새하다'는 흙으로 미장하는 것을 말한다. 흙미장을 할 때 진흙과 볏짚을 섞어 하는 것에서 '새올리다'는 표현을 쓰기도 한다. '새올리다'에서 '새'는 '이엉'의 옛말이기도 하며 띠, 억새 따위의 풀을 통틀어 말하기도 한다. '새올리다'라는 것은 지붕에 이엉을 올리는 표현으로도 쓰인다.

'미새하다'의 어원에 대하여 문증되지 않아 정확한 의미를 파악할 수는 없지만, '미새하다'의 '새'역시 띠, 억새 따위의 풀을 말하는 것으로 '새로 미장하다'는 의미에서 '미새하다'라는 어형이 형성된 것으로 보인다. '미새하다'가 '미세-'로도 표기된 것은 경상방언에서 'ㅔ'와 'ㅐ'가 중화되어 변별이 되지 않기 때문에 표기자에 따라 'ㅐ'로도 쓰기도 하고 'ㅔ'로도 쓴다. 그러나 어원을 따져 보았을 때 '미새-'가 맞는 표기이다.

미우다

- 표준어 : ① 메우다
            ② 박다
- 품   사 : 동사
- 뜻풀이 : ① 공간을 채워 막는다.
            ② 두들겨 치거나 틀어서 꽂혀지게 하다.
- 다른 방언형 : 미우다, 미쿠다, 메쿠다, 메칸:다, 메우다, 메꾼다, 메끄다, 메아다,
            미꾸다
- 사용 지역 : 경상도

'미우다'는 '메우다'의 경상도 방언이다. '메우다'에서 경상도 방언의 특징인 /ㅔ/〉/ㅣ/에 의해 '미우다'로 변화한 것이다. '미우다'에 해당하는 방언 이형태로는 '미쿤다, 메쿠다, 메칸:다' 등 격음화된 형태와, '메꾼다, 메끄다, 미꾸다' 등 경음화된 어형이 많이 나타난다.

미자발 빠진 놈이 비역질한다

- 표준어 : 미주알 빠진 놈이 비역질
- 품 사 : 관용어
- 뜻풀이 : ① 상황이나 처지에 맞지 않는 행동을 하거나 어울리지 않는 행동을 한다.
  ② 여건이 되지 않으면서 어떤 행동을 한다.
- 사용 지역 : 경상도

> "미자발 빠진 놈이 비역질 하더라고. 내가 딱 그 짝이 났제. 내가랭이도 석 자는 찢어진 터에 돌을 던져 오마담을 빼냈으니." 〈이현수, 신기생뎐, 2005, 30〉

표준어에서 '밑구멍'은 '밑이나 밑구멍에 뚫린 구멍' 또는 '항문'이나 '여자의 음부'를 상스럽게 이르는 말이다. '밑구멍'에 대응되는 경상도 방언 어휘는 '미자발, 미자바리'이다. '미자바리로 호박씨 깐다.'라는 속담도 있는데 이는 '겉으로는 안 그런 척하면서 남모르게 엉큼한 짓을 한다.'는 말이다. 또한 '미자발 빠진 놈이 비역질 한다'라는 관용어는 '상황이나 처지에 맞지 않는 행동을 하거나, 어울리지 않는 행동을 하거나, 여건이 되지 않으면서 어떤 행동을 한다.'라는 뜻으로 사용되는 말이다. '비역'은 '사내끼리 성교하듯이 하는 짓'을 뜻한다.

미출미출하다

- 표준어 : 훤칠하다
- 품　사 : 형용사
- 뜻풀이 : ① 쭉쭉 뻗어 키가 크다.
　　　　　② 미끈하게 쭉쭉 뻗다.
- 다른 방언형 : 미쭉하다, 미출하다, 훈출하다, 미끈하다
- 사용 지역 : 경상도

눈 덮인 산골짝엔 **미출미출한** 나무들이 하늘을 떠받이듯 서 있었다. 〈권정생, 한티재 하늘〉

마음에 응어리를 웃음으로 풀며 장단을 치고 칠성이 북을 더덩 덩! 뚜드리면 무우같이 **미쭉한** 영팔이는 욱욱 헛힘을 주어 춤을 추고 있을 것이다. 〈박경리, 토지, 1〉

'미출하다'는 미끈하게 쭉쭉 뻗은 모습을 말한다. '미출하다'의 어원에 대하여 문증되지는 않아 정확하지는 않지만, '미출하다'의 어형과 방언 이형태들을 살펴보았을 때 '미끈하다'와 '훤칠하다'가 결합된 것으로 '미칠-〉미출-'로 변화된 것으로 짐작해 본다.

바사버리다

- 표준어 : 부숴 버리다
- 품　사 : 동사
- 뜻풀이 : 단단한 물체를 여러 조각이 나게 두드려 깨뜨려 버리다.
- 다른 방언형 : 바사삐다, 바사뿌다, 빠사버리다, 빠사삐다, 빠사뿌다
- 사용 지역 : 경상도

> 완력이 세기도 하지만 그는 분명히 화풀이에 악이 치받치는 모양이다. 어떤 배설 같은 것이다. "이 니미 ××같은 놈앗! 대가릴 **바사버릴 기다.**"〈박경리, 김약국의 딸들, 1993, 134〉

'바사버리다'는 '부수어 버리다'의 경상도 방언이다. '바사버리다'는 '부수다'의 경상도 방언형 '바수다'의 활용형 '바사({바수–} + {–아} → 바사)'에 보조용언 '버리다'가 결합한 '본용언 + 보조용언'의 구 구성이다. 표준어 '부수다'의 중세국어 어형은 'ᄇᅀᆞ다(내 모몰 드틀ᄀᆞ티 ᄇᅀᆞ디 몯관ᄃᆡ(내 몸을 먼지같이 부수지 못하건대)〈월인석보, 1459, 21 : 219〉)'이다. 경상도 방언의 '바수다'는 중세국어 'ᄇᅀᆞ다'에서 'ᄇᅀᆞ다〉ᄇ스다〉바수다'의 변화를 거친 것이다.

경상도 방언에서는 '부수다'와 '바수다'가 모두 쓰이는데, 그 의미는 약간의 차이가 있다. 표준어 '부수다'는 "① 단단한 물체를 여러 조각이 나게 두드려 깨뜨리다. ② 만들어진 물건을 두드리거나 깨뜨려 못 쓰게 만들다."의 의미가 있는데, 경상도 방언에서는 ①의 의미를 나타낼 때는 '바수다'를, ②의 의미를 나타낼 때는 '부수다'로 구분해서 쓰는 경향이 있다. 그리고 실제 사용에서는 '바수다', '부수다'보다는 어두경

음화된 '빠수다', '뿌수다'를 더 많이 쓰고, 보조용언으로 쓰인 '버리다' 역시 〔뿌다〕, 〔삐다〕로 나타난다. 따라서 '바사버리다' 역시 〔빠사뿌다〕, 〔빠사삐다〕로 많이 나타난다.

바소구리, 바소고리

- 표준어 : 발채
- 품　사 : 명사
- 뜻풀이 : 짐을 싣기 위하여 지게에 얹는 소쿠리 모양의 물건. 싸리나 대오리로
　　　　둥글넓적하게 조개 모양으로 결어서 접었다 폈다 할 수 있게 되어 있다.
　　　　끈으로 두 개의 고리를 달아서 얹을 때 지겟가지에 끼운다.
- 다른 방언형 : 바때기, 바소가리, 바쇠기, 옹구발
- 사용 지역 : 경상도

　　갑자기 소죽은 영신을 덮어 썼나? 입이 **바소구리**라도 할 말 있으믄 해봐
라. 도대체 이 돌내골에서 누가 그런 걸 쓰드노? 장터 기생년들 말고 누가
그 비싼걸 얼굴에 처 바르드노? 〈이문열, 변경, 1996, 4, 158, 〉

　　살매를 베어 그걸 엮어 **바소쿠리도** 만드로 다래끼도 만들었다. 그걸 한 짐
씩 지고 조씨 노인과 장에 내다 팔아 가끔 절인 고등어도 사왔다. 〈권정생, 한티
재 하늘, 1, 126〉

　‘바소구리/바소고리’는 ‘발채’의 경상도 방언이다. ‘바소구리’는 지게
에 얹어 짐을 싣는 물건으로 싸리나 대오리로 둥글넓적하게 만든다.
‘바소구리’는 {바}＋{소구리}의 결합으로 ‘바’(笆)의 의미는 대, 갈대,
수수깡, 싸리 따위로 발처럼 엮거나 결어서 만든 물건으로 울타리를
만드는 데 쓰는 바자(笆子)에서 온 것이다. ‘소구리’는 ‘소쿠리’의 경상
도 방언이다. 즉 싸리나 대오리를 가지고 물건을 담기 위해 만든 소쿠
리를 ‘바소구리’라고 한다.
　‘바소구리’ 외에 ‘바때기, 바소가리, 바쇠기, 옹구발’ 등의 방언형이

나타난다. 이 가운데 '바소가리, 바쇠기'는 '바소구리'에서 변화된 어형이며, '바때기'는 '바자'에서 'ㅈ'이 'ㄷ'으로 변화된 것이다. '바자+-기〉바재기〉바째기〉바때기'로 변화한 것으로 볼 수 있다.

박삭거리다

- 표준어 : 북적거리다
- 품　사 : 동사
- 뜻풀이 : 사람들이 많이 모여 움직이며 매우 수선스럽게 자꾸 들끓다.
- 다른 방언형 : 복딱거리다, 북쩍거리다, 배짝거리다, 배싹거리다
- 사용 지역 : 경상도

> 우리는 안직 멀었다. 아이구 이 냄새야. 저 씨레기 하미… 껍데기만 대고
> 싸브르믄 뭐하노? 안이 뭐가 제대로 돼 있는 게 있어야제. 사람만 **박삭거리고**
> 〈이문열, 변경, 1996〉

　'박삭거리다'는 '북적거리다'에 해당하는 경상도 방언형으로 '박삭'(빽빽이)에 '-거리다'가 결합한 어형이다.

　경북방언에서는 여러 사람들이 모여 발 디딜 틈도 없는 상황을 '복딱불이 난다'라는 표현을 한다. 여기에 쓰인 '복딱불'은 '볶딱거리다'에서 온 말이다. '볶딱거리다'의 '볶딱-'은 중세어 '봇닷다'에서 변화된 것이다. '봇닷다(봇닷근 기름니며〈두창집요, 1608, 下:42〉)'는 '볶고 달이다'는 의미로, '복딱거리다'는 음식을 볶고 달일 때 요란할 것처럼 복잡하고 북적거리는 상황이라는 의미를 담고 있다.

박상

- 표준어 : 튀밥
- 품　사 : 명사
- 뜻풀이 : ① 튀긴 쌀.
　　　　　② 튀긴 옥수수.
- 다른 방언형 : 박쌍, 박싼, 밥쌍, 밥통, 밥상, 퇴배기, 튀밥, 티밥
- 사용 지역 : 경상도

일반적으로 '박산'은 '유밀과(油蜜果)의 하나로, 산자의 몸이나 엿을
얇고 반듯하게 잘라 잣이나 호두를 붙여 만든 것' 또는, '꿀이나 엿에
버무린 산자밥풀, 튀밥, 잣, 호두를 틀에 굳혀 내어 얇게 썬 과자'를 말
한다. 그러나 경상도 방언에서는 이를 '강정'이라고 하고, '박산' 즉 '박
상'은 '쌀을 튀긴 것'을 말하며, '튀밥'은 '옥수수를 튀긴 것'을 일컫는다.
'박산'의 경상도 방언으로 '박쌍, 박싼, 밥쌍, 밥상' 등은 '박상'에서 음
운변화가 일어난 것이며, '티밥, 퇴배기' 등은 '튀밥'에서 음운변화가 일
어난 것이다.

박죽

- 표준어 : 주걱
- 품 사 : 명사
- 뜻풀이 : 밥을 푸는 도구. 나무, 놋쇠, 스테인리스강, 플라스틱 따위로 만들며 숟
  가락과 모양이 비슷하나 더 크다=밥주걱.
- 다른 방언형 : 빡죽
- 사용 지역 : 경상도

> 솥을 싹 씨이 뿌고 간장을 자꾸 떠다 붓잖애요. 불을 자꾸 때 가지고 끓어서 우에 거품이 막 나만 그걸 **박죽**으로 껀지 내고. 시큰 내리가도록 쫄쫄 딸이. 딸이 가지고 퍼 놓고는 또 부서 딸이고. 〈성춘식, 이부자리 피이 놓고, 1992, 74〉

경상도 방언 어휘에서는 어휘 형성과정을 분석해 보면 고어들을 많이 발견할 수 있는데 '밥죽, 빡죽'도 그 중 하나이다. '주걱'의 방언형인 '빡죽, 박죽'은 '밥죽〈훈몽자회, 1527〉에서 확인할 수 있다. 중세국어 '밥죽'이라는 어형이 경상방언에서는 그대로 쓰이고 있는 것이다. '주걱'을 뜻하는 중세국어 어형은 '쥭'이다. 15세기의 '쥭'은 17세기에 오면 '쥬게'라는 형태로 나타난다. '쥬게'는 '쥭'에 접미사 '-에'가 결합한 것이다. 18세기에 나타나는 '쥬걱'은 '쥭'에 접미사 '-억'이 결합한 것이다. 19세기에는 '쥬걱'이 단모음화한 '주걱'이 나타난다. 방언형 '박죽'은 고어형인 {밥}+{죽}의 '밥죽'이 자음교체의 형태로 나타난 형태이고, '빡죽'은 어두경음화된 것이다.

반팅이

- 표준어 : 이남박
- 품   사 : 명사
- 뜻풀이 : 안쪽에 여러 줄로 고랑이 지게 돌려 파서 만든 함지박. 쌀 따위를 씻어
  일 때에 돌과 모래를 가라앉게 한다.
- 다른 방언형 : 쌀배기, 살배기, 쌀뚝배기, 쌀람박, 쌀람박이, 함백이, 나무함백이,
  함박, 함지, 나무함지, 박바가치, 나무바가치, 나무바아치, 솔바가
  지, 구멍구시.
- 사용 지역 : 경상도

모진 목심, 못 죽제. 모녀가 뱃머리에 나가서 **반팅이**장사를 하는데 뱃머리
그곳이 좀 험한 곳가 ? 별의별 인종이 모이서 하루살이하는 곳인데 과년한
처자아이가 그 짓을 할라 카이, 참혹해서 못 본다. 왕치기 꽁보리밥에 숭년
들믄 나무뿌리 캐어 묵고 살아도 촌사람들 양반 앙이가. 처자들 집잭이는 거
사 인종지말자가 하는 일이고. 내가 있는 이발관이 뱃머리에서 가까운께, 오
래비 함서 울고 뛰어온 기이 한두 번이 앙이다. 〈박경리, 토지, 9, 167〉

반팅이장시를 하든, 뭣을 해도 입이사 못 묵고 살까마는, 머 안된다고 카
믄 할 수 없고 아이 아배 올때꺼지 다리 밑에 막을 쳐도 못 살기야. 〈박경리, 토
지, 3, 418〉

'반팅이'는 '이남박'의 경상도 방언이다. '반팅이' 외에도 '쌀배기, 살
배기, 쌀뚝배기, 쌀람박, 쌀람박이, 함백이, 나무함백이, 함박, 함지,
나무함지, 박바가치, 나무바가치, 나무바아치, 솔바가지, 구멍구시' 등
다양한 방언형이 나타난다. '반팅이 장사, 반팅이 장시'가 있는데, 이
는 '목판에 물건을 놓고 파는 노점상'을 이르는 말이다.

방두깨

- 표준어 : 소꿉질, 소꿉놀이
- 품　사 : 명사
- 뜻풀이 : 아이들이 자질구레한 그릇 따위의 장난감을 가지고 살림살이하는 흉내
　　　　를 내는 짓. =소꿉
- 다른 방언형 : 동도깨비, 동두깨비, 동더까래, 동더깨미, 동디깨미, 동지깨미, 방
　　　　두깨미, 방두깽이, 방즈깽이, 방주깽이, 방더깽이, 방뜨깨미, 빵주
　　　　깽이, 빵또깽이, 빵깽이, 세간살이
- 사용 지역 : 경상도

> 아 내맘의잠근문을, 쑤다리는이여, 네가누냐?이어둔밤에 / 「榮譽!」/ 방두쌔살자는榮譽여 !너거든 오지말어라 / 나는네게서 오즉가엽슨선웃음을볼쑨이로라. 〈이기철 편, 이상화전집, 訪問拒絶, 1982, 137〉

아이들이 장난감을 가지고 살림살이 흉내내는 것을 '소꿉질, 소꿉놀이'라고 하는데, 이것의 경상도 방언형은 '동도깨비, 동두깨비, 동더까래, 동더깨미, 동디깨미, 동지깨미, 방두깨미, 방두깽이, 방즈깽이, 방주깽이, 방더깽이, 방뜨깨미, 빵주깽이, 빵또깽이, 빵깽이, 세간살이' 등 아주 다양한 형태로 사용되고 있다. '방즈깽이, 방주깽이, 빵주깽이, 방두깽이, 방더깨미, 빵또깽이, 방깽이' 계열의 방언형은 그 어원이 무엇인지는 확실하지 않다. 다만 '바느질'이라는 단어와 관련되어 있을 것으로 추정된다. '바느질'은 일반적으로 '고리'와 결합해서 '반질고리'라는 합성어로 사용되고 있는데({바느질}＋ㅅ＋{고리})반질고리}), 여기서 나타나는 '반질'이라는 말이 여러 가지 변이형으로 나타난 것으로 볼 수 있다.

방우

- 표준어 : 바위
- 품　사 : 명사
- 뜻풀이 : 부피가 매우 큰 돌.
- 다른 방언형 : 바오, 바우, 방구, 바구, 방이
- 사용 지역 : 경상도

목이메이고 청이잠겨서 가슴속에쓸는마음이 말이되야나오지못하고 불김
가튼숨결이 켜이질뿐이엇다 손도들이지안코 발도쩌러지지지안코 가슴우혜싸힌
방우돍을 쩨밀려고애쓸뿐이엇다 // 〈이기철 편, 이상화전집, 夢幻病, 1982, 231〉

그 물 맞고 **방구가** 널다란 게 있는데 거 올라가서 뜨거운 데 찌지고 젙에
약숫물 있는데 미역 갖고 가서 국 끓이 가지고 먹고 그래 그래 쪼금씩 나았
어. 〈성춘식, 이부자리 피이 놓고, 1992, 29〉

‘바위’에 대응되는 경상도 방언형에는 ‘바오, 바우, 방우, 방구, 바
구, 방이’ 등이 사용되고 있다. 이와 함께 ‘반굿돌’도 있는데, 이는 ‘바
위돌’을 뜻한다. 역사적으로 ‘바위’는 중세국어에서는 ‘바회’였다. 이 형
태는 18세기까지 지속되다가 19세기에 들어서서 모음간 /ㅎ/ 의 약화
로 /ㅎ/이 탈락된 형태 ‘바우, 바위’가 나타났다. ‘바회’의 기원은 ‘*바
구’로 보는 견해가 있는데, 이에 따르면 ‘pagu(바구)〉pahø(바회) 〉
pa-u(바우)’로 변화했다는 것이다. 이는 중세국어 ‘바회’의 /ㅎ/ 을 /
g(ㄱ) / 가 약화되어 탈락하는 중간적 과정으로 본 것이다. ‘바회’의 기
원을 ‘*바구’로 볼 수 있는 것은 현재 전라도와 경상도 방언에서 ‘이끼’,
즉 ‘바위옷’을 ‘바구옷’이라고 하는 데서 그 근거를 찾을 수 있다. 경상

도에서 사용되고 있는 방언형 중 '방구, 바구'는 어중에 / ㄱ / 이 남아 있는 형태로서, 중세국어보다 고형이다. '바우'는 경상도는 물론 경기도, 강원도 등 많은 지역에서 나타난다.

배기다

- 표준어 : 배다
- 품 사 : 동사
- 뜻풀이 : ① 스며들거나 스며 나오다.
        ② 버릇이 되어 익숙해지다.
        ③ 냄새가 스며들어 오래도록 남아 있다.
        ④ 느낌, 생각 따위가 깊이 느껴지거나 오래 남아 있다.
- 사용 지역 : 경상도

경상도 방언의 '배기다'는 표준어 '배다'에 대응되는 말이다. '냄새가 배기다', '생각이 백히다' 등으로 사용되고 있다. 경상도에서 '배기다'는 여러 의미로 사용되는 다의어인데, '밑에 무엇이 돌출하여 편편하지 않다'라는 의미로 사용되기도 하고, '박히다'의 의미로 사용되기도 한다. 예로 '이부자리가 얇바서 배기가아 잠이 아온다', '손에 까시가 배기가 아파죽을때이(손에 가시가 박혀 아파죽겠다)'를 들 수 있다. 〈표준국어대사전〉에도 '배기다'라는 어휘가 수록되어 있는데, 이는 '바닥에 닿는 몸의 부분에 단단한 것이 받치는 힘을 느끼게 되다', '참기 어려운 일을 잘 참고 견디다'라는 뜻이다.

배리착지근하다

- 표준어 : 비리척지근하다
- 품　사 : 형용사
- 뜻풀이 : 냄새나 맛이 조금 비리다.
- 다른 방언형 : 비리하다, 비릿하다
- 사용 지역 : 경상도

> 마늘 냄새, 파냄새를 **배리착지근하게** 풍기고 다니는 타박네의 조막만한 몸뚱어리가 때 아닌 꽃향기에 취해 하늘하늘 풀어지려고 한다. 〈이현수, 신기생뎐, 2004, 16〉

'배리착지근하다'는 '배리다(腥)'에 '-적지근하다'가 결합한 어형이다. '-적지근하다'는 대체로 형용사에 붙어 그러한 상태가 좀 더 강하거나 심한 경우를 나타낸다. 이 어형이 붙은 어휘로는 어깨, 가슴 등 조금 뻐근한 느낌이 있다는 의미의 '뻑적지근하다', 단맛이 좀 강할 때 사용하는 표현인 '달짝지근하다', 단맛이 아주 강할 때 사용하는 '들척지근하다' 등이 있다.

'배리착지근하다'는 '배리적지근하다'에서 좀더 강하게 표현한 것으로 '-적지근하다'가 '-착지근하다'로 교체된 것이다.

또한 경상도 지역에서 '배리다'는 것은 아직 덜 익은 곡식 등을 미리 먹을 때 연하거나 부드러운 맛을 표현하는 말이기도 하다. 중앙어에서 배틀어질 정도로 야위고 연약한 모양을 '배리배리'라고 하는 것과 통하는 의미이다. 예를 들어 보리가 완전히 익기 전에 보리를 찧어 먹으면 그 맛이 '배리하다'라고 한다.

배슬리다

- 표준어 : 배다
- 품　사 : 동사
- 뜻풀이 : 배 속에 아이나 새끼를 가지다.
- 다른 방언형 : 배술리다
- 사용 지역 : 경상도

장안사 사장의 부인은 아이를 **배슬려**(배스려) 보지도 못한 사람이라 양녀를 삼을 만한 아이를 구하고 있던 중이었다. 〈서정범, 숨어사는 외톨박이1, 늙은 기생 초향이, 1978〉

염치도 좋지. 열 달 **배슬**은 사람이 따로 있는데 죽은 뒤 물 얻어 먹을 생각부터 하니, 눈이 불쌍해서 데리고 살았다는 말을 영 못 알아듣는구먼. 〈박경리, 토지, 7, 307〉

"열 달 **배슬려** 낳은 제 자식이라고 다 그럴까. 우리 홍이 장개갈 때까지, 늘 그래 쌌더마는 며느리 손에 밥 한 끼못 얻어묵고, 공 안 든임네는 며느리 시중받아감서 죽었는데." 〈박경리, 토지, 10, 259〉

'배슬다'라는 어휘는 '아이를 배다'라는 의미의 경상도 방언인데, {배(다)} + {슬다} 혹은 {배(에)} + {슬다}의 구성이다. '슬다'는 '벌레나 물고기 따위가 알을 깔기어 놓다.'라는 의미인데, 합성어 형태로 쓰여 사용되고 있다. '배다'라는 단어는 15세기부터 18세기까지 한결같이 '비다'로 나타나며, 19, 20세기에 '비다, 배다'를 보이다가 '배다'로 정착한다. 19세기 이후의 '비다'는 '비다〉배다'의 과정을 거쳐 현대에 이른 단어로, 18세기 중엽에 어두 음절에서 일어난 '·〉ㅏ'의 변화에 따라 이중모음이었던 '·ㅣ'가 'ㅐ'로 바뀌고, 그 후 'ㅐ'가 현재와 같이 단순모음으로 바뀐 것이다.

또한 경상도에서는 '사이가 촘촘하다'라는 의미의 형용사인 '배다'의 방언형인 '배슬어다'가 쓰이고 있다.

배암

- 표준어 : 뱀
- 품 사 : 명사
- 뜻풀이 : 파충강 뱀과의 동물을 통틀어 이르는 말.
- 다른 방언형 : 배미
- 사용 지역 : 경상도

아 서리마즌배암과가튼 이목숨이나마 쓴허지기전에 / 입김을부러너차 펏물을듸러보자. // 〈이기철 편, 이상화전집, 오늘의 노래, 1982, 162〉

그녀의 / 인간적인 몸부림. / 죽음의 밤의 불빛 새는 방문 밑으로 / 기어간 **배암**. / 절단된 세계의 / 꿈틀거리는 전화 코오드는 늘어지고, / 절벽에서 추락하는 / 한 여인의 / 散髮과 절규는 굳어진 채 / 〈박목월, 나그네, 砂樂質, 1995, 100〉

이리와 **배암**떼는 흙과 바위 틈에 굴을 파고 숨는다. / 이리로 오너라. 비가 오면 비 맞고, 바람 불면 바람을 마시고, 천둥이며 번갯불 사납게 흐린 날엔, 밀빛 젖가슴 호탕스리 두드려보자. // 〈김춘수, 꽃을 위한 서시, 숲에서, 1997, 19〉

처치할 수 없이 무상한 / 계절의 허무 / 그 독한 樹陰에 안기어 / **배암** 한 마리 熱을 앓는다 // …… / 네 살을 네가 뜯어 피 흘리며 / 늘어져라 **배암**! / 눈 감고 장그럽게 늘어져라 / **배암**! // 〈김춘수, 꽃을 위한 서시, 蛇, 1997, 28〉

풀밭에 **배암**이 눈뜨는 소리 / 논두렁에 민둘레가 숨쉬는 소리 // 〈김춘수, 꽃을 위한 서시, 봄B, 1997, 46〉

"야아, 좋소. 내가 나가믄 될 거 아니요. 천장에 **배미** 든 것맨치로 이녁들 싫음 내가 나가믄 될 거 아니요. 홍이는 내가 낳은 자식이니 데리고 나가겠

소. 길가서 얼어죽든지 굶어죽든지 이녁들 참견할 것도 없고요." 〈박경리, 토지, 4, 19〉

배미다! 배미! 저 기집은 숭악한 독사배미다! 〈박경리, 토지, 4, 26〉

"꼭꼭 숨었일 기요. 서울의 그 독사배미 겉은 할망구가 알았다만 보제? 돈 가르자고 한사 결단이 날 긴께," 〈박경리, 토지, 7, 268〉

"하모 안되고 말고. 노상 웃묵에 배미 들앉은 것 겉더니 깨소씀 맨치로 세상에 이리 꼬소한 일이 또 어디 있겠소. 안도호 십 년 묵은 체증이 다 내리갔일 기다." 〈박경리, 토지, 15, 378〉

'배암, 배미'는 '뱀'의 경상도 방언이다. '뱀'의 중세국어 어형은 '비얌, ᄇᆞ얌'이다. 이렇게 볼 때 '배암'는 '뱀'보다 고형임을 알 수 있다. 그리고 '배미'는 '배미'는 {뱀} + {-이(주격조사)}가 결합된 형태가 일반명사형으로 굳어진 형태이다. 참고로 표준어 '배미'는 '논배미'나 '구획진 논을 세는 단위'로 쓰이는 말이다.

배차

- 표준어 : 배추
- 품 사 : 명사
- 뜻풀이 : 잎이 여러 겹으로 포개져 자라는데 가장자리가 물결 모양으로 속은 누런 흰색이고 겉은 녹색이다.
- 다른 방언형 : 배치, 배초, 뱁추, 밧추, 비치
- 사용 지역 : 경상도

배차속 처럼 피스기없는 얼굴에도 / 푸른빛이 비최여 생기를띠고 / 더구나 가슴에는 깨끗한 가을입김을 안은채 / 능금을 바수노라 해를 지우나니. / 〈이기철 편, 이상화전집, 나는 해를 먹다, 1982, 207〉

무꾸적(무우전)은 얇게 쌀인(썬)거 익혀서 밀가루로 부치지. **배차**도 익혀서 무쳐 드리고. 조기나 방어나 있으믄 한 동가리(도막) 놓고 명태 보푸림은 믈 있으이 놓고 김 놓고. 〈성춘식, 이부자리 피이 놓고, 1992, 76〉

팟닢(파잎)을 쫑쫑 쌀이 가지고 콩가루 보얗게 묻혀서 국을 끓인 걸 먹어 모이께 맛이 좀 있고 거그다 밥을 비비이 가지고 먹고, 시골에 짠지라고 김치 있는데 무꾸 뚝뚝 쌀이고 **배차** 시퍼런 데 짤라 가지고 푹 삭았는 거 그거 먹으이 좀 겐찮고. 〈성춘식, 이부자리 피이 놓고, 1992, 30〉

‘배추’의 경상도 방언은 다양한 형태로 나타난다. ‘배차, 배치, 배초, 뱁추, 밧추, 비치’ 등으로 쓰이고 있다. 국어사 자료에서 ‘배추’가 소급하는 최초의 형태는 16세기의 ‘비치, 비츠’이다.

‘배추’와 관련된 어형 중 국어사 자료에서 가장 먼저 나타나는 ‘비치’는 중국어의 ‘白菜’가 한자와 무관하게 소리만 차용되었다는 것이 일반적으로 받아들여지는 견해이다. 경상도 방언의 '배차, 배초'는 중세국어 어형을 그대로 계승한 것이라고 할 수 있다.

백지

- 표준어 : ① 공연히
          ② 괜히
- 품   사 : 부사
- 뜻풀이 : ① 아무 턱도 없이.
          ② 아무런 까닭이나 이유없이, 또는 실속없이.
- 다른 방언형 : 백제, 무다이
- 사용 지역 : 경상도

백지 모르는 남남끼리 내외라고 정해 놓고 시집을 살러 왔다는 것이 무슨 뜻인지 모를 일이다. 〈이기영, 봄〉

그거는 그때 가서 보면 알 끼라. 이형같이 순진한 사람에게 **백지**로 미리 말해노믄 하마 표정이 변해 될 일도 안된다꼬요. 〈이문열, 변경, 1996, 6, 234〉

내가 낮술에 취하는가베 **백지**로 한창 기고만장해 돌아오는 니보고 아이다. 내 말은 그저 지내 듣거라. 너어 개간지는 우리하고 다르다. 〈이문열, 변경, 1996, 4, 69〉

인제 보소. 야들 서울 가믄 얼매 안 돼 큰 성공 할 께구만. 이 모양이라이? 이 모양이 어때서? **백지**로 길떠나는 아아들 기운 빼지 말고 고마 숟가락이나 드소. 〈이문열, 변경, 1996, 6, 291〉

그라고 이 집 이거 절마가 있으라 마라 칼 권리도 없는 집이라. 나라 보조로 세운 4H 회관이니께는. **백지**로 고생하지 말고 고마 여다서 하룻밤 새우고 가소. 〈이문열, 변경, 1998, 9, 63〉

그리 하라모 부모가 시킨 것도 아니겄고 **백지** 성님이 그래싸어서 그렇지.

기성아배는 진주서 유지고 출세했다 안 캄니까? 〈박경리, 토지, 16, 341〉

백지로 이쪽 저쪽 똑같은 사람한테 홀래 댕기다가 징역가고 맞아죽는거는 우리 뿐이지 싶더라. 그래 치앗뿌랬제 〈이문열, 변경, 1996, 4, 146〉

그래야 열 마리고 스무마리고 곁에 있던 한배내기 꿍병아리들이 안들키거든 고마 가자. 백지로 헛일 하지 말고 오뉴월해가 길다지마는 일부러 산에서 삐칠 텍은 없는 게라 〈이문열, 변경, 1996, 4, 136〉

보이 이역도 집 퀀 같지는 안쿠마연. 배찌로 얌(남) 보고 가야 마야(가라 마라) 카지 마소. 〈이문열, 아가, 2000, 257〉

순서가 뒤바뀌도 한참 뒤바꿨다만, 오늘은 집에 다니러 가는 기 아니고 신행을 가는 텍이다. 신랑도 없이 혼자 가는 신행이라고 백지 울적해하들 말고. 〈이현수, 신기생뎐, 2004, 75〉

"영준 아버지 일만은 통 모르겠소." "백줘 날 찔러보는 건 아이제." 〈이현수, 신기생뎐, 2004, 75〉

우리 시는 하매갔다 / 나는 눈물이 날라 한다. 백지 넉 짐 졌다 / 우리 시는 한 짐 졌는데 / 나는 내일 아침부터 한 짐 져야지 // 〈이오덕, 허수아비도 깍꿀로 덕새를 넘고, 160〉

내가 백지로 니를 여다 뿌들어논 게 아인가 몰라. 장터 국밥 집에라도 밥을 부치게 했으믄 멀건 소뼈다구 국물이라도 자주 얻어먹을낀데. 참말로 니 이래 먹고 공부 해낼라? 여사 힘든 공부가 아이라 카든데. 〈이문열, 변경, 1998, 12, 35〉

가더라도 어예튼동 조심하거래이. 백지로 앞서 나대지 말고… 니 처지가 처지 아이가? 〈이문열, 변경, 1998, 12, 114〉

  ‘백지’는 한자어 ‘白地’로 ‘농사가 안되어 거두어들일 것이 없는 땅 또
는 정해진 근거가 없는 상태’를 말한다. 그런데 경상도 방언에서는 ‘백
지, 니 말만 믿고 했다 낭패본거 아이라(공연히 너 말만 믿고 했다가
손해를 본 것 아니니)’, ‘이꼬 맛있는 거 먹으러 가는 줄 알았으만 점심
을 안 멌을건데. 백지 먹었네(이렇게 맛있는 것을 먹으러 가는 줄 알
았으면 점심을 안 먹었을텐데. 괜히 먹었네)’에서 보듯이 ‘괜히’ 또는
‘공연히’를 뜻한다. ‘백지’와 비슷한 의미로 ‘무다이’가 있는데, 그 의미
는 비슷하다.

버부리

- 표준어 : 벙어리
- 품 사 : 명사
- 뜻풀이 : 언어 장애로 말을 못하는 사람.
- 다른 방언형 : 버버리, 버뽀, 벌보
- 사용 지역 : 경상도

그 어른도 독자를, 삼대 독자를 그렇기 일찍 잃어 뿌시고 고만 화가 나게서 돌아기실 무렵엔 말씀을 못하셔, 조금 화가 나시믄 못하셔, 고만 반**버버리** 긑앴어. 〈성춘식, 이부자리 피이 놓고, 1992, 25〉

"사램이 **버부리**가 아닌 바에야 말 안 하고 우찌 살 기요. 시답지도 않는 말 가지고 꼬타리를 잡을라 카믄 한이 있겄소?" 〈박경리, 토지, 1, 51〉

보리를 퍼서 섬 속에 넣으며 "이년아, 그라믄 금쪽 같은 내 거 잃고 꿀 묵은 **버부리** 놀음하까!" 〈박경리, 토지, 1, 179〉

자석은 인력으로 못한다고 하지마는 그렇다고 나도 꿀 묵은 **버부리** 노릇만 할 수 있겄소. 성님이 한 분 조세질을 해주소. 성님 면을 봐서 지금까지 나도 참을 만큼 참았으니께요. 〈박경리, 토지, 1, 138〉

아즉 그거는 모르겄고…… 꿀 묵은 **버부리**맨치로 답답해 살겄나. 〈박경리, 토지, 2, 21〉

아이들의 함성에는 높고 낮음이 없었다. 여름 논물 속에서 합창하는 개구리의 울음 같았다. 강포수는 묵묵히 걸어간다. "**버부리** 강포수!" 〈박경리, 토지, 2, 162〉

아니 이눔으 자식이 불각처 **버부리**가 됐나? 〈박경리, 토지, 2, 250〉

참말이제 양반은 가리는 것도 많아서, 두 고부가 꿀묵은 **버부리**겉이 말 못하고 애간장이 탔던 모양이라. 〈박경리, 토지, 2, 252〉

마음을 말로는 다 못하지. 골백분을 말해보아야 그럴수록 마음과는 딴판이제. 죽으믄 육신이야 썩어서 흙이 될 기지마는. 맘은 남아서 허공을 떠다니까? 그런다 카더라도 썩는 송장하고 멋이 다를꼬. 살아서도 **버부리** 혼이 떠다닌다고 일을 열까? 〈박경리, 토지, 4, 310〉

살도 못했지요. 동구 밖으로 쫓아내믄 그만이었인게. 사람짓 못 하믄 맞아 죽어도 말을 못하지 않았소? 세상이 이렇기 되어가다가는, 참말이지 이렇기 되어가다가는 조상 산솔 파헤치도 꿀묵은 **버부리**놀음 안 하겠소? 〈박경리, 토지, 5, 235〉

누가 되고 저버서 봉사가 되었겄고, 누가 되고 저버서 **버부리**가 되었겄소. 보고 듣고, 복 많은 년놈들, 앞 못본다고 속이 묵고 뺏아묵고, 말 못한다고 속이묵고 뺏아묵고 세상이 그런 거라요. 〈박경리, 토지, 11, 369〉

이 사람들아! 말 좀 해도고! 와 말이 없노! 꿀묵은 **버부리**가? 아이고오 알 겄다, 운냐 너거들 심보를 알겄다. 인심이 이래가지고 우찌 살겄노. 나중에 우떤 연놈이든 내 집에 와서 아습은 소리만 했다 봐라 쇳바닥을 뽑아부릴기다! 아이구야아 숭악한 인심이네! 〈박경리, 토지, 13, 365〉

벙어리입설로 / 쩌도는 침묵은 / 추억의 녹긴 窓을 / 죽일숨쉬며 엿보아라.
〈이기철 편, 이상화전집, 單調, 1982, 106〉

‘벙어리’의 경상도 방언형은 ‘버버리, 버부리, 버뽀, 벌보’이다. 이와 함께 ‘반버부리’라는 말도 쓰이고 있는데, 이는 ‘말더듬이’의 방언형이다.

  ‘벙어리’의 15세기 형태는 ‘버워리’이다. ‘버워리’는 ‘말을 하지 못하다’라는 뜻을 가진 동사 ‘버우다’에 접미사 ‘-어리’가 결합되어 만들어진 파생명사이다. ‘벙어리’를 ‘벙을-+-이’로 분석하는 견해도 있다. ‘버을다, 벙을다, 벙으다’는 ‘막다, 막히다’의 의미를 지닌 단어였는데, {벙으-}+{-ㄹ(관형사형 어미)}+{-이(명사 파생 접미사)}로 분석하여 ‘막힌 사람(塞者)’이라는 의미에서 ‘말을 못하는 사람(啞者)’으로 의미 전이가 일어난 것으로 해석하는 것이다.

버지기

- 표준어 : 버치
- 품　사 : 명사
- 뜻풀이 : 자배기보다 조금 깊고 아가리가 벌어진 큰 그릇.
- 다른 방언형 : 버지, 버재기
- 사용 지역 : 경상도

‘조금 큰 아가리가 벌어진 그릇’을 ‘버치’라고 하는데, 이 ‘버치’의 경상도 방언형이 ‘버치, 버지기, 버재기’이다. 경상도에서는 ‘엄버지기’라는 말도 쓰이는데, 이는 ‘아주 가득, 많이’라는 뜻을 가지고 있다. 경상남도에서는 ‘자배기’를 ‘버지기’라고도 한다.

벌게

- 표준어 : 벌레
- 품　사 : 명사
- 뜻풀이 : 곤충을 비롯하여 기생충과 같은 동물을 통틀어 이르는 말.
- 다른 방언형 : 벌기, 벌리, 버리, 벌거니, 벌거이, 벌거지, 버러지, 벌갱이
- 사용 지역 : 경상도

> 　서울 사람들 그양 뚜께이만 덮어 놓으만 **벌게** 들어가는지 모리지. **벌기** 드 가지 뭐. 그래 한달이나 두달이나 되만 간장을 딸이잖애요. 〈성춘식, 이부자리 피 이 놓고, 1992, 74〉

　‘벌레’에 대응되는 경상도 방언형에는 ‘벌게, 벌기, 벌리, 버리, 벌거 니, 벌거이, 벌거지, 버러지, 벌갱이’ 등이 있다. ‘벌레’의 중세국어 어 형이 ‘벌에’인데, 경상도 방언의 ‘벌게’는 중세국어보다 고형이다.

벌샘

- 표준어 : 샘
- 품 사 : 명사
- 뜻풀이 : 자연적으로 생긴 샘.
- 다른 방언형 : 새:미, 새매, 시미, 만물, 매롱새미, 손내기, 참새미
- 사용 지역 : 경상도

울밖에는 옹당 **벌샘**. 〈박목월, 부룩쇠〉

'벌샘'은 '샘'의 일종으로, 자연적으로 생긴 것을 말한다. '벌-'은 '제 멋대로', '자연 그대로'라는 의미를 지닌 접두사이다. 경상도 방언에 '아무렇게나'의 의미인 '벌로(벌로 한 말이다.)'의 '벌' 역시 '멋대로', '꾸미지 않은 그대로'의 의미를 가지고 있다. '새미'는 '샘'에 접사 '-이'가 붙은 것이다.

벗죽하다

- 표준어 : 쭈뼛하다
- 품　사 : 형용사
- 뜻풀이 : 어울리지 않고 어색하다.
- 다른 방언형 : 벌쭘하다, 뻘쭘하다
- 사용 지역 : 경상도

버드나무가 늙어서 / 지팡이를 짚고 / **벗죽하이** / 운동장에 서서 있다. 〈이오덕, 허수아비도 깍꿀로, 97〉

어머니는 밖에서 당한 일을 그렇게 늘어놓다가 아직도 방문을 열고 내다보는 명훈에게 화를 냈다. "자가 얼릉 옷 입고 나오라 카이, 뭐 하노? 에미가 이 꼴을 당했는데 그래 **뻘쭈미** 내다보고 구경만 할라 카나?" 〈이문열, 변경, 1998, 11, 209〉

뭐 하는교? 자든지 안 하고, 거 **뻘쭈미** 서서. 〈이문열, 변경, 1998, 9, 62〉

'벗죽하다'는 '쭈뼛하다'의 경상도 방언이다. '벗죽하다'의 어원을 살필 수 있는 자료가 문증되지는 않지만 어형변화를 짐작할 수는 있다. '벗죽하다'의 어원은 중세국어 '버을다'에서 찾을 수 있다. '버을다'는 벌다, 버그러지다, 벌어지다는 뜻과 떠나다, 헤어지다의 의미가 있다. 이 '버을다'에 접사 '-음'이 결합한 것으로 서로 사이가 뜸을 의미하는 '버으름'이 있다. 이 '버으름'에 '-하다'가 결합하여 '버으름하다'가 되고 다시 모음이 축약되어 '버름하다', '벌음하다'로 변화한 것이다. '버름하다'는 마음이 서로 맞지 않아 서먹한 것을 말한다.

경북방언에서는 '버름하다'의 기본 의미에서 좀더 확대되어 어울리지 못하고 어색한 상황이나 태도를 '뻘쭘하다'라고 한다. '벌쭘하다'와 '벗죽하다'는 '벌음하다'에 '길죽하다', '걸죽하다' 등과 같이 형용사 어간에 붙어 정도나 상태가 어지간함을 나타내는 '-죽-'이 삽입된 것이다.

벙구레죽

- 표준어 : 대응 표준어 없음
- 품 사 : 명사
- 뜻풀이 : 밀가루를 반죽하여 맑은장국이나 미역국 따위에 넣어 익힌 음식.
- 다른 방언형 : 더부렁죽, 벙어대기, 밀짱국, 밀째비, 밀제비국, 밀제비, 밀장꾹, 밀국수, 밀수지비, 밀까리장국, 수제이, 밀수지비, 수지기, 장꾹, 제비, 제비꾹
- 사용 지역 : 경상도

"봐라 남정네는 이룧기 숩게 일을 하잖나?" 정원은 손재개 달랭이를 썰어 넣고 밀가루 **벙구레죽**을 끓여 서억이한테 차려 줬다. 〈권정생, 한티재 하늘, 1998, 1, 217〉

'벙구레죽'은 표준어 '수제비'와 비슷하지만 차이가 있다. '수제비'는 밀가루를 반죽하여 조금씩 떼어 넣는데 비해 '벙구레죽'은 밀가루를 물과 뒤섞어 반죽 없이 그대로 끓는 물에 뿌리듯 집어넣는 것으로 넣는 즉시 작은 덩어리가 되어 물위로 벙글벙글 올라온다. 달리 '벙어래기'라고도 하고, '벙드레죽, 벙구레죽, 더부렁죽'이라고도 하는데, 수제비가 만들어지는 모양으로 인해 불려진 이름이다.

베라묵다

- 표준어 : 빌어먹다
- 품   사 : 동사
- 뜻풀이 : 남에게 구걸하여 거저 얻어먹다.
- 다른 방언형 : 베라먹다
- 사용 지역 : 경상도

에이, **베라묵을** 놈. 죽을 때 죽더라도 채련이 무덤자리는 갈쳐주고 죽어야 될 꺼 아이라. 합장도 못 하고 벨 도리없이 채련이가 남기고 간 고무신 한 켤레, 흰 속치마에 돌돌 말아 그놈 관 속에 넣어줬다. 〈이현수, 신기생뎐, 2005, 50〉

"김천댁 니는 그것도 인간이라고 편을 들고 싶나! 고 **베라묵을** 자슥이 하는 행티를 눈으로 낱낱이 보고서도 김사장 편을 들고 나오나." 〈이현수, 신기생뎐, 2005, 149〉

'빌어먹다'는 {빌-} + {-어} + {먹다}의 합성어로 '남에게 구걸해서 얻어 먹는다'라는 의미이다. '빌어먹다'의 경상도 방언은 '베라묵다'이다. 단독형으로 쓰일 때는 '빌어'이다. {베라-}는 이유는 알 수 없지만 {빌어-}의 / ㅣ / 모음이 / ㅔ / 로 실현되고 따라서 어미도 {-아}형이 결합된다. 경상도 방언에서는 / ㅔ / 모음이 / ㅣ / 모음으로 실현되는 현상이 강하게 나타나는데(게>기, 며느리>메느리, 미느리, 세금>시금), '베라묵다'는 역방향 변화를 보이는 형태이다. '베라묵다'는 말 그대로 '구걸해 먹는다'의 의미로 사용되는데, '베라묵을 놈, 베라묵을 자식'에서처럼 다른 말을 수식하는 관형어로 사용될 때에는 상대방에 대한 불만, 언짢음을 욕설로 표현한 뜻을 나타낸다.

베락

- 표준어 : 벼락
- 품　사 : 명사
- 뜻풀이 : ① 공중의 전기와 땅 위의 물체에 흐르는 전기와의 사이에 방전 작용으로 일어나는 자연현상.
  ② 몹시 심하게 하는 꾸지람이나 나무람을 비유적으로 이르는 말.
  ③ 예기치 않게 물 따위를 뒤집어 씀을 비유적으로 이르는 말.
- 다른 방언형 : 배락, 비락, 빌락, 벨락, 뱰락, 벵녁, 뱅녁
- 사용 지역 : 경상도, 전라도, 충청도, 강원도

막딸네는 깔깔대며 웃었다. "그런 소리 하지 마라, 남으 집에 씨종자로 온 사램인데 그 어른이 들으믄 난리 **베락**이 날 기다." 〈박경리, 토지, 1994, 3, 125〉

마른하늘에 **베락** 치겠소! 세상에 이런 애맨 소릴 듣고 우찌 살겠소? 내가 쇠전 한푼이라도 손을 댔다믄 앉고 일어서지 못할 기요! 〈박경리, 토지, 1994, 4, 18〉

시어머니도 얼굴을 펴며, "그래 말이다. 그 성질에 또 불**베락**이 떨어질 줄 알았는데, 뜻밖에 목소리가 낮아지기 그런가 했지." 〈김정한, 수라도, 1969, 29〉

바람이 거세게 몰아친다. 사진(沙塵)이 뱅뱅이를 돌며 젓꾼들의 머리 위를 덥는다. "이거 모래 **베락**이다! 물 **베락**은 맞아도 모래 **베락**은 처음인데?" 〈박경리, 김약국의 딸들, 1993, 131〉

'베락'은 '벼락'의 경상도 방언으로 '벼락'에 경상도 방언의 특징적인 음운 현상인 / ㅕ / 〉 / ㅔ / 가 적용된 것이다. '베락'에 다시 / ㅔ / 〉 / ㅣ / 변화가 적용된 것이 '비락'이다. '베락'은 그 분포가 광범위하여 남한

전역 및 북한 전역에서도 나타난다. 경상도 방언에서 이러한 현상은 '며느리〉메느리', '뼈〉뻬', '결혼〉겔혼', '경상도〉겡상도'처럼 매우 활발하게 일어나는데, 경상북도보다 특히 경상남도에서 더욱 그렇다. 경상도 방언에서 '베락'은 '벼락'의 의미로 쓰이기도 하지만, 또한 '벼랑', '벽'의 의미로도 쓰이는 동음이의어이다. 예컨대 '베락에 떨어지다'에서 '베락'은 '벼랑'을, '담베락'의 '베락'은 '벽'을 뜻한다.

보골

- 표준어 : 화
- 품　사 : 명사
- 뜻풀이 : 노염을 타거나 뜻대로 되지 않아 성이 나고 가슴이 답답하여지는 감정.
- 다른 방언형 : 부해, 분, 화
- 사용 지역 : 경상도

철은 자신도 모르게 빽 고함을 치며 애매한 칡장수를 흘겨 보았다. 철의 눈길에서 무얼 보았는지 멈칫해하던 칡장수가 이내 너털웃음과 함께 달랬다. 고노마 소가지하고는 참한 가시나 친구가 사주는 갑는데 뭐시 그리 **보골**이 나노? 〈이문열, 변경, 1996, 3, 38〉

'보골'은 화에 해당하는 경상도 방언인데, 주로 경남지역에서 많이 쓰인다. 〈표준국어대사전〉에 보면 허파의 경남방언이라고 되어 있다. 실제 '폐(肺)', '허파'의 의미를 갖는 15세가 단어 '부하'가 이후 '부화', '부아'로 변하면서 '부아'는 '폐(肺)'에서 '마땅치 않은 일로 일어나는 노엽거나 분한 마음'의 뜻으로 의미가 전이되어 '부아가 나다', '부아가 동하다', '부아를 돋우다' 등의 관용구로 쓰이게 되었다. 그리고 '폐(肺)'를 의미하는 '부아'의 자리는 '허파'가 대신하게 된다.

경상도 방언의 '보골' 역시 '폐'의 의미와 함께 '화나다'의 의미로 쓰인다. '보골'의 '골'은 현대어에서 '비위에 거슬리거나 마음이 언짢아서 성이 나다.'라는 의미의 '골나다'와 같은 것이다.

보리누름

- 표준어 : 대응 표준어 없음
- 품   사 : 명사
- 뜻풀이 : 풋보리 쌀을 눌러 찧은 것, 혹은 그것으로 쑨 죽.
- 사용 지역 : 경상도

도르고 싶은 슬픔처럼 / 누엿누엿 익어가는 **보리누름**고개 / 어쩌자고 하늘은 저렇게 희멀건고 / 나의 간장속 깊은 어디메 숨어 앉아 / 뻐국이는 뻐국이는 저리도 울어대고 〈유치환, 청마시초, 보리누름, 1939〉

표준어에서 '보리누름'은 '보리가 누렇게 익는 철'을 뜻한다. '보리누름에 선늙은이 얼어 죽는다.'는 "보리가 누렇게 익을 무렵에는 따뜻해야 할 것이나 바람이 불고 춥기까지 하므로 더워야 할 계절에 도리어 춥게 느껴지는 때가 있음"을 비유적으로 이르는 말이다.

이와는 다르게 경상도 방언에서는 이른 봄 춘궁기에 덜 익은 보리를 찧어 죽이나 보리밥을 지어 먹었는데, 이 기간에 '풋보리 쌀을 눌러 찧은 것'을 '보리누름'이라고도 하고 이것으로 쑨 죽을 의미하기도 한다.

보징기다

- 표준어 : ① 보살피다
    ② 간직하다
- 품　사 : 동사
- 뜻풀이 : ① 정성을 다하여 보호하며 돕다
    ② 잘 간수하여 두다.
- 다른 방언형 : 징기다
- 사용 지역 : 경상도

요새 무신 직장이 뭉칫돈으로 대학 등록금까지 대주미 사람쓰는 그런 데가 있겠노? 나이가 들었다캐도 아는 아라. 뭐가 잘못돼도 크게 잘못되기 전에 가서 끼고 보징겨야 될따. 몸이나 성하게 **보징기고** 그때까지만 기다리거라. 〈이문열, 변경, 1996, 2, 273〉

인철이는 어예튼 학교만 마쳐라. 그래고 옥경이는 내 이따가 따로 말하겠지마는 니 한 몸 잘 **보징겨라**. 힘이 남으믄 공부도 좋지만 택도 없는 욕심부려 낭패보는 일 없도록 해라. 〈이문열, 변경, 10, 181〉

'보징기다'는 '보살피다' 또는 '간직하다'라는 의미의 경상도 방언이다. 경상도 방언에 '간직하다'는 의미의 방언형으로 '징기다'가 있다. 이들 방언형을 통해 알 수 있듯이 '보징기다'는 '잘 보살펴 간직하다'라는 의미로 {보-}＋{징기-}의 결합으로 이루어졌다.

부루

- 표준어 : 상추
- 품　사 : 명사
- 뜻풀이 : 국화과의 한해살이풀 또는 두해살이풀, 잎은 쌈을 싸서 먹는다.
- 다른 방언형 : 부리
- 사용 지역 : 경상도

나흗날 저녁에는 **부루**밭 밑에다가 그릇을 갖다 놓고 이슬을 받아. 그 물 갖다가 분 찍어 바르믄 낯이 고와지고 한다고 서로 모두 "니가 잘했네 내가 잘했네" 야단이지 뭐요. 두럭실 동네에 일가가 있었는데 궁구이 얻으러 가믄 밥도 해서 주고 단오라고 쑥떡 해서 주지. 열 살, 열 한 살, 열 두 살 때 그래 다니며 놀았어. 〈성춘식, 이부자리 피이 놓고, 1992, 91〉

점심 먹고 아래 옹골에 가서 / 나물을 씻었다. / 배추하고 **부리**하고 고춧잎 하고 / 머리에 이고 왔다. 저녁에는 어머니하고 아버지하고 / 내하고 동생하 고 / 맛있게 먹는다. // 〈이오덕, 일하는 아이들, 1978, 32〉

〈표준국어대사전〉에 등재된 '부루'는 '한꺼번에 없애지 아니하고 오래가도록 늘여서'라는 의미이다. 하지만 경상도 방언에서의 '부루'는 '상추'의 방언형이며, 고어(萵 부루 와, 苣 부루 거〈훈몽자회, 1527, 上:8〉)의 형태가 그대로 사용되고 있다.

부석

- 표준어 : 부엌, 아궁이
- 품　사 : 명사
- 뜻풀이 : ① 일정한 시설을 갖추어 놓고 음식을 만들고 설거지를 하는 등 식사에
　　　　　 관련된 일을 하는 곳.
　　　　　 ② 방이나 솥 따위에 불을 때기 위하여 만든 구멍.
- 다른 방언형 : 부적, 부직, 정지
- 사용 지역 : 경상도

연이 니는 색히 뒷**부석**에 가서 사자밥부터 안치라. 한두 분 당하는 일도 아니겄고 전후 할일이사 뻔한 것 아니가. 길상이는 머 하고 있노? 운다고 죽은 사램이 살아오나. 〈박경리, 토지, 2002, 3, 232〉

크다란 **부석**에다 청솔을 처넣고 불을 붙이니 불은 붙질 아니하고 연기만 가득 차더라. 〈박경리, 김약국의 딸들, 1993, 271〉

"그라믄 좋다. **부석**에다가 싸질러버리지." 〈박경리, 토지, 6, 78〉

"이상타? 울 옴마는 사내자식이 **부석**에 들어오믄 못�씬다 카더마는, 정호는 나보다 공부도 발하고 양반이라 카는데 와 부석에 들어갈꼬?" 〈박경리, 토지, 4, 281〉

"돈 주었는데 무신 잔소리고. 한밤중에 와바야 **부석**에는 못 들어갈 기고 그라믄 손바닥에 부어 마실 건가. 망할 놈의 새끼, 술만 처묵었다 봐라." 〈박경리, 토지, 7, 67〉

"그 심정 왜 내가 모리겄노. 알지. 나도 겪은 일인께. 주막에서 자고 일어나니까 온대간데없이, 아부지가 몽치만 데리고 떠나부리고 천지가 아득하더라.

얼매나 울엇는지, 강가에 걸레 빨로 가서도 울고 **부석** 앞에서 불을 때면서 울고, 돌아가신 할무이가 안계싯다믄 나는 살지도 못했을 기다." 〈박경리, 토지, 13, 195〉

불어도 불어도 **부석**에서 / 매캐한 연기만 난다. / 〈홍희표, 저녁연기, 보리피리저녁피리, 18〉

시집이 여칸 집인데, 여칸집은 주장 정지가 이래 있으마는 마당 지내서 저짝에 마구 겉은 거 있거든요. 그래 시집에 와 가지고 삼일 만에, **정지**에 앉아 가 불을 옇다가 이래 내다보이께네, 우리 어른이 소를 몰고 왔어요. 〈김점호, 베도 숱한 베 짜고, 1992, 26〉

'부석'은 '부엌'의 경상도 방언이다. 일반적으로 '부석'은 '부엌'을 뜻하는데, 좁은 의미로 부엌에 있는 아궁이만을 가리키기도 한다. 위 예문의 '부석에다 청솔을 처넣고'에서의 '부석'이 바로 아궁이의 의미로 쓰인 경우이다. '부엌'의 중세국어 어형은 '브석'이다(짜흘 파 브석ㄱ티 ᄒᆞ야(땅을 파 부엌같이 하여)〈구급간이방언해, 1489, 1:74〉). 중세국어 반치음(/△/)은 경상도 방언에서 /ㅅ/으로 변화하는데(마술〉마실, 가술〉가실 등), 이 변화에 의해 '브석'이 된 후 이어서 양순음/ㅂ, ㅍ, ㅃ/ 아래의 /ㅡ/가 /ㅜ/로 바뀌는 원순모음화의 적용을 받아 '부석'이 되었다(브석〉브석〉부석). 이에 반해 표준어는 '브석'에서 /△/〉ø의 변화를 겪어 '브억'이 된 후, 여기에 원순모음화가 적용되어 '부억'이 되었다.

또 다른 방언형인 '부적', '부직'은 /△/〉/ㅈ/ 변화의 적용을 받은 형이다. '끄직다(〈ᄢᅳᄉᆞ다)', '뿌직다(〈ᄲᅳᅀᆞ다)에서 보듯이 중세국어 /△/ 가운데 일부는 경상도 방언에서 /ㅈ/으로 대등되는데, '부적'은 이러한 /△/〉/ㅈ/ 변화 및 원순모음화를 겪은 것이다(브석〉브적〉부적).

369

불개다

- 표준어 : 부러뜨리다
- 품　사 : 동사
- 뜻풀이 : 꺾어서 부러지게 하다
- 다른 방언형 : 뽈개다, 뿐지르다, 뿌르주타, 뿌지리다, 뿌지다, 뿌직다, 뿐쿠다, 뿐카다, 뽈라다, 뿔루다
- 사용 지역 : 경상도

아궁이 속에 소복하게 소깝불이 이글거리면 뚝배기에 된장을 얹는다 〈권정생, 한티재 하늘, 1998, 1, 189〉

분옥이가 여태 때다 남은 소깝가지를 정지 부뚜막에 쌓아 올렸다. 불쏘시개불을 거기다 옮겨 붙이자 이내 불은 훨훨 타 올랐다. 〈권정생, 한티재 하늘, 1998, 1, 226〉

이석이 겨우 눈을 씻고 둘러보니 불길은 벌써 집 뒷결 소깝가리까지 번져 든 듯했다. 이석은 벌떡 일어나 문을 박차고 뛰어나갔다. 〈권정생, 한티재 하늘, 1998, 1, 278〉

나는 팔을 **불개서** / 교실에 있다. / 깝깝해서 / 한데 나갔다. / 철봉을 하구 수아도 / 아파서 못한다. // 〈이오덕, 허수아비도 깍꿀로 덕새를 넘고, 165〉

글케 봐라. 내 그럴 줄 알았다카이. 때기 쉽다꼬 마른 소깝만 툭툭 **뿌르자** 때이 한 바리 아이라 백바리를 해 놓은들 어예 대겠노? 내 하마 밥 했는데도 장 끓일 숯불 안 남는 것 보고 이데 될 줄 알았제. 불살개는 니가 알아해라 〈이문열, 변경, 1996, 4, 131〉

 '불개다'는 꺾어서 부러지게 하다는 뜻으로, 어두경음화 된 '뿔개다',
'뿌르주타', '뿐지르다' 등의 이형태가 쓰인다. 이 가운데 '뿔개다'는 '불
개다'에서 '뿐지르다'는 '분지르다'에서 어두경음화가 일어난 어형이며,
'뿌르주타'는 '뿌르줗다'의 발음형태로 '부러뜨리다'에서 '-뜨리다' 대신
'-줗다'가 결합한 것이다. 경상도 방언에서는 '넘어줗다', '떨어줗다' 등
과 같이 '-뜨리다'에 대응형으로 '-줗다'가 쓰인다. '부러줗다'에서 경음
화된 것이 '뿌러줗다'이다. '뿌르줗다'의 형태는 /ㅓ/모음과 /ㅡ/ 모음
의 중화로 인해 /ㅓ/모음을 대체로 /ㅡ/에 가깝게 발음하는 경상도 방
언의 특징으로 인한 것이다.

불난 집에 캥이질하다

- 표준어 : 불난 집에 부채질하다
- 품　사 : 관용어
- 뜻풀이 : '남의 재앙을 점점 더 커지도록 함' 또는 '성난 사람을 더욱 성나게 함'
  을 비유적으로 이르는 말. 남의 안 되는 일을 더 안 되도록 한다.
- 다른 방언형 : 불난 집에 캥이질, 캥이, 챙이, 칭이, 치, 캐이, 체이
- 사용 지역 : 경상도

"먼 소리고? **불난 집에 캥이질 하나?** 다음 장에 물건 띠올 돈도 없단 말이
따. 장 전에 쪼매라도 갚아야 된데이…" 〈이문열, 변경, 1992, 4, 189〉

'불난 집에 캥이질하다'는 '불난 집에 부채질하다'라는 속담과 같은
의미로 '남의 좋지 않은 상황에 더 일이 안 되도록 하는 일'을 뜻한다.
여기서 '캥이질'은 {캥이}＋{-질}의 파생어로 '캥이'는 '키'(곡식 따위를
까불러 쭉정이나 티끌을 골라내는 도구로, 고리버들이나 대를 납작하
게 쪼개어 앞은 넓고 평평하게, 뒤는 좁고 우긋하게 엮어 만든다.)의
경상도 방언형이다. '키'의 경상도 방언형은 '캥이, 챙이, 칭이, 치, 챙
이, 캐이, 체이, 캐'로 다양하게 나타나고 있는데, '캥이'는 {키}＋{-앵
이}가 축약된 형이다. 경상도 방언에서는 {-앙이／엉이／앵이} 접미
사가 생산성이 높은데 '토깽이, 호맹이, 호랭이, 파랭이, 나생이, 방맹
이' 등을 예로 들 수 있다. '치, 칭이, 챙이, 체이'형은 '키'의／ㄱ／구개
음화형이다.

불매

- 표준어 : 둥개질
- 품　사 : 명사
- 뜻풀이 : 어린아이를 안거나 쳐들고 어르는 일.
- 다른 방언형 : 꼬깨, 동가리, 동거리, 동댕이, 말, 무등, 무등개, 몽말, 목깡구, 물 뚝각시
- 사용 지역 : 경상도

'불매'는 표준어 '둥개질'에 해당하는 경상도 방언으로 어린아이를 앞으로 안아 쳐들고 어르는 일을 말한다. 〈소설어사전〉에는 '무등'이라고 되어 있다.

불부다

- 표준어 : 부럽다
- 품   사 : 형용사
- 뜻풀이 : 남의 좋은 일이나 물건을 보고 자기도 그런 일을 이루거나 그런 물건을
  가졌으면 하고 바라는 마음이 있다.
- 다른 방언형 : 불버하다, 블브다
- 사용 지역 : 경상도

"뿐이건데? 작은 아들 기완애비는 우떻고? 그런 효자 없제. 하야간에 기성이할매는 대복을 찌고 나온 기라요. 동네 사람들이 얼매나 **불버라** 하는지 아요? 그러고도 한 가지 근심이 없다믄 그거는 재앙을 부르는 일 아니든가배?" 〈박경리, 토지, 15, 51〉

애이라예, 기다릴라느메, 서방님, 지는 집 지킬라느메. / 팔푸이 디라쿠믄 / 온시상 여편네들이 **불버하는** 우리 서방님 만세. / 〈정숙, 신처용가, 팔푸이만세, 1996, 86〉

안해는 인사를 차리노라고 이런 칭찬을 하나마 별로 **불버하는** 기색이 업다. 〈현진건, 빈처, 1921, 172〉

가끔 놀러 오는 친척들의 비단 옷 입은 것과 금지환 씬 것을 볼 쩨에 그 당장엔 맘에 그윽히 **불버도** 하엿지만 나종엔 "남편만 돌아오면"하고 그것에 경멸(輕蔑)하는 시선을 던지엇다. 〈현진건, 술권하는 사회, 1921, 137〉

오나가나 생각하니 여자유행 가소롭다 **불버워라 불버워라** 남자 일신 불버워라. 〈경북대본, 사친가〉

‘불부다’는 ‘부럽다’의 경상도 방언이다. ‘불버, 불버도, 불버서, 불꼬, 불버라’로 활용한다. ‘부러워하다’는 ‘불버하다’라고 한다.

경상도 방언에는 고어의 형태를 그대로 사용하고 있는 어휘들이 많은데, ‘불버하다’ 또한 마찬가지이다. ‘부러워하다’의 중세국어 어형이 ‘불버ᄒ다’인데, 경상도 방언의 ‘불버하다’는 중세국어 어형을 그대로 사용하고 있는 것이다.

불퉁가지

- 표준어 : 대응 표준어 없음
- 품　사 : 명사
- 뜻풀이 : 순하지 아니하고 퉁명스러운 성질.
- 사용 지역 : 경상도

"나야 죽지 못해 살고 있지요만 불각시에 어인 사연입니까?" 그때, 득추의 안해가 **불퉁가지**를 내면서 쏘아붙였다. "닭의 새끼가 발 벗구 다닌다구 오뉴월인 줄 아슈? 어서 지게문 닫아요. 우리 도련님 고뿔 들겠소."〈김주영, 객주, 9, 7〉

조성준이가 연만(年晩)하여 환갑 늙은이라 하나 신둥머리진 것이며 **불퉁가지** 내뻗치는 것은 젊은이들 성깔 못지않았다. 그렇다고 맞대놓고 증을 내었다간 식지를 내뻗치고 큰소리가 오가고 손찌검까지도 사양치 않을 것 같아서 소례는 그만 입을 닫치고 말았다. 〈김주영, 객주, 9, 73〉

"남정네들이란 항용 외입질이 아닌가, 그런 일이야 모른 척한 게 잘되었네.""제가 근본이 본데없고 **불퉁가지**가 여편네라고는 하나, 살다보니 얻어진 견문으로 참는 것이 으뜸이란 작심은 하였지요.""왜 그 통지기가 배태라도 했다는 것인가?""그것뿐이라면 당초부터 시비거리랄 게 없었지요. 글쎄, 그 옘병 삼년에 땀 못 흘리고 뒈질 년이 어느 날 밤에 옷보퉁이 하나를 달랑 안고 오도니 제가 없는 사이에 안방을 도차지하고 누워버렸지 뭡니까."〈김주영, 객주, 9, 139〉

'불퉁가지'는 '순하지 않고 퉁명스러운 성격'을 말하는 경상도 방언이다. '화를 내다, 성(질)을 내다'처럼 '불퉁가지(를) 내다, 불퉁가지(를) 내뻗치다' 형식으로 사용되는데, 이는 '부드럽지 않은 어투로 퉁명스럽

게 얘기하는 것'을 말한다. 〈표준국어대사전〉에 수록된 '불퉁'은 '불퉁
거리다, 불퉁대다'의 어근으로 '걸핏하면 얼굴이 불룩하여지면서 성을
내며 함부로 말하다'라는 의미로 '불뚱거리다'보다 센 느낌의 말이다.
의미 면에서 보면 '불퉁가지'와 '불퉁'은 비슷하다. 따라서 '불퉁가지'는
'불퉁'의 방언형이라고 볼 수 있다.

비렁땅

- 표준어 : 대응 표준어 없음
- 품 사 : 명사
- 뜻풀이 : 바위가 군데군데 박혀 있는 돌 투성이 땅.
- 다른 방언형 : 비렁밭, 비렁뱅이, 비름배이
- 사용 지역 : 경상도

그리 원통커든 삼신할매보고 물어보라모. 비렁땅에 뿌린 씨는 **비렁땅**에서 자라기 매련이지.용이는 강 쪽으로 시선을 돌린다. ⟨박경리, 토지, 1, 65⟩

"흥, 무슨 수로 복을 주노? 저승에 가서도 종놈은 종 노릇 할 기고 가난뱅이는 **비렁땅** 파가믄서 보리죽이나 묵겄지. 이녁들 살기에 눈이 돌아갈 긴데 자손들 못살고 잘살고 돌볼 새가 어딨더노? 구신들도 뇌물을 좋아하는 거를 보믄, 그러니께 양반집 구석의 구신보다 영검이 없는 기라." ⟨박경리, 토지, 1, 312⟩

아무리 씨가 좋아도 **비렁땅**에는 도사리밖에 안 되는 법이라! ⟨박경리, 토지, 2, 260⟩

비렁뱅이 병신! 네가 내 신랑이 되겠다 그 말이냐? ⟨박경리, 토지, 3, 80⟩

비렁 바우를 깨물고라도 내가 살아야겄다. ⟨박경리, 토지, 3, 85⟩

'부끄럽다! 부끄러워. 이 집도 살림도 땅도 모두 서희네 건데…… 우린 **비렁뱅인데** 말이야 !' ⟨박경리, 토지, 3, 224⟩

이 간나아 ! **비렁뱅임둥?** 어째 에미 우세시키는 기야? ⟨박경리, 토지, 4, 69⟩

'빌어묵을 년. 저누무 조둥이만 달고 다니믄 **비렁땅**에 가서도 굶지는 않을 기구마. 새살만 찰찰 깠지. 순 도칙이 같은 년. 한다 한다 해도 너무한다. 사램이 은공을 모르믄 금수만도 못한 기라. 멩색이 지를 키운 아밴데.' 〈박경리, 토지, 4, 242〉

하, 세상 조화가 참말로 희안치도 않소. **비렁땅** 내 고향 두고 괴나리봇짐 겨드랑에 끼고 떠나올 적에는 그놈이 그놈인디, 눈깔 세 개 박힌 놈도 없고 그놈이 그놈인디, 하 참 보따리가 보퉁이 되고오 곁방살이가 제집살이 되고, 〈박경리, 토지, 4, 294〉

참으로 욕망 무한, 슬픔 없는 목숨이며 **비렁땅** 꽃 한 포기 새 한 마리 없는 황막한 인생이다. 〈박경리, 토지, 4, 343〉

금싸래기믄 머하고 산몰랭이 **비렁땅**이믄 머하노. 말해보아야 죽은 자식 불알 만지기지. 〈박경리, 토지, 5, 78〉

거대한 악한이었어야 할 조준구가 처량하고 가련한 **비렁뱅이**였다는 것이 서희를 실망시켰는지 모른다. 〈박경리, 토지, 7, 181〉

샐인 죄인의 자손, 쪽박차고 문전 문전을 빌어묵어 댕기는 **비렁뱅이** 아들이 상급 핵교가 웬 말고. 세상 참 많이 변했네. 〈박경리, 토지, 10, 63〉

이 간나아! **비렁뱅임둥!** 어째 에미 우세시키는 기야! 〈박경리, 토지, 12, 245〉

나는 웅어어매기 칼 들고 나왔다는 말 듣고 **비렁밭**에다 내다버리도 살아남을 사람이라 생각했제요. 〈박경리, 토지, 14, 283〉

'비렁땅'은 {비렁}＋{땅} 구조의 합성어로 '바위가 군데군데 박혀 있는 돌 투성이 땅'을 의미하는 경상도 방언형이다. 이와 함께 경상도에서는 '비렁밭'이라는 말도 함께 쓰이는데 '비렁밭'은 '험한 박토(薄土)'의 비유이다. 경상도 방언에서 {비렁}이 결합한 단어가 많은데 '비렁땅, 비렁밭, 비렁뱅이' 등이 있다. 정확한 어원을 알기는 어렵지만 '비렁'은 '빌다'의 어간 '빌-'과 관련이 있는 것으로 보인다.

참고로 경상도 방언의 '비렁뱅이, 비름배이'는 '동냥아치, 거지'를 뜻한다. 경상도에서는 /ㅡ/와 /ㅓ/가 비변별적이기 때문에 '비렁뱅이'가 '비름뱅이, 비름배이' 형으로도 실현된다.

비식하다

- 표준어 : 비슷하다, 비스듬하다, 기울다
- 품　사 : 형용사
- 뜻풀이 : 두 개의 대상이 크기, 모양, 상태, 성질 따위가 똑같지는 아니하지만 전체적 또는 부분적으로 일치하는 점이 많은 상태에 있다.
- 다른 방언형 : 비슥하다, 비석하다
- 사용 지역 : 경상도, 전라도

'비식하다'는 표준어 '비슷하다'에 대응되는 경상도 방언이다. '비식하다'가 쓰인 또 다른 예로 '오리 볼 실 고은 빗튼 자닌 얼골 비식하의 〈경북대본 화전가〉'를 추가할 수 있다. 경상도 방언의 '비식하다'는 '서 있거나 세워진 모습이 바르지 아니하고 한쪽으로 약간 기울어져 있다.'의 의미로도 쓰이는데, '어른 들오는데 그래 비식항이 안자 있시머 우자노'에서의 '비식하다'가 그것이다. 이때의 '비식하다'는 표준어 '비스듬하다'에 대응된다. 또한 '형세가 이전보다 못하여지다.'의 의미도 갖고 있는데, '가운(家運)도 비석하고 내 심변 그뿐이라 원통키도 그지없고 분하기도 층양없다〈진성이씨 회심곡〉'에서의 '비석하다'가 그것이다. 이때의 '비석하다'는 표준어 '기울다'에 대응된다.

표준어 '비슷하다'의 의미에 대응되는 경상도 방언에는 '비식하다' 외에도 '가이방하다, 디신하다'가 있다. '디신하다'는 '비슷하다'와 유사한 뜻을 가지고 있으나, 반드시 구체적인 비교의 대상이 제시될 때 한해서 쓰인다. 예로 '얼굴이 원시이 디신하이 비슥하이 생긴 사람, 나무싱이는 꼭 자래 디신하다'를 들 수 있다.

비잡다

- 표준어 : 비좁다
- 품 사 : 형용사
- 뜻풀이 : ① 자리가 몹시 좁다.
          ② 생각이나 마음 따위가 넓지 못하다.
- 사용 지역 : 경상도

그래도 이 참혹한 광경을 보아지라고 모여든 군정들은 천변 한길이 **비잡도록** 개미떼같이 덕시글덕시글하였다. 〈현진건, 火啣, 1939, 43〉

첫가을! 琴湖江 구비쳐 흐르고 / 벼이삭 배부르게 느러져섰는 / 이벌판 한가운데 주저앉어서 / 두볼이 **비자웁게** 해같은능금을 나는먹는다. // 〈이기철 편, 이상화전집, 나는 해를 먹다, 1982, 208〉

'지잡다'는 '비좁다'의 경상도 방언이다. '비잡다'와 비슷한 의미를 가진 것으로는 '소다, 솔다'도 있다. '비잡다'와 '소다, 솔다'는 그 쓰임에서 약간의 차이는 있다. '비잡다'가 '생각이나 마음이 좁다'라는 것에도 쓰는 반면, '소다, 솔다'는 '공간, 자리'와 같은 구체적인 대상에 대해서만 쓰인다. 그래서 '마음이 비잡다'라고는 하지만, '마음이 솔다'라고 하지는 않는다.

빈치

- 표준어 : 자랑
- 품　사 : 명사
- 뜻풀이 : 자기 자신 또는 자기와 관계있는 사람이나 물건, 일 따위가 썩 훌륭하거나 남에게 칭찬을 받을 만한 것임을 드러내어 말함. 또는 그렇게 말할 수 있는 거리.
- 사용 지역 : 경상도

아무리 봉기가 제 딸을 **빈치**함시로 놈을 꼬았다 하더라 캐도 지 처지를 생각하믄 나도 같은 처지, 종놈이라서 하는 얘기가 아니라 계집 자식 있는 놈이 그라믄 두리가 첩 될 기든가? 〈박경리, 토지, 3, 295〉

그러니께 그 계집이 예삿것이 아니다 그거 아니오. 겉만 번드르르 남보기 **빈치**만 났지 옛이야기도 있지 않든가배. 투둑하게 입은 전실자식은 늘 오돌오돌 떨고 있는데 친자식은 얇은 옷을 입었는데도 추위를 안 타더라고, 해서 아바니가 옷을 뜯어본께 전실자식의 옷에는 갈대꽃을 넣었고 제 자식 옷에 찰떡 같은 목화솜을 넣었더라나? 〈박경리, 토지, 6, 308〉

내가 이르는데 선이 니도 살림 있다고 **빈치**하고 없는 사람 괄시하고 그런 일이 없도록 해라. 두만이가 내 맘에 안 드는 것도 바로. 〈박경리, 토지, 7, 206〉

집에 사시사철 들앉아서 **빈치**할 곳은 어디 있고 괄시할 사람은 또 어디 있어서, 잘산다고 명만 높이 났지 사는 거는 시집갈 그때나 지금이나 다른 기이 하낫도 없소. 이분에도 며누리가 집안일을 휑하니 익혀서 맘을 놓을 만한 께 친정이라고 왔제요. 〈박경리, 토지, 7, 206〉

삼대 구년 만에 반갑잖은 것들이 찾아와서, 언제 그리 오가고 했다고, 머

잘산다고 **빈치**하로 왔나? 부럽잖구마. 〈박경리, 토지, 7, 224〉

아들놈한테서 돈포 왔다고 **빈치**해샀던 그거 앙이가. 〈박경리, 토지, 9, 393〉

우리가 천성으로 잘산다꼬 갈롱을 피울 사람들가? 잘산다꼬 **빈치**를 했단 말가? 또 잘살았이믄 얼매나 잘살았것노? 〈박경리, 토지, 9, 428〉

  '빈치'는 어떤 대상이나 물건에 대해 '자랑'을 하거나 자랑을 넘어 '유세'를 할 때 쓰는 경상도 방언형으로 주로 '빈치하다'라는 형태로 사용된다. '남보기 빈치만 나다'라는 말도 있는데, 이는 '다른 사람 보기에는 그럴듯하게 보이는 것'을 말한다.
  덧붙여 '자랑'의 고어형은 '쟈랑'인데, 이후 '자랑'으로 단모음화된 형태가 사용되고 있다. '자랑'과 '빈치' 형태가 어떤 어휘적인 연관이 있는지는 알 수 없다.

빗살

- 표준어 : 볕살
- 품　사 : 명사
- 뜻풀이 : 내쏘는 햇빛.
- 사용 지역 : 경상도

꽃 봐라 꽃 봐라 떠들던 소리가 잠결에 들은 듯이 흐려져 버리고 / 숨가뿐이 더위에 떡깔잎 잔디풀이 까지끗지 터졌다. 오래지 않아서 찬 이슬이 내리면 **빗살**에 다 쬐인 능금과 벼알에 배부른 단물이 빙그레 돌면서 그들의 生命은 完成이 될 것이다. // 〈이기철 편, 이상화전집, 淸凉世界, 1982, 228〉

〈표준국어대사전〉에 수록된 '빗살'은 '빗의 가늘게 갈라진 낱낱의 살'이라는 의미이다. 하지만 경상도 방언에서 '빗살'은 '볕살'의 방언형으로 '내쏘는 햇빛'이라는 뜻이다. '볕살'은 {볕} + {살(주로 합성어에 쓰여 해, 볕, 불 또는 흐르는 물 따위의 내비치는 기운)}의 구성으로 되어 있는데, '빗살'도 이와 같은 구성이다. 의미적으로 '빗살'을 {빛} + {살}이라고 볼 수 없기 때문에, '빗살'은 '볕살'에서 /ㅕ/〉/ㅔ/에 의해 '벳살'이 되고, 다시 /ㅔ/〉/ㅣ/에 의해 '빗살'로까지 변화된 것으로 보인다.

빠대기다

- 표준어 : 밟고 다니다
- 품　사 : 동사
- 뜻풀이 : 마구 밟아 대다.
- 다른 방언형 : 봅는다, 빠덴다, 삐데다
- 사용 지역 : 경상도

'빠데다'는 '밟다'에 해당하는 경상도 방언이다. 경상도방언에서는 대체로 '발:따', '봅다', '볼다', '발분다', '삐대다' 등의 이형태들이 있다. '빠데다', '삐대다'를 제외한 나머지 어형들은 '밟다'에서 음운변화가 일어난 이형태들로 어형의 변화가 짐작이 가능하다. 그러나 '빠데다'는 이들 어형과 달리 몇 차례의 변화를 겪은 것이다. 즉 '밟다'에 앞말이 뜻하는 행동을 반복하거나 그 행동의 정도가 심함을 나타내는 '-대다'가 붙은 것으로 {밟-}＋{-대다}〉바대다〉빠대다'로 변화된 것이다.

빠죵다

- 표준어 : 빼다
- 품　사 : 형용사
- 뜻풀이 : 속에 들어 있거나 끼여 있거나, 박혀 있는 것을 밖으로 나오게 하다.
- 다른 방언형 : 빠죵다
- 사용 지역 : 경상도

> 사람만 다라어진줄로 알앗더니, 필경에는 밋고 밋든 한울까지 다라워젓다 / 보리가 팔을 버리고 달라 다가 달라 다가 / 이제는 고라진 몸으로 목을 대자나 **빠주고** 섯구나! 〈이기철 편, 이상화전집, 비를다고, 1982, 194〉

'빠죵다'는 '빼다'의 의미를 가지고 있는 경상도 방언이다. 경상도 방언에서 접속어미 '-어서'는 '-개주고', '-가아', '-주고' 등으로 실현된다. 경상도 방언에서 '빼다'는 자의에 의해서나 또는 타의에 의해 이루어지는 일이라면 '빠죵다'라고 사용한다. 이와 함께 '빠죵다'가 '빠뜨리다'의 의미로도 사용되기도 한다. "이 동네, 윗동네, 저 아룻동네 싯 샘물 여다 밥 하믄 좋다고 짚따베이를 하나씩 해가지고 먼저 가서 그 따베이 샘물에 빠쥸고 오믄 누가 왔다갔나 알지"에서 '빠쥸고'는 '빠뜨리고'의 의미로 쓰인 것이다.

빼조고리

- 표준어 : 뾰족
- 품 사 : 부사
- 뜻풀이 : 물체의 끝이 점차 가늘어져서 날카로운 모양.
- 다른 방언형 : 빼죽하다, 빼쪽하다, 빼짓하다
- 사용 지역 : 경상도

> "**빼조고리**하고 짜잔한 기, 염생이처럼 생겼네. 암띠도 암띠도, 사내 자슥이 저래 암띠서 어따 쓸 끼고. 미스 민 니 속깨나 터주겠다." 〈이현수, 신기생뎐, 2005, 90〉

표준어 '뾰족'은 '물체의 끝이 가늘고 날카로운 모양'을 나타내는 부사인데, 이에 대응되는 경상도 방언형에 '빼조고리, 빼죽, 빼쪽, 빼짓' 등이 있다. 이들 어형은 '-하다'와 결합해 대상의 상태를 나타낸다. "끄티는 빼죽하다. 달걀같고 굴밤 껍지는 밥그럭 같다(끝은 뾰족하다. 달걀같고 굴밤 껍질은 밥그릇 같다.)〈이오덕, 허수아비도깍꿀로〉"를 예로 들 수 있다.

뺀두름하다

- 표준어 : 번지르르하다
- 품   사 : 형용사
- 뜻풀이 : 겉모양이 그럴듯하다.
- 다른 방언형 : 뺀지리하다
- 사용 지역 : 경상도

"시상에… 마, 치아라. 뻔할 뻔 짜다. 선거자금은 무신 선거자금. 다 고 가시나 밑에 갖다 붓고는 애맨 사람한테 덮어씌우고. 선밴동 후밴동 하는 고 **뺀두름한** 놈아, 그거 당간부는 아이라도 진짜배기 당원은 맞나?" 〈이문열, 오디세이아 서울2, 1993, 481〉

'뺀두름하다'는 '실속은 없이 겉으로만 그럴듯한 모양처럼 보이다'라는 의미의 경상도 방언이다. 비슷한 의미로 '뺀지리하다'가 있는데, 이는 표준어 '번지르르하다'에 대응된다.

뺑송이

- 표준어 : 팽이
- 품　사 : 명사
- 뜻풀이 : 둥글고 짧은 나무의 한쪽 끝을 뾰족하게 깎아서 쇠구슬 따위의 심을 박아 만든 아이들의 장난감. 주로 채로 치거나 끈을 몸통에 감았다가 끈을 잡아당겨 돌린다.
- 다른 방언형 : 팽댕이, 팽대이, 핑댕이, 팽딩이, 뺑공이, 핑빙이, 핑뎅이, 핑벵이, 피뱅이, 뺑숭이, 뺑이
- 사용 지역 : 경상도

'팽이'에 대응되는 경상도 방언형에는 '팽댕이, 뺑송이, 팽대이, 핑댕이, 팽딩이, 뺑공이, 핑빙이, 핑뎅이, 핑벵이, 피뱅이, 공개, 뺑숭이 뺑이' 등이 있다.

팽이'에 소급되는 어형은 17세기의 '핑이'〈역어유해, 1690, 下:23〉에 보인다. '핑이'는 '핑'에 접미사 '-이'가 결합된 어형이다. '핑'은 '한 바퀴 도는 모양'을 의미한다. 그러므로 '핑이'는 '핑 도는 것'이라는 뜻이다. '핑이'는 18세기까지도 그 어형이 확인된다. 그런데 19세기 이후에는 '핑이'는 보이지 않고 '팽이'가 보인다. '팽이'는 '핑이'의 변화형이라고는 볼 수 없다. '핑'과 의미 기능이 같은 '핑>팽(한 바퀴 도는 모양)'에 접미사 '-이'가 결합된 어형으로 간주된다. 그리하여 '팽 도는 것'이라는 의미를 띤다. '핑이'는 '팽이'에 밀려나 사라진 것이 아닌가 한다.

경상도 방언에서 사용되는 어휘는 크게 '핑이' 계열과 '뺑이' 계열이

있는데, '핑이'가 '핑 도는 것'이라는 모양에서 나온 말이라면, '뺑이' 또한 '일정한 좁은 범위를 자꾸 도는 모양, 뱅뱅의 센 느낌'인 '뺑뺑'에서 나온 말이라 추측할 수 있다. 따라서 '뺑이'는 '뺑뺑 도는 것'이라는 의미를 가지고 있다.

뽀끈

- 표준어 : 힘껏, 꽉
- 품   사 : 부사
- 뜻풀이 : 무엇을 힘껏 잡거나 꽁꽁.
- 다른 방언형 : 뽈끈, 가지끈, 심끗
- 사용 지역 : 경상도

> 욜마가 요게 안죽도 눈 똑바로 치뜨고… 니 일마 오늘 함 죽어볼래? 고마 **뽀끈** 묶어다가 지서에 갖다 좃뿔라. 〈이문열, 아가, 2000, 69〉
>
> 단 한순간도 그녀는 고단하지 않은 적이 없다. 낮잠을 자면 깨어나지 않을 것 같고 기대기 시작하면 눕고 싶을까봐 시시때때로 허리를 **볼끈** 잡아매고, 담배를 피울 때도 나무에 기대지 않고 평평한 정원석에 되똥하게 올라앉는 것도 다 그런 이유 때문이다. 〈이현수, 신기생뎐, 2004, 39-40〉
>
> 어, 시원타. 이제 마당 쓸어도 먼지 안 나겠네. 타박네가 묶었던 허리띠를 풀어 **볼끈**, 잡아맨다. 〈이현수, 신기생뎐, 2004, 59〉

‘뽀끈’은 무엇을 힘껏 잡거나, 꽁꽁 묶을 때 사용하는 어휘로, 대체로 동사 ‘잡다’ 또는 ‘묶다’와 함께 사용된다. 이와 비슷한 어형으로 전라도 지역에는 ‘뽈깡’이 있다. ‘뽈깡’은 무엇을 들어 올리거나 힘을 쓸 때 쓰는 말로 ‘뽀끈’과 달리 ‘뽈깡 묶다’라고는 쓰지 않는다.

뽀닷이

- 표준어 : 겨우, 빠듯이
- 품　사 : 부사
- 뜻풀이 : ① 어렵게 힘들여.
　　　　　② 기껏해야 고작.
　　　　　③ 어떤 수량이나 정도에 겨우 미칠 만하다.
- 다른 방언형 : 개오, 건거이, 겨우, 기와, 지와, 재와, 저우, 지우, 지유, 제고, 보
　　　　　　도시, 뽀도시
- 사용 지역 : 경상도

새가 빠지게 농살 지어봐야 **뽀닷이** 입치레 〈박경리, 토지, 3, 376〉

쓰리꾼 주제에 꼭뒤가 세뼘이라꼬 홍뚱항뚱 거만 떠는 저 꼬라질 보고도 봐요, 하는 소리가 목구멍에서 **뽀도시** 굴러나오더나. "불쌍하잖아요." "불쌍키는 뮈시 불쌍노. 저놈이 불쌍하다카마 시상에 불쌍한 것 천지개비다." 〈이현수, 신기생뎐, 2004, 122-123〉

'뽀닷이'는 '겨우' 또는 '빠듯하게'에 해당하는 경상도 방언이다. '뽀닷이'의 어형은 '빠듯이'에 해당하는 중세어형에서 그 어원을 찾을 수 있다. '바듯하다'에 소급하는 어형은 17세기의 'ᄇᆞ둣ᄒᆞ다'(橡木으란 二年木으로 쓰되 퉁궁긔 ᄇᆞ둣게ᄒᆞ고〈화포식언해, 1635, 2〉(격목으로는 2년목으로 쓰되 통구멍(筒穴)은 빠듯하게 하고))이다. 이 'ᄇᆞ둣-'에 접미사 '-이'가 결합하여 부사가 된 'ᄇᆞ두시'에서 첫음절의 /ㆍ/가 /ㅗ/로, 둘째음절의 /ㆍ/가 /ㅏ/로 변화되어 '보닷이'로 된다. 여기에 어두 경음화가 일어나 '뽀닷이'의 형태가 나온 것이다.

삐치다

- 표준어 : 버티다
- 품 사 : 동사
- 뜻풀이 : 어려운 일이나 외부의 압력을 참고 견디다.
- 다른 방언형 : 삐지다
- 사용 지역 : 경상도

"아이, 몇 년이나 **삐쳤는데?**" "그럭저럭 한 사 년 돼요. 약혼이라두 해두잔 말이 나온 게 우리 미선이 스물 넷 되던 해니까. 둘이 안지는 한 칠 년 되구." 〈이문열, 오디세이아 서울, 1993, 2, 464〉

고마 가자 백지로 헛일하지 말고, 오뉴월 해가 길다카지마는 일부러 산에 서 **삐칠** 텍은 없는 게라 〈이문열, 변경, 1996, 3〉

꼬치도 마찬가지라예. 칠월 중순에는 밭 거다야제 더 **삐치믄** 말캉 헛깁니 더. 〈이문열, 변경, 1996, 4〉

사는 게 아이라 **삐치는** 거라 카디, 일마들 보이 참마로 그랬던가베. 사람이 죽고 산 것도 모르고 있으이… 〈이문열, 아가, 2000, 12〉

오른은 내 얼굴만 한 분 보고 선아네 집에 가서 **삐대니** 자형 노릇은 선아 아부지가 하신다. 〈박경리, 토지, 13, 198〉

경상도 방언에서 '삐치다'는 동사로 "어려운 일이나 외부의 압력을 참고 견디다. 또는 느릿느릿 꾸물거리다"라는 의미로 사용된다. 표준 어 '버티다'에 대응되는 어휘이다.

　〈표준국어대사전〉에도 '삐치다'라는 어휘가 등재되어 있지만 경상도 방언 어휘와는 형태는 같지는 의미는 다르다. 경상도에서 '몇 년이나 삐쳤는데?'는 '몇 년이나 버텼는데?'라는 의미이다.

사깜

- 표준어 : 소꿉장난
- 품　사 : 명사
- 뜻풀이 : 소꿉놀이를 하며 노는 장난.
- 다른 방언형 : 동두꺼비, 동더까래, 동더깨비, 반주깨, 반주깨미, 반지껑이, 방두
　　　　　　　깨미, 반두깽이, 박구개, 반둑개, 박구개, 박주개미, 반두께미, 사
　　　　　　　깜지, 살림살이, 소꼽쨍이, 손꼽놀이, 사굼파리
- 사용 지역 : 경상도

애기씨, 가서 **사깜** 사입시다. 〈박경리, 토지, 1, 19〉

"해가 들믄 시들 것 아니요." "사십이 넘은 제집이 그대 그 꽃 가지고 **사깜**
살 것가?" "애기씨 줄라꼬요, 바구니에 수북이 담아놓으니께 볼만 안 항? 이
런 빛깔 다홍치마가 있다믄 한분 입어보고 싶소." 〈박경리, 토지, 2002, 3, 159〉

사깜 사는 것 같소 〈박경리, 토지, 14, 139〉

방두께살자는榮譽여! 너거든 오지말어라 나는 네게서 오직 가엾은 웃음을
볼 뿐이노라. 아 벙어리 입으로 문만 두드리는 이여 너는 누구냐 〈이상화, 訪問
拒絕, 개벽〉

　'사깜'은 소꿉장난에 해당하는 경상도 방언이다. 소꿉놀이, 소꿉질에
해당하는 방언이형태로 '수복이와 재복이는 소 두 마리를 시시마끔 한
마리씩 몰고 풀을 뜯으러 나갔고 지복이와 순옥이는 봉당에서 코를 맞
대고 둥두깨미 살림을 하느라 그래도 울지 않아 고마웠다.〈권정생, 한
티재 하늘, 2:49〉'에서와 같이 '방두께'와 '동두깨비', '사굼파리' 등이

있다. '방두께'는 '방두깨미', '빵갱이' 등과 같은 방언 분화형이 있다. '사깜'은 '소꿉'에서 변화된 어형으로 보인다. 경상도 방언에서 /ㅁ/과 /ㅂ/의 교체는 '다리미', '다리비' 등과 같이 여러 어형에서 보인다. '사굼파리'는 깨진 사기조각을 말하는 것으로 소꿉놀이를 할 때 깨진 사기조각을 가지고 놀이를 하다 보니 의미가 확대되어 소꿉놀이를 뜻하게 된 것이다. '사깜'보다도 '방두깨미', '동두깨미' 등이 더 많이 사용된다.

사래기밥

- 표준어 : 싸라기밥
- 품　사 : 명사
- 뜻풀이 : 부스러진 쌀알이 많이 섞인 쌀로 지은 밥.
- 다른 방언형 : 싸래기밥
- 사용 지역 : 경상도

> "깡보리 밥을 묵었음 묵었제, **사래기밥**은 못 묵는다 캅디다." 한실댁은 줄
> 곧 그것을 생각하며 걸어온 모양이다. "죽을 쑤어 묵겄지. 그래도 쌀물이라고
> 곡구가 된다." 〈박경리, 김약국의 딸들, 1993, 249〉

‘사래기’는 ‘싸라기’의 경상도 방언이다. ‘싸라기’의 중세국어 어형은
‘ᄡᆞ라기’이다. 나ᄂᆞᆫ 도톳랏 羹애 ᄡᆞ라기도 섯디 아니ᄒᆞ야도 便安히 너
기노니(나는 명아주 국에 싸라기도 섞지 아니하여도 편안히 여기나
니)〈두시언해, 1481, 3:15〉. 따라서 경상도 방언의 ‘사래기’는 중세국
어 ‘ᄡᆞ라기’에 어두음절의 아래아(/ ᆞ /)가 / ㅏ / 로 변하여 ‘싸라기’
가 된 후, / ㅣ / 모음 역행동화를 겪은 것이다(ᄡᆞ라기〉싸라기〉사래기).
반면 표준어 ‘싸라기’는 ‘사라기’ 단계에서 어두경음화를 겪은 것이다.
‘사래기밥’은 {사래기} + {밥}의 복합어로 ‘사래기로 지은 밥’ 의미한다.

사위새끼 괭이새끼

- 표준어 : 대응 표준어 없음
- 품   사 : 관용어
- 뜻풀이 : 사위는 키워 주고 보살펴 주어도 나중에 그 은혜를 갚지 않는다.
- 다른 방언형 : 사우새끼 굉이새끼
- 사용 지역 : 경상도

> "사위새끼 괭이새끼라 안합디까? 딸 없는 사위가 무슨 소용이우? 지는 편만 설지요." "사위믄 다 사윈가? 유만부동이지, 내가, 내가 어찌했다고." 〈박경리, 김약국의 딸들, 1993, 68〉

'사위새끼 괭이새끼'는 경상도 방언에서 '사위는 고양이 같다'는 의미를 갖고 있는 관용구이다. '사위새끼'의 '새끼'는 '자식을 낮잡아 이르는 의미', '어린 짐승을 이르는 말'이 아니라, 어떤 사람을 욕하여 이를 때 쓰는 표현으로서 '새끼'이다. 그리고 '괭이'는 '고양이'의 경상도 방언인데, '굉이, 꼬내이', '꼬내기'라고도 한다. 예로부터 개는 키워주면 주인에게 그 은혜를 갚지만, 고양이는 그렇지 않다고 여겨져 왔다. '사위새끼 괭이새끼'는 이러한 속설에서 비롯되어 만들어진 관용구라고 하겠다.

산대백이

- 표준어 : 등성이
- 품　　사 : 명사
- 뜻풀이 : 산의 등줄기.
- 다른 방언형 : 대바기, 대백이
- 사용 지역 : 경상도

"물론 개간 허가사 났제. 글치만 곧 쉽지는 안했다. 한 이태 **산대백이**마다 얼마나 뱃기 났는지… 그러이 아무리 나라라 캐도 그 많은 보조에 어예 척척 내놓겠노? 아지매가 안달복달 쫓아댕기 된 기제. 요새는 신청 내도 허가가 많이 까다로바졌다 카드라." 〈이문열, 변경, 1992, 4, 63〉

　경상도 방언에는 {-백이} 형태가 붙은 단어들이 많이 있는데, '산대백이, 함백이, 티백이, 둔둘배기, 구석배기' 등이 있다. 이 중 '산대백이'는 표준어 '산등성이'에 대응되는 말이다. '대백이'만으로도 '등성이'라는 의미를 가지고 있는데, '산대백이'는 그 대상을 구체적으로 표현한 말이라고 할 수 있다.

산지, 새안지

- 표준어 : 송아지
- 품   사 : 명사
- 뜻풀이 : 쇠새끼.
- 다른 방언형 : 산쥐, 산:치, 상안치, 세엥키, 센:치, 새애키, 생키, 소안지, 소안치,
    송아치, 쏸지, 수안치, 소아치
- 사용 지역 : 경상도

> **산지는 꼬리를 살랑살랑 흔들며 어미 소를 따라 갔다.** 〈이호철, 공부는 왜 해야
> 하노〉

'산지', '새안지'는 '송아지'의 경상도 방언형이다. '산지'는 '소＋-아지'
의 결합인 '소아지'에 'ㄴ'이 첨가된 '소안지'에서 축약되어 '산지'가 되
었다. 실제 발음은 〔산:지〕처럼 장모음이다. '새안지'는 '쇠'와 '-앙지'
의 결합으로 '쇠'의 /ㅚ/가 /ㅐ/로 된 것이다.

살째기

- 표준어 : 살짝
- 품　사 : 부사
- 뜻풀이 : 남의 눈을 피하여 재빠르게. 힘들이지 아니하고 가볍게. 심하지 아니하게 아주 약간. 표 나지 아니하게 가만히.
- 다른 방언형 : 살찌기, 살푼, 살무시, 살모시, 살무시, 살머시, 살곰이, 가만이, 가마이, 고이
- 사용 지역 : 경상도

'살째기'는 표준어 '살짝'의 경상도 방언형이다. '살째기'는 부사 '살짝'에 부사화접사 '이'가 다시 결합한 '살짜기'에서 / ㅣ / 모음 역행동화에 의해 '살째기'가 되었다. '살짝'의 의미를 지닌 경상도 방언형은 많은데, '살짜기' 형과 '살모시' 형, '가만이' 형이 있다. '살모시'는 표준어 '살며시'에서 음운변화를 겪은 것이다.

살틋하다

- 표준어 : 애틋하다
- 품　사 : 형용사
- 뜻풀이 : ① 애가 타는 듯하다.
　　　　　② 아쉽고 섭섭하다.
　　　　　③ 은근히 정을 끄는 느낌이 있다.
- 다른 방언형 : 사틋하다
- 사용 지역 : 경상도

무지개ㅅ발과가티 오고 또가고 / 해와함께 허공의 호흡을 쉬다가 / 저녁이면 구실가티 반작이며 / 달빗과 바람과 어우러지도다 // 점으는저녁입설 내이 마를태우고 / 밤은두팔로　나를안으며, / 넷날의**살틋한맘**　다저바리지안코 / 하이얀눈으로　머리굽혀웃는다 // ⟨이기철 편, 이상화전집, 새 世界, 1982, 246⟩

'살뜻하다'는 표준어 '애틋하다'의 경상도 방언이다. '사틋하다, 살틋하다'는 '어떤 대상에 대해 애틋한 마음이 드는 것'을 의미하는 형용사이다. '살틋하게'는 '정성을 다해서, 지극정성으로'라는 의미로 쓰인다. 이와 유사하게 '살뜰이'라는 방언형이 있는데, 이는 '알뜰살뜰하게, 철저하게'라는 의미의 부사이다.

삼빡하다

- 표준어 : 산뜻하다
- 품　사 : 형용사
- 뜻풀이 : 기분이나 느낌이 새롭고 신선하다.
- 사용 지역 : 경상도

> "이거 참말로 사람 웃기네. 할애비 손자 귀에하다 보믄 쌤지 다 쥐뜯긴다 카디 이기 바로 그 꼴 아이가? 세대교체, 세대교체 캐샀디, 우예 **삼빡한** 맛은 몬 비주고 늙다리들 더러븐 술수부터 먼저 쓰노? 〈이문열, 오디세이아 서울, 1993, 1, 217〉

　표준어에도 '삼박'이라는 말과 '삼빡'이라는 말이 나오기는 하나 경상도에서 사용하는 어휘와는 그 의미 차이가 있다. 표준어 '삼박'은 부사로 '작고 연한 물건이 잘 드는 칼에 아주 쉽게 베어지는 모양'으로, '삼빡'은 '삼박'의 거센소리로 의미를 밝히고 있다. 또한 표준어에는 '삼박거리다'도 있는데, 이는 '눈에 먼지 따위가 들어가 자꾸 깜박거리고 싶은 상태'를 뜻한다. '쌈박거리다'는 '삼박거리다'의 센말이다.

　하지만 경상도 방언에서 사용되고 있는 '삼빡하다'는 형용사로 '새롭고 산뜻하다'라는 의미를 가지고 있다. 김재홍의 한국현대시 〈시어사전〉에도 '삼빡한'이라는 시어가 올라있고, 그 예로 '땅가루 범벅 / 삼빡한 비바람 없어도 / 시들지 않는다(김종태, 풀꽃, 47).'를 제시하고 있다. 여기서 '삼빡한'은 '새롭고 산뜻한'의 의미로 경상도 방언과 같다.

삼재든 데 께꾸치다

- 표준어 : 초상 난 데 춤추기
- 품　사 : 관용어
- 뜻풀이 : 분위기나 상황에 맞지 않는 어리석은 행동을 한다.
- 사용 지역 : 경상도

"윤회장을 봐서 참을라캤디만 . 이노옴! 니 오늘 내한테 단다이 걸렀다. **삼재 든 데 께꾸를 쳐도** 분수가 있제." 김천댁은 뒤에서 타박네의 허리춤을 바투 잡고, 둥땡이가 자신의 큰 덩치를 이용해 타박네의 앞길을 막고 있다. 〈이현수, 신기생뎐, 2005, 158〉

'삼재'는 불교 용어로 '사람에게 닥치는 세 가지 재해'나 '화재, 수재, 풍재의 세 가지 재앙'을 뜻하는 말이다. 그리고 '께꾸'는 '격구'를 말하는 경상도 방언형인데, '삼재든 데서 께꾸친다'는 말은 '어려운 상황에 처해 있는 곳에서 놀이를 한다'는 말로 '상황에 맞지 않은 어리석은 행동, 자기만 생각한 행동을 한다'의 의미를 나타낸다. 이와 유사한 의미를 지닌 속담으로 '초상 난 데 춤추기'를 들 수 있다.

상구

- 표준어 : 계속, 아직, 아직도
- 품   사 : 부사
- 뜻풀이 : 어떤 일이나 상태 또는 어떻게 되기까지 시간이 더 지나야 함을 나타내
        거나, 어떤 일이나 상태가 끝나지 아니하고 지속되고 있음을 나타내는
        말.
- 다른 방언형 : 상기
- 사용 지역 : 경상도

흐르는 꿈일다 / 애달픔처럼 애달픔처럼 아득히 / **상기** 산그늘은 나려간다
/ 워어어임아 워어어임 // 〈박목월, 나그네, 산그늘, 1995, 21〉

"그렇네. 어디 가는 길까? 개동이 집에 가는가?" "아니다. **상구** 위로 가는
데." 〈박경리, 토지, 15, 365〉

드물게, 어쩌다가 싱긋이 웃는데 그것이 감정 표시의 전부인 듯, 그러나
미소는 따스하고 다정스러웠으며 때론 천진한 동심이 **상기**도 남아 있는 것처
럼 보이기도 했다. 〈박경리, 토지, 1, 29〉

전신에 멍이 들어 얼얼한 아픔이 **상기**도 계속되고 있지만 발바닥이 땅에
붙어 있다는 안도감에 심신이 가라앉는 것을 느낄 수 있었다. 〈박경리, 토지, 4,
248〉

전신에 멍이 들어 얼얼한 아픔이 **상기**도 계속되고 있지만 발바닥이 땅에
붙어 있다는 안도감에 심신이 가라앉는 것을 느낄 수 있었다. 〈박경리, 토지, 4,
249〉

"송애는 **상기** 혼자 생각으 한답매?" 〈박경리, 토지, 4, 320〉

"홍이는 어째 상기 오잴까?"〈박경리, 토지, 5, 42〉

"밥으 먹으러 갔소꼬망. 상기도 앙이 오잲으이 기, 기다리고 있습매다."〈박경리, 토지, 5, 348〉

"유섭이어마임으 소식 상기도 모릅매까?" 술잔을 비우고 나서 박서방이 느닷없이 물었다. 〈박경리, 토지, 13, 16〉

'상구, 상기'는 '아직, 아직도, 계속'의 의미를 가진 경상도 방언형이다. 예를 들면 "상구 더 가야 합니더."(아직 더 가야 합니다), "상구 그 카면 지만 손해지 머 아무 걱정할 꺼도 없다."(계속 그러면 저만 손해지 뭐 아무 걱정할 것도 없다) 등을 들 수 있다. 이와 함께 '상구하다'는 '계속하다'라는 의미의 경상도 방언형이다. 충청도에서도 '상구'라는 방언형을 쓰는데, 이는 '줄곧'이라는 의미이다.

상반밥

- 표준어 : 대응 표준어 없음
- 품　사 : 명사
- 뜻풀이 : 쌀과 보리쌀을 반반씩 섞어서 지은 밥.
- 다른 방언형 : 상반빱
- 사용 지역 : 경상도

　하늘천 따지를 가르치며 산다한다. / 그리고 / 죽기전에 고향산나물을 참기름에 덤북히 무쳐 / 햇보리 **상반밥**에 팥을 두어 실컷 먹고 싶은게 원이라고 간혹 인편에 전해 오기도 했다. / 〈박목월, 나그네, 치모, 1995, 155〉

　〈표준국어대사전〉에도 '상반'이 수록되어 있는데, 이는 '쌀에 좁쌀이나 핍쌀 따위 중 한 가지 잡곡을 섞어 지은 밥'으로 평안도, 함경남도에서 쓰이는 방언이다. 경상도에서는 '상반밥, 상반빱'이라고 쓰는데, 이는 {상반} + {밥}의 합성어로 '밥'이라는 의미가 중복되어 나타난다. '상반밥'은 '쌀과 보리쌀을 반씩 섞어서 지은 밥'으로 쌀이 부족하던 시절에 집안 어른 분에게만 쌀과 보리쌀을 반반씩 섞어 지은 밥을 드리고 아이들이나 여자들은 보리쌀밥을 먹었다.

새보

• 표준어 : 애꾸눈이
• 품　사 : 명사
• 뜻풀이 : 한 쪽 눈이 먼 사람을 낮잡는 뜻으로 이르는 말.
• 사용 지역 : 경상도

"뭐어! 꼴에 꼴방망이 차고 남해 노량 간다더니 니 주제에 곰보믄 어떻고 **새보**(애꾸눈)믄 어떻노?"〈박경리, 김약국의 딸들, 1993, 27〉

　'새보'는 한 쪽 눈이 먼 사람을 낮잡아 이르는 말로 표준어 '애꾸눈이'에 대응되는 말이다. '새보'는 '새다'의 어간 '새-'에 '그것을 특성으로 지닌 사람'의 뜻을 더하는 접미사 '-보'가 결합한 파생어이다({새-}＋{-보}). 즉 '새보'는 보는 것이 새는 사람의 의미이다. 이와 평행한 것으로 입이 찢어진 사람 즉, '언청이'를 놀림조로 이르는 '째보'가 있다. '째보'는 상태를 본떠서 붙인 이름인 반면, '새보'는 한 쪽 눈이 없으므로 인해 생기는 결과적 현상을 본떠서 붙인 이름이라고 하겠다.

새북

- 표준어 : 새벽
- 품   사 : 명사
- 뜻풀이 : ① 먼동이 트려 할 무렵.
          ② (이른 시간을 나타내는 시간 단위 앞에 쓰여) '오전'의 뜻을 이르는
             말.
- 다른 방언형 : 새복, 새백, 새배
- 사용 지역 : 경상도

명혜 어머니가 아직 잠에서 덜 깬 얼굴로 방문을 열고 내다보다가 철을 알아보고 놀란 얼굴로 물었다. "엉야? 이기 누고? 철이 아이가? 첫**새북**에 어디서 오는 길이고?" 〈이문열, 변경, 1992, 4, 49〉

"강쇠야, 너는 운봉 어르신네 모시고 먼저 가러가." "성님은이 **새북**에 어디 가실라꼬요." " 내가는 데 알아 뭘 해." 환이는 다른 사람들이 잠에서 깨어나기 전에 강쇠를 깨워 이르고 길을 떠났다. 〈박경리, 토지7, 2002, 60〉

"어, 니 철이 아니가? 우야, 니가 여다 웬일고? **새북**(새벽)같이……" 〈이문열, 변경, 1992, 4, 47〉

"야야, 니 와 그라노? 무신 일로 **새북**(새벽)부터 그리 슬피 우노?" 〈이문열, 변경, 1992, 4, 52〉

"뭐라? 니 임마 **새북**(새벽)에 와가주고 사태(눈사태)난 데 긁었구나. 안직(아직) 점심때도 안 됐는데 어예 50평이나 파 뒤졌노(뒤집었노)?" 〈이문열, 변경, 1992, 4, 123〉

　‘새북’은 ‘새벽’의 경상도 방언이다. ‘새벽’은 중세국어 어형은 ‘새박’ (믄득 새바기 거우루로 ᄂᆞ출 비취오(문득 새벽에 거울로 낯을 비추고)〈원각경언해, 1465, 序:46〉, ‘새배’(남ᄀᆞᆫ 새배 프르도다(나무는 새벽에 푸르도다)〈두신언해, 1481, 7:14〉)이다. ‘새벽’의 어원과 관련하여는 {새바(晨)}＋{-악(접미사)}이라는 해석과, 동쪽을 뜻하는 고유어 ‘시’와 ‘붉(明)’이 결합한 것이라는 해석이 있다. 후자의 경우는 ‘시붉’에서 한자 세력의 영향으로 ‘시벽(闢)’으로 혼효되면서 오늘날의 ‘새벽’이 된 것으로 설명하고 있다. 전자의 해석을 따를 경우 ‘새북’은 ‘새박’에서 어떠한 이유인지 모르지만 ‘새벽’이 되고, 여기에 양순자음(/ㅂ, ㅍ, ㅃ/) 아래에서 /ㅡ/나/ㅓ/모음이/ㅜ/로 바뀌는 원순모음화 규칙이 적용되어 ‘새북’이 된 것으로 볼 수 있다. 그리고 후자의 해석을 따를 경우 ‘새북’ 또는 ‘새복’은 ‘시붉’에서 ‘붉’의/ ､ /가/ㅡ/로 변한 후/ㅂ/에 의해 원순모음화되고, 말자음 ‘ㄺ’에서/ㄹ/이 탈락하여 ‘새북’ 또는 ‘새복’이 되었다고 할 수 있다. 또 다른 형인 ‘새배’는 중세국어의 ‘새배’를 그대로 계승한 것이다.

새이

- 표준어 : 상여
- 품 사 : 명사
- 뜻풀이 : 사람의 시체를 실어서 묘지까지 나르는 도구.
- 다른 방언형 : 생이, 생우
- 사용 지역 : 경상도

어데 **새이** 나가나. 상두꾼들인 모양이제. 철물점 앞에 의자를 내 놓고 앉은 장사치 말이다. 〈김원일, 불의 제전, 3, 31〉

"학교에 오는데 말이야-상여가 지나가더라." "그기 뭐 이상하노? **상이사** 나도 수타 봤다." 〈이문열, 변경, 1996, 1, 108〉

텍도 없는 소리하지 마라. **생이** 위에 치는 것이 광목인데 그 위에서 사람이 어째 춤춘단 말고? 〈이문열, 변경, 1996, 1, 108〉

"우리도 임마. 천일여객 앞에서 그 **생이** 봤다. 어디서 이기 아무따나 씨부리노!" "아냐, 그건, 내가 본 상여는 다리를 건느지 않았어." 〈이문열, 변경, 1996, 1, 111〉

"이 다마내기가 뭐라카노? 그거는 맘산이따 맘산. 물을 건너야되는데 **생이**가 우예 물을 건너노?" "배타고 건느지" "배라꼬? 거다 무신 배가 있노? **생이** 실꼬 상주실꼬 할 그마이 큰 배가" 〈이문열, 변경, 1996, 1, 112〉

죽은 사람보다 산 사람 입이 포도청이라. **생이**를 빌리오고 상두꾼을 불러오고, 죽은 사람 호사는 되겠지마는 허공에다 뿌리는 돈 아닌가, 상복이사 떨어질 때꺼지 입는 거니께. 안 그래? 〈박경리, 토지, 5, 172〉

‘새이’는 ‘상여’에 해당하는 경상도 방언이다. ‘상여’에서 단모음화(상에)와 고모음화를 거쳐 된 ‘상이’에 ‘ㅇ’의 약화와 전설모음화가 적용되어 ‘새이’로 변화한 것이다.

새첩다

- 표준어 : 예쁘다
- 품 사 : 형용사
- 뜻풀이 : ① 모양이 작거나 섬세하여 눈으로 보기에 좋다.
           ② 행동이나 동작이 보기에 사랑스럽거나 귀엽다.
           ③ 아이가 말을 잘 듣거나 행동이 발라서 흐뭇하다.
- 사용 지역 : 경상도

"성옥이 니는 가모 신랑 집에서 사랑받고 복받을 끼다. **새첩고**(예쁘고) 심성 고우니깐." "큰어무이, 어릴 적엔 울보라 놀리시더니 이제 울보라 안 카네예. 오빠 그렇게 되고 울기도 많이 울었는데…" 〈김원일, 불의 제전, 2, 139〉

"오냐, 오냐. 인자 귀가 트이는 구나. 니가 바로 아치골 **새첩이**(예쁜이)구나. 그래, 니 시집갈 때 내가 상객으로 갔었제. 그 때 참 자알 얻어 묵었데이. 서방 두량 잘하고 알라들도 잘 커제?" 〈김원인, 불의 제전, 3, 42〉

'새첩다'는 '예쁘다'의 경상도 방언이다. 주로 경남방언에서 쓰이는데, '새첩다' 외에도 '샛첩다, 새칩다'로도 쓰인다.

'예쁘다'의 고어는 '어엿브다'이다. '어엿브다'는 중세국어에서 '불쌍하다(憐)'라는 뜻을 가졌다. 그런데 근대 국어에 와서는 '불쌍하다, 가엽다'와 '예쁘다, 사랑스럽다'라는 두 가지 뜻으로 쓰다가, 현대 국어에서는 '아름답다(美麗)'의 의미로만 쓴다.

샛강

- 표준어 : 억새
- 품　사 : 명사
- 뜻풀이 : 볏과의 여러해살이풀. 높이는 1∼2미터이며, 잎은 긴 선 모양이다. 7∼9
  월에 누런 갈색 꽃이 피는데 작은 이삭은 자주색이다. 잎을 베어 지붕
  을 이는 데나 마소의 먹이로 쓴다.
- 다른 방언형 : 새강, 속새
- 사용 지역 : 경상도

솔은 솔 매는 뿌리가 따로 있니더. **속새** 뿌리 말고 솔매는 뿌리가 있니더.
산에서 그거 캐 가주고 맨들지. 〈김점호, 베도 숱한 베 짜고, 1992, 101〉

산은 평평한데 **새강**이고 뭐고 풀이 우거졌고. 길이 서울 거리보다 더 널
러. 사람이 끌고 댕기는 인력거, 말이 끌고 대니는 마차, 똔 전차가 왔다갔다
하고. 〈성춘식, 이부자리 피이 놓고, 1992, 105〉

　　‘억새’는 17세기에 ‘어웍새’〈역어유해, 1690, 下:40)로 처음 보인다.
이 ‘어웍새’는 {어웍}과 {새}로 분석된다. 그런데 ‘어웍’의 어원을 알
수 없다. 지금 제주방언에 ‘어웍’이 ‘억새’라는 뜻으로 쓰이고 있는 것
을 보면 ‘어웍’ 자체가 풀 이름이었을 가능성도 있다. ‘새’는 ‘草’의 뜻이
다. 풀이름 ‘나래새, 오리새, 살새, 기름새, 솔개’ 등에 보이는 ‘새’가
바로 이와 같은 것이다. 현대국어에서는 ‘억새’ 이외에 ‘억새풀’이라는
단어도 쓰인다. 이는 ‘억새’에 ‘새’와 의미가 같은 ‘풀’을 덧붙인 동의 중
복 형태의 합성어이다. ‘새’의 의미 기능이 약화되자 그 의미 기능을
보강하기 위해 같은 의미의 ‘풀’을 덧붙인 것이다.

　‘억새’의 경상도 방언형에는 ‘새강, 속새’가 있는데, ‘새강’은 ‘억새’의 단어구조에 미루어 보면 {새}＋{강}으로 이루어졌음을 알 수 있다. 이 때 ‘새’는 ‘풀(草)’의 의미이고, ‘강’은 ‘강하다(强)’의 의미이다.

샛득하다

- 표준어 : 상쾌하다, 기쁘다
- 품　사 : 형용사
- 뜻풀이 : 마음에 즐거운 느낌이 나다.
- 다른 방언형 : 새뜩하다
- 사용 지역 : 경상도

업고 댕기기는 넷째삼촌이 마이 업어 줬고, 둘째아아는 석건인데 하나도 하늘 겉은데 둘을 났으이 아이고 **샛득하데**. 야들 아부지도 언간이 좋아 그고 (많이 좋아 하고). 이월달인데 해동 비가 왔는동 저 앞에 거렁에 물이 불었어. 다리도 없는데 식전에 물을 건너가서 발을 벗고 물을 건네 갔다와도 추운 줄 모리고 미역을 사 가 왔어. 〈성춘식, 이부자리 피이 놓고, 1992, 147〉

'샛득하다'는 '마음에 즐거운 느낌이 나는 상쾌하고, 기쁜 경우'에 사용하는 경상도 방언이다. 경상도 방언에는 '샛득하다, 새뜩하다, 마뜩다'처럼 {-뜩다 / 득다}가 들어있는 단어가 있다. '마뜩다'는 '깨끗하다'의 경상도 방언형으로 '때나 먼지가 없다. 청결하다, 말쑥하다, 맑고 산뜻하다, 올바르고 떳떳하다, 아무 것도 남은 것이 없이 말끔하다'라는 의미를 가지고 있다.

생다지

- 표준어 : ① 억지로
  　　　　② 생자로
- 품　 사 : 부사
- 뜻풀이 : ① 이치나 조건에 맞지 아니하게 강제로.
  　　　　② 아무 근거 없이.
- 사용 지역 : 경상도

누가 띠 먹는다 카나 **생다지**로 뺏아가나 경술년인가 그 흉년 때 저어가 식구대로 누구 기미 죽 먹고 살았는데… 〈이문열, 변경, 1998〉

'생다지'는 '이치나 조건에 맞지 않게 억지로'의 의미를 가진 경상도 방언이다. '생-'에 '-다지'가 결합된 것으로 보인다. '생-'은 억지스러운, 공연한 등의 의미를 갖는 접두사로 '생이별', '생트집', '생고생' 등과 같은 어휘가 있다. '-다지'는 표준어의 '그다지'에서처럼 '그러한 정도로'의 의미로 방언어휘에서 많이 나타난다. 경상도 방언에서 '늘, 항상'의 의미인 '전다지', '장다지'가 있으며, 강원도 방언에서는 '순전히'의 의미인 '순다지', '별로'의 의미인 '노다지'에서도 나타난다.

서답

- 표준어 : 빨래, 빨래감
- 품　사 : 명사
- 뜻풀이 : 더러운 옷이나 피륙 따위를 물에 빠는 일, 빨랫감.
- 다른 방언형 : 서댑, 새답, 서대비
- 사용 지역 : 경상도

"산짐승처럼 사는 그늠들이사 초개 목숨 아인가.""괴기 장사도 때리치아뿔고 감나무집 **서답** 수발하며 정지때기로 눌러앉아뿐갑지러예?""생기묵은 낮빤대기 바라. 작은서씨가 침흘릴 만큼 색기가 흐르제. 정지때기로 눌러 있을 상판이 아인 기라."〈김원일, 불의 제전, 2, 62〉

'빨래'의 경상도 방언은 '서답, 서댑, 새답, 서대비' 등이다. 이 중 '서답'은 '빨래'의 방언형(경상, 제주, 충북, 평안)이기도 하고, '개짐'(여성이 월경할 때 샅에 차는 물건. 주로 헝겊 따위로 만든다.)의 방언형(경남, 충청)이기도 하다. '서답돌'은 {서답}+{돌}의 합성어로 '다듬잇돌'을 뜻하며, '서답줄'은 {서답}+{줄}의 합성어로 '빨랫줄'을 의미한다.

서이

- 표준어 : 셋
- 품 사 : 수사
- 뜻풀이 : 둘에 하나를 더한 수.
- 다른 방언형 : 세, 세나
- 사용 지역 : 경상도, 전라도

"차암 내, 뭣 가지고 이래 쌓노 캤디, 그 얘기구나. 글치만 어느 미친 기 물밑 들여다보듯 훤한 이 바닥에서 대낮에 하이야 대절해 호양질하겠읍니꺼? 옥이 어무이 친정 동생이 밀양 구경 씨게달라 캐쌓길래 **서이** 같이 한 번 가본 걸 가지고." 〈이문열, 변경, 1989, 2, 270〉

'서이'는 '셋'을 의미하는 경사도 방언이다. 경상도 방언에서 수사는 다른 지역과 달리 독특하게 나타나는데, 예컨대 '둘'은 '두리'라고 하고, '넷'은 '너이'라고 한다. 그리고 '다섯'은 '다:'라고 하고, '여섯'은 '여:'라고 한다. 이처럼 경상도 방언에서는 표준어 '셋, 넷, 다섯, 여섯'처럼 종성 / ㅅ / 을 가진 경우, 종성 / ㅅ / 을 탈락시켜 발음하는 공통점을 발견할 수 있다. 그리고 단위명사 '개'가 결합한 '두 개', '세 개', '네 개, 다섯 개, 여섯 개'의 경우는 각각 '두나', '서나 또는 세나', '너나 또는 네나', '다섯나', '여섯나'라고 하여 단위명사 '개'에 '나'가 대응되는 특징을 보인다.

성그리하다

- 표준어 : 썰렁하다
- 품   사 : 형용사
- 뜻풀이 : 분위기가 소름이 끼칠 정도로 차갑다.
- 다른 방언형 : 선떡하다
- 사용 지역 : 경상도

하기사 그 시절 한패이께는 그 일이라믄 글마밖에 앞세울 사람도 없겠제. 글치만 우얀지 **성그리한기** 표 찍을 맘 안나네. 내사 잘 몰따마는 그 노마들기 살려 놓으문 세상깨나 시끄러불꺼로 〈이문열, 변경, 1996, 3, 170〉

'성그리하다'는 '썰렁하다'의 경상도 방언이다. 경상도 방언에서 냉기가 흐르는 썰렁한 방을 '성그렇다'라고 표현한다. 위 예문에서 사용된 '성그리하다'는 방의 온도처럼 분위기가 차가운 상황이나 상태를 표현한 것이다.

세이

- 표준어 : 형, 언니
- 품 사 : 명사
- 뜻풀이 : 형, 언니 등 손위형제에 대한 호칭어와 지칭어.
- 다른 방언형 : 새이, 성아, 성이, 엉아, 은니, 으이, 헹님, 헹아, 헹이, 셍이, 싱야, 싱이, 생. 성, 성가
- 사용 지역 : 경상도

아지매가 밥 주모 그 밥 묵고 자모 된다. 이불 덮어쓰고 **새이** 꼭 끼안고 자모 안 춥다. 〈김원일, 불의 제전, 2, 191〉

셍이는 민미느리 안 가고 낸쬐 훨씬 크그덩 온미느리로 시집간다 〈권정생, 한티재 하늘, 1, 59〉

모두가 왜 싱야만 좋다고 그럴까? 심부름도 **싱이**만 씨겠고 나는 돌아보지도 않제? 〈권정생, 한티재 하늘, 1, 75〉

암매 니가 뭘 잘못 안 기겠제. 글치만 우예튼 반갑다. 못됐다카는 거 보다야 잘 왜간다는 기 낫제 그라고 보이 거그 큰 **생이** 제대도 다 돼가제 암매 〈이문열, 변경, 4, 48〉

성갑니껴. 김옥분도 허리 펴고 일어선다. 〈김원일, 불의 제전, 3, 94〉

성가예, 내 그라모 뽕잎 따서 집에 드갔다 갑자 쪄서 나오께예 그동안 가지 말고 있으이소 김옥분이 말했다. 〈김원일, 불의 제전, 3, 95〉

'세이'는 형 또는 언니에 대한 호칭어이다. 경상도 방언에서는 형과

언니를 구별하지 않고 손위 형제에게 '세이'라고 한다. '형'의 /ㅅ/ 구개음화로 인해 경상방언에서는 손위 형제를 '성'이라고 한다. 이 '성'에 '-이'가 결합되어 '셍이', '세이', '싱이' 등으로 나타난다. 또는 '형'의 방언형 '헤이'에서 '세이'로 변화되었을 가능성도 있다.

소깝

- 표준어 : 솔가지
- 품 사 : 명사
- 뜻풀이 : 마른 소나무가지.
- 다른 방언형 : 속갑, 솟갑, 솔까지, 솔깨이
- 사용 지역 : 경상도

왜 내가 장작 해 올때 마른 **소깝**도 한 바리 해다주지 않았어? 그거 벌써 다 땐거야? 〈이문열, 변경, 1996, 4, 130〉

마른 **소깝**을 좀 주어야겠어요. 불쏘시개가 없어서, 풀 베러 가시면 어차피 산으로 가실거 아녜요? 기르마는 소를 몰고 가서 아예 한 바리 해 다 놓으려구요 〈이문열, 변경, 1996, 4, 132〉

철이 너, 물이나 떠 놓고 어디 가서 불쏘시개 할 마른 **소깝** 좀 주워 와라. 〈이문열, 변경, 1996, 4, 130〉

니는 여다서 **소깝**단 묶고 있거라. 내 조쪽 개골에서 얼른 풀 한짐 비 오꾸마 〈이문열, 변경, 1996, 4〉

이석은 샘가에 가서 물을 한 바가지 떴지만 그 물이 어디 가당키나 했던가? 불길은 뒷곁 **소깝**가리에 엉켜 붙고 미둑새로 인 지붕에 번져 붙고 있었다. 〈권정생, 한티재 하늘1, 278〉

‘소깝’은 솔가지나 잔가지 등으로, 이는 불을 지필 때 땔감으로 사용한다. 이 지역에서 나타나는 ‘솔가지’의 방언형에는 ‘소깝’ 외에 ‘속갑,

숏갑, 솔깨이' 등이 있다. '속갑'과 '숏갑'은 '소깝'과 같은 발음으로 단지 표기를 달리 한 것뿐이다. '솔깨이'는 '솔가지'에서 'ㅈ'의 탈락과 'ㅣ' 모음 앞에서 'ㅏ'가 'ㅐ'로 되는 전설모음화가 일어난 것이다.

'소깝'과 달리 솔잎이 땅에 떨어진 것을 '갈비', '깔비'라고 한다. 이는 주로 불쏘시개로 쓰인다(예: 봄이면 들판에 나물캐러 가기도 했고 산에 가서 갈비를 긁어다가 땔감으로 살림에 보태기도 했으며 때론 바다 쪽으로 나가는 일도 있었다.〈박경리, 토지, 13:196〉).

소부질

- 표준어 : 쟁기질
- 품　사 : 명사
- 뜻풀이 : 쟁기를 부려 논밭을 가는 일.
- 다른 방언형 : 소부, 소뷔, 따부, 장기, 훅쟁이, 훅찌, 훌지, 훌찌, 훌찡이, 훌치
- 사용 지역 : 경상도

참마로 화천댁 손자가 **소부질**하고 나무하러 댕길 줄 누가 알았겠노 〈이문열, 변경, 1996〉

　'소부질'은 '쟁기질'의 경상도 방언이다. 경북지역에서는 '소부', 경남지역에서는 '따부'를 많이 쓴다. '소부질'은 소를 부려 쟁기질을 하는 것에서 나온 말로 {소}＋{부리-}＋{-질}의 구조로 이루어진 말이다. 이와 같은 어형성 과정을 보이는 예로 '시미기'가 있다. 이는 '소에게 먹일 풀'을 말하는 것으로 '소'에 동사 '먹-'이 결합하여 다시 여기에 파생접사 '-이'가 결합된 것이다. '시미기'는 '소먹이'에서 '쇠메기〉쇠미기〉시미기'의 변화를 거친 것이다(예: 봄이 오면 / 나는 지게 지고 / 시미기 하러 가서 / 새파란 풀을 뜯어서 / 지게에 질머서 / 지고올 때 / 진달래꽃을 / 시미기 위에 / 꽂아오면 / 나비가 날아들겠지 // 〈이오덕, 허수아비는 깍꿀로 덕새를 넘고, 75〉).

소이까리

- 표준어 : 고삐
- 품　사 : 명사
- 뜻풀이 : 말이나 소를 몰거나 부리려고 재갈이나 코뚜레, 굴레에 잡아매는 줄.
- 다른 방언형 : 곱삐, 꼬삐, 꼬뺑이, 고뺑이, 소고삐, 소꼬뺑이, 세꼬뺑이, 이까리, 이타리, 이까래, 소타리, 소이까리, 소붓줄, 타래기, 꼴뺑이, 꼰딩이, 꾼딩이, 꼬벵이, 코꾼지, 꾼지, 꽤뜨래기
- 사용 지역 : 경상도

옛날엔 마구에 못 겉은 거 굵다라이 무쇠로 지이 가주고 박아 놓는데, 나는 그게 보이는데, 이 어른이 소를 몰고 와 가주고는 **소이까리**를 매는데 고마 못을 못 찾는 거래. 나는 정지에 앉아 가주고도 이애 내다 보이는데 고마 못을 못 찾아. 〈김점호, 베도 숱한 베 짜고, 1992, 26〉

'이까리'는 '고삐'에 대응되는 경상도 방언으로 이 외에도 경상도 지역에서는 '곱삐, 꼬삐, 꼬뺑이, 고뺑이, 소고삐, 소꼬뺑이, 세꼬뺑이, 이까리, 이타리, 이까래, 소타리, 소이까리, 소붓줄, 타래기, 꼴뺑이, 꼰딩이, 꾼딩이, 꼬벵이, 코꾼지, 꾼지, 꽤뜨래기' 등이 다양하게 사용되고 있다.

고삐'의 어원은 분명하지 않다. '고삐'의 어원을 '고ㅎ(鼻)'와 '비(繩)'의 결합으로 보는 견해가 있으나, '바곳비'를 고려할 때, '비'가 과연 '줄'의 뜻을 가지는지 분명하지 않다. 다만 '곳비'가 '사이시옷'이 끼어 있는 두 단어의 복합형일 가능성은 있다고 하겠다. '고삐'는 17세기에 처음 나타나는데 '곳비'의 꼴이다. 19세기까지는 '곳비'가 나타나는데, 19세기에는 '곱비'가 나타난다. '곱비'는 '곳비'의 'ㅅ'이 음절말에서 실

제로 발음되는 〔ㄷ〕 소리가 다음 음절의 〔ㅂ〕에 동화되어 /ㅂ/으로 소리나는 것이다. 20세기에 들어서야 '곱비'는 '고삐'로 나타나게 된다.

경상도에서도 이 '고삐' 형이 그대로 나타나거나 '꼬삐, 꼬뺑이' 등과 같이 경음화된 형으로 나타난다. '소고삐, 소꼬뺑이, 세꼬뺑이'와 같이 {소}＋{고삐}의 합성어 형태도 함께 쓰이고 있다. 방언형 중 '이까리'의 어원이 무엇인지는 확실하지 않다. 중국의 서광지역에서 '고삐'의 방언형 중에 '이까리'가 나타난다.

소질매

- 표준어 : 길마
- 품 사 : 명사
- 뜻풀이 : 짐을 싣거나 수레를 끌기 위하여 소나 말 따위의 등에 얹는 안장.
- 다른 방언형 : 기르마
- 사용 지역 : 경상도

"그럼 잘됐습니다. 저와 같이 가시죠? 아참 집에 기르마 있어요?" "같이 가 다이 어딜? 그리고 **소질매**는 또 왜?" "마른 소갑을 좀 주워와야겠어요. 불쏘시개가 없어서. 풀베러 가시면 어차피 산으로 가실 거 아녜요? 기르마는 소를 몰고 가서 아예 한 바리 해다놓으려구요." 〈이문열, 변경, 1992, 4, 132〉

'소질매'는 '길마'의 경상도 방언으로 '짐을 싣거나 수레를 끌기 위해 소나 말 등에 얹는 안장'이라는 의미이다. 위의 예문에서 함께 나타나고 있는 '기르마'는 '길마'의 옛말로 다음과 같은 문헌에 나타나고 있다. "銀 기르마애 도로 香羅로 밍ᄀ론 帕를 두펏도다〈두시언해, 1481, 17:28〉, 鞍 기르마 안〈훈몽자회, 1527, 중:13〉"와 같이 옛 문헌에 나타난다.

국어사 자료에서 '길마'에 소급되는 최초의 형태는 15세기 문헌에 나타나는 '기ᄅ마'와 '기르마'이다. 제2음절 이하에서 /·/가 /ㅡ/로 바뀜에 따라 '기ᄅ마'와 '기르마'는 표기가 다르지만 발음이 같아졌다. 17세기에는 제2음절의 /ㅡ/가 탈락한 '길마'가 나타나서 현대어로 이어졌다.

소캐

- 표준어 : 솜
- 품　사 : 명사
- 뜻풀이 : 목화에서 씨를 뽑아 낸 섬유질의 물질.
- 다른 방언형 : 속개, 쏘개, 쏘케, 쏙캐, 쏠캐, 소개
- 사용 지역 : 경상도

"옥경아, 너 아까쟁끼하고 **소개** 없나? 호다이 하고…" 명혜가 호들갑을 떨자 역시 놀란 옥경이 방안을 뒤져 옥시풀과 옷솜을 찾아내왔다… 〈이문열, 변경, 1996, 1, 235〉

야가 뭐라 카노? 감은 저어가 대주고 **소캐** 넣은 겹버선 한 켤레가 겨우 십 원이지마는 그것도 물량이라. 하룻밤 새울 요량 잡으면 백켤레는 깁는데 그기 얼매로? 옥경이 버선 보따리 들고 시장 왔다갔다하는 품까지 나온다 카이. 〈이문열, 변경, 1998, 9, 195〉

문화건달이 어떤 종자들인고 하면, 명함을 대문짝만하게 박아가꼬 댕기기는 하제마는 도대체 뭘 하는지 알쏭달쏭 정체불명인데다가 이리 보면 그냥저냥 하루하루를 닝기는 날건달도 겉고 저리 보면 반 사기꾼처럼도 보이는 인간들을 통칭 문화건달이라 안 카나. 즈들이 이 말을 들으마 **소캐**로 가슴을 찍고 죽을 일이라꼬 펄펄 뛸랑가는 몰라도. 〈이현수, 신기생뎐, 2004, 89〉

귀에 **소케**를 막았나. 보소! 임이아배요! 〈박경리, 토지2, 196〉

빌어묵을 놈. 에미 말이라카문 소돼 묵은 강아지 상판. 이놈아! 귓구멍에다 **소캐**를 틀어막았나! 〈박경리, 토지, 7, 78〉

문학 속의 경상 방언

‘소캐’는 ‘솜’의 경상도 방언이다. 목화 열매의 속에서 뽑아내는 것으
로 인해 ‘{속ㅎ}＋{-에})소케’라고 한 것이다. 이것이 ‘솜’을 칭하는 한
단어로 굳어진 것이다. 아내의 고어 ‘안해({안ㅎ}＋{-애})’와 같은 원
리이다.

솔모래기

- 표준어 : 솔무더기
- 품   사 : 명사
- 뜻풀이 : 솔가지나 솔잎 따위 땔감을 쌓아놓은 것.
- 다른 방언형 : 솔무데기, 솔무디기, 솔무지
- 사용 지역 : 경상도

> "후텁덥한데 빈집에 가이 뭐하노? 고마 시원한 이 **솔모래기**에 누워 한 숨 잘란다." 오래잖아 그러면서 도리솔 밑 풀밭에 쓰러지듯 누울 때는 차라리 잘 됐다 싶기까지 할 정도였다. 〈이문열, 변경, 1996, 4, 239〉

'솔모래기'는 땔감으로 사용하기 위해 모아둔 솔가지 무더기를 말한다. '솔모래기'의 솔은 소나무를 말하며 '모래기'는 '무더기'에 대응된다. '모래기'의 어형은 '무더기'에서 접사 '-라기'가 결합된 것이며, 여기에 음절축약과 /ㄷ/이 탈락하고 /ㅜ/가 /ㅗ/로 바뀐 것이다. 전남방언에 '무더기'의 이형태로 '모드레기'가 있다.

솔옵

- 표준어 : 지리
- 품 사 : 명사
- 뜻풀이 : ① 내용 또는 지리.
       ② 속사정.
- 다른 방언형 : 솔엎
- 사용 지역 : 경상도

오새 나오는 갈창겉이 엷은 비단도 달라는 것이 값이고 그것도 **솔옵**을 알아야 천신을 한다카이 없는 놈들 찬물 떠놓고 예를 올리는 핑계가 돼서 좋기는 하다마는 오새 이리 좋은 감이사 어디서 구하겄노. 참 좋네. 기성이할매는 복도 많소. 〈박경리, 토지, 15, 50〉

야 그렇기 한분 해 봅시다. 내가 진주 **솔엎**을 몰라서 앞장 세우고 나왔다 할 긴께요. 〈박경리, 토지, 7, 204〉

'솔옵'은 '지리' 또는 '속사정' 등에 해당하는 경상도 방언이다. 주로 경남지역에서 쓰인다. '솔엎'에 대한 어원은 문증되지 않아 정확하게 파악할 수는 없다. 그러나 '속사정', '속내용'을 의미하는 것으로 보아 '솔엎'의 '솔'은 '속'과 관련됨을 알 수 있다. 제주 방언에 '마음속에 간직한 말'을 '솝헷말'이라 하며, '속속들이'에 해당하는 방언으로 '솝솝들이'가 있다.

솔직하다

- 표준어 : 홀쭉하다
- 품　사 : 형용사
- 뜻풀이 : ① 몸이 가늘고 길다.
  　　　　 ② 끝이 뾰족하고 가늘고 길다.
  　　　　 ③ 살이 빠지고 몸이 야위다
  　　　　 ④ 안으로 오무라져 있다.
- 사용 지역 : 경상도

그 둥글게 살찐 억개의 윤곽과 **솔직**한 허리가 매력에 넘치엇섯다. 〈현진건, 지새는 안개, 1923, 77〉

현진건의 작품에 나오는 '살찐 어깨의 윤곽과 솔직한 허리'라는 구절에서 '솔직하다'는 '허리'와 어울려 '(허리가)가냘프다'라는 뜻이다. 그렇게 보면 '솔직하다'의 {솔-}은 '공간이 좁다'라는 뜻의 '솔다'의 어간으로 볼 수 있다. 이 {솔-}에 접미사 {-직하-}가 결합된 형태가 바로 '솔직하다'이다. 경상도 방언에서는 '홀쭉하다'의 의미로 '솔직하다'를 쓴다.

쇠

- 표준어 : 혀
- 품　사 : 명사
- 뜻풀이 : 동물의 입 안 아래쪽에 있는 길고 둥근 살덩어리. 맛을 느끼며 소리를
　　　　　내는 구실을 한다.
- 다른 방언형 : 세, 새, 쌔
- 사용 지역 : 경상도

"시상에 하도 기이하고 숭칙해서 말도 몬하겠다. 우사스러서 우찌 살겠노. 어무이하고 그 말을 할라카다가 차마 쇠(혀)가 안 떨어지드라." ⟨박경리, 김약국의 딸들, 1993, 98⟩

"정 그렇다면 아버지한테 얘기할 수밖에 없구나. 아버지가 아시면 한돌이를 죽여버릴지도 몰라. 불쌍하지 않어?" "말만 했다봐라, 쇠를 잡아 빼비릴 기다!" ⟨박경리, 김약국의 딸들, 1993, 109⟩

'쇠'는 '혀'의 경상도 방언이다. '쇠'는 '혀'에서 경상도 방언의 특징적인 음운 현상인 / ㅎ / 구개음화 및 / ㅕ / 〉 / ㅔ / 변화의 적용을 받은 것이다. 즉 경상도 방언에는 '힘→심', '형님→성님'처럼 어두에서 / ㅣ / 모음이나 반모음 / y / 앞의 / ㅎ / 이 / ㅅ / 으로 바뀌는 / ㅎ / 구개음화 현상이 활발하며, 또한 '게울(←겨울), 겡제(←경제), 베(←벼)'처럼 / ㅕ / 〉 / ㅔ / 현상이 활발하다. 이 두 음운 현상에 의해 '혀〉셔〉세'가 되었다. '쇠'는 '세'와의 음성적 유사성으로 말미암아 표기할 때 나타난 표기상의 변이형이다. 복합어에 참여할 때도 '셋바닥(혓바닥), 세뿌리 (혀뿌리)' 등에서 보듯이 '세'로 나타난다.

쇠용통

- 표준어 : 젖무덤
- 품　　사 : 명사
- 뜻풀이 : 젖꼭지를 중심으로 하여 젖꽃판 언저리로 넓게 살이 불룩하게 두드러진
　　　　　부분.
- 사용 지역 : 경상도

　몸채의 계집들이며 상노아이놈이 달려와서 사람 살리라고 삼이웃이 발칵 뒤집히도록 포달을 떨고 야단을 치는데, 깍정이 한 놈이 불문곡직하고 싸개통으로 기어드는 늙은이의 며느리를 껴안았다. 연적 같은 **쇠용통**(유방)에다 손떠귀를 밀어넣으면서 한다는 수작이, "이년 잘되었다. 사내들 오지랖으로 무작정 기어드는 꼴이 음분을 참다못한 통지기년이 분명하렷다. 나도 옹색이던 터에 오늘 밤 나하고 같이 자자. 내 이래봬도 만리재 깍정이 굴에서는 힘 좋기로 명색이 비웅이니 색이 밭은 네년 한번 빈대떡으로 못 만들까." 〈김주영, 객주, 4, 125〉

　그리고 바가지에 물을 퍼올려 어깨에다 끼얹었다. 물바가지를 위로 쳐들어올릴 제 연적 같은 쇠용통이 겨드랑이 아래로 완연하게 드러나고 낭자를 푼 검은 머리채가 어깨를 덮었다. 윤기 나는 머릿결과 물기 먹은 살꽃이 달빛을 되받아 흐드러진 박꽃처럼 눈길에 어지러웠다.
　세류 같은 가는 허리는 이불 밑에 들어오면 명주고름처럼 야들야들하게 감겨들 것만 같았다. 〈김주영, 객주, 6, 31〉

　세류 같은 허리께로 손이 내려갔고, 매월이도 뒤질세라 사내의 목덜미를 젖무덤 속에 훨씬 안아들였는데, 흐벅진 쇠용통에 얼굴이 묻힌 사내의 숨이 가쁘다. 〈김주영, 객주, 6, 35〉

 '쇠용통'은 '젖무덤, 유방'을 이르는 경상도 방언이다. 그 어원을 정확히 알기는 어렵지만, 의미로 그 구조를 유추해 보면 {소의}＋{용(?)}＋{통}으로 분석해 볼 수 있다. '쇠고기'처럼 {쇠}의 형태로 {통}이라는 말과 결합된 합성어로 볼 수 있는데, '통'은 '젖통'의 '통'이다. '젖통, 젖통이'는 '젖무덤'을 낮잡아 이르는 말이다. 따라서 '쇠용통'은 여성의 젖무덤을 '소의 젖'에 비유해서 낮잡아 이르는 말로 추측할 수 있다.

수껑

- 표준어 : 숯
- 품　사 : 명사
- 뜻풀이 : 나무를 숯가마에 넣어 구워 낸 검은 덩어리의 연료.
- 사용 지역 : 경상도

수껑 가지고 다리이 금방 사그래지제. 쪼매 냅뒀다 오만 또 사그래지제. 둘이 다리는데 **수껑**이 그래 좋은 게 있나. 밤새도록 고생하는 게지 뭐. 〈성춘식, 이부자리 피이 놓고, 1992, 35〉

'숯'에 대응되는 경상도 방언은 '수껑'이다. '숯'의 중세국어 어형은 '숡'이다. '수껑'은 '숡'에 '-엉'이라는 접사가 첨가된({숡}+{-엉}) '숡엉' 형이 이 방언에서는 고스란히 남아 있는 셈이다. 충청도 방언에서는 어말 'ㅺ'에서 'ㄱ'이 탈락한 '숫'의 형태로 남아 있으며, 경기도 방언에서는 어말 파찰음화를 거쳐서 '숯'으로 되었다.

술래짠

- 표준어 : 화관
- 품　사 : 명사
- 뜻풀이 : 둥글게 메꽃으로 엮어 잔 화관(花冠).
- 다른 방언형 : 술레짠
- 사용 지역 : 경상도

씌염씌염 보히는 그림 쪼각은 / 압밭에 보리밧에 말매나물 캐러간 / 가신애는 가신애와 종달새소리에 반해 // 빈바구니 차고오긴 너무도 부끄러워 / 술래짠 두쌤우에 모맷곳이 피였고. // 〈심원섭, 이육사전집, 草家, 1982, 31〉

이육사의 시 '초가'라는 작품에는 "술래짠 두쌤우에 모맷곳이 피였고"라는 구절이 나오는데, 시어 '술래짠'은 의미가 확실하지 않다. '얼굴빛이 상기된 모습을 뜻하는 것'으로 해석하기도 한다. '술레'는 '원형, 둥근 것'을 의미하며 '술레짠'이란 '둥글게 메꽃으로 엮어 짠 화관(花冠)'을 의미하는 것으로 추정된다. 참고로 〈표준국어대사전〉에 '술레'는 '배나무'의 일종으로 수록되어 있다.

숭시럽다

- 표준어 : 흉스럽다
- 품　사 : 형용사
- 뜻풀이 : ① 운이 사납거나 불길하다.
　　　　　② 생김새나 태도가 보기에 언짢거나 징그럽다.
　　　　　③ 일이 나쁘거나 궂다.
　　　　　④ 성질이 내숭스럽고 거칠다.
- 다른 방언형 : 숭스럽다
- 사용 지역 : 경상도

　물론 오십대 초반만 해도 이렇지가 않았다. 오마나, **숭시럽어라.** 세상풍파를 겪을 만큼 겪은 오마담도 두 눈을 질끈 감고 돌아누울 정도였다. 〈이현수, 신기생뎐, 2005, 106〉

　'숭시럽다'는 표준어 '흉스럽다'에 대응되는 경상도 방언이다. 경상도 방언에는 다른 지역에 비해 / ㅎ / 이 / ㅣ / 모음이나 반모음 / y / 앞에서 / ㅅ / 으로 교체하는 / ㅎ / 구개음화 현상이 많이 나타난다. 이러한 구개음화 현상에 의해 '형, 힘줄, 흉내' 등이 '숭, 심줄, 숭내'로 실현된다. 따라서 '숭시럽다'는 '흉'이 / ㅎ / 구개음화 현상으로 '숭'으로 바뀌고, 접미사 '-스럽'이 결합한 파생어이다. '숭시럽다, 숭하다, 숭악하다, 숭측하다' 등과 같이 다양한 형태가 경상도에서 나타나고 있다.

숭칙하다

- 표준어 : 흉측하다
- 품 사 : 형용사
- 뜻풀이 : 몹시 흉악한 데가 있다.
- 다른 방언형 : 숭칙스럽다
- 사용 지역 : 경상도

"니 이상한 소문 안 들었나?" "이상한 소문이라뇨?" "시상에 하도 기이하고 **숭칙해서** 말도 몬하겠다. 우사스러워서 우찌 살겠노. 어무이하고 그 말을 할라카다가 차마 쇠(혀)가 안 떨어지드라." 〈박경리, 김약국의 딸들, 1993, 98〉

혼인 구경 온 이웃 아낙들은 은근히 시기심에 입방아를 찧었다. 그보다 집에 있는 침모와 하녀들이 혀를 내두른 것은, 용숙이 자기의 물건이라고는 실한 바람, 골무 한 짝 빼놓지 않고 싹 쓸어간 일이었다. "**숭측하제.** 그 집 마당에 풀 안 날까?" 그렇게 욕심이 많고 독해서야 어디 사람이 찾아가겠느냐는 뜻이다. 〈박경리, 김약국의 딸들, 1993, 94〉

"그렇소. 저승사자가 순행하고 있소." "그런, **숭측스런** 말 하지 마소." 한실댁은 파아랗게 질린다. 〈박경리, 김약국의 딸들, 1993, 273〉

'숭칙하다'는 '흉측(凶測)하다'의 경상도 방언이다. 경상도 방언에는 어두에서 / ㅣ / 모음이나 반모음 / y / 앞의 / ㅎ / 이 / ㅅ / 으로 바뀌는 / ㅎ / 구개음화 현상이 활발한데, '숭측하다'는 '흉측하다'에서 / ㅎ / 구개음화 규칙의 적용을 받은 것이다. 즉 '흉'이 / ㅠ / (yu)의 / y / 앞에서 / ㅎ / 구개음화에 의해 '슝'으로 바뀐 후 이중모음 / ㅠ / 가 / ㅜ / 로 단모음화 되고, / ㅊ / 아래에서의 / ㅡ / 가 / ㅣ / 로 바뀌어(측)칙) '숭

칙하다'가 되었다. 경상도 방언에서 /ㅎ/ 구개음화가 적용된 어형으로
는 '심(<힘), 성님(<형님), 소자(<효자)' 등이 있다. '흉측하다'는 원래
'흉악망측(凶惡罔測)하다'가 줄어든 말이다. '숭칙하다'와 거의 같은 뜻
으로 '숭칙스럽다'가 있는데, '숭칙스럽다'는 '숭칙(흉칙)'에 접미사 '-스
럽다'가 결합한 파생어이다.

숭허다

문학 속의 경상 방언

- 표준어 : 흉하다
- 품   사 : 형용사
- 뜻풀이 : ① 운이 사납거나 불길하다.
          ② 생김새나 태도가 보기에 언짢거나 징그럽다.
          ③ 일이 나쁘거나 궂다.
          ④ 성질이 내숭스럽고 거칠다.
- 다른 방언형 : 숭하다, 슝하다
- 사용 지역 : 경상도, 전라도, 충청도

그런게 아녀, 글세 옛날부터 거기가 **숭허기가** 짝이 없는 곳이너니. 〈해방전공연희곡집, 2004, 95〉

에그 저거 머냐. 파리 대리에 써케같은 놈이 다닥다닥 부텄으니, 엥이 **슝해.** 〈해방전공연희곡집, 2004, 77〉

'숭허다'는 '흉(凶)하다'의 경상도 방언이다. 경상도 방언에는 어두에서 / ㅣ / 모음이나 반모음 / y / 앞의 / ㅎ / 이 / ㅅ / 으로 바뀌는 / ㅎ / 구개음화 현상이 활발한데, 이에 의해 '흉'이 [숭]이 되었다. 여기에 '하다'의 방언형 '허다'가 결합한 것이다({숭} + {허다}). '허다'는 전라도나 충청에서도 많이 나타난다. 즉 {흉} + {허다}에서 / ㅠ / (yu)의 / y / 앞에서 / ㅎ / 이 / ㅎ / 구개음화에 의해 / ㅅ / 으로 바뀐 후 이중모음 / ㅠ / 가 / ㅜ / 로 단모음화되어 '숭허다'가 된 것이다. 이처럼 어두에서의 / ㅎ / 구개음화 현상은 '심(〈힘), 성님(〈형님), 소자(〈효자), 수지(〈휴지)' 등에서 보듯이 경상도 방언에서는 매우 활발하다.

시궁치다

- 표준어 : 오물어들다
- 품　사 : 동사
- 뜻풀이 : 세차게 끝이 오물어들다.
- 사용 지역 : 경상도

쫓기는 마음! 지친 몸이길래 / 그리운 지평선을 한숨에 기오르면서 / 시궁치는 열대식물처름 발목을 오여쌌다. // … // 다삭어빠진 소라 깍질에 나는 부터왔다 / 머-ㄴ 항구의 노정에

이육사의 시 '노정기'에 나오는 "시궁치는 열대식물처름 발목을 오여쌌다."라는 구절에서의 '시궁치는'을 '시궁창'의 경상도 방언형으로 해석하기도 하는데, 경상도 방언에서 '시궁창'은 명사형이며, 이 명사형에 '-치다'라는 접사가 결합할 가능성은 전혀 없으며, 결합 가능하다고 하더라도 시의 문맥이 전혀 통하지 않는다. 문맥상의 의미는 '세차게 끝이 오물어들다.'로 해석된다.

시들프다

- 표준어 : 고달프다
- 품 사 : 형용사
- 뜻풀이 : 몸이나 처지가 몹시 고단하다.
- 사용 지역 : 경상도

왼데로헤매노라 / 나련한몸으로도 / **시들픈**맘으로도 / 어둔부억에, / 밥짓는 어머니의 / 나보고웃는빙그레웃음! // 〈이기철 편, 이상화전집, 어머니의 웃음, 1982, 116〉

밤새도록, 하늘의꽃바치, 세상으로옵시사비는 입에서나, / 날싹에팔려, 과년해진몸을모시는 흙마루에서나 / 알는이의 조으는숨결에서나, 다시는, / 모든것을 **시들프**게아는, 늙은 마음우에서나, / 어대서, 언제일는지, / 〈이기철 편, 이상화전집, 本能의 놀애, 1982, 170〉

열업슨 이 마음의 / **시들푼** 꿈을 깨이게하기 위하야 / 〈박종화, 흑방비곡, 나는 들으랴 합니다, 1924, 33〉

'시들프다'는 '시들하다'의 경상도 방언으로, '시들하다'에 접미사 '-브-'가 결합한 말이다. '시들프다'는 '대수롭지 않고 또 관심도 없다'라는 매우 독특한 향토적인 의미를 갖는다.

시러베

- 표준어 : 대응 표준어 없음
- 품   사 : 명사
- 뜻풀이 : 말이나 하는 짓이 실답지 못한 사람.
- 다른 방언형 : 시러배
- 사용 지역 : 경상도

그러나 금방 줄행랑을 놓거나 파랗게 질렸어야 옳을 길소개가 젓지게를 내린 자리에서 단 한치도 물러서지도 않았거니와, 드잡이를 하려는 책상물림의 어깨를 촉작대로 툭 쳐내면서 하는 말이, "내 행색이 시방은 천상 젓동이나 지고 도방대처로 떠도는 **시러베** 신세요만 내 진작부터 근본은 서울 오간수다리 밑에 득실거리는 깍정이들의 꼭지딴이었소. 담 두르고 울 치고 사는 입장들이 아니어서 세상에 거칠 것이 없었소. 〈김주영, 객주, 2, 21〉

"며칠 되지 않습니다. 어서 놀이채랑 식대를 놓으셔야 젓장수를 내쫓지요?" "천상 **시러베**장단에 호박죽 끓이게 되었군. 꿈자리가 어지럽더라니. 네 이년, 오늘 식대는 엄대 긋거라." 〈김주영, 객주, 2, 23〉

〈표준국어대사전〉에는 '시러베자식, 시러베아들'이라는 말이 수록되어 있는데, 실없는 사람을 낮잡아 이르는 말이다(예: 돈이야 받았지. 돈 안 받고 일할 시러베자식은 없을 테니까.〈박경리, 토지〉). 경상도 방언에서는 '시러베, 시러배'가 단독형으로 사용되고 있는데, 이는 '말이나 하는 짓이 실답지 못한 사람'을 이르는 말이다.

시뱅

- 표준어 : 지금
- 품   사 : 부사
- 뜻풀이 : 말하는 바로 이때에.
- 다른 방언형 : 시방
- 사용 지역 : 경상도

"묵은 거 버리만 죄받는 거 모리나. 내는 딴 건 바줘도 음식 천시허는 꼴은 몬 본다. **시뱅**맹이로 배지 내밀고 살다가는 망해묵는 거 잠깐이다. 지발 존일 하고 조디 급수 쫌 낮추고 살그래이." 〈이현수, 신기생뎐, 2005, 59〉

"기방의 기생이 화초머리 없는 기사 당연한 기지. 기방 풍속 버리고, 누가 돈 되는 여자장사로 돌아서리야. 세상이 미처 날뛴다고 따라 깝칠 때는 언제고 이제 와서 귀경은 무신 귀경, 억시기 할 일들도 없는갑다. 자네는 **시방** 어데서 오는 길이가?" 〈이현수, 신기생뎐, 2005, 61〉

"국악으로 이름깨나 날리는 사람들도 부용각의 오연분이라카마 깜박 안 죽나. 말 한마디를 해도 따뜻하게 하는 사람이라 배우는 자네들도 재미있을 기다. 있지, 내는 **시방**도 모르겠는 기 타박할매와 마담언니 사인기라." 〈이현수, 신기생뎐, 2005, 63〉

'시방'은 표준어 '지금'에 대응되는 경상도 방언으로 '말하는 바로 이때에'라는 의미이다. '시방'과 함께 '시바이', '시뱅'이라는 어휘도 함께 사용되고 있는데, '시방'에서 /ㅣ/ 모음이 추가되어 나타난 어형이다. 경상도 방언에는 '이매(이마), 가매(가마), 도매(도마)'처럼 어말의 /ㅏ/ 모음이 /ㅐ/로 실현되는 경우가 많은데, 이러한 현상의 일환으로 '시방'이 '시뱅'으로 되었다. 이들 어형이 사용된 예로는 '아이구, 시방 저물어 못 가시고 주무시고 가라고', '시뱅이나 이전이나 손님이 오마 자석을 불러 인사를 씨이요(지금이나 예전이나 손님이 오면 자식을 불러 인사를 시킵니다)' 등을 들 수 있다.

시압씨

- 표준어 : 시아버지
- 품　사 : 명사
- 뜻풀이 : 남편의 아버지.
- 다른 방언형 : 시아바시, 시아배
- 사용 지역 : 경상도

"아따 너거 **시압씨**는 개명했는갑다. 그래 큰며느리가 예배당에 나가믄 선영은 누가 모시노?" 〈박경리, 김약국의 딸들, 1993, 235〉

어쨌든 이순이는 **시아배** 조석이 고마우면서 한쪽으로는 짐도 외었다. 안방 건너방 모두 꼬끌불을 켜고 사는데 혼자 왜기름불을 쓴다는 게 편치 않았다. 〈권정생, 한티재 하늘, 1998, 1, 136〉

'시압씨'는 '시아버지'의 경상도 방언이다. 경상도 방언에서 며느리가 시아버지를 부를 때는 '아부니, 아부님'이라고 하고, 다른 사람에게 '시아버지'를 가리킬 때는 '시아부니, 시아부님', '시아바씨'라고 한다. '시압씨'는 '시아바씨'가 축약된 형이다. '아바씨'는 '압(처음, 시초, 시발)'에 접미사 '-아△／어△'가 결합한 것이다. 표준어 '아버지'는 '압+어△〉아버△'에서 '△'의／△／이／ㅈ／으로 변화하여 '아버지'가 된 것이고, '아바시'는 '압+아△'에서 ／△／〉／ㅅ／ 변화에 의해 '아바시'가 된 것이다. '시아바시'는 '아바시'에 '시(新)'에서 온 '싀'가 결합하여 '싀아바시〉시아바시(이중모음／ㅢ／의 단모음화)'가 된 말이다. '시아바시'에서 축약되어 '시압시'가 된 후 '압'의 종성／ㅂ／에 의해 경음화가 일어나 '시압씨'가 되었다.

심들다

- 표준어 : 힘들다
- 품 사 : 형용사
- 뜻풀이 : ① 마음이 쓰이거나 수고가 되는 면이 있다.
           ② 어렵거나 곤란하다.
- 다른 방언형 : 심드다
- 사용 지역 : 경상도

   지금이사, 말도 마시싱요, 모두 뜨내기판인계로, 늙어서 죽고 의병 나가서 죽고, 조가놈 등쌀에 죽고 쫓겨나고, 옛 얼굴을 보기도 **심드는디**, 무슨 놈의 조석변동인지 땅 임자 작인이 조석으로 베끼니 이래가지고는 마을인들 되겄단 말씨. 〈박경리, 토지, 2002, 7, 18〉

 '심들다'는 '힘들다'의 경상도 방언이다. 경상도 방언은 다른 지역에 비해 어두에서 / ㅎ / 이 / ㅣ / 모음이나 반모음 / y / 앞에서 / ㅅ / 으로 교체하는 / ㅎ / 구개음화 현상이 강한 지역이다. 이러한 / ㅎ / 구개음화 현상에 의해 '형', '힘줄', '흉내' 등이 〔슝〕, 〔심줄〕, 〔슝내〕로 실현된다. '심들다'는 {힘} + {들다}의 합성어인데, '힘'이 / ㅎ / 구개음화의 적용을 받아 '심'이 되어 '심들다'가 되었다. 의미나 쓰임은 표준어 '힘들다'와 다르지 않다.

십겁하다

- 표준어 : 식겁하다
- 품　사 : 동사
- 뜻풀이 : 뜻밖에 놀라 겁을 먹다.
- 다른 방언형 : 시껍하다
- 사용 지역 : 경상도

> 그래 콩 덩걸이 밑에 요래 웅크리고 앉아 있으이께네 비행기가 고만 슬쩍 지내갔어. 아이구, 고만. 들에 댕기다가 그클 **십겁**을 했니더. 〈김점호, 베도 숱한 베 짜고, 1992, 58〉

　표준국어대사전에는 '식겁(食怯)'이라는 말이 수록되어 있는데, 이는 '뜻밖에 놀라 겁을 먹음'이라는 뜻으로 '식겁하다'는 '몹시 놀라다', '혼나다'라는 의미이다. 경상도에서는 '십겁하다, 시껍하다'라고 하는데, 이는 '식겁(食怯)'이 한자어라는 어원 의식이 희박해지면서 발음도 변한 경우에 해당한다. 이러한 유형에 해당하는 변화로 경상도 방언의 '양발'이 있다. 한자어 '양말(洋襪)'의 어원 의식이 약해지면서, 경사도에서는 '양발'이라고 한다.

쌔리삐다

- 표준어 : 때리다
- 품   사 : 동사
- 뜻풀이 : ① 손이나 손에 든 물건 따위로 아프게 치다.
         ② 어떤 물체가 다른 물체에 세차게 부딪치다.
- 다른 방언형 : 쌔리뿌다, 쌔리다, 쎄리다, 쌔리패다
- 사용 지역 : 경상도

'쌔리다'는 표준어 '때리다'에 대응되는 경상도 방언형으로 '쌔리다, 쌔리뿌다, 쌔리삐다, 쌔리패다, 쎄리다' 등의 어형으로 사용되고 있다. '쌔리다'는 음소 / ㄸ / 이 / ㅆ / 으로 대체되어 나타난 어형이고, '뿌다'는 '버리다'의 경상도 방언이다. 표준어에서 보조용언으로 사용되는 '버리다'가 경상도 방언에선는 '삐다, 삣다, 뿌다'로 나타나는데, '쌔리삐다'의 '삐다'가 바로 그러한 예이다(먹어삣다(먹어 버렸다), 잃어뿟다(잃어 버렸다)). {쌔리패다}는 {쌔리다}＋{패다}의 합성어로 '때리다'의 의미가 중복된 말이다.

쌔비리다

- 표준어 : 많다
- 품　사 : 형용사
- 뜻풀이 : 수효나 분량, 정도 따위가 일정한 기준을 넘다.
- 다른 방언형 : 쌨다, 쌔삐리다
- 사용 지역 : 경상도, 전라도

　　요런 싹동머리 없는 자슥! 내가 아무 방책도 없이 이날 입대 살았을까. 이 집이 그리 쉽기 니 손에 굴러떨어질 중 알았나? 하이고, 푸질나기는. 내가 너 겉은 놈을 한두 번 보는 중 아나. 지천에 **쌔비리** 깔렸다. 〈이현수, 신기생뎐, 2005, 135〉

　　"물외하고 꼬치는 **쌔비** 드라마는… 밥 퍼라. 상추는 내사 씩끄꾸마." 〈이문열, 변경, 1992, 4, 174〉

　　'쌨다, 쌔비리다, 쌨삐리다'는 '아주 많다'에 대응되는 방언형으로 경상도와 전라도에서도 두루 사용되고 있다. '쌨다'는 '쌓이다'와 관련이 있는 것으로 보인다. 즉 '쌓이어 있다'라는 말에서 모음 사이의 후음인 /ㅎ/이 탈락하고 모음축약의 과정을 거쳐 '쌨다'가 되었다(쌓이어있다〉싸이어있다〉쌔어있다〉쌨다). 곡식이 쌓이어 있으면 '아주 많다'라는 의미와 연관이 되기 때문이다.

쌤지

- 표준어 : 수염
- 품　사 : 명사
- 뜻풀이 : ① 성숙한 남자의 입 주변이나 턱 또는 뺨에 나는 털.
  　　　　② 동물의 입 언저리에 난 뻣뻣한 긴 털.
  　　　　③ 보리나 밀 따위의 낟알 끝에 가늘게 난 까끄라기. 또는 옥수수의 낟
  　　　　알 틈에 가늘고 길게 난 털.
- 다른 방언형 : 씸지, 세미, 세에미
- 사용 지역 : 경상도

"이거 참말로 사람 웃기네. 할애비 손자 귀에하다 보믄 **쌤지** 다 쥐뜯긴다 카디 이기 바로 그 꼴 아이가? 세대교체, 세대교체 캐샀디, 우예 삼빡한 맛 은 몬 비주고 늙다리들 더러븐 술수부터 먼저 쓰노? 〈이문열, 오디세이아 서울, 1993, 1, 217〉

　'쌤지'는 '수염'의 경상도 방언이다. 경상도 방언에서 '수염'을 뜻하는 어휘는 '수엄, 쑤움, 시엄, 씨염, 씨엄, 씨임, 시암, 세암, **쎔**, 쌤지, 씸 지, 세미, 세에미' 등으로 다양하게 나타나고 있다. '수염'형과 '쌤지'형, '세미'형이 있다. 이와 함께 표준어 '턱수염'에 대응되는 경상도 방언어 휘에는 '구리쉬염, 우에쉬염, 우시암, 우쩨엠, 우쎔, 우씨엄, 우씸지, 웃쉠, 코시엄' 등이 있는데 {우(上)}＋{수염}의 합성어 형태가 많이 나타난다. 표준어와 마찬가지로 사람, 동물의 털, 옥수수의 털에도 사 용되는 어휘이다.

쎄가리

- 표준어 : 서캐
- 품　사 : 명사
- 뜻풀이 : ① 이목의 곤충을 통틀어 이르는 말. 몸의 길이는 1~4mm이고 편평한
　　　　　　방추형이다. 날개는 없고 머리 양쪽에 홑눈이 한 개씩 있다. 사람의
　　　　　　몸에 기생하면서 피를 빨아 먹는다. 잇과, 짐승닛과, 털닛과 따위가
　　　　　　있다.
　　　　　② ①의 알.
- 다른 방언형 : 씨가리, 쎄, 쐐, 세가리, 쎄기, 쎄카리, 서기, 서구, 세기, 헤기, 서
　　　　　　　카리, 시카리, 새카리, 새카리, 새가리, 시가리, 씨가리, 새가지, 쎄
　　　　　　　갱이, 시갱이, 히가리, 헤가리
- 사용 지역 : 경상도

> "옥경이 학교 가기 전에 머리 좀 빗고 가라. 걸뱅이 아 맨치로 **쎄가리**가 하
> 얗더라. 참빗 당시게 안에 있으니 매매 빗으믄 된다. 〈이문열, 변경, 1989, 2, 217〉

　경상도 방언의 '쎄가리'는 표준어 '이'에 대응된다. 흔히 '쎄가리'가
표준어 '서캐'의 경상도 방언으로 알려져 있지만, 표준어 '서캐'는 '이의
알'을 뜻하므로 표준어 '서캐'와 '쎄가리'가 대응되는 것은 아니다. 경상
북도와 경상남도에서 사용되는 방언형은 조금 차이를 보이는데, 경상
남도에서는 '씨가리, 쎄, 쐐, 쎄가리, 쎄기, 쎄카리'와 같이 / ㅅ / 이 어
두경음화된 / ㅆ / 어형이 많이 나타나고, '쎄, 쐐' 형도 사용되고 있다.
경상북도에서는 '서기, 서구, 세기, 헤기, 서카리, 시카리, 새카리, 새
카리, 새가리, 시가리, 씨가리, 새가지, 쎄갱이, 시갱이, 히가리, 헤가
리' 등 대부분 어두경음화가 일어나지 않은 / ㅅ / 음소로 나타나고 있
고, '서캐'에서의 / ㅋ / 음소가 살아있는 어형도 많이 나타난다. 특이하
게 '히가리', '헤가리'처럼 / ㅅ / 이 / ㅎ / 으로 교체된 형태도 나타난다.

쎄기

- 표준어 : 속히
- 품   사 : 부사
- 뜻풀이 : 지체없이 빨리.
- 다른 방언형 : 버뜩, 벌름, 세기, 시기, 쌔기, 싸구, 쌔끼, 썩기, 퍼덕, 홀케, 속히
- 사용 지역 : 경상도

억아, 집에 **쎄기** 가야지, 왜 배깥으로 돌아댕길라 하노? 〈권정생, 한티재 하늘, 1, 222〉

고서방은 돌아가면서 "아아들 어디 있는지 알그덩 **쎄기** 기빌해 주소." 했다. 〈권정생, 한티재 하늘, 2, 122〉

아이구 서방님예. / **쎄기쎄기** 쌕안경 벗읍시더. 예? / 쌕안경 없이 그 시절은예 / 서로 믿어 / 아름다분 시상, / 말가이 다 비칭어예. 〈정숙, 쎄기쎄기 벗어예?, 신처용가, 18〉

새키 가서 니 매형을 데리고 오너라. 그러는 기이 좋겄다. 〈박경리, 토지, 14, 292〉

이엉을 갈아야겄다! 색히 이엉을 엮어서 치버지기 전에 이엉을 갈아야겄다! 〈박경리, 토지, 2, 125〉

연이 니는 **색히** 뒷부석에 가서 사자밥부터 안치라. 한두 분 당하는 일도 아니겄고 전후 할일이사 뻔한 것 아니가. 길상이는 머 하고 있노? 운다고 죽은 사램이 살아오나. 〈박경리, 토지, 3, 232〉

> 여자들이 아무리해도 남자들겉이 생각이 안 깊으다. 쇠뿔은 단김에 빼더라고 그라문 **색히** 가 봐라. 〈박경리, 토지, 8, 310〉

‘쎄기’는 ‘빨리’에 해당하는 경상도 방언이다. 이는 ‘걸음이 재빠르다’는 의미의 ‘싸다’가 경상도에서 빠르다는 의미로 의미 확장이 되어 쓰인 것으로 보인다. ‘싸다’의 부사형 ‘싸게’가 주로 쓰이는데, ‘싸게’에서 /ㅔ/〉/ㅣ/가 적용된 ‘싸기’나 여기에서 다시 /ㅣ/ 모음 역행동화된 ‘쎄기/쌔기’ 형도 나타난다. 경상도 방언에서는 /ㅔ/와 /ㅐ/가 별별되지 않기 때문에 ‘쎄기’와 ‘쌔기’는 단순히 표기가 다른 것일 뿐 실제 발음은 같다.

쎄우다

- 표준어 : ① 우기다
            ② 고집하다
- 품 사 : 동사
- 뜻풀이 : 억지를 부려 제 의견을 고집스럽게 내세우다.
- 다른 방언형 : 씨우다, 쌔우다, 쌔아다
- 사용 지역 : 경상도

그거야 첨부터 내가 안 캤나? 그런데 니가 학교를 해야 한다미 **쎄와** 서울에 놔뚜고 온 기제. 글치만 각중에 와? 거다가 일껀 시작했는 학교는 우야고? 인자 2학년도 다 마쳤으이. 한 학년만 더하믄 되는데 〈이문열, 변경, 1996〉

이거는 **쎄울** 일이 아이라카이, 니 몸이 어떤 몸인지나 아나? 니 하나 잘못되믄 우리 집은 고마 파이라 저 어린 남매나 이 늙어가는 에미가 모도 니 하나 의지해 산다꼬 〈이문열, 변경, 1996, 4, 193〉

명훈이기 **쎄워** 마지못해 보내기는 했다마는 나는 하마 네가 중학 간다고 나설 때부터 반 마음에도 안 찼더랬다 〈이문열, 변경, 1996〉

'쎄우다'는 '우기다'에 대응하는 경상도 방언이다. 주로 경남지역에서 사용된다. '쎄우다'의 의미는 자신의 뜻이나 의견 따위를 강하게 주장하다는 의미로, 그 어형을 '세우다'에서 찾을 수 있다. '세우다'는 동사 '서-'에 사동접사 '-이-'와 '-우-'가 이중으로 결합된 어형이다.

쎅이다

- 표준어 : 속이다
- 품　사 : 동사
- 뜻풀이 : ① 남의 거짓이나 꾀에 넘어가게 하다.
　　　　　② 어떤 것을 다른 것으로 잘못 알게 하다.
- 다른 방언형 : 쌕이다, 쐐기다, 쏵이다, 쏘쿠다
- 사용 지역 : 경상도

"듣다보이 니 말에 까시가 있는 거 겉네. 기생집이 우때서? 우리가 도적질을 해묵고 사나, 남을　이기를 하나, 으이! 구린 돈 아이고 땀 흘리 번 돈이마 됐지. 유진암도 유진암이다. 직업에 무신 귀천이 있다고 평생 그 난리를 치고 사는동. 그기 말카 허욕인 둥도 모리고." 〈이현수, 신기생뎐, 2005, 62〉

　'쎅이다'는 표준어 '속이다'에 대응되는 경상도 방언이다. 유사한 형으로 '쌕이다, 쐐기다, 쏵이다'가 있다. '쎅이다'는 '속이다'에서 / ㅣ / 모음 역행동화가 일어나 '쇡이다'가 되고, / ㅚ / 〉/ ㅔ / 변화와 / ㅔ / 〉/ ㅖ / 의 단모음화 및 어두경음화에 의해 '쎅이다'가 되었다. '쎅이다', '쌕이다', '쏵이다'는 '쎅이다'와 표기가 다를 뿐 실제 발음은 같다. '쎅이다' 자체가 이미 사동형이지만, 이중으로 사동접사를 결합시킨 '쏘쿠다(속게 하다)'도 있다. '쏘쿠다'는 '{속-}＋{-히-}＋{-우-}＋{다}'의 결합으로 '소키우다〉소쿠다'의 변화를 겪은 것이다.

쏙닥하다

- 표준어 : 조용하다, 단출하다
- 품　사 : 형용사
- 뜻풀이 : 분위기가 조용하고 단출하다.
- 다른 방언형 : 속닥하다
- 사용 지역 : 경상도

> 일 년에 한 번, 이렇듯 채련이를 **쏙닥하게** 만날 장소가 주어진 것만도 오감한 줄 알고. 아무리 저력 있는 물귀신이라도 마음보를 곱게 서야 저승에서도 대접받는데이. 〈이현수, 신기생뎐, 2005, 54〉

　경상도 방언어휘에는 '속닥하다, 쏙닥하다'라는 형용사가 있는데, '분위기가 조용하고 단출하다'라는 의미이다. 〈표준국어대사전〉에는 '속닥거리다'가 등재되어 있는데, 이는 '자꾸 속닥속닥하다'라는 의미를 가진 말로 경상도 방언인 '속닥하다, 쏙닥하다'와는 의미상 차이가 있다. 예로 '속닥하이 우리끼리 놀재이'를 들 수 있는데, 이는 '단출하고 떠들썩하지 않게 둘이서 놀자'라는 말이다.

쑤새방티

- 표준어 : 대응 표준어 없음
- 품　사 : 명사
- 뜻풀이 : ① 헝클어지고, 정리되지 않은 모양이나 모습.
　　　　　② 지저분하고 깨끗하지 않은 모양이나 모습.
　　　　　③ 못생긴 모양이나 모습.
- 다른 방언형 : 쑤새
- 사용 지역 : 경상도

> 　나를 볼 땐 볼똑하니 송곳눈을 뜨고 노려보면서 놈은 어디가 그리도 좋은지 밥 먹는 데 복이 소복소복 붙었다며 타박네는 놈만 보면 연방 쭈그러진 입을 벌리고 흥흥거린다. 보고 또 봐도 **'쑤새방티'**처럼 생겼건만. 〈이현수, 신기생뎐, 2005, 119〉

　경상도에서는 '헝클어지고 정리되지 않은 모양'이거나 '지저분하고 깨끗하지 않은 모습', '미운 모양'을 보고 '쑤새방티 같다'라는 표현을 쓴다. 대상에 대한 반감이 드러난 표현으로 {쑤새} + {방티}의 합성어이다. '쑤새'는 '수세미'의 경상도 방언형이고, {방티}는 두 가지 정도의 의미가 있다. 경상도 방언에서 '방티'는 '엉덩이'를 뜻하기도 하고, '넓은 그릇, 바구니'를 뜻한다. '방팅이장사'는 '넓은 판에 물건을 올려놓고 파는 노점상'을 뜻한다. '방티'와 유사한 '밥팅이'도 있는데, 이는 '밥이나 음식을 많이 먹고 우둔하게 생긴 사람'을 이르는 경상도 방언이다.

씨게다

- 표준어 : 시키다
- 품 사 : 동사
- 뜻풀이 : ① 어떤 일이나 행동을 하게 하다.
          ② 음식 따위를 만들어 오거나 가지고 오도록 주문하다.
- 다른 방언형 : 씨기다, 시기다
- 사용 지역 : 경상도

"아아들 학비, 학비 카지마는 학교 안 **씨겐** 집은 또 왜 그래 쪼무래 들었노? 전부 일 때문이라. 장죽 물고 뒷짐지고 구경만 하던 농사, 세월만 바뀐다고 저절로 지에 지나? 〈이문열, 변경, 1992, 4, 67〉

"나는 여기서 뼈빠지게 일해고 아들 하나 고등학교도 못 **씨기는**데 말이라. 글치만 인자 너어가 또 여다 내리온 걸 보이 암만 캐도 그때 너어 할매 어매가 다 못 문 그 값 물로 온갑다 〈이문열, 변경, 1992, 4, 147〉

"아이, 저년이 저게 뭐라 카노? 두 눈 처억 내리깔고 유식떠는 골, 그거야 참말로 대국년도 못 봐줄따. 오이야, 말해봐라. 세상에 뭐 어예 달라졌노? 암탉이 장탉되고 촌년 바람나 서울 가믄 대통령도 **씨게주는** 세상이 왔드노?
〈이문열, 변경, 1992, 4, 258〉

"철이 학교차례라. 아이 생빚을 얻더라도 먼저 **씨게야** 하는 게 철이 학교라꼬." 〈이문열, 변경, 1992, 4, 256〉

"차암 내, 못 가지고 이래 쌓노 캤디, 그 얘기구나. 글치만 어느 미친 기 물밑 들여다보듯 훤한 이 바닥에서 대낮에 하이야 대절에 호양질하겠읍니꺼? 옥이 어무이 친정 동생이 밀양 구경 **씨게달라** 캐쌓길래 서이 같이 한 번 가본

걸 가지고…"〈이문열, 변경, 1989, 2, 270〉

　'씨기다, 씨게다, 시기다'는 '시키다'의 경상도 방언형이다. '씨게다'는 '씨기다'의 명령형 '씨기어라'의 축약형 '씨겨라'에 / ㅕ / 〉 / ㅔ / 현상이 적용되어 '씨게라'가 된 것을 {씨게-＋{-라}로 잘못 분석하여 '씨게-'를 하나의 어간으로 인식하게 된 경우라고 할 수 있다. 경상도 방언에서 / ㅕ / 〉 / ㅔ / 는 '며느리〉메느리', '겨울〉게울'에서 보듯이 활발하게 나타나는 특징적인 음운 현상이다. '시기다'보다는 '씨기다, 씨게다'처럼 어두경음화된 형태가 많이 사용된다. 권정생의 〈한티재 하늘〉에서도 위의 방언형이 나타나고 있다. "일도 글케나 많이 씨게지 마고 밤에 군불도 뜨시게 때 주래이(일도 그렇게나 많이 시키지 말고 밤에 군불도 따뜻하게 때 주세요)."

씨부리다

- 표준어 : 시부렁거리다
- 품   사 : 동사
- 뜻풀이 : 주책없이 쓸데없는 말을 함부로 자꾸 지껄이다.
- 다른 방언형 : 시부리다, 시버리다, 씨부러 쌌다, 시부리 샇다
- 사용 지역 : 경상도

"와 한입에서 나온 거맨치로 그 따우 소리 **씨부러 쌌는지** 내 다 안다꼬. 아무따나 대고 말로 씨부리믄 다 말인 줄 알고- 가마이 볼라 카이 눈에 불이 콱콱 나네. 〈이문열, 오디세이아 서울, 1993, 1, 188〉

"지지난 주에 부산 갔디 자갈치 시장에 막일하는 놈아들까지 괴기 찍은 쇠갈꼬랭이로 좌판을 콱콱 찍으면서 **씨부리 쌌더라고요.** 이누묵 새끼들. 이번에 또 우리 와엣쓰 엿미기 봐라. 〈이문열, 오디세이아 서울, 1993, 1, 188〉

표준어 '시부렁거리다'에 대응되는 경상도 방언에는 '시부리다, 시버리다, 시부리 샇다, 씨부리다, 씨부리 쌌다.' 등이 있다. '시부리다'는 '주책없이 쓸데없는 말을 함부로 자꾸 지껄이다'는 의미인데, 예를 들면, '머로 실대없이 밤낮으로 자꾸 시버리쌓노?(뭐 하러 쓸데없이 밤낮으로 자꾸 시부렁거리니?)'를 들 수 있다. 경상도에서는 본용언 뒤에 '샇다, 쌌다'라는 말을 자주 사용하는데, '씨부러 쌌다, 먹어 쌌다, 해 쌌다' 등이 그것이다. 이는 '행동의 반복'이라는 의미를 더해 주는 것으로 결국 본용언에 대한 강조의 의미를 더한다.

아래

- 표준어 : 그저께
- 품 사 : 명사
- 뜻풀이 : 어제의 전날, 때로는 가까운 며칠 전을 뜻하기도 함.
- 사용 지역 : 경상도

> 기집이 사나하고 눈만 마차도 서방질이라꼬? / 우짜고! **아래** 화전놀이에서 갈쌈해서 / 뚝 기생 오라비겉은 장구쟁이하고 눈마차뿟는데 / 〈정숙, 신처용가, 눈마찼다고예?1996, 83〉
>
> **아래** 추석에도 왔길래 내가 그랬니더. "기중 니가 고생 마이 했다" 이름이 순한데, 밑에 아아덜도 그러지. "언니가 기중 고생 마이 했다"꼬. 〈김점호, 베도 숱한 베 짜고, 1992, 20〉
>
> **아래도** 야들 삼촌이 추석에 산소 가 제살 지냈는데- 산소가 바로 우리집 뒤에 있거든요- "가직혼 산소에 날마중 한달에 두 번은 못가고 세 번은 못가느냐"고, "어째 그래 안가느냐"꼬, "제사 지냈다고 안 가는가"그래. 〈성춘식, 이부 자리 피이 놓고, 1992, 81〉

'아래'는 중부방언의 '그제, 그저께'에 해당하는 경상도 방언이다. 실제 발음은 〔아:래〕처럼 장모음이다. 시간 계열어가 중부방언에서는 '긋그제-그제-어제-오늘-내일-모래-글피-그글피-그그글피'와 같이 연쇄배열을 보이는데 비해, 경상도에서는 상이한 어휘 대립체계를 보여주고 있다. 경북은 '저아래-아래-어제-오늘-내일-모래-저모래', 경남은 '그제-아래-어제-오늘-내일-모래-저모래'와 같은 배열을 보이고 있다. 경북지역이나 경남지역에서는 시간 계열어가 오늘을 기준으로 하여 전, 후 3일까지만의 개념이 분화되어 있을 뿐이다. 곧 '긋그제, 그글피, 그그글피' 등은 계열관계의 체계적인 빈자리를 보인다. 아울러 그 대립 명칭도 '저-', '그-'가 붙은 다른 지역의 대립체계에 비해 훨씬 간단하고 단순한 체계를 보여주고 있다.

　강원도에서도 '아래'라는 방언형이 쓰이고 있는데 이는 '어제'라는 의미로 경상도에서 사용되는 것과는 다르다.

아르키다

- 표준어 : 가르치다, 가리키다
- 품　사 : 동사
- 뜻풀이 : ① 지식이나 기능, 이치 따위를 깨닫거나 익히게 하다.
  ② 그릇된 버릇 따위를 고치어 바로잡다.
  ③ 손가락 따위로 어떤 방향이나 대상을 집어서 보이거나 말하거나 알리다.
  ④ 어떤 대상을 특별히 집어서 두드러지게 나타내다.
- 다른 방언형 : 알키다, 갈치다, 갈키다
- 사용 지역 : 경상도

"아시면 그이 있는 데 **아르켜 주시이소**." 남자는 대꾸없이, "봉화가 어디요." 하고 묻는다. 〈박경리, 파시, 1998, 74〉

"아무튼 들어오시라고 해야지. 여기까지 찾아오신 분을." "병원만 **아르켜달** 라고 오복같이 안 쪼웁니꺼. 아무리 그렇다고⋯⋯ 〈박경리, 파시, 1998, 82〉

　경상도 방언의 '아르키다'는 표준어 '가르치다'와 '가리키다'를 아우르는 의미의 단어이다. 즉 경상도 방언에서는 '가르치다'의 의미로도 '아르키다'를 사용하고, '가리키다'의 의미로도 '아르키다'를 사용한다. 그렇기 때문에 '아르키다'가 '가르치다'의 의미인지 아니면 '가리키다'의 의미인지는 문맥을 통해 파악할 수밖에 없다. '아르키다'가 '가리키다'의 의미로 사용된 예는 '손가락이 어딜 알키는지 모르것다(손가락이 어디를 가리키는지 모르겠다)'이고, '가르치다'의 의미로 사용된 경우는 '머라 캤는지 나한테도 좀 알키 도(뭐라고 했는지 나한테도 좀 가르쳐 줘)'이다. '아르키다'의 축약형으로 '알키다'가 있다. 그리고 '가리키다'의 축약형으로 보이는 '갈키다'와 '갈키다'에서 /ㅋ/이 구개음화된 '갈치다'도 있다. '아르키다'와 '알키다'에서는 왜 /ㄱ/이 탈락했는지 그 이유를 설명하기는 어렵다. '알키다'는 '알게 하다'의 의미로도 사용되는데, 다음의 예가 바로 그러한 경우이다. 시어망이한테는 알키지도 않고 말이지(시어머니한테는 알게 하지도(알리지도) 않고 말이지).

아무따나

- 표준어 : 함부로
- 품　사 : 부사
- 뜻풀이 : 조심하거나 깊이 생각하지 않고 마음 내키는 대로 마구.
- 다른 방언형 : 아무따:나, 아문따나, 아무케나, 마구
- 사용 지역 : 경상도

> 니 요새 흔한 거 보고 그 책 **아무따나** 생각하지 마래이. 순조때까지 그저 찍는 사람은 목숨을 걸어야 했고 읽는 사람까지 성찮았데이. 요새 말로 불온 서적이라도 그런 불온 서적이 없었제. 뿐이가? 여암 할배가 죄적에서 풀리고 시호 도로 찾은 게 겨우 고종 때라. 그때까지 만고에 대역죄인이 돼 있었단 말이따. 참말로 눈알이 빠져도 그만하기 다행이제, 그대로 합방돼 조선 망했으믄 어엘 뿐 했노? 박정희한테 가서 풀어달라 칼 수도 없고… 〈이문열, 변경, 1998, 12, 48〉

‘아무따나’는 ‘함부로, 아무렇게나’ 등에 해당하는 경상도 방언이다. ‘아무따나’와 함께 ‘마구’가 널리 쓰인다. ‘아무따나’는 ‘아무런 다나’에서 /ㄴ/ 뒤 경음화가 일어나고 축약되면서 ‘아무따나’로 어형성이 이루어진 것이다.

아부니

- 표준어 : 아버님
- 품   사 : 명사
- 뜻풀이 : '아버지'의 높임말.
- 다른 방언형 : 아부님, 아분님
- 사용 지역 : 경상도

처음으로 한실댁이 입을 열었다. "**아부니**는 소청이 집에 사신다믄요?" " 다 울화 때문이지." "와요, 딸들 땜에요." 〈박경리, 김약국의 딸들, 1993, 234〉

용옥은 꽃이 떨어지지 않게 조심하며 방아 잎을 뜯는다. "곧 서리가 내릴 긴데 꽃이 아직 있구마." 어느새 왔는지 서영감이 뒤에서 말을 걸었다. "예, 아부니." 용옥은 일어섰다. 서영감은 며느리 곁으로 바싹 다가서며 〈박경리, 김약국의 딸들, 1993, 251〉

"**아부니**, 지 친정에 다녀올랍니더" 하고 방문 밖에서 말을 했다. 〈박경리, 김약국의 딸들, 1993, 253〉

"**아부니**, 저 간창골에 좀 다녀오겠임더." 예배당에 가는 것은 아주 싫어하지만 친정에 가는 일에는 관용했던 서영감이 오늘 따라 상을 찌푸린다. 〈박경리, 김약국의 딸들, 1993, 350〉

"아니 가야제. 기수대련님도 수학여행 가고 **아부니**가 어서 오라 하드라. 용란이 생이 밥묵드나." 〈박경리, 김약국의 딸들, 1993, 351〉

'아부니'는 '아버님'의 경상도 방언이다. '아부니'의 형성 과정은 {압} + {-어니}(접미사)로 추정된다. 이때 '압'은 '앞'의 뜻으로 '가정에서 제일 처음 가는 사람' 또는 '어른을 높인 말', '뒤에 많은 가족을 거느리는 사람'이라는 뜻으로 추정된다. 그리고 '-어니'는 '어머니(《{엄}+{-어니})'의 접미사 '-어니'로 보인다. 그리하여 {압}+{-어니}에 의해 '아버니'가 되고, '버'의 / ㅓ / 모음이 / ㅂ / 아래에서 원순모음화되어(/ ㅓ /〉/ ㅜ /) '아부니'가 되었다. 또 한 가지 가능성은 '아버님'에서 원순모음화되어 '아부님'이 되고, 이어 '님'의 말음 / ㅁ / 이 탈락했다고 보는 것인데, 이는 여타의 경우에 '님'의 말음 / ㅁ / 이 탈락하는 경우가 없다는 점에서 어려움이 있다. '아부니'는 '아버님'과 마찬가지로 위 예에서 보듯이 호칭과 지칭 모두에 쓰인다.

아재비

- 표준어 : 아저씨
- 품 사 : 명사
- 뜻풀이 : ① 부모와 같은 항렬에 있는 남자를 이르는 말.
         ② 결혼하지 않은, 아버지의 남동생을 이르는 말.
         ③ 남남끼리에서 남자 어른을 예사롭게 이르는 말.
- 다른 방언형 : 아재
- 사용 지역 : 경상도

형님뻘 나이인 봉기에게 공대는커녕 심히 업신여기는 투로 칠성이는 내뱉는다. "아아니 이눔으 자석아, 아재비보고, 허 참, 저눔우 말버르장머리 보게? 오냐오냐 한께로 손자가 할애비 수염 어짠다 카더마는, 다 철이 없이 하는 짓을 셈찬 **아재비**가 참아야제. 요기는 좀 안 할라나? 죽이 누구름하고 달다." 〈박경리, 토지, 1994, 1, 67〉

"와 아니라. 그때는 갓 쓰고 도포 입고 인물이 훤하더마는 지금은 영 숭업게 됐구마." "옷이 망했네. 까매귀가 보른 **아재비**라 안 카겠나." "제비가 보른 할아배야 하겠다." 킬킬 웃는다. 〈박경리, 토지, 1994, 1, 140〉

'아재비'는 '아저씨'의 경상도 방언이다. '아저씨'는 부모와 같은 항렬에 있는 남자 중에서 아버지의 친형제를 이를 때는 사용하지 않는 데 비해, '아재비'는 아버지의 친형제 중에서 동생에 해당하는, 즉 삼촌을 이를 때도 사용한다는 점에서 차이가 있다. 다만 아버지의 형인 큰아버지를 이를 때는 사용할 수 없다. '아재비'에 대응되는 중세국어 어형은 '아자비'이다(네 아자비는 어느 말미로 머리터리 옷ㄱ투리오(네 아저씨는 어떤 이유로 머리털이 옷같으냐〈두시언해, 1482, 8:31〉, 아자비 슉(叔)〈석봉천자문, 1583, 15〉). 어원적으로 '아재비'는 {앗}＋{아비}의 합성어이고, '앗'은 '次'의 의미를 가진 고유어이다. 중세국어 '아자비'에서 /ㅣ/ 모음 역행동화를 겪어 현재의 '아재비'가 되었다.

아지매

- 표준어 : 아주머니
- 품 사 : 명사
- 뜻풀이 : ① 남남끼리에서 결혼한 여자를 예사롭게 이르는 말.
          ② 부모와 같은 항렬의 여자를 이르는 말.
- 다른 방언형 : 아주무이, 아지마이, 아지마씨, 아짐씨
- 사용 지역 : 경상도

용란이가 혼자 궁리를 하고 있는데, "**아지매**요! **아지매**요!" 분순이가 수선스럽게 부른다. '와아?' 〈박경리, 김약국의 딸들, 1993, 290〉

"**아지매**요, 어떤 남자가 왔임더." 〈박경리, 김약국의 딸들, 1993, 291〉

한실댁은 손을 씻으며 화른 낸다. "**아지매**가 계셨입니더." "쯧쯧……언제나 철이 날꼬. 너거 **아지매**는 본시 살림할 줄 모르는 사람이니께 분순이니가 장무새 같은 것 단속을 잘해라." 〈박경리, 김약국의 딸들, 1993, 260〉

용옥은 미처 인사도 하지 않고 도망치듯 나온다. "**아지마씨**! **아지마씨**!" 김 씨가 쫓아왔다. 그리고 용옥 옆에 다가서며, 〈박경리, 김약국의 딸들, 1993, 364〉

"그래. 구멍가게 **아주무이**가 카는데 웬 낯선 사람이 우리집을 묻더란다. 또 쌀가게 아저씨도 카는데 어제 오후에 웬 신사가 우리집을 찾드라 카데. 글치만 종일 방안에 있어도 내한테는 아무도 안 왔더라." 〈이문열, 변경, 1992, 1, 23〉

'아지매'는 '아주머니'의 경상도 방언인데, 그 의미나 쓰임은 표준어 '아주머니'와 조금 차이가 있다. '아지매'는 경상도 방언뿐만 아니라 강

원도 방언에서도 나타난다. 표준어 '아주머니'는 남자가 같은 항렬의 형뻘이 되는 남자의 아내를 이를 때, 그리고 형의 아내, 손위 처남의 아내를 이를 때도 쓰이지만, '아지매'는 이런 관계에서는 쓰이지 않는다. '아지매'는 결혼한 남의 여자 또는 부모와 같은 항렬의 여자를 이를 때만 쓰인다. 후자의 경우에도 친가쪽의 부모 항렬의 여자 가운데서 3촌에 해당하는 큰어머니, 작은어머니를 '아지매'라고는 하지 않으며, 고모를 '아지매'라고 하지도 않는다. 주로 '5촌 아지매', '7촌 아지매'처럼 5촌 이상의 아버지 항렬의 여자를 이를 때 쓰인다. 반면 외가쪽의 경우에는 3촌에 해당하는 '외숙모'를 '외아지매'라고 하여 친가와 차이를 보인다. 하지만 이모를 '아지매'라고 하지는 않는다.

'아지매' 외에 '아주무이'라고도 하는데, '아주무이'는 '아주머니'에서 모음 사이의 / ㄴ / 이 탈락하고, '머'가 원순모음화 된 결과이다(아주머니>아주머이>아주무이). 그리고 '아주마씨', '아짐씨'는 '아저씨'에 유추된 결과이다. '아지매'의 중세국어 어형은 '아ᄌᆞ미'이다(門의 드디 말며 아ᄌᆞ미와 ᄆᆞᆮ누의와 아ᅀᆞ누의와 ᄯᆞᆯ왜(문에 들지 말며 아주머니와 맏누의와 아우누의와 딸과)〈내훈언해, 1475, 1:24b〉, 아이 ᄃᆞ라가 아ᄌᆞ미 뉴시ᄃᆞ려 닐어늘(아이 달려가 아주머니 유씨에게 이르거늘)〈삼강행실도, 1471, 열녀, 28a〉).

아지뱀

- 표준어 : 아주버니
- 품　사 : 명사
- 뜻풀이 : 남편과 항렬이 같은 사람 가운데 남편보다 나이가 많은 사람을 이르는
　　　　 말.
- 다른 방언형 : 아재앰, 아주버임, 아주바님, 아지맴, 아재
- 사용 지역 : 경상도

> "그래 **아주버임**은 어디 기시노? 작년 봄에 대련님을 찾아 애가 마르디." 〈이
> 문열, 변경, 1998, 7, 44〉
>
> "야야, 니가 어쩔라고 저런 학생을 처억 받아들이노? 말동이 **아지뱀** 일로
> 디이지도 안했나? 난 또 누구라꼬. 미군 부대 친구라 캐서 태무심 했디, 안
> 될따. 저녁만 믹이 보내라. 밤길로 되짚어나가 진안에라도 자고 딴 데로 천
> 장 만장 달라빼라 캐라." 〈이문열, 변경, 1998, 7, 137〉

　　표준어 '아주버니'에 대응되는 경상도 방언에 '아지뱀, 아재앰, 아지
버임, 아주바님' 등이 있는데, '아지버임, 아주바님'은 높임의 표현이
다. 표준어에서 '아재'는 '아저씨, 아주버니'의 낮춤이라고 등재되어 있
지만, 경상도에서 '아재'는 '결혼하지 않은 삼촌'을 의미하는 말이다.
결혼을 하고 나면 '작은아버지' 또는 '숙부'라고 해야 한다. '아지뱀'에
대응되는 말로 '아주머니나 숙모를 높여 부르는 말'인 '아지맴'도 함께
사용되고 있다. 이와 유사한 '아지매'는 '일반적으로 결혼한 여성을 일
컫는 말'이다.

악바리

- 표준어 : 입, 아가리
- 품　사 : 명사
- 뜻풀이 : '입'을 속되게 이르는 말.
- 다른 방언형 : 주디, 주둥바리
- 사용 지역 : 경상도

"저년 저거 째진 **악바리**(아가리)라꼬 말하는 거 함 봐라. 사람을 들볶는다 꼬? 그기 어예 어마이한테 할 소리고? 그래 네가 가마이 있는데 니를 들볶드 나?" 〈이문열, 변경, 1992, 4, 158〉

"한번도 해보지 않아서……통 자신이—" "저기 뭐라 카노? 그것도 말이라 고 **악바리**(아가리) 놀리나? 나이 스물둘씩이나 처먹은 게 다듬이질도 못 한 다이……" 〈이문열, 변경, 1992, 4, 176〉

영희가 내친 김에 거기까지 대꾸했을 때였다. "이년, 그 더러운 **악바리** 못 다물라?" 〈이문열, 변경, 1992, 4, 177〉

명훈을 매섭게 홀기며 그렇게 입을 막은 어머니가 금새라도 불꽃이 일 듯 한 눈길을 영희에게로 돌리며 악쓰듯 퍼부었다. 야, 이년아, **악바리**(아가리) 못 닫을라? 듣자둥자 하이, 뭐시라? 〈이문열, 변경, 1992, 4, 256〉

'악바리'는 '입'을 속되게 이르는 경상도 방언이다. '성미가 깔깔하고 고집이 세며 모진 사람'을 뜻하는 표준어의 '악바리'와는 음은 같지만 기원적으로나 의미적으로나 관련이 없다. '악바리'는 입을 뜻하는 '악' 에 접미사 '-바리'가 결합한 것이다({악} + {-바리}). '-바리'와 동일한 기원의 접미사로 '-아리'가 있는데, '-바리'가 '-아리'보다 앞선 시기의 어형이다. 즉 이들의 기원적인 형은 '-ᄫᅡ리'였고, ᄫ>w에 의해 '-아리' 가, ᄫ>ㅂ에 의해 '-바리'가 된 것으로 추정된다. '-아리'가 결합한 파생 어로는 '태가리({턱}＋{-아리}), 귓구마리({귀}＋{구무}＋{-아리}), 콧구마리({코}＋{구무}＋{-아리})' 등이 있다. 각각 '턱', '귓구멍', '콧 구멍'에 대응되는 방언이다. '입'을 속되게 이르는 말로 '악바리' 외에도 '주디', '주둥바리'가 있다. 이는 각각 '주둥이', '주둥아리'에 대응된다. '주디'는 '주둥이'에서 / ㅣ / 모음 역행동화를 겪어 '주뒹이'가 되고, 여 기에 이중모음 / ㅟ / 가 / ㅣ / 로 단모음화되면서 음절 축약이 일어난 것이다(주둥이>주뒹이>주디이>주디:). 그리고 '주둥바리'는 {주둥}＋ {바리}의 구성이다.

안들

- 표준어 : 아내
- 품　사 : 명사
- 뜻풀이 : ① 혼인하여 남자의 짝이 된 여자.
  　　　　② 여자아이.
- 다른 방언형 : 각시, 마누라, 기집, 지집, 집엣사람, 처, 안사람, 안주인, 에편네
- 사용 지역 : 경상도

고물장수, 채소장수, 오뎅장수, 약밥 장수, 지가 안 해본 장사가 읎심더. 물론 **안들**도 뼛골 빠지게 일했지예 그래서 나중에는 쪼매한 세탁소를 하나 내서 돈을 좀 만졌지예 지금도 마산서 세탁소를 하는데 그럭저럭 입은 살고 있심더 〈김원일, 불의 제전, 2, 78〉

'안들'은 '여자', '아낙네' 따위를 일컫는다. 특히 경남방언에서는 '아내'를 말한다. 또한 경북에서는 '여자아이'를 일컫기도 한다. '안들'의 어형은 아내를 일컫는 '안해'와 그 어형성이 유사하다. 즉 '內'를 의미하는 '안ㅎ'에 접사 '해'가 붙어 '안해', '아내'가 된 것처럼 '안들'은 '안사람들' 정도로 분석할 수 있다.

안존하다

- 표준어 : 대응 표준어 없음
- 품 사 : 형용사
- 뜻풀이 : 행동거지나 성품이 조용하고 고요하다.
- 사용 지역 : 경상도

밤차를 타면 / 아침에 내린다. / 아아 경주역 // 이처럼 / 막막한 지역에서 / 하룻밤을 가면 / 그 **안존하고** 잔잔한 / 영혼의 나라에 이르는 것을 // 〈박목월, 나그네, 사향가, 1995, 94〉

표준국어대사전에 수록된 '안존'은 '① 아무런 탈 없이 평안히 지냄. ② 출가한 중이 일정한 기간 동안 외출하지 않고 한곳에 머무르면서 수행하는 제도'의 의미이다. 하지만 박목월의 시 '사향가'에 나타난 '안존하다'는 '사람의 키가 그리 크지 않으며, 성품이 조용하고 행동거지도 크지 않고 조용조용한 모습'을 뜻한다. 주로 사람의 모습을 표현하는 데 사용되지만, 이 시에서는 조용한 상황적 분위기를 설명하는 데 사용되고 있다.

안죽

- 표준어 : 아직
- 품 사 : 부사
- 뜻풀이 : 어떤 일이나 상태 또는 어떻게 되기까지 시간이 더 지나야 함을 나타내거나, 어떤 일이나 상태가 끝나지 아니하고 지속되고 있음을 나타내는 말.
- 다른 방언형 : 안적, 안주, 안주구, 안중, 안즉, 상구
- 사용 지역 : 경상도

찬정아 지발 좀 일나거라. 오늘이 무신날인 줄 알민서 **안죽** 누버 있으모 우짜노 그래가꼬 시집가서 시댁 식구한테 귀염받겠나 말이다. 여핵교까지 보내민서 가정교육 잘몬 시켰다고 부모 얼굴에 머 칠할라카나 〈김원일, 불의 제전〉

"쥐나리 차가 그늠 **안죽**까지 몬 잡아 마님께서도 잠자리가 뒤숭숭하겠습니다그려" 걱정인지 조롱인지 애매한 웃음을 웃으며 한씨가 말한다. 〈김원일, 불의 제전, 2, 68〉

엉이? 그럼 니가 **안죽** 그 고아원에 잇었던 말가? 작년에 너그 어무이하고 옥경이하고 같이 떠난 기 아이고? 〈이문열, 변경, 1996, 4, 50〉

우리여 와서 한 일 년 덕봤다 캐도 **안죽**은 기죽을 꺼 하나도 없다. 처음 여다 와서 점방 채린다꼬 한 십만 환 저그 돈 썼지마는 오만 환은 집세 빼서 돌려줬고 나머지 오만환도 땅 한뙈기만 팔믄 갚을 수 있다. 〈이문열, 변경, 1996〉

'안죽'은 '아직'에 해당하는 경상방언이다. '안죽'은 '아직'에 해당하는 중세어형 '안죽'에서 음운변화를 겪은 것이다. 중세국어에서 '아직'의

의미로 '안족'과 '아직'이 함께 나타난다. 또한 '안족'은 '아직'의 의미와 함께 '또한', '잠시', '한동안' 등의 의미로도 쓰였다. 이를 토대로 보면 중세에는 '안족'이 다의어로서 기능을 하다가 '아직'의 의미는 '아직'으로만 쓰이게 된 것으로 추정한다.

경북에서는 '상구'도 널리 쓰인다. '상구'는 '아직' 또는 '줄곧'의 의미를 갖고 있다. '상구 안들어오고 뭐하노(아직 안들어오고 뭐하니)'에서는 '아직, 아직까지' 등의 의미로 쓰였으며, '아이, 상구 있다가 방금 면에 볼일 있다 카미 나갔다〈이문열, 변경, 1996, 4:95〉'에서의 '상구'는 '줄곧'의 의미이다. '상구'는 고어 '상긔'(소 치눈 아희들은 상긔 아니니럿느냐〈古時調〉)(소 치는 아이들은 아직 안 일어났느냐)에서 온 것이다.

암만

- 표준어 : 아무렴
- 품　사 : 감탄사
- 뜻풀이 : 말할 나위 없이 그렇다는 뜻으로, 상대편의 말에 강한 긍정을 보일 때 하는 말.
- 다른 방언형 : 암마
- 사용 지역 : 경상도

> "그때부터 오마담이랑 같이 다녔어요?" "**암만**, 초반에는 오마담 인물에 얹혀 내가 부엌어멈 자리를 쉽게 구했고 중반 이후부텀은 내 음식 솜씨에 오마담이 얹혀다녔제." 〈이현수, 신기생뎐, 2005, 30〉

'암마, 암만'은 상대편의 말에 강한 긍정을 보일 때 사용하는 감탄사 '아무렴'에 대응되는 경상도 방언이다. 예컨대 '암마, 그 사램이 그럴 리 없는데……(아무렴, 그 사람이 그럴 리 없는데……)'를 들 수 있다. 그러나 '암마, 암만, 암매'가 부사로 사용되는 경우도 있는데, 이 때에는 '아무리'라는 의미로 사용된다. '암만 멀어도 가매 타고 가는데 우리 친정이 가깝웅이 땅이는 안 타(아무리 멀어도 가마 타고 가는데 우리 친정이 가까워서 말은 안 타).'에서의 '암만'이 바로 부사로 사용된 경우이다.

암매

- 표준어 : 아마
- 품　　사 : 부사
- 뜻풀이 : 단정할 수는 없지만 미루어 짐작하거나 생각하여 볼 때 그럴 가능성이
　　　　크다는 뜻을 나타내는 말. 개연성이 높을 때 쓰는 말이나, '틀림없이'보
　　　　다는 확신의 정도가 낮은 말이다.
- 다른 방언형 : 아매
- 사용 지역 : 경상도

> 　명혜 아버지는 아무래도 믿기지 않는다는 듯 고개까지 기웃거리며 말했다.
> "**암매**(아마) 니가 뭘 잘못 안 기겠제. 글치만 우예큰 반갑다. 못됐다 카는 거
> 보다야 잘돼간다는 기 낫제. 그라고 보이 거그 큰 생이(형) 제대도 다 돼가
> 제 암매." 〈이문열, 변경, 1992, 4, 48〉

　'암매'는 '아마'의 경상도 방언이다. 경상도 방언에는 '가매(〈가마)', '이매(〈이마)', '장개(〈장가)'처럼 단어의 끝모음이 / ㅏ / 일 때 / ㅏ / 가 / ㅐ / 로 실현되는 현상이 있다. 이러한 현상에 의해 '아마'가 '아매'가 된 후 여기에 / ㅁ / 이 첨가되어 '암매'가 되었다. '아매'와 '암매' 둘 다 쓰인다. 실제로는 보조사 '-도'가 결합한 '아매도', '암매도' 형으로 더 많이 쓰인다. / ㅁ / 이 중복되는 현상은 '임마(이놈아)', '점마(저놈아)', '금마(그놈아)' 등에서도 찾아볼 수 있다.

애맨

- 표준어 : 애먼
- 품 사 : 관형사
- 뜻풀이 : ① 일의 결과가 다른 데로 돌아가 억울하게 느껴지는.
            ② 일의 결과가 다른 데로 돌아가 엉뚱하게 느껴지는.
- 다른 방언형 : 애먼, 어먼
- 사용 지역 : 경상도

"시상에… 마, 치아라. 뻔할 뻔 짜다. 선거자금은 무신 선거자금. 다 고 가시나 밑에 갖다 붓고는 애맨 사람한테 덮어씌우고. 선밴동 후밴동 하는 고 뺀두름한 놈아, 그거 당간부는 아이라도 진짜배기 당원은 맞나?"〈이문열, 오디세이아 서울, 1993, 2, 481〉

　　경상도 방언의 '애맨'은 표준어 '애먼'에 대응되는 말이다. '애맨'과 함께 '어문', '어먼'도 같은 뜻으로 사용된다. '어문, 어먼'은 '어물다'의 관형사형인데, '어물다'는 '성격이나 태도가 여무지지 못하다'의 의미이다. '애맨'과 유사한 형태로 경상도에서는 '애많다'가 있는데, 이는 '애매하고 억울하다'라는 의미이다.

애무섭잖다

- 표준어 : 두렵지 않다, 안타깝지 않다
- 품 사 : 형용사
- 뜻풀이 : ① 어떤 대상을 무서워하여 마음이 불안하지 않다
          ② 마음에 꺼리거나 염려스럽지 않다.
- 다른 방언형 : 애무섭지않다, 애무섭다
- 사용 지역 : 경상도

> 친정 조부모 어른들은 사이가 좋아겠어. 우리 어매(엄마), 혼자 사는 메누리(며느리)를 두남을 도서(둬서) 말씀 안하시고, 명주 짠다고 멀커대이(머리카락) 긑은 걸 하루 멧자씩 짜 놓으이 등어리(등허리)가 오뉴월 염천에 명주 짜느라믄 젖어서 덤벙 물이 흐르그러 땀이 차도 "그건 **애무섭잖다**" 그더라.
>
> 〈성춘식, 이부자리 피이 놓고, 1992, 27〉

경상도에서 사용하는 방언에 '애무섭잖다, 애무섭다'는 {애}＋{무섭다}, {애}＋{무섭-}＋{-지 않다}의 결합형이다. '애'는 '창자'의 옛말로 '① 초조한 마음속. ② 몹시 수고로움'을 뜻하는데 '애먹다, 애쓰다' 등에서 보인다. 무서운 것도 마음 속에 생기는 현상이므로 '애'라는 말을 붙인 것이 아닌가 추측할 수 있으나 확실하지 않다. 경상도 방언 '애무섭잖다'는 '두렵다거나 안타깝지 않다'는 의미이다.

앵이곱다

- 표준어 : 아니꼽다
- 품　사 : 형용사
- 뜻풀이 : ① 비위가 뒤집혀 구역날 듯하다.
　　　　　② 하는 말이나 행동이 눈에 거슬려 불쾌하다.
- 다른 방언형 : 앵이곱다, 애이곱다, 아이곱다, 애니곱다
- 사용 지역 : 경상도

> "여기까지 찾아온 사램이 설마, 엎어지믄 코 닿을 긴데 거까지 못 갈까 봐서? 어이구우, 늙으믄 죽어야 하는 기라. 젊은것들 헤굴어쌓는 거 **앵이곱아서.**" 〈박경리, 토지, 2002, 7, 61〉

'앵이곱다'는 '아니꼽다'의 경상도 방언이다. '아니꼽다'에서 / ㅣ / 모음 역행동화에 의해 '애니곱다'가 되고, 다시 유성음 사이에서 / ㄴ / 이 모음을 비모음화(鼻母音化)시킨 후 탈락하여 '앵이곱다'가 되었다. 실제 발음형은 〔애~이~곱다〕인데, 비모음을 표기상 나타내려다 보니 '앵이곱다'가 된 것이다. 이것의 근대국어 어형은 '아닛곱다'이다(내 노린내롤 맛트니 아닛고오미 올라(내 노린내를 맡으니 아니꼬우미 올라)〈박통사언해, 1677, 하:2a〉). 형태론적으로 보면 {아니}＋{곱다}의 구성으로 기본적으로 '곱지 않다'의 의미를 갖고 있다.

야지미리

- 표준어 : 모조리
- 품   사 : 부사
- 뜻풀이 : 이거 저거 구분 없이.
- 다른 방언형 : 마구, 마카, 마칸, 마캉, 마커, 마컨, 마큰, 막하, 막캉, 모조리, 모
              주리, 모죽뚜리, 모죽띠리, 모지리, 모지리나, 몰미리, 몽창시리,
              싹:다:, 싹다:아, 씨:리, 야지리, 여지리, 예주룩
- 사용 지역 : 경상도

한 머리에는 도라꾸를 대놓고 **야지미리** 조실는데, 너 어마이는 아직 초칠도 안 지난 산모제, 철이는 어리제…"나는 그마 똑 죽는 줄 알았더라" 그런데 웬 지푸차가 바로 우리를 보고 달라드는 게라 인자는 막판이다싶어 철이라도 실릴라꼬 등쭐때기를 후벼 쫓아내는데 오는 사람을 보이 군복을 입어도 낯익은 데가 있더라카이 〈이문열, 변경, 1996, 1, 152〉

말도마라 5.16나고는 어옛는동 아나? 이골목 저골목에서 쌈패 비식한 거는 **야지미리** 씰어갔다. 니 아매 통일역 있는 데서 놀았제? 〈이문열, 변경, 1996, 4, 60〉

석공이라꼬 탄괭을 **야지미리** 직영하는 거는 아인 갑데. 탄맥이 있어도 이런저런 까댕으로 하청을 주는 모양인데 그 하청 한 건 잘 받으믄 노 나는 모양이더라꼬. 석공에서 규정대로 나오는 자재굴 안 무너질 정도로만 쓰고 빼돌리믄 그 재미만도 개안은 데다 인건비 차액도 입댈 만한 갑데 〈이문열, 변경, 1998, 9, 21〉

우리 오마담이 어떤 오마담인데 느 겉은 놈이 함부로 조디를 놀리노. 옛날 겉으믄사 니놈은 감히 넘보지도 몬했다. 시방도 이름만 대마 알 만한 인사들이 **야지리** 줄을 섰었다. 이놈! 호랑이 담배피던 시절 얘기하고 앉았네. 기껏

해야… 〈이현수, 신기생뎐, 2004, 159〉

"그케 말이라요. 신분상승이 오데 쉽겠습니꺼."" 듣다보이 니 말에 까시가 있는 거 겉네. 기생집이 우때서? 우리가 도적질을 해묵고 사나, 남을 쎅이기를 하나, 으이! 구린 돈 아이고 땀흘리 번 돈이마 됐지. 유진암도 유진암이다. 직업에 무신 귀천이 있다고 평생 그 난리를 치고 사는동. 그기 말카 허욕인 중도 모리고." 느닷없이 쏘아붙인 타박네. 팽, 하니 바람을 일으키며 부엌으로 들어간다. 〈이현수, 신기생뎐, 2004, 62〉

석탄이라꼬 탄광을 **야지미리** 직영하는 거는 아인갑데. 〈이문열, 변경, 9, 21〉

5.16나고 깡패라는 건 비슷한 것도 **몰미리** 잡아가데요. 나도 겁이 나 뛰었지만 뛰 봐야 버룩 아이꺼? 공사판에 붙어봐도 맘이 안 놓이고 광산으로 가봐도 처박히 있을 수가 없어 배를 탔지요, 배랬자 쪼매는 고대구리배지만 그래도 한결 났디더. 〈이문열, 변경, 1996, 5, 192〉

'야지미리'는 '모조리'에 해당하는 경상도 방언이다. '모조리' 또는 '전부'에 해당하는 경상도 방언은 크게 '막하', '모조리 / 모지리', '몽창시리', '야지리' 등으로 나눌 수 있다. 이 가운데 '야지리', '야지미리'는 경북지역에서 주로 나타나며, '몽창시리'는 경남지역에서 주로 나타난다.

'야지리'는 한편에서 시작하여 사이를 띄지 않고 통틀어 모조리의 의미인 '야짓'(이 밭의 김을 윗머리엣부터 야짓 매어라.)에서 온 말이다. 즉 '야짓'에 '-리'가 결합한 것으로 '야짓리'에서 'ㅅ'이 탈락한 '야지리'가 된 것이다.

'막하'는 '말큼(조금도 남김없이 모두 다)'과 관련하여 살펴볼 수 있다. '혼자 웃둑. 모든 山이 말큼 다 훗훗한 바람에 降服하야 / 녹일 것은 녹이고 풀닐 것은 풀니고. / 아지랑이粉 발은 것을 자랑하도다〈최남선,

太白山의 四時〉'에서 '말큼'은 '모두'의 의미를 갖는다. '말큼'에 소급되는 중세국어 어형은 찾을 수 없어 어원을 밝힐 수는 없으나 현대에 '말끔'으로 남아 있다. 경상도 방언에서는 '마카, 마른, 마커' 등으로 남아 있다.

얌생이

- 표준어 : 염소
- 품　사 : 명사
- 뜻풀이 : 솟과의 동물. 어깨의 높이는 60~90cm이며, 몸빛은 갈색, 흰색, 검은색 따위의 여러 가지이다. 뿔은 속이 비고 뒤로 굽었는데 수컷은 턱 밑에 긴 수염이 있다. 성질이 활발하고 민첩하다.
- 다른 방언형 : 얌새이, 염생이, 염새이
- 사용 지역 : 경상도

"**얌생이** 물똥 사는 거를 봤나? 그 자식 술 사는 거를 봤나? 어림도 없는 소리다." "뭣이 어쩌고 저째?" 김가는 또 팔을 걷고 나섰다. 〈박경리, 김약국의 딸들, 1993, 131〉

"빼조고리하고 짜잔한 기, **염생이**처럼 생깄네. 암띠도 암띠도, 사내 자슥이 저래 암띠서 어따 쓸 끼고. 미스 민 니 속깨나 터주겠다." 〈이현수, 신기생뎐, 2005, 90〉

'얌생이'는 '염소'의 경상도 방언으로 그 형태론적 구성은 '염소'에 접미사 '-앙이'가 결합한 파생어이다({염소} + {-앙이}). '염소앙이'에서 축약되어 '염상이'가 되고 다시 / ㅣ / 모음 역행동화를 겪어 '염생이'가 되었다. 그런데 '염생이'와 '얌생이'가 함께 나타나는 것으로 보아 '염'이 원래는 / ㆍ / 이중모음인 / ㆉ / (yʌ)였을 것으로 추정된다. '여우', '여덟'의 경상도 방언이 '야시', '야듦'인데, 이러한 어휘들을 통해서 경상도 방언에서 / ㆍ / 이중모음 / yʌ / 의 존재를 재구할 수 있다. '염생이'와 '얌생이'의 공존 역시 / ㆍ / 의 이중모음 / ㆉ / 의 존재를 확인시켜

주는 예이다. 그리고 예문의 "얌생이 물똥 사는 거를 봤나(염소 물똥
누는 것을 보았나)"는 '있을 수 없는 일'을 이르는 관용구이다.

　'염소'는 한자 '髯(구레나룻)'에 '소(牛)'가 결합한 합성어라는 설과,
'염'이 원래 '양(羊)'을 나타내는 고유어인데 어형을 보강하기 위해 '소
(牛)'가 첨가되었다는 설이 있다.

얌통머리

- 표준어 : 얌치
- 품　사 : 명사
- 뜻풀이 : 얌치(마음이 깨끗하여 부끄러움을 아는 태도)를 속되게 이르는 말.
- 다른 방언형 : 야마리, 얌통
- 사용 지역 : 경상도

"아침마둥 저녁마둥 니년들 먹을 밥 해 댔으면 되었지. **얌통머리** 없이 바래긴 뭘 더 바래!" 타박네의 말에 한복으로 갈아입던 기생들이 키들거리며 웃는다. 〈이현수, 신기생뎐, 2004, 33〉

'얌통머리'는 '얌치'를 속되게 이르는 '얌치머리'에 해당하는 경상도 방언으로 '얌통머리', '얌통', '야마리' 등이 사용된다. 이는 경상도 지역에서만 사용되는 것이 아니라 강원도 지역에서도 많이 사용되는 방언형이다. '얌통머리'의 '얌통'은 '염통'과 관련된다. '염통'은 '담(膽)'으로 이 '담(膽)'은 음양오행에 의하면 '火氣'에 해당한다. 이 '火氣'는 인성에서 예의범절과 관련된다. 이들의 관계에 따라 '염통／얌통이 없다'는 것은 '예의가 없다'는 의미로 쓰인 것이다.

애지랑

- 표준어 : 애교
- 품　사 : 명사
- 뜻풀이 : 남에게 귀엽게 보이는 태도.
- 다른 방언형 : 귀염, 기염, 부대, 아랑, 아양, 안양, 애교, 애롱, 자랍, 재롱, 재주구, 지저리
- 사용 지역 : 경상도

"자 이제 갖다 주고 온나" 이금이는 샐쭉하니 그러면서도 **얘지랑**을 떤다. "싱야, 조만치니까 내가 이고 가까?" "안된다! 엎어지마 큰일난다." 〈권정생, 한티재 하늘, 1998, 1, 75〉

친정집에서 아배한테 사랑을 담뿍 받으며 자란 깨금이는 신랑한테도 **얘지랑**을 떨며 어린애처럼 굴었다. 〈권정생, 한티재 하늘, 1998, 1〉

마흔 살이 넘도록 달옥이는 마냥 이석이한테 **얘지랑**을 떨었다. "속이 미식거러 암 것도 못 먹을시더." 〈권정생, 한티재 하늘, 1998, 2, 186〉

"사이소, 사이소." **야지랑**을 떨며 안중문으로 들어서는 이는 다름아닌 일수쟁이 김여사다. 전국의 기방에 기생 옷을 전문으로 대주는 사람이다. 전국이라고 해봐야 열 집 남짓이나 될까. 하지만 옷과 일수 외에 기방에 떠도는 소문을 물어 나를 일도 겸하기 때문에 김여사는 항상 전국적으로 바쁘다. 〈이현수, 신기생뎐, 2004, 60〉

표준어에서 '야지랑'은 '얄밉도록 능청맞고 천연스러운 태도'이지만, 경상도 방언에서 '애지랑'은 '귀엽게 보이기 위해 하는 행동이나 말'로

‘애교’와 그 의미가 유사하다. ‘애지랑’의 어형은 ‘야지랑’에서 ‘ㅣ’모음 역행 동화를 겪은 것이다. ‘야지랑’은 ‘야즈지다’(南原가는 굽이 굽이 길엔 / 야즈지게도 海棠花꽃 깔어 노앗는가 / 자곡자곡 드디기에 하도 갑가워라 / 아마, 이 길 다하는 곳엔 분명 반가운 이 마저 주실 듯〈김동환, 任實〉)에서 찾을 수 있다. 또한 현대국어에서 ‘말이나 행동을 밉살스럽게 이리저리 빈정거리는 모양’을 ‘야즐야즐’이라고 한다. ‘야지랑’은 ‘야즐-’에 접사 ‘-앙’이 붙은 것으로 ‘야즐앙’에서 연음된 ‘야즈랑’에서 전설모음화가 일어나 ‘야지랑’이 된 것이다.

어구시다

- 표준어 : 대응 표준어 없음
- 품 사 : 형용사
- 뜻풀이 : ① 마음먹은 바를 이루려는 뜻이나 행동이 억척스럽고 세차다.
         ② 팔, 다리, 골격 따위가 매우 우락부락하고 거칠다.
- 사용 지역 : 경상도

미느리는 내맨치로 뻣뻣하고 **어구신** 게 없니더. 날 닮아가 시마(고집이 세면)는 안좋을 겐데 그런 게 없어. 가마는 "용돈이라도 마이 못드리가 한스럽다"카지. 우리 둘째 미느리는 참 다 착하니더. 그래 내가 이래 자랑을 하니더. 〈김점호, 베도 숱한 베 짜고, 1992, 72〉

경상도에서는 '어구시다'라는 말을 사용하는데 이는 '행동이나 기운이 억척스럽고 세차다.'라는 의미이다. 표준어 '억세다'와 그 의미가 유사하나 완전히 쓰임이 같지는 않다. '억세다'가 '기운이나 행동이 억척스럽고 세차거나 신체가 거칠다'라는 의미뿐 아니라 '생선의 뼈나 식물의 줄기, 잎 따위가 뻣뻣하고 세다.'라는 의미도 있으나, '어구시다'는 '뼈나 식물이 어구시다'라는 표현은 하지 않고 대체로 사람에게 쓰는 표현이다. '어구시다'는 '억세다'에서 모음 /ㅜ/가 첨가된 형태로 볼 수 있다.

어벅다리 짚신

- 표준어 : 짚신
- 품　사 : 명사
- 뜻풀이 : 짚신의 일종으로 총이 한쪽에 열 개씩, 양쪽에 스무 개로 짠 짚신.
- 사용 지역 : 경상도

분들네는 미끄러지듯이 밖으로 나와 **어벅다리 짚신**을 신고 옹기장수 앞으로 다가갔다. 〈권정생, 한티재 하늘, 1998, 1, 144〉

길퍼덕에 말똥굴레가 배싯배싯 피었고, 발에 땀이 나서 **어벅다리 짚신**이 자꾸 벗겨졌다. 〈권정생, 한티재 하늘, 1998, 1, 180〉

'어벅다리 짚신'은 총이 아주 성긴 짚신으로 열 개 안팎의 총을 박아 짠 것이다. 〈우리말도사리〉에서 보면 '어벅다리'는 '어별다리'에서 온 말로 설명하고 있다. '어별다리'는 '물고기와 자라 따위가 모여 사람이 그 위로 건너갈 수 있도록 한 상상의 다리를 말하는데, '어벅다리 짚신'은 물고기와 자라가 다리를 놓듯 총을 양쪽에 스무 개로 짠 짚신을 말한다.

어불리다

- 표준어 : 어울리다
- 품   사 : 동사
- 뜻풀이 : 함께 사귀어 잘 지내거나 일정한 분위기에 끼어들어 같이 휩싸이다.
- 다른 방언형 : 어벌리다
- 사용 지역 : 경상도

선생임. 우리 준호가 너무 공부 안 하는 것 같아예. 나쁜 아들하고 **어불리** 댕기고 뜻밖에도 장선생은 뾰족한 송곳니를 드러내며 웃었다. 〈강석경, 폐구, 346〉

맞다 그거는 생각해보이 글타 안직은 우리끼리 모예 책쪼가리나 돌려보는 정도지만 뭐시든지 알문 언젠가는 써먹게 되었는기라. 우리가 움직이기 시작하문 저쪽에서도 힘대로 나올끼고. 그래 되문 싸움은 불보듯 뻔하다. 그런데 그 난판에 옥경이 니가 낑게 있는 거는 우째 **어불리지** 않을 것 같네. 〈이문열, 변경, 11, 84〉

그 사람하고 자꾸 **어불랬지** 마라. 왠지 기분 안 좋은 사람이라. 옛날에 장씨라꼬 아부지 따라댕기미 좌익도 좌익 같잖은 활동을 한 사람이 있었디라. 그래다가 경찰에 뿌뜰랬자 홱 돌아서가 주고는 아는 거 모리는 거 다 오아바치고도 모자래 아부지한테 없는 죄까지 덮어 씌우더라 카이. 그런데- 내 보기에는 임씨가 왠동 그 장씨하고 비식한 상이라. 눈동자가 안정치 못하고 매부리코 기운이 있는 게. 〈이문열, 변경, 1998, 12, 81〉

'어불리다'는 '어울리다'에 해당하는 경상도 방언이다. '어불리다'는 '어우르다'는 의미인 '어불다'에 접사 '-리-'가 결합한 형태이다. 경상도 방언에서는 '데불고(데리고)', '추버라(추워라)' 등과 같이 중세국어의 /ㅸ/이 /ㅂ/으로 대응된다.

어시

- 표준어 : 매우, 별로
- 품　사 : 부사
- 뜻풀이 : ① 보통 정도보다 훨씬 더.
  　　　　② (부정을 뜻하는 말과 함께 쓰여) 이렇다 하게 따로.
- 다른 방언형 : 어씨, 억시, 억씨, 억수로
- 사용 지역 : 경상도

"에헤이, 일도 **어시**(별로) 마이 몬 조졌는데 벌씨로 점심 무을 때 됐는가 베. 열두시 반 낮차 아이가?" 아래쪽에서 작은 신씨의 목소리가 들렸다. 〈이문열, 변경, 1992, 6, 97〉

어진 거사(어지럽린 것이야) 시우고(치우고) 가믄 되고…… 뭐, 보이 **어시**(억시기) 뿌사질 것도 이야쁠(이라쁠) 것도 엇서비연구마연(없어뵈는구만은) 〈이문열, 아가, 257〉

'어시'는 표준어 '매우'와 '별로'의 의미를 가진 경상도 방언이다. 실제 발음은 〔어ː시〕처럼 장모음이다. '어시'가 '매우'의 의미로 쓰인 경우와 '별로'의 의미로 쓰인 경우는 문맥을 통해 확인할 수 있는데, 부정적인 의미를 가진 말과 함께 쓰일 때는 '별로'의 의미이다. 위 예문 '어시 마이 몬 조졌는데(별로 많이 못 조졌는데)'에서 '어시'는 부정적인 의미의 부사 '못'과 함께 쓰인 경우이기 때문에 '별로'의 의미로 쓰였다. 반면 '그 여자는 인물이 어시(매우) 잘 났어', '어시 마이 무라(매우 많이 먹어라)'처럼 부정적인 의미를 가진 말이 없을 때는 '어시'가 '매우'의 의미로 쓰인다. '매우'를 뜻하는 '어시'와 비슷한 경상도 방언으로 '억수로'가 있다.

억대구

- 표준어 : 고집, 억지
- 품   사 : 명사
- 뜻풀이 : ① 자기의 의견을 바꾸거나 고치지 않고 굳게 버팀.
         ② 자기의 의견을 바꾸거나 고치지 않고 굳게 버티는 성미.
- 다른 방언형 : 억다구
- 사용 지역 : 경상도

"하지마는 새사람으로 태어난다는 게 쉬울 택 없다. 우예믄 **억대구**로는 죽기보다 더할 끼다." 〈이문열, 변경, 1989, 2, 212〉

"니 잘한 게 뭐 있다고 그래 **억다구**를 쓰노? 참말로 간도 크제. 지가 어예 6백 원이나 가는 마산 중앙 그리무를 떠억 받아가주고. 쌀이 두 말이따 살이 두말." 〈이문열, 변경, 1992, 4, 98〉

'억다구', '억대구'는 '아주 센 고집'을 뜻하는 경상도 방언이다. 〈표준국어대사전〉에는 '억대우(大牛)'라는 말이 등재되어 있는데, 이는 '덩치가 매우 크고 힘이 센 소'를 뜻한다. 여기서 '억대구, 억다구'의 의미가 유래되었는지는 알 수 없다. '억다구'와 비슷한 형태로 '악다구'가 있는데, 의미는 전혀 다르다. '악다구'는 '악다구니'의 방언형으로 '기를 써서 다투며 욕설을 하는 짓, 또는 그런 입'의 의미이다.

억시기

- 표준어 : 매우
- 품　사 : 부사
- 뜻풀이 : 수효나 분량 따위가 보통보다 훨씬 더한 정도.
- 다른 방언형 : 대:기, 뒈:게, 디:게, 디:기, 디게, 디기, 딩:띠기, 마:이, 마:히, 마이, 매:우, 매우, 매우:, 심히, 아:주, 아주, 억시, 어시, 억수로, 참
- 사용 지역 : 경상도

우리는 뭐 **억시기** 잘 산다꼬 너그까지 와서 이래노? 아 아비이 군청촉탁 나가가주고 쪼매씩 벌어오는거 이 많은 식구에 택이나 있는 줄 아나? 촌에 있는 논마지기서 쌀가마이 안 올라오믄 우리도 식구대로 깡통들고 내어야 할 판이라 〈이문열, 변경, 1996, 3, 209〉

에헤이, 이 집에 뭐 **억시기** 좋은 일 생겼는가배, 먼저 내려와 우물가에서 손발을 씻고 있던 강씨까지 끼어들어 집안은 금세 작은 축제 분위기가 되었다. 〈이문열, 변경, 1996, 5, 93〉

쪼매는 기 이바구는 **억시기** 질기네. 그만 자거라. 밤중에 이바구 질기모 산신령이 내려와서 잠 안 자는 아아들 잡아 묵는데이 〈김원일, 불의 제전, 127〉

마 고날부턴 참마로 백일기도한 그 정성을 가지고 저거 그 서모를 심겄단 말이다. 심기니까. 심기도 인자 그 억시기 몬 지내 놓고 나니 그 어데꺼정 심깃노카마, 옷을 써어도 써어가지고 이점 겉으마 따딤이하고 아 이라는 갑에, 아따 그년, 찰거머리맨쿠로 **억시기** 촐삭거리네 〈김원일, 불의 제전〉

쌀집은 월말에 보자 캐라. 쌀서 말 값 있는 거 **억시기도** 쪼아 쌌는다. 야들이 밤차를 타고 와 억시기 피곤한 모양이네 아침들은 묵었나. 〈이문열, 변경,

1996〉

그 꼴난 봉투 하나 나좌줘놓고 **억시기** 유세하네 〈김원일, 불의 제전, 3, 120〉

젊은 여자드라. 하얀 소복을 입었는데 **억시기** 서러분동…… 뒷모양이 울고 있는 것 같기도 하고.너어 집 앞에 오디 몇 번 조척거리기도 하는 눈치라. 〈이문열, 아가, 234〉

어진 거사(어지럽힌 것이야) 시우고(치우고) 가믄 되고… 뭐, 보이 **어시**(억시기) 뿌사질 것도 이야쁠(이라쁠) 것도 엇서비연구마연(없어뵈는구만은) 〈이문열, 아가, 257〉

추운데 어서 오이소. 종님이 엄마가 괴어둔 작대기를 걷어 삽짝문을 열었다. 와따, 날씨 한번 **억시기** 춥네 히덕스레한 그림자가 마등으로 들어섰다. 〈김원일, 겨울 골짜기, 82〉

기방의 기생이 화초머리 없는 기사 당연한 기지. 기방 풍속 버리고, 누가 돈 되는 여자장사로 돌아서리야. 세상이 미쳐 날뛴다고 따라 깝칠 때는 언제고 이제 와서 귀경은 무신 귀경, **억시기** 할 일들도 없는 갑다. 자네는 시방 어데서 오는 길이가? 〈이현수, 신기생뎐, 2004, 61〉

오마담이 원래 헤프지는 않았는데, 채련이 그리 된 후부터 사램이 바뀌뿟다. 지딴에는 몸보시 살보시를 할라꼬 작정하고 덤비는가는 몰라도. 어째 골라도 골라도 고런 흑싸리 껍데기, 빨간싸리 쭉자만 족족 골라잡는동. 그래놓고 지가 든 패가 **억시기** 좋은 긴 중 알고 벌벌 떠는 걸 보면 고마 눈꼴이 시고 내 속이 있는 대로 디비지는 기라. 그것 때메 만날 자랑 안 싸우나. 〈이현수, 신기생뎐, 2004, 55〉

'억시기'는 '억세-'에서 부사형 어미 '-게'가 결합된 어형으로 부사로 널리 쓰인다. '억시기 그지말고(억세게 그러지 말고)', '나물이 얼매나 억신동' 등에서는 '억세다'의 기본의미인 '억척스럽다'와 '식물이나 생선 등이 뻣뻣하다'는 의미로 쓰였다.

언간하다

- 표준어 : 어지간하다
- 품   사 : 형용사
- 뜻풀이 : 어지간하다
- 다른 방언형 : 엉간하다, 잉가이하다, 잉간하다, 엔간하다
- 사용 지역 : 경상도

내 사람 보는 눈은 **엔간하길래** 하는 말이지만, 진중사는 사람이 됐어. 본이 어디요? 〈김원일, 불의 제전, 2, 231〉

심형이구려. 심형도 주야장철 **엔간히** 퍼 마셔재껴 〈김원일, 불의 제전, 192〉

보자, 너는 절로 쪼매 비켜 앉그라. 볼테기가 뺄간 거 보이 **엉간한갑다**. 아 아들이사 본래 열물 아이가 〈이문열, 변경, 1996, 2, 218〉

안 그르이더 서억이 오라밴 형님을 **언간이도** 사랑하고 있니더. 〈권정생, 한티 재 하늘, 1998, 1, 176〉

어매, 수복이네 **엉가이** 에랍은갑드라. 에랍겠제. 니는 누구한테 무신 소리 라도 들었나? 갯골에서 이사온 조서방맥이 같이 살았다카드라. 〈권정생, 한티재 하늘, 1998, 2, 254〉

그 사람들 녹동어른이 불러 딸같이 키운 당편이 일이라 카고 부탁하믄 **언 간한** 거는 들어줄 게라. 그래가지고 유치장 가고 재판장 끌래가서도 총각 말 이 통하는가 보자. 〈이문열, 아가, 2000, 72〉

그길이 구박구박 받으미 닭이 인제 **언간한** 정지일은 한다 카더라. 온 일꾼

은 아이지만, 반찬 그릇 엎지는 않는다 카이 〈이문열, 아가, 2000, 221〉

'언간하다'는 '어연간하다'가 준 형태이다. 〈소설어사전〉에서는 '엔간하다'를 '어연간하다'의 준말로 전라도방언으로 설명하고 있으나, 경상도는 '엉간하다', 전라도는 '엥간허다, 웽간허다, 어지간허다' 등으로 나타나며, 강원도는 '언간하다, 언칸하다' 등으로 나타나는 것으로 보아 이 어형은 전국에 여러 유형으로 분포함을 알 수 있다.

언슨시럽다

- 표준어 : 지긋지긋하다
- 품   사 : 형용사
- 뜻풀이 : 몹시 싫다.
- 다른 방언형 : 언선스럽다, 언슨스럽다, 언성시럽다
- 사용 지역 : 경상도

그래 너거 엄마도 그런 말 하더구나 사람들 면대하기 부끄럽고 진영 바닥이 **언슨시럽어** 살기 싫다고, 그렇게 다 떠나모 병든 몸은 사람이 그리바서 우째 살꼬 〈김원일, 불의 제전, 2, 284〉

그럴끼다. 니한테사 기막히고 **언슨스러분** 소문인께 〈김원일, 불의 제전, 3, 91〉

하이고, 그 사람이 대통령이 되믄 우얍니꺼? 옛날에도 이승만이보다 더 무섭던 기 한민당이라요. 참말로 **언성시럽제.** 그 사람이 된다카믄 우리 매이는 이래도 몬 살끼라. 명혜 어무이는 안 겪어봐 모를 끼라요! 〈이문열, 변경, 1996, 2, 220〉

참마로 **언성시럽니더.** 울고 싶은 놈 귀때기 때리기로 한 번 시원하게 허주소. 신문 방송에 크게 한 방 맞더라도 그 길이 이놈의 탄광 문 닫을 수 있으믄 도로시 속시원할시더 〈이문열, 변경, 9, 33〉

오이야, 나도 고마 다 귀찮다. 저 빌어먹을 거하고 얼굴 맞대고 하루하루 지나기도 **언성시럽다.** 저거는 자식이 아니고 원수다 원수 〈이문열, 변경, 1996, 4, 160〉

까딱하믄 니 죽고 내 죽는 꼴 본데이. 참마로 글타. 그런 일이라 카믄 너

어 아부지 때문에 겪은 일만도 **언성시럽다**. 인제 이 나이 먹어 니 때문에 또 그런 꼬라지 겪는 거 죽으믄 죽었지 나는 다시 못 견딜따. 단디 새겨듣거래이. 〈이문열, 변경, 1998, 12, 83〉

오마담만 목을 매마 괜찮게? 그때 기생들 십팔번이 목매는 거 아이가. 생각만 해도 **언슨시럽다**. 요시 기생년들은 모가지가 굵어 그런가 질겨서 그런가 목매는 년 하나 없대. 〈이현수, 신기생뎐, 2004, 30〉

우리 시어무니도 살아 기실 때는 참판댁하고 무관하지도 않았건마는, … 우리 남정네가 돌아가신 시어무니도 **언선스런** 성미가 아닌께. 심성보다 말이 달아야 그래야 남으 덕도 보는가 보더라. 〈박경리, 토지, 1, 371〉

'언슨시럽다'는 지긋지긋하게 몹시 싫다는 의미를 가진 경상도 방언이다. '언슨시럽다'의 어원을 유추할 만한 자료가 없어 정확한 파악이 어렵다. 방언형인 '언슨시럽다'와 '언성시럽다'에서 '언성' 또는 '언선'과 '-스럽다'의 결합형임을 알 수 있으나, '언슨' 또는 '언성'에 대한 어원을 알 수가 없다.

언지요

- 표준어 : 아니오
- 품　사 : 감탄사
- 뜻풀이 : 아닙니다, 전혀 그렇지 않다
- 다른 방언형 : 어데요, 언지예
- 사용 지역 : 경상도

"언지요" 고개를 저으며 횡하니 오던 길을 돌아간다. 〈박경리, 토지, 9, 338〉

　‘언지요’는 ‘어디요’, ‘전혀 그렇지 않습니다’, ‘아닙니다’의 의미를 갖는 부정어 역할을 한다. 이 어형은 대체로 대구 등 경상도 남부지역에 주로 나타난다.

얼게미

- 표준어 : 어레미
- 품　사 : 명사
- 뜻풀이 : 바닥의 구멍이 굵은 체.
- 다른 방언형 : 얼개미
- 사용 지역 : 경상도

쌀튀밥은 나락을 술에 품어 났다가 솥에 튀기믄 껍질이 터지믄서 탁탁 튀겨. 그걸 **얼게미**에 쳐서 내리믄 신 거는 우에 있고 보드라운 거는 밑에 내려가고. 보드라운 거 또 쳐서 내린 거는 약과나 다식 할 때 씨고 중간에 거을 가지고 묻히지. 〈성춘식, 이부자리 피이 놓고, 1992, 86〉

'얼게미, 얼개미'는 '어레미'의 경상방언형이다. '어레미'는 17세기 국어에 '어러미'로 나타난다. '어러미'는 이전 시기에 '*얼거미'로 소급할 가능성이 있다. '*얼거미'는 {얽-(縛)} + {-엄(접사)} + {-이(접사)}로 분석된다. '*얼거미'에서 1음절 말음 'ㄹ' 때문에 2음절의 'ㄱ'이 'ㅇ'으로 교체되어 '*얼어미'가 된 후 연음되어 '어러미'가 되었다. 이는 '몰애'가 '모래'로 된 것과 같은 경우이다. 중세국어 '몰애'의 경상도 방언이 '몰개'인데, 이처럼 경상도 방언에는 /ㄱ/이 유지된 형이 많다. 경상도 방언의 '얼게미, 얼개미'는 표준어 '어레미'보다 시기적으로 훨씬 앞선 형으로 경상도 방언의 보수성을 보여주는 어휘 가운데 하나이다.

얼다

- 표준어 : 교합하다
- 품 사 : 동사
- 뜻풀이 : 남녀가 육체적으로 관계하다.
- 사용 지역 : 경상도

오렴으나갓가히 내가삼을안으라 두마음한가락으로 **얼어보고싶다** / 자그맛 한붓그름과 서로아는밋븜사이로 눈감고오는 放任을마지하자 // 〈이기철 편, 이 상화전집, 이별을 하느니, 1982, 142〉

이상화 시 '이별을 하느니'의 한 구절인 "오렴으나갓가히 내가삼을안 으라 두마음한가락으로 얼어보고싶다"에서 '얼어보고싶다'의 '얼다'란 '교합하다'의 의미를 가지고 있다. 경상도 방언이 반영되어 있는 〈七大 萬法〉에서도 "이붓짓 머슴과 사괴야 남진도 어러 家門도 더러이며"〈七 大萬法, 21〉에서도 '교합하다'의 의미로 사용되고 있다. 이것을 일부 출판사에서 교합하는 과정에서 '엮어보다, 어울러보다'로 이해하는 것 은 잘못이다.

얼라

- 표준어 : 갓난 아이
- 품　사 : 명사
- 뜻풀이 : 태어난 지 얼마 되지 아니한 아이.
- 다른 방언형 : 갓난아, 갓년아, 간언나, 갈얼라, 깐난아, 깐얼라, 간난얼라, 간난안나, 갓난알라, 갓난얼라, 가늘라, 갓난애, 간난아아, 간난지이
- 사용 지역 : 경상도

옛날에는 스물서이 되도록 **얼라**를 안 낳으이께 시어른이 말씀하시는데 "아이구, 저 애비도 눈도 옳잖은데 아아를 안낳아가 우짜노?"카고 걱정을 많이 했어요. 내 모리구러. 내 안듣는 데서요. 〈김점호, 베도 숱한 베 짜고, 1992, 29〉

우리 큰 딸아 눕해 놓고, 우리 친정에 가가 지사(제사) 지내고 오이께네 발 뒤꾸무리가, **간얼라** 뒤꾸머리가 발갛게 홀딱 까져 부렜던데, 뭐 우니라꼬 자리에 비비 갖고. 〈김점호, 베도 숱한 베 짜고, 1992, 159〉

경상도에서 '갓난아이'에 대응되는 방언형으로 '갓난아, 갓년아, 간언나, 갈얼라, 깐난아, 깐얼라, 간난얼라, 간난안나, 갓난알라, 갓난얼라, 가늘라, 갓난애, 간난아아, 간난지이' 등이 있는데 지역마다 다양하게 쓰인다. '갓난아'형과 '갓난알라' 형으로 두 계열의 방언분화형들이 있다. '갓난아'는 {갓-}+{나}+{-ㄴ}+{아이} 구조로 분석할 수 있고, '갓난얼라, 알라'에 나타나는 '알라 / 얼라'는 '아이'의 방언형이다.

얼래

- 표준어 : 문중
- 품　사 : 명사
- 뜻풀이 : 성과 본이 같은 가까운 집안.
- 다른 방언형 : 문중, 집안, 올레
- 사용 지역 : 경상도

그거사 마에 내려가서 물어보믄 아는 게고 … 아무리 녹동어른네가 예전 같지 않다 캐도 그 **얼래**가 아직 우리 마에 이백 집이 넘는다. 〈아가, 이문열, 2000, 71〉

대현리는 부락민 절반이 처가 쪽이거나 겹사돈 인척으로 **얼래**가 짜여, 이미 저 세상 사람이 되고 만 신정대나 방 서방 처 사단만 아니었다면 누구누구를 고발하거나 신고할 입장이 못 되었다. 〈김원일, 겨울 골짜기, 87〉

'얼래'는 어떤 사물이나 조직의 전체를 이루는 짜임새나 구조를 뜻하는 '얼개'에서 'ㄱ'이 탈락된 것이다. '얼개'는 동사 '얽-'에 접미사 '-애'가 결합된 어형이다. '얽-'이라는 의미는 '이리저리 관련이 되게 하다'는 의미이다. 즉 '얼래'는 같은 집안으로 이루어진 하나의 조직을 말한다고 할 수 있다.

얼분스럽다

- 표준어 : 어른스럽다
- 품　사 : 형용사
- 뜻풀이 : 나이답지 않게 말이나 행동이 어른 같은 데가 있다.
- 사용 지역 : 경상도

> "어매, 어매가 와서 내가 인젠 짐 벗었구망. 고생시러버도 아배캉 살마 깨가 쏟아질지도 모르제." 분이는 이렇게 우스개도 곧잘 하는 **얼분스런** 딸이었다. 〈권정생, 한티재 하늘, 1998, 2, 75〉
>
> 이순은 조금 마음이 놓였다. 혼자가 아니고 동무하고 나갔다니 가슴을 쓸어내려도 되었다. 쇠돌이는 수복이와 한동갑이지만 **얼분스럽다**. 〈권정생, 한티재 하늘, 1998, 2, 121〉

'얼분스럽다'는 어린아이가 나이답지 않게 말이나 행동이 어른스러운 것을 말한다. '얼분스럽다'의 어형은 '어른'의 15세기형인 '얼운'에서 찾을 수 있다.

'얼분스럽다'의 '얼분'은 '얼운'의 '-우-'가 /ㅸ/을 가지고 있었다는 증거가 된다. /ㅸ/이 어휘에 남아 있는 것은 경상방언에서 '더버라'(더워라), '추버라'(추워라), '새비'(새우), '이붓'(이웃), '어불리다'(어울리다) 등 여러 어형이 보인다.

엄첩다

- 표준어 : 대견하다
- 품   사 : 형용사
- 뜻풀이 : 기대 이상으로 잘하여 대견하다.
- 사용 지역 : 경상도

간 고등어 한 손이믄 / 아배 소원 풀어드리련만 / 저승길 배고플라요 / 소금에 밥이나마 만히 묵고 묵고 가이소. // 여보게 萬述아비 니 정성이 **엄첩다** / 이승 저승 다 다녀도 / 인정보다 귀한 것 있을랄꼬. 〈박목월, 나그네, 1995, 86〉

박목월의 시 '나그네'에 "여보게 萬述아비 니 정성이 엄첩다"라는 구절이 나오는데, '엄첩다'라는 시어는 경상도 방언으로 '제법이다. 기대 이상이다.'로 풀이할 수 있다. 이 시어를 표준어 '제법이다'로 바꾸면 전혀 다른 분위기가 될 것이다.

엄치미

- 표준어 : 꽤
- 품   사 : 부사
- 뜻풀이 : ① 상당히. 엄청나게.
           ② 제법.
- 다른 방언형 : 데:기, 되기, 디:기, 디기, 마:이, 마:히, 마~이, 마이, 매:이, 매:히, 시:기, 시:기:, 엉체미, 제법, 제복, 제부, 제북, 제붑, 지법, 지붑, 참, 에:북:, 이북, 깨, 꽤, 꾀, 꼬니.
- 사용 지역 : 경상도

"강보에 싸였을 때부터 기르셨습니까?" "아니지요 **엄치** 커서…" 〈박경리, 토지, 6, 36〉

화개장터에서 **엄치** 벗어난 길목. 오가는 길손이 목을 축이는 주막이 있었다. 〈박경리, 토지, 2, 24〉

시내서 **엄치** 나왔건만 목적의 농가는 아직 보이지 않고 불그레한 불빛의 육도천을 바가지 한 짝이 숨바꼭질하듯 떠 내려 간다. 〈박경리, 토지, 4, 86〉

'엄칭' 또는 '엄치미'는 '제법' 또는 '상당히'에 해당하는 경상도 방언이다. '아이쿠 엄치미 무겁구나!(아이쿠 제법 무겁구나)'의 경우에는 '제법'의 의미를 뜻하며, '사나라꼬 일로 엄치미 한다.(사내라고 일도 상당히 한다.)'에서는 '상당히'를 의미한다.

'엄치미'의 어형은 '엄첩다'에서 찾을 수 있다. '엄첩다'는 '정도가 대단하다'는 뜻의 경상도 방언으로 방언 이형태에 '엉체미' 등의 어형이 존재한다. '엄첩-'에 접사 '-이'가 결합한 뒤 '엄첩이〉엄쳅이〉엄칩이〉엄침이→엄치미' 등의 변화 과정을 거친 것으로 추정할 수 있다.

여다서

- 표준어 : 대응 표준어 없음
- 품   사 : 부사
- 뜻풀이 : 말하는 이에게 가까운 곳을 가리키는 말.
- 다른 방언형 : 여, 여다, 여개, 여게, 여거, 여그,
- 사용 지역 : 경상도

"우리 **여다서** 이럴 게 아니라 어디가 술 한잔 하미 얘기하자. 니도 인제 제 대를 했으이 아아가 아이지러. 차 시간도 안직은 한 시간 너미 남았고…" 〈이 문열, 변경, 1992, 4, 64〉

"왜 **거다서**는 어예 볼 수 없드나? 모도 길만 있으믄 서울로 못 올라가 애가 타는데 니는 우예 젊은기 다부 이다 내리올 생각이 들더노? 〈이문열, 변경, 1992, 4, 64〉

"한 댓 달 잘 나가데. 세상에, **거다서** 여까지가 어디라고 하이야 가시끼리 해가주고 안 오나… 그래디 얼매 안 돼 빈손 탈탈 털고 죽구재비가 돼가지고 돌아온 게라. 뭐 사기를 당했다 카등강. 하지만 어예노?" 〈이문열, 변경, 1992, 4, 190〉

표준어 지시대명사 {여기}에 처소격조사 {-에서}를 붙이면 '말하는 이에게 가까운 곳에서'라는 의미이다. '여기에서'에 대응되는 경상도 방언이 '여다서'이다. 경상도 방언에는 '여'와 '여다', '이다', '여개, 여 게, 여거, 여그' 등이 지시대명사로 사용되고 있다. 예를 들면 "너 선생 님이 여 안 오셨다 야. 너 선생님이 여 올 택이 있나?(너희 선생님 여 기 안 오셨다 야. 너희 선생님이 여기 올 이유가 있냐?)"를 들 수 있

다. 이 외에도 '여개, 여게, 여거, 여그' 등이 함께 사용되고 있다. '여다, 이다'는 '여기에다가'의 줄임말의 의미이다.

여비다

- 표준어 : 야위다, 여위다
- 품　사 : 형용사
- 뜻풀이 : 원래보다 얼굴이나 몸의 살이 빠져 파리하게 되다.
- 다른 방언형 : 에비다, 야비다
- 사용 지역 : 경상도

> "어머니, 많이 여웠네요." 딸은 다정하게 어머니 어깨 위에 손을 얹는다. 용빈의 키는 한실댁 머리만큼 더 컸다. 목소리는 낮으나 좋은 음향이다. "내가 와 **여빌** 것꼬. 니가 객지에서 고생이제. 멀미는 안했나?" ⟨박경리, 김약국의 딸들, 1993, 81⟩

'여비다'의 '여위다'의 경상도 방언이다. 중세국어 형태는 '여위다'로 현재의 표준어 '여위다'와 같다(술히 여위신돌(살이 여위신들)⟨월인천강지곡, 1447, 상:23⟩, 술히 지도 여위도 아니ᄒ니라(살이 찌지도 여위지도 아니하니라⟨월인석보, 1459, 1:26⟩)). 이렇게 볼 때 경상도 방언의 '여비다'는 중세국어보다 앞선 시기의 어형을 보수적으로 유지하고 있는 형태이다. 즉 중세국어 이전 시기에는 순경음 비읍의 '여ᄫ다'였고, 중세국어에 이미 /ᄫ/ > /w/ 변화를 격어 '여위다'가 되었다. 반면 경상도 방언에서는 /ᄫ/이 /w/로 변화하지 않고 /ㅂ/으로 이어져 지금의 '여비다'가 되었다. 그리고 '에비다'는 경상도 방언에 나타나는 /ㅕ/ > /ㅔ/ 변화에 의해 '여비다>에비다'로 바뀐 것이다.

옇다

- 표준어 : 넣다
- 품　사 : 동사
- 뜻풀이 : ① 한정된 공간 속으로 들게 하다.
　　　　　② 다른 것에 섞거나 타다.
　　　　　③ 어떤 범위 안에 들어 있게 하다.
　　　　　④ 힘이나 타격 따위를 가하다.
　　　　　⑤ 은행에 입금하다.
　　　　　⑥ 난방을 위해 불을 때다.
　　　　　⑦ 기계 따위가 작동하도록 조작하다.
　　　　　⑧ 신문 따위를 정기적으로 배달하다.
　　　　　⑨ 어떤 단체나 학교 따위에 들어가게 하다.
- 사용 지역 : 경상도, 강원도, 전라도, 함경도

> "후불이 아배하고 점식이는 흙에 **열** 짚 좀 썰어라. 아매 한 쉰 단은 썰어야 될 게라. 응출이는 물 져나리고, 감천이는 내캉 모으자." 〈이문열, 변경, 1992, 4, 228〉

'옇다'는 경상도, 강원도, 전라도, 함경도 등 광범위한 지역에서 사용되고 있는 방언형으로 '넣다'에 대응된다. '넣다'의 중세국어 어형은 '녛다'이다. 표준어는 '녛다'에서 반모음 / y / 가 탈락하여 '넣다'가 되었고, 경상도 방언은 '녛다'에서 어두의 / ㄴ / 이 탈락하는 방향으로 변화하여 '옇다'가 되었다. 표준어 '넣다'와 마찬가지로 '해 옇다, 퍼 옇다, 주 옇다(집어 넣다)'과 같이 보조동사적인 쓰임을 보이기도 한다. '옇다'의 명령형은 '여, 여라'이다. 위 예문 '흙에 열 짚'에서 '열'은 어간 '옇-'에 관형사형어미 '-(으)ㄹ'의 결합형이다(옇을 → 열).

오실앞

- 표준어 : 오지랖
- 품　사 : 명사
- 뜻풀이 : 웃옷이나 윗도리에 입는 겉옷의 앞자락.
- 사용 지역 : 경상도

"왜순사 그 놈도 좁쌀 양식 **오실앞**에 싸고 다닐 놈이제. 남으 부석에 들어가서 솥뚜껑까지 열어본 기라. 그래 와 통문대로, 머, 머라 카든고? 제기랄! 아무튼지간에 깨끗이 치우라는 어명을." 〈박경리, 토지, 1994, 5, 75〉

'나도 성질이 많이 달라졌고나. 빌어묵을 늙은이, 좁쌀양식 **오시랖**에 싸다니겄다. 우짠 잔소리가 그리 많노." 〈박경리, 토지, 1994, 6, 15〉

"좁쌀 양식 **오지랖**에 싸고 댕기것다. 전에 없이 와 그리 잔 걱정이 많노?"
〈박경리, 토지, 1994, 11, 375〉

"그렇기 됐구마. 웨낙에 **오지랍**이 넓다보이… 어디가 우찌 아픈지 좀 자세하게 보아주었이믄 좋겠네." 〈박경리, 토지, 1994, 15, 168〉

'오실앞'은 '오지랖'의 경상도 방언으로 '웃옷이나 윗도리의 겉옷의 앞자락'을 뜻한다. '오실앞'과 '오지랖'이 공존하는 것으로 미루어, 앞선 시기의 어형은 반치음 / △ / 을 가진 '오ᅀᅵ랖'이었으로 것으로 추정된다. 그래서 / △ / 〉 / ㅈ / 의 변화를 겪어 '오지랖'이 되고, / △ / 〉 / ㅅ / 의 변화를 겪어 '오시랖'이 되었다. 경상도 방언에는 중세국어 / △ / 에 / ㅈ / 으로 대응되는 예가 많은데, 예컨대 중세국어 '브ᅀᅥᆨ', '쓰ᅀᅳ다'

가 '부적', '끄직다'로 대응된다. 그런데 '오실앞'의 경우에는 오히려 이와는 반대의 양상의 보이는 특이한 경우이다. 관용어로 '좁쌀양식 오실앞에 싸다닌다'가 있는데, 그 의미는 '사람이 대범하지 못하고 잘다'이다.

오아바치다

- 표준어 : 고자질하다
- 품   사 : 동사
- 뜻풀이 : 남의 잘못 따위를 다른 사람에게 알리다.
- 다른 방언형 : 이러다, 이른다, 이리다, 이린다, 일라준다, 일러준다, 일르다, 꼬아
  바치다
- 사용 지역 : 경상도

아이라. 우리 아부지가 그카는데 나쁜 거는 이대통령도 아니고 이기붕이
도 아이다 카더라. 그 밑에 있는 놈들이 나쁜갑더라. 그것들이 살살거리매
거짓말로 **오아바쳐** 일을 이래 맨들었다 안 카나. 아매 이 박사는 암것도 모리
고 들앉았을 끼라던데 〈이문열, 변경, 2〉

민주주의? 민주주의, 그기 뭔데? 일제 때는 면서기질 하며 누구 집에 놋
대집이 몇 개 있는 거까지 다 왜놈한테 **오아 바치는** 게 민주주의가? 해방되고
용케 안 마 죽으이께는 이번에는 한청인동 뭔동에 붙어 생사람 빨갱이로 몰
아제친 게 민주주의가? 〈이문열, 변경〉

그 사람하고 자꾸 어불렀지 마라. 왠지 기분 안 좋은 사람이라. 옛날에 장
씨라꼬 아부지 따라댕기미 좌익도 좌익 같잖은 활동을 한 사람이 있었더라.
그래다가 경찰에 뿌뜰렀자 홱 돌아서가 주고는 아는 거 모리는 거 다 **오아바**
치고도 모자래 아부지한테 없는 죄까지 덮어 씌우더라 카이. 그런데- 내 보기
에는 임씨가 왠동 그 장씨하고 비식한 상이라. 눈동자가 안정치 못하고 매부
리코 기운이 있는 게. 〈이문열, 변경, 1998, 12, 81〉

'오아바치다'는 '일러바치다, 고자질하다'라는 의미의 경상도 방언이

다. '오아바치다'의 '오아'는 '고해바치다'에서 'ㅎ'이 탈락하여 '고아바치다'가 된 뒤 'ㄱ'이 탈락한 것이다. 경상방언에 '꼬아바치다'가 함께 나타난다. '고해바치다'는 '고(告)하다'에 '바치다'가 결합한 어형이다. '일러바치다' 역시 '이르다'에 '바치다'가 결합한 것이다.

오양

- 표준어 : 겉모양
- 품 사 : 명사
- 뜻풀이 : 겉으로 보이는 모양.
- 사용 지역 : 경상도

아무말 하지 말고 소문이 나기 전에 니는 통영에서 떠라. **오양**이 그만큼 반반하믄 어디 계집이 없었나? 니 짝 만나서 자식 낳고 살아라, 용란이는 잊어부리고. 〈박경리, 김약국의 딸들, 1993, 306〉

"영락없는 되놈이라 카이. 마당쇠 그놈 **오양**을 보라고?" 전 서방은 붕어 물 먹듯 담배를 피우고 처남 끝봉이와 매부 오 서방 둘이서 말을 주고받는다. 〈박경리, 토지, 2002, 7, 26〉

'망할 놈의 가시나 **오양** 값을 하노라고.' 기두는 벌떡 일어나 담배를비벼 끈다. 〈박경리, 김약국의 딸들, 1993, 133〉

'오양'은 한자어 '외양(外樣)'의 경상도식 발음형이다. 경상도 방언에서는 '고롭다(←괴롭다)', '쪼다(←죄다, 쬐다)', '홍재(←횡재)'처럼 일부 어휘에서 〔ㅚ〕를 〔ㅗ〕로 발음하는 예들이 있다. 이 현상에 의해 '외양'이 '오양'이 된 것이다. 원래는 한자어 '외양(外樣)'이었지만, '오양'으로 변하여 한자어라는 인식이 희박해지면서 방언으로 인식된 단어이다. 이처럼 원래 한자어였지만 음이 변하여 한자어 어원 의식이 희박해지면서 방언으로 인식되는 예로는 '각제(却中에)', '양발(洋襪)', '대낄이(大吉이)' 등이 있다.

오이

- 표준어 : 모두, 전부, 완전히
- 품 사 : 부사
- 뜻풀이 : ① 일정한 수효나 양을 빠짐없이 다.
          ② 어느 한 부분이 아니라 전체가 다.
          ③ 필요한 것이 모두 갖추어져 모자람이나 흠이 없이.
- 사용 지역 : 경상도

"소작료가 아이라. 저그들 한 집에 3천 평씩 띠가고 나머지는 우리 몫으로 해서 농사를 지주겠다는 게따. 남은 땅 수확은 **오이**(모두) 우리 께 되는 게 제." 〈이문열, 변경, 1994, 6, 70〉

'오이'는 '모두', '전부', '완전히'의 의미를 가진 경상도 방언이다. '니 혼자 오이 다 무라(너 혼자 전부 다 무라)', '물이 티가 그림을 오이 다 베렸다(물이 튀어서 그림을 완전히 다 버렸다)'에서처럼 부사 '다'와 함께 '오이 다'의 형식으로 많이 쓰인다. 음성적으로는 〔오:이〕처럼 장모음으로 실현된다. '글마는 정신이 오이 갔다(그녀석은 정신이 완전히 갔다)'에서처럼 '완전히'의 의미로도 쓰인다. 형태적 구성은 정확히 파악하기는 어렵지만, '百', '全'의 의미를 가진 고유어 명사 '온'에 부사 파생접미사 '-이'가 결합하여, '오니'가 된 후 모음 사이에서 / ㄴ / 이 탈락하여 '오이'가 된 것으로 추정된다. 실제 '오이'의 발음은 〔오:~이~〕처럼 비모음(鼻母音)으로 실현되기도 한다는 사실에서 / ㄴ / 이 탈락했음을 확인할 수 있다.

오입가다

- 표준어 : 가출하다
- 품　사 : 동사
- 뜻풀이 : 가정을 버리고 집을 나가다.
- 사용 지역 : 경상도

너는 이 편지 받는 즉시로 오도록 해라. 못된 아이들 꾐에 빠져 **오입갔다가** (가출했다가) 신세 망한 얘기 듣지도 못했느냐? 큰일난다. 〈이문열, 변경, 1992, 4, 55〉

"여길 떠나겠단 말예요. 나도 이제 더는 이 꼴을 못 봐요." "아이, 글타꼬 머리에 소똥도 안 벗겨진 게 **오입(가출)을 간다꼬?**" 〈이문열, 변경, 1992, 4, 180〉

개골에 귀머거리네 아들도 요새 논다 카드라. **오입[家出]이사 자주 댕겼지** 마는 원래는 상농군이라. 〈이문열, 변경, 1992, 4, 115〉

뙈기논 집터 깨싸도 돈될 거 없고, 그것도 땅이라고 사들일 사람도 없다. 된다 캐도 니 **오입(가출)** 밑천 될라꼬 팔 수도 없고, 니 누마리(눈알)에는 안 비(보이)나? 〈이문열, 변경, 1992, 4, 256〉

'오입가다'는 '가출하다'를 뜻하는 경상도 방언이다. 위 예문에서 보듯이 형태론적으로 '오입가다'는 그 자체가 하나의 동사처럼 쓰이기도 하지만, '오입을 가다' 형으로 쓰이기도 한다. 경북에서는 거의 쓰이지 않고, 경남 지역에서 주로 쓰이는 말이다. '오입'은 한자어 '오입(誤入) 이다. '오입가다'가 어떻게 '가출하다'의 의미를 갖게 되었는지 정확하게 추적하기는 어렵다. 다만 몇 가지 추론은 가능하다. 첫째, '오입'(아내가 아닌 여자와 성관계를 가지는 일)을 하기 위해 간다는 것은 결국 집을 나가야만 가능하다. 이런 이유로 '오입가다'가 집을 나가는 '가출하다'의 의미로 전이되었다고 할 수 있다. 둘째, '오입'과 같은 뜻을 가진 한자어로 '외도(外道)'가 있는데, '외도'는 '오입'의 의미도 있지만 '바르지 않은 길이나 노릇'이라는 의미도 있다. '외도'와 '오입'이 비슷한 환경에서 사용되면서 '외도'의 이러한 의미가 '오입'에도 첨가되어, '오입가다'가 바르지 않은 길로 가는 것 중의 하나인 '가출하다'의 의미로 사용되었다고 할 수 있다.

오지기

- 표준어 : 오달지게
- 품　사 : 부사
- 뜻풀이 : 허술한 데가 없이 야무지고 알차게.
- 다른 방언형 : 오지게, 오지다
- 사용 지역 : 경상도

덤불을 헤치며 들어가는데 / 머가 내 발등에 / 미키적하였다. / 나는 고마 / 가슴이 펄떡하였다. / 가만히 보니 / 짝두꼬지가 그랬다 / 짝두꼬재한테 **오지게**도 속았다. // 〈이오덕, 일하는 아이들, 딸 따 먹기, 1978, 77〉

"참내. 잠 좀 잘라 캤더이 **오지기**(어지간히) 씨부려쌌는다(말한다)." 〈박경리, 토지, 2, 283〉

"그라믄 누굴 믿고 장사한단 말이요. 누가 세전(稅錢) 받으로 왔나? **오지기**도 엄살 떨어쌌는다!" 화낼 일도 아니건만 한조는 화를 낸다. 〈박경리, 토지, 3, 205〉

"우떻노. 아까 니 눈으로 봤제. 그라고 안 들었나? 꼼짝없이 안 가더나? 속으론 겁이 나서 죽을 것만 같았일 기라. 흥 언제 난 삼수라꼬. 야 그렇소? 하고 물러나까. 흐흐흐, 그눔으 가씨나 서방 될 놈이 열세 살 코흘리개라 카이 내 생각 **오지기** 날 기다." 〈박경리, 토지, 3, 300〉

"흥, 양반 양반 함시로 **오지기**도 고만을 떨어쌌더마는 머 별수도 없거마는. 하기사 본시부터 집안 내림이, 안 그렇나? 누구 하나 뾰족하게 벼슬한 사람이 있이야제. 기껏 해봐야 죽은 김진사……" 〈박경리, 토지, 3, 335〉

"그러기, 니 에미가 살았이믄 니가 인지꺼지 이러고 있겄나. 에미가 없더라 캐도 마님이나 살아 기싰더라믄, 참말이제 **오지기** 복도 없다." 〈박경리, 토지, 3, 343〉

못받는 돈이사 그렇고, 그년 **오지기** 당하기는 기이 고소해서 내사 마 춤이라도 추고 접다. 〈박경리, 토지, 4, 341〉

"그년 **오지기** 당했겄다." "당하기는커녕 본처가 당했다 하더마요." 〈박경리, 토지, 10, 269〉

또 훑는 데도 좋고, 몬 익허 가주고 쪼금 설었다 하는 거는 오래 담과(담궈) 놓고, 또 벗기는 데도 제릅 살이 붙어 부래. 찔개 가주고. 삼도 **오지지도** 안하고. 〈김점호, 베도 숱한 베 짜고, 1992, 84〉

'오달지게'에 대응되는 경상도 방언은 '오지게, 오지기'이다. '오달지'는 '마음에 흡족하게 흐뭇하게'라는 의미와 "허술한 데가 없이 야무지고 알차게"라는 의미가 있는데, 경상도 방언에서 '오지게, 오지기'는 '오달지게, 야무지개, 알차게, 아주 감쪽같이, 되게, 무척이나' 등의 다양한 의미를 가지고 있다. 이와 함께 형용사 '오지다'는 '내실이 있다, 살이 많고 알차다, 실속이 있다'라는 의미의 어휘이다.

옥구구

- 표준어 : 옥셈
- 품 사 : 명사
- 뜻풀이 : 생각을 잘못하여 자기에게 도리어 불리하게 계산하는 셈.
- 사용 지역 : 경상도

그런데 인제 그 당편이가 갈 데가 없어 길바닥에 나앉게 생겼는데 가마이 모고 있으란 말가? 밥술이나 먹게 됐다꼬 **옥구구나** 대면서…… 〈이문열, 아가, 2000, 223〉

'옥구구'는 생각을 잘못하여 자기에게 도리어 불리하게 계산하는 셈을 말한다. 〈소설어 사전〉에 의하면 '구구'는 '구구단'의 준말로 '셈'의 의미로 쓰였다고 하나 '옥구구'의 '구구'는 '주먹구구'의 '구구'와 그 어형이 동일한 것으로 '구구하다(계략을 꾸미다)'의 어근으로 볼 수도 있다.

옴팍귀

- 표준어 : 오목귀
- 품　사 : 명사
- 뜻풀이 : 작고 오목하게 생긴 귀.
- 다른 방언형 : 옴팔귀
- 사용 지역 : 경상도

　　칼칼한 성격을 여실히 드러내는 가늘고 성긴 눈썹과 개미가 지나가는 소리도 귀신같이 잡아내는 **옴팔귀**, 여태 말썽 한 번 부린 적 없는 어금니를 고스란히 갖고 있는 그녀로서는 옆얼굴에 총총히 박힌 검버섯이 눈엣가시다. 〈이현수, 신기생뎐, 2004, 문학동네, 9〉

　　기방 부엌돌림으로만 반백년 가까이 살아온 타박네여서 첫 입문하는 기생 상판을 보면 후제 어찌 풀릴지 팔자소관까지 짚어낼 수가 있듯 소리에 **옴팔귀**가 트인지도 하마 수십 년은 넘었지 싶다. 〈이현수, 신기생뎐, 2004, 문학동네, 10〉

　　작게 구시렁거리는 영선네의 혼잣말이 타박네의 **옴팍귀**에 여지없이 걸려들고 만다. 〈이현수, 신기생뎐, 2004, 문학동네, 17〉

　‘옴팍귀’는 작고 오목하게 생긴 귀를 가리킨다. ‘옴팍귀’는 ‘옴팍’에 ‘귀’가 결합된 어형이다. ‘옴팍’은 가운데가 오목하게 쏙 들어간 모양을 말한다.

　〈표준국어대사전〉에 이와 유사한 어형으로 ‘옴팍눈, 옴팡눈’ 등이 나온다. ‘옴팍눈’과 ‘옴팡눈’은 ‘옴폭하게 들어간 눈’을 말하며 현재 ‘옴팡눈’이 표준어로 되어 있다.

옹해

- 표준어 : 자두
- 품   사 : 명사
- 뜻풀이 : 보통 자두와 같으나 크기는 자두보다 조금 작고 검붉은 색을 띤다.
- 다른 방언형 : 옹애, 오왯, 오얏, 오왤, 오얏추, 외추, 우애추, 웨치, 애치, 애추, 왜추, 왜치, 오약, 오야지, 오야, 애기, 애애초, 꽤기, 고약, 풍개, 자도, 췌리, 추리, 홍굴래
- 사용 지역 : 경상도

'옹해'는 '자두'를 말한다. '자두'의 중세어형은 '오얏'으로 이 '오얏'이 '오애', '오해', '옹해' 등으로 방언에 남아 있다. 경상도 북부 지역에서는 '추리'로도 나타난다. '옹해'나 '추리'는 요즘 나오는 자두와 달리 작고 검붉은 색을 띤다.

요진앞시

- 표준어 : 요전
- 품   사 : 부사
- 뜻풀이 : 지나간 지 얼마 안 되는 과거의 어느 시점을 막연하게 이르는 말.
- 다른 방언형 : 요전앞, 요진앞, 요진앞에
- 사용 지역 : 경상도

"세운상가 모티에서 전구다마 장시 한다던 그 아들 말이제요. 그것도 하다 엎었는가. **요진앞시** 아들 메누리 빈몸으로 쫓아냈다카데예. 중고등학교에 댕기는 손자 둘만 딜고 산다캅디더. 그 에미 애비 속에서 나온 자슥치고는 알라들이 신통하게 공부를 잘한다크데예." 〈이현수, 신기생뎐, 2005, 62〉

경상도 방언에서 '요전앞, 요진앞, 요진앞에, 요진압시, 요진앞시'라는 표현은 '지나간 지 얼마 안 되는 과거의 어느 시점'을 막연하게 이르는 말로 표준어 '요전'에 대응되는 어휘이다. '요전앞, 요진앞, 요진앞에'는 {요전(前)}에 다시 의미가 같은 {앞}을 붙여 만든 어휘이고, '요진압시, 요진앞시'는 {요전} + {앞} + {시(時)}가 결합된 형태이다. 경상도에서는 시제에 관한 표현에서 막연한 부정칭으로 오늘을 기준으로 하여 지난 과거를 '앳날, 잇날'로 그리고, 막연한 미래를 '후제, 후지'라는 방언형을 사용하고 있다.

우부리다

- 표준어 : 얽다
- 품　사 : 동사
- 뜻풀이 : 노끈이나 줄 따위로 이리저리 얽어 만들다.
- 다른 방언형 : 얼구다, 얼근다, 얼런다, 얼른다, 엉는다, 옥다, 홀카:낸다
- 사용 지역 : 경상도

그래믄 내가 여다가 어예튼동 사람이 거처할 만하게 **우부리보꾸마**. 터진 흙벽 막고 안으로 미세하도 하믄 이 헛간도 방같이 맹글 수 있다. 여다 있던 보습하고 길마, 여물거리는 저쪽 빈 마루로 옮기믄 되고⋯ 〈이문열, 아가, 2000, 41〉

짐도 없이 걷는 거 십리믄 어따나? 이 집도 글타. 이거 그래도 내 집이라꼬 **우부릴** 때를 생각하이 한시도 여다는 더 있기 싫다. 고마 걷자. 거다서 짐 부치고 기다리다가 명양서 나오는 차 있으믄 타고 나가는 게라. 〈이문열, 변경, 1996, 6, 295〉

무신소리 그 꼴난 담집하나 **우부린다꼬** 조상 묏등 도리솔에 손을 대? 자손들 몸담을 집 짓는데 어때요? 조상분들도 이해하실 겁니다. 〈이문열, 변경, 1996, 4, 167〉

지금부터는 옆도 뒤도 돌따보지 말고 지 길, 지 가는 게따. 나튼 3년 동안 무슨 일이 있더라도 집 한 채 **우부릴** 돈을 모우꾸마. 인철이는 어예튼 학교만 마쳐라. 〈이문열, 변경, 10, 181〉

'우부리다'는 '집이나 방 등을 얽어 만들다'라는 의미이다. '우부리다'의 어원에 대해 정확히 파악할 수는 없으나, '우부리다'는 '아우르다'에

서 변화한 것으로 추정해 볼 수 있다. 즉 '여럿을 모아 한 덩어리나 한 판이 되게 한다'는 의미를 갖는 '아우르다'의 방언형으로 '어부르다'가 있다. '우부리다'는 이 '어부르다'에서 의미가 파생되어 쓰인 것으로 짐작해 본다.

'우부리다' 이외 '얽어 만들다'는 의미의 방언형으로는 '우부리다, 얼구다, 얼근다, 얼런다, 얼른다, 엉는다, 옥다, 홀카:낸다' 등이 있다. 이 가운데 '얼구다'는 동사 '얽-'에 사동접사 '-우-'가 결합한 것이며, '얼근다', '얼런다, 얼른다', '엉는다' 등은 '얽-'에 '-는다'가 결합한 어형이다.

우사스럽다

- 표준어 : 우세스럽다
- 품   사 : 형용사
- 뜻풀이 : 남에게 웃음거리나 비웃음을 받을 만하다.
- 다른 방언형 : 우세스럽다, 우사하다, 우새하다
- 사용 지역 : 경상도

용빈의 커다란 손이 용란의 뺨을 친다. "으엉!" 용란은 아우서을 치며 용빈의 팔을 물었다. "아이구! 이게 웬일인고……" 이 소동에 잠을 깬 한실댁이 쫓아왔다. 침모 박씨와 여문이도 일어났다. 용옥은 무릎을 꿇고 기도를 드리며 울고 있었다. "사랑에 아부지 일어나겄다. 이 야밤중에 **우사스럽게** 무슨 망측한 짓이고, 용빈아, 와 그라노?"〈박경리, 김약국의 딸들, 1993, 111〉

"어무이 대구 줄랍니꺼, 안 줄랍니꺼? 안된다카믄 나 다른 데 가서 말할랍니더." "주고 안 주고 간에 뭐가 답답해서 니가 그럴래? **우사스럽다.**"〈박경리, 김약국의 딸들, 1993, 139〉

"별소리를 다 합니더. 토영 갑부 정국주의 마누라도 안하는 장사가 없입니더. **우사스럴** 것이 뭐 있있니꺼. 누가 장바닥에 나앉아서 파능교? 집에서 장사꾼들이 와가지고 가지갈 긴데 어떻십니꺼."〈박경리, 김약국의 딸들, 1993, 140〉

"내만 우사를 하는 기 아니고 니도 **우사를 할 기다.** 부산의 그놈이 부자간의 인연을 끊을 기다마는 니도 데꼬 살지는 안할 기다. 아무도 본 사람은 없다."〈박경리, 김약국의 딸들, 1993, 355〉

'우사스럽다'는 '우세스럽다'의 경상도 방언이다. '우세'의 경상도 방언이 '우사'이다. 문헌자료에서 문증되지는 않지만 '우사'와 '우세'가 공존하는 것으로 보아 앞선 시기의 형태는 '우싀'였을 것으로 추정된다. '우사스럽다'와 비슷한 의미로 '남사스럽다'가 있는데, '남사스럽다'는 '남우사스럽다'가 축약된 것이다. '우사스럽다'는 결국 남들 보기에 웃음거리나 비웃음을 받을 만하다는 의미인데, '남사스럽다'는 우사스럽게 생각하는 대상인 '남'을 분명하게 밝힌 형태라고 할 수 있다. 이는 '부끄럽다'와 '남부끄럽다'의 관계와 평행하다.

우야든동

- 표준어 : 대응 표준어 없음
- 품   사 : 부사
- 뜻풀이 : 어떻게 하든지.
- 다른 방언형 : 우야든지, 우애든지, 우짜다가
- 사용 지역 : 경상도

넘으 사내를 잠시 잠간 새참으로라도 넘볼라카마 **우야든동** 지 몸 지 낯은 가꾸고 봐야 하는 기다. 오마담 쟈가 딴건 못해도 고거 하나는 기가 맥히게 잘하니라. 〈이현수, 신기생뎐, 2005, 57〉

"시끄러버! 동네 부그럽구로 여펜네가 뭘 안다꼬. 사나가 밖에서 장사하나 보믄 술도 쪼매쓱 하게 되는 기고, 우짜다 가시나 곁에도 앉을 수 있는 기제." "뭐시라? **우짜다가** 앉은 기라꼬? **우짜다** 앉은 기 대낮에 젊은 가시나 끼고 여인숙에 눕은 기가?" 〈이문열, 오디세이아 서울, 1993, 2, 480〉

경상도 방언에서 '우야든동, 우야든지, 우애든지'는 '어떻게 하든지, 어쩌든지'의 의미로 사용되고 있는 부사이다. 경상도 방언의 '우야다'는 '어찌하다'의 의미인데, 다양하게 활용된다. '이녀러 팔자는 우앤 심파인동(이년의 팔자는 어찌한 심파인동)'에서 '우앤'은 '어찌한'의 의미이고, '우야꼬, 여어가 우리집이네(어찌할까, 여기가 우리집이네)'에서 '우야꼬'는 '어찌할까'의 의미이다. 이밖에도 '우야노'는 '어찌할래', '우야다가'는 '어쩌다가', '우야마'는 '어찌하면', '우야이'는 '어떻게 하니'라는 말이다. 그리고 '우에, 우예'는 '어찌, 어떻게'의 의미를 지닌 부사이다. '우야다'라는 어형과 함께 '어찌하다, 어떻게 하다'의 의미로 사용되는 경상도 방언형에는 '우짜다'가 있는데, '우짜모(어떻게 하면), 우짠(어떤), 우짤라카노(어떻게 하려하니), 우째(어째), 우째서(어째서), 우쨋든(어떻게 하든), 우쨋기나(어찌했기나, 우쨌든동(어떻게 했든지), 우찌(어떻게)' 등으로 다양하게 활용해서 사용하고 있다.

우투룹다

- 표준어 : 위태롭다
- 품   사 : 형용사
- 뜻풀이 : 어떤 형세가 마음을 놓을 수 없을 만큼 위험한 듯하다.
- 다른 방언형 : 우트럽다
- 사용 지역 : 경상도

'우투룹다'는 '위태롭다'의 경상도 방언이다. 〈시어사전〉에서는 '위트롭다'를 표제어로 제시하고 '위태롭다'의 시적표현이라고 설명하였다(봄바람을 등진 초록빛 바다 / 쏟아질 듯 쏟아질 듯 위트롭다. 〈윤동주, 風景〉). 그러나 이들은 만들어진 표현이 아니라 방언에서 실제 사용하는 어형이다.

웃티

- 표준어 : 상의
- 품　사 : 명사
- 뜻풀이 : 윗옷.
- 다른 방언형 : 우투리, 윗도리, 웃두리, 웃드리, 웃또리
- 사용 지역 : 경상도

> 　바람 절로 빛나고 절로 구름 흐르고 / 종일 두고 우짖고 사는 벌레소리 새 소리에 / **웃티** 벗어 팔에 끼고 아아 나는 드디어 예까지 왔고나 / 마음 외로운 대로 내 푸른 그늘에 앉아 쉬노라면 / 한 마리 멧새 가지에 와 하염없이 노래 부르나니 / 새야 적은 새야 / 〈유치환, 생명의 서, 새에게, 1991, 66〉

　'웃티'는 '상의(上衣)'를 뜻하는 경상도 방언이다. 경상도에서는 '우투리, 윗도리, 웃두리, 웃드리, 웃또리' 등의 방언형이 있으며, '웃티'는 {웃}+{티}의 구조를 가진 말이다. '웃'을 살펴보면 15세기부터 20세기까지 형태 변화 없이 '웃'으로만 나타난다. 현대 국어에서 '웃'은 접두사로만 사용하는데, 실은 이 '웃'은 '상(上)'을 뜻하는 '우ㅎ'에 사이 'ㅅ'이 결합한 형태이다. '상(上)'를 뜻하던 중세어 '우ㅎ'는 20세기에 오면서, 명사 '위'와 접두사 '웃'으로 분화한다. 〈표준어 규정〉 제12항에서는 '윗'과 '웃'의 쓰임을 구분하고 있다. '윗'은 '위'에 사이 'ㅅ'이 결합한 형태로 대개의 경우 '위-아래' 대립이 있는 어휘들과 결합하는 반면에, '웃'은 '웃옷, 웃사람, 웃돈' 등과 같이 '위-아래' 대립이 없는 어휘들과 결합한다. 경상도 방언에 나타나는 '웃티'는 '상의(上衣)'로 상하 구분이 있으나 고어의 형태인 '웃'을 그대로 결합해서 만든 말이다.

원체

- 표준어 : 워낙
- 품   사 : 부사
- 뜻풀이 : 두드러지게 아주.
- 다른 방언형 : 언청, 엄청, 언층, 엉칸, 원청간, 원청강, 금분, 금붕
- 사용 지역 : 경상도

"먹기는 잘 먹었습니다만, 무슨 턱인지 영 걱정되는데요" "짜식, 내가 너희들 밥 한그릇 사주는 게 뭐 그리 별난 일이냐?" "밥도 밥 나름이죠. **원체** 요란 뻑적지근한 밥이라서…" 〈이문열, 변경, 1996〉

아이다, 그것도 그냥 해본 소리라. 니 쪼매도 맘쓰지 마라. 말이사 바른말이따마는, 너어 할배가 **원체** 오랜만에 들따보는 너어 아제들한테도 닭 한 마리 못 잡아주게 하는 숭악한 구두쇠 아이라? 요새 밥도 그만큼 쌀 섞는 것도 니가 우리집에서 밥 먹는 덕이라. 〈이문열, 변경, 1998, 12, 37〉

기방 법도가 상같이 엄했던 시절이라 해도 정분난 사내가 있다는 마만 했으면 기둥서방이라도 삼아줬을 텐데. 목포 부용각의 기생어미가 그런 정리는 아는 사람이었거든. 어쩌면 머리를 얹어줄 남자가 **원체** 대단해 봐서, 말해봤자 허사다 싶어 그랬는지도 모르겠다만. 채련이 그리 되고 나서 독하기로 소문난 진주 권번장이 눈물을 흘리더라. 당신 생전에 그처럼 재주있는 아인 다시 만나기 어려울 거라며, 〈이현수, 신기생뎐, 2004, 49〉

'원체'는 '워낙'에 해당하는 경상도 방언이다. 중세국어에 '워낙'의 의미로 '원간'이 나타난다. '원간'은 현재 경상도 지역에서 '원캉', '원칸', '엉칸' 등으로 남아 있다. '원체'의 어원을 유추할 만한 자료는 문헌에

서 찾을 수 없다. 그러나 방언 이형태에 '원청간', '원청강' 등에서 '원체'의 어형변화 과정을 유추할 수 있다. 즉 '원체'는 '원청'에서 /ㅇ/이 약화되고 /ㅓ/가 /ㅔ/로 교체된 것이다. 현재 경상도 방언에서는 'ㅔ'와 'ㅐ'의 구분이 안 되므로 표기자에 따라 'ㅐ'로도 기록이 된 것이다.

유름하다

- 표준어 : 비축하다
- 품　사 : 동사
- 뜻풀이 : 곡식을 준비하다. 비축하다.
- 다른 방언형 : 유름
- 사용 지역 : 경상도

할매요, 우리가 여게 양식 **유름해** 왔니더 〈권정생, 한티재 하늘, 1998, 〉

안골댁은 첫국밥 지을 쌀을 찾았다. 하지만 단지 안에 깜둥 물푸래좁쌀 댓 되박 담겨 있고 쌀은 없었다. "금이네야, 쌀 **유름해** 놓은 것 없니껴?" 분들네 는 누운 채 고개를 젖는다. 〈권정생, 한티재 하늘, 1998, 1, 11〉

'유름하다'는 '비축하다'의 의미를 가진 경상도 방언이다. '유름(庾廩)'은 곡식을 보관하는 창고를 말한다. 경상도 방언에서는 이 '유름'에 '-하다'가 붙어 '곡식을 준비하다, 비축하다' 등의 동사로 쓰인다.

이내

- 표준어 : 곧바로
- 품　사 : 부사
- 뜻풀이 : 시간적으로 지체 없이 곧장. 바로.
- 다른 방언형 : 연해, 여내, 이양, 인치
- 사용 지역 : 경상도

비는 **이내** 개이기도 했다. 〈박목월, 갈밭 마을로 이사를 했다〉

등창코 뱅어주둥이 쪽박귀 벼룩이마빡을 **연해연방** 촐랑촐랑 〈김지하, 똥바다, 김지하시전집, 3, 153〉

'이내'는 '시간적으로 지체 없이 바로 곧'의 의미이다. 이에 해당하는 경상도 방언으로는 '연해, 이내, 이양, 인치' 등이 있다. '이내'는 '연해'에서 'ㅎ'이 탈락한 뒤 연음된 '여내'에서 /ㅕ/가 /ㅔ/를 거쳐 /ㅣ/까지 올라가는 모음변화이를 거친 것이다.

이마이

- 표준어 : 이만큼
- 품　사 : 부사
- 뜻풀이 : 이만한 정도로.
- 다른 방언형 : 이만치
- 사용 지역 : 경상도

"아이, 가마이 보이 이상하네. 그대 아다라시 여대생이라꼬 입이 **이마이** 째져 판도 끝나기 전에 끌고 나간 기 누군데. 그라고 또 그 담날 뭐라 캤소? 침대 시트가 피칠갑이 돼 세탁비 따로 물고 나왔다고 떠들어샀디."〈이문열, 오디세이아 서울, 1993, 1, 165〉

"에익, 이기마. 또 그 소리네. 아이, 내가 언제 기집질 했노? 니 눈까리로 봤나? 봤어? **그마이** 얘기했으믄 못 알아듣고…"〈이문열, 오디세이아 서울, 1993, 2, 482〉

　　표준어의 조사 '-만큼'에 대응되는 경상도 방언형은 '-마이', '-마치', '-만치', '-만창', '-만침' 등이다. 이들은 표준어 '-만큼'과 마찬가지로 대명사 '이, 그, 저'와 결합하여 다양하게 사용되는데, '이마이, 이만치'는 '이만큼', '저마이'는 '저만큼', '그마이'는 '그만큼'이라는 의미이다.
　　'이마이'는 지시대명사 '이'와 표준어 '-만큼'에 대응되는 경상도 방언의 조사 '-마이'의 결합형인데, 경상도 방언에는 조사 '-마이'와 형태는 같지만 의미와 기능이 전혀 다른 부사 '마이'도 있다. 부사 '마이'는 표준어 '많이'에 대응되는 경상도 방언의 부사이다. '니 마이 묵어라', '니 오늘 일 마이 했나'에서 '마이'가 바로 그것이다.

이장

- 표준어 : 농구, 농기구
- 품　사 : 명사
- 뜻풀이 : 농사를 짓는 데 쓰는 기구.
- 다른 방언형 : 연장, 여장, 농구연장, 농구이장, 농구여장, 농구기, 농기이장, 농기
연장, 이쟁
- 사용 지역 : 경상도

　　반갑지도 안흔 바람 만 냅다 부러 / 가엽게도 우리 보리가 달증이 든듯이
뇌랏타 / 풀을 뽑너니 **이장**에 손을 대보너니 하는것도 / 이제는 헛일을 하는가
십허 맥이 풀려만 진다! 〈이기철 편, 이상화전집, 비를다고, 1982, 194〉

　　'이장'이란 '농기구(農器具)'를 뜻하는 경상도 방언이다. 〈한국방언자
료집 7-8, 경상도편〉에 '농기구'항목을 보면 '연장', '농구연장', '농기이
장', '농기연장', '이장' 등의 방언분화형이 있다. 특히 경북 문경, 예천,
안동, 영양, 김천, 고령, 청도, 경주 등지에 '이장'이라는 방언형이 주
로 쓰인다. '이장'은 단독형으로 쓰이기도 하고, '농기이장(농기구연
장)'처럼 합성어로도 사용된다.

인자

- 표준어 : 이제
- 품 사 : 부사
- 뜻풀이 : 바로 이때.
- 다른 방언형 : 이자, 인제, 인지, 인지는, 인지이
- 사용 지역 : 경상도

"평소엔 멀쩡하다가도 사랑 애기만 나오면 사람이 이상해지는 통에 내가 미치겠구만. 어이, 봐라. 인육지에 내린 기두는 배를 돌려 보내고 명정골로 향하였다. "오빠 **이자** 옵니꺼?" 집에서 물동이를 들고 나오던 기순이가 반색을 한다. 〈박경리, 김약국의 딸들, 1993, 156〉

"생이가 나물이 싱급다 하데요." "싱급기는, 탓을 해야 속이 편하지. 용혜야, 니는 **이자** 자거라. 저물다." 〈박경리, 김약국의 딸들, 1993, 161〉

"그놈도 가문에 없는 예수쟁이가 되더니 **이자** 미국으로 가겠다고 껍죽거리고, 온 내 참." 〈박경리, 김약국의 딸들, 1993, 205〉

김약국은 두루마기를 벗어 걸고 자리에 앉아 바둑판을 끌어내었다. '영감도 **이자** 다 늙었구마.' 불평이 가득 찬 목소리로 말하던 소청이 생각을 한다. 〈박경리, 김약국의 딸들, 1993, 282〉

환이 몸을 뒤친다. "성님! **이자** 정신이 좀 듭니까?" 비스듬히 몸을 일으키려 한다. 〈박경리, 토지, 2002, 7, 61〉

발밑, 아니 땅속 깊은 곳에서 울리는 것 같던 어머니의 목소리가 훨씬 가까이서 다시 철을 재촉했다. "야야, 일나그래이. **인자** 다 왔다." 그제서야 벌

떡 몸을 일으키던 철은 둥근 열차 천장 구석에 머리를 가볍게 부딪고서야 자신이 승반대(열차시렁) 위에 누워 잠들었던 것을 기억해냈다. 〈이문열, 변경, 1992, 1, 11〉

"야야, 정신차리그라. **인자** 다 왔다카이." 아직 철이 잠에서 덜 깬 줄만 알고 있는 어머니가 부드럽게 철의 손목을 끌었다. 그때 기차가 터널을 빠져나가며 목쉰 기적 소리를 냈다. 〈이문열, 변경, 1992, 1, 12〉

해순이는 반가웠다. 맘이 놓였다. 그래서 불가로 나왔다. "난 **인자** 안갈테야, 성님들 하고 같이 살테야!" 그러고는 훌적 일어서서 바다를 바라보고 가슴 가득히 숨을 들이켰다. 〈오영수, 갯마을, 1953, 127〉

'인자'는 '이제'의 경상도 방언이다. '인자 옵니꺼(이제 옵니까)', '인자 다 늙었구마(이제 다 늙었습니다)'에서 보듯이 주로 부사로 기능하지만, '인자부터는', '인자라도'에서처럼 명사로 기능하기도 한다. 경상도 방언의 특징적인 음운 현상 가운데 '모간지(목아지), 안직(아직), 강안지(강아지)'에서처럼 / ㅈ, ㅊ, ㅉ / 앞에서 / ㄴ / 을 첨가시키는 현상이 있는데, '인자'는 바로 이 음운현상의 적용을 받은 것이다. / ㄴ / 이 첨가되기 전의 어형인 '이자' 역시 함께 쓰인다.

그리고 표준어 '이제껏({이제} + {껏})'에 대응하는 형으로 '이적지'가 있고(이적지 뭐 했노(이제껏 뭐 했냐?)), '여태껏' 대응하는 형으로 '여적지'가 있다. 참고로 '인차'의 경우 북한어에서도 쓰이지만 그 의미는 경상도 방언과 차이가 있다. 북한어의 경우 '그곳에 도착하면 인차 편지하여라'라는 예문에서 보듯이 '인차'는 '이내(그때에 곧. 또는 지체함이 없이 바로)'의 의미로 사용된다.

일깐

- 표준어 : 일터
- 품 사 : 명사
- 뜻풀이 : 일을 하는 곳.
- 사용 지역 : 경상도

〈표준국어대사전〉에 수록된 '일간'은 "공사장 따위에서, 작업장으로 마련한 임시 건물. 비, 이슬, 뙤약볕 따위를 피하기 위하여 지붕만 설치하여 쓴다."라고 되어 있다. 그리고 북한에서 '일을 하는 방'이라고 한다. 경상도에서는 이것보다는 광범위하게 '일터'라는 의미를 가지고 있다. '일깐'은 {일} + {간(間)}, 곧 '일터'라는 의미를 지닌다.

임우로

- 표준어 : 임의로
- 품 사 : 부사
- 뜻풀이 : 일정한 기준이나 원칙 없이 하고 싶은 대로.
- 다른 방언형 : 임이로, 이무로, 이미로
- 사용 지역 : 경상도

"아 며칠을 살다니? 사램이 **임우로** 죽나? 가당찮은 소리. 하기사 하룻밤이면 어떨꼬? 저 좋은 인물 아깝다." 〈박경리, 김약국의 딸들, 1993, 46〉

'임우로'는 표준어 '임의로'에 대응된다. 표준어 '임의로'는 {임의} + {-로(조사)}의 곡용형이지만, 경상도 방언에서 '임우로'는 그 자체로 하나의 부사처럼 쓰인다. '임우로'는 표준어 '임의로'에서 양순자음 / ㅁ / 아래의 / ㅢ / 모음이 원순모음화되어 '이뮈로'가 되고, 여기에 이중모음의 단모음화가 적용되어 '이무로'가 된 것이다. 음성형 〔이무로〕를 분철 표기한 것이 '임우로'이다.

자무락질

- 표준어 : 자맥질
- 품 사 : 명사
- 뜻풀이 : 물속에서 팔다리를 놀리며 떴다 잠겼다 하는 짓.
- 다른 방언형 : 자막질, 자멱질
- 사용 지역 : 경상도

흰오리때만 분주히 밋기를차저 / **자무락질**치는 소리 약간들이고 // 〈이육사, 小公園, 批判, 1938〉

'자무락질'은 '무자맥질'에 대응되는 경상도 방언이다. '자무락질' 외에 '자막질', '자멱질' 등의 방언형이 있다. 경상도 방언에서 헤엄과 관련된 방언형을 보면 '담방구질, 미:, 미역, 시:미, 시:미질, 쉼, 헤얌, 해미, 햄, 헤움, 회미질, 히미질, 힘질' 등이 있다. 이들 가운데 '미역, 미' 등은 '멱'에서 변화된 것이다. 해녀들이 바다 속에 들어가 해산물을 따는 일을 '물질'이라고 한다. 여기에 기인하여 '자무락질'의 '무락'은 '물+-악'으로 분석해 볼 수 있다.

자부래미

- 표준어 : 잠꾸러기
- 품 사 : 명사
- 뜻풀이 : 유달리 잠이 많은 사람.
- 다른 방언형 : 잠티이, 잠추~이, 잠치~이, 잠꾸레기, 잠꾸리기, 잠꿀게, 잠치
- 사용 지역 : 경상도

> 눈꺼풀이 처져 있어 언제나 눈을 감고 있는 듯이 보여 **자부래미**라는 별명을 가진 박서방은 찾아온 빠란구인들한테 밥을 주고 양식도 나눠줬다. 〈권정생, 한티재 하늘, 1998, 〉
>
> 달과 별이 반짝반짝한다 / 달은 반달이다 / 달이 반 갈라졌다 / 달이 자꾸 가는 거 같다 / 어머니한테 물어보니 / 구름이 가서 그렇다 / 나는 **자부름이** 난다 // 〈이오덕, 허수아비도 깍꿀로 덕새를 넘고, 44〉

경상도 방언에 '졸리다'라는 뜻의 '자불다'가 있다. '자부래미'는 '자불다'에 접사 '-애미'가 붙어 형성된 것이다({자불-} + {-애미}).

자부럽다

- 표준어 : 졸리다
- 품 사 : 동사
- 뜻풀이 : 자고 싶은 느낌이 들다.
- 다른 방언형 : 자불린다, 자불다, 자부람, 자부럼, 자브람
- 사용 지역 : 경상도

무삼으로 저녁에 이래 한줌을 까지껏 하거든? 무삼 톷았는 거, 그거 삼다가, **자부는** 사람도 있거든? 자불다가 몬 삼으믄 갖다 내삐리 분다. 마 다리 모르게. 시집 사니라고 마구 고생은 하고 늦게 얼라는 또 옆에 끼고 삼을라 하만 밤은 깊지. **자부럽기는** 하지. 삼다가 앉아서 꾸벅 꾸벅 자는데, 뭐 자불다가 몬 삼으은 몰래 갖다 버리지. 〈김점호, 베도 숱한 베 짜고, 1992, 96〉

태산 긑은 빨래를 다리자만 **자부럽고** 괴롭고 모개이 달라들고 하제. 그때는 그래도 여사 그래 하는 법인 줄 알고 재미로 알고 하제. 아아 재이 놓으만 깨제. 〈성춘식, 이부자리 피이 놓고, 1992, 35〉

'졸리다'에 대응되는 경상도 방언에 '자부럽다, 자불린다'가 있다. '졸다'의 경상도 방언이 '자불다'인데, 15세기 어형은 'ᄌᆞ올다'이다. 'ᄌᆞ올다'는 16세기에 들어서면서 둘째 음절의 /ㅗ/가 첫째 음절의 /ㅗ/에 동화되어 '조올다'로 형태 변화를 겪게 된다. 이 '조올다'가 '졸다'로 축약된 것이 표준어 '졸다'이다. 경상도 방언의 '자불다'는 중세국어 'ᄌᆞ올다'보다 시기적으로 앞선 'ᄌᆞ블다'을 계승한 것으로 경상도 방언의 보수성을 보여주는 예이다.

장마도깨비 씨나락 까먹는 소리

- 표준어 : 장마 도깨비 씨앗 까먹는 소리.
  귀신 씻나락 까먹는.
- 품   사 : 관용어
- 뜻풀이 : 분명하지 않게 우물우물 말하는 소리나 이치와 소용에 닿지 않는 소리
  를 욕으로 빈정거려 이르는 말.
- 사용 지역 : 경상도

"무신 **장마도깨비 씨나락 까먹는 소리**고? 카수가 노래만 잘 부르믄 되지 몸매는 왜 찾고 얼굴은 왜 찾노? 어디 몸 팔아묵을 일이 있나? 여러 소리 말고 한 곡조 쫘악 뽑아보라꼬." 〈이문열, 오디세이아 서울, 1993, 1, 172〉

"성숙한 시민의식이라이 무슨 **장마도깨비 씨나락 까묵는 소리**고? 고마 치우소. 가마이 보이 누가 대통령 되든동 포리 X대가리만큼도 덕 볼 기 없는 사람들 같구마는." 〈이문열, 오디세이아 서울, 1993, 1, 220〉

'장마 도깨비 씨나락 까먹는 소리'에서 '씨나락'은 {씨}＋{나락}의 합성어인데, '나락'은 '벼'를 뜻하는 경상도 방언이다. 따라서 '씨나락'은 '종자볍씨'를 말하는 경상도 방언이다. '장마 도깨비 씨나락 까먹는 소리'는 '분명하지 않게 우물거리는 소리나 이치에 맞지 않는 소리를 욕으로 빈정거리면서 하는 말'을 뜻한다. 같은 의미를 가진 관용어로 '귀신 씻나락 까먹는 소리'가 있다. 유사한 의미를 지닌 관용어로는 '장마 도깨비 여울 건너가는 소리를 한다.'가 있는데 '속으로 불평을 품고 입속으로 중얼중얼 들리지 않게 말함'을 이르는 말이다.

재끼다

- 표준어 : 잦히다
- 품　사 : 동사
- 뜻풀이 : ① (…을)안쪽이 겉으로 나오게 하다.
　　　　　② 뒤로 기울이다
- 다른 방언형 : 제끼다
- 사용 지역 : 경상도

적은 고개 **재껴** 세어 보기도 하고 / 종일을 놀아도 겨웁잖다오 〈유치환, 생명의 서, 풋감, 1991〉

어디다 무릎을 꾸러야하나? / 한발 **재껴**디딜 곳조차 없다 // 이러매 눈깜아 생각해볼밖에 / 겨울은 강철로된 무지갠가보다. // 〈심원섭, 이육사전집, 절정, 1986, 40〉

옛날에는 아아 무데기(아기 무덤) 천지래. 여우가 막 파 **제끼고** 다니고. 인제는 없지. 다 밍그져 뿌고. 옛날에는 돌미 하나썩 얹어 놓고, 어떤 데는 가마 지게 갖다가 눌리 놓고, 까시덤배기 갖다 놓고. 마캐 눌리 놨어. 〈김점호, 베도 숱한 베 짜고, 1992, 62〉

〈표준국어대사전〉에도 '재끼다'라는 말이 수록되어 있는데, 이는 '일을 솜씨 있게 쉽게 처리하거나 빨리 해 버림을 나타내는 말'이다. 경상도 방언에서의 '재끼다, 제끼다'는 표준어 '잦히다'에 대응되는 경상도 방언이다. '잦히다'는 '잦다'의 사동형으로 '안쪽이 겉으로 나오게 하거나 뒤로 기울이다.'라는 의미이다. 경상도 방언의 '재끼다, 제끼다' 또한 유사한 의미로 사용되고 있다(예: 그 팔을 디로 확 재끼가 한참동

557

안 있거라(그 팔을 뒤로 확 잦혀 한참동안 있거라), 책장을 한 장씩 차례로 디로 재끼래이(책장을 한 장씩 차례로 뒤로 넘겨라), 이번 시험치고 반에서 한 명을 재꼈다(반에서 한 명을 따라잡다). '재끼다, 제끼다'는 '뒤로 기울이다, 겉이 나오게 하다, 넘기다, 따라잡다' 등 다양한 의미로 사용되고 있다. 경상도에서는 /ㅔ/와 /ㅐ/가 비변별적이기 때문에 '재끼다'와 '제끼다' 형이 함께 사용된다.

절딴나다

- 표준어 : 결딴나다
- 품　사 : 동사
- 뜻풀이 : ① 어떤 일이나 물건 따위가 아주 망가져서 도무지 손을 쓸 수 없는 상
　　　　　태가 되다.
　　　　② 살림이 망하여 거덜나다.
- 다른 방언형 : 절딴
- 사용 지역 : 경상도, 전라도

"니도 인자 6학년이 되고 곧 중학생, 고등학생이 될거이께는 카는 소리다 마는 정치란 애시당초 우리하고는 아무 관계 없는 기라. 허뿌라도 그쪽에는 눈돌릴 게 없는 기라. 니도 인자는 쪼매 알제? 우리가 왜 이 모앵이 돼 떠댕기는지는. 천석 만석하던 친가 외가가 우예다가 **절딴** 나고, 느그 아부지하고 외아재 둘도 우예다가 없어졌는지를. 크일 나는 기다. 인자 또 그쪽으로 껍죽대다가는 터도 망도 없이 우리 모도 죽는 기라. 〈이문열, 변경, 1989, 2, 228〉

　경상도 방언에서 '절딴'은 '① 어떤 일이나 물건 따위가 아주 망가져서 도무지 손을 쓸 수 없게 된 상태. ② 살림이 망하여 거덜난 상태'를 뜻하는 말로 표준어 '결딴'에 대응된다. 동사인 '절딴나다'는 '결딴나다'에서 / ㄱ / 구개음화가 적용되어 '절딴나다'가 되었다.

점바치

문학 속의 경상 방언

- 표준어 : 점쟁이
- 품 사 : 명사
- 뜻풀이 : 점치는 일을 직업으로 하는 사람.
- 다른 방언형 : 점재이, 점제이, 점젱이, 점받이, 점받치, 점빠치, 사기제이
- 사용 지역 : 경상도, 강원도, 평안도, 함경남도

그라이 한번은 큰집이서 점을 보는데, 점쟁이가 말을 하는데 "왜 불쌍한 거를 토지를 그런걸 주노? 똑똑한 걸 한 뙈기 주지" **점바치**가 말이래. 여러 사람들이 구경을 하는데, 그래 사램들이 "얄궂애라. 점바치도 희한하다. 희안하다." 이랫어요. 〈김점호, 베도 숱한 베 짜고, 1992, 36〉

하도 안 오이, 뭐 어데 봉사가 하나, **점바치**가 용하다꼬, 여봉사라 그며 봉사가 하나 용한 기 있다 캐. 그며 영주 시냐 사람들이 다 가서 점을 하고 하는데 그 사람한테 가서 점을 했어. 〈성춘식, 이부자리 피이 놓고, 1992, 95〉

점 치는 일을 하는 사람을 '점쟁이'라고 하는데, 경상도 방언에서는 '점재이, 점제이, 점젱이, 점받이, 점받치, 점바치, 점빠치, 사기제이' 등으로 쓰인다. '점바치'는 {점}＋{-바치}의 합성어이다. 이때 '-바치' '갓바치'의 '-바치'로 직업으로 하는 사람을 뜻하는 접미사이다.

조갑지

- 표준어 : 조개
- 품   사 : 명사
- 뜻풀이 : 판새류의 연체동물을 통틀어 이르는 말. 몸은 양쪽이 같고 좌우로 납작
  하며, 둘 또는 하나의 껍데기와 외투막으로 덮여 있다.
- 다른 방언형 : 열합, 개발, 조갭찌, 조가피, 쪼개비, 쪼갬피, 쪼갭지
- 사용 지역 : 경상도

삼밭골엔 양반이 없다. 그래서 고래등 같은 기와집은커녕 우뚝한 초가집
도 한 채없이 나직나직한 돌담집들이 산자락 비탈에 **조갑지**처럼 붙어 있다.
〈권정생, 한티재 하늘, 1998, 1-6〉

으이, 고년. **조갑지**처럼 작은 입을 딱 다물고 있으면 한여름에도 찬바람이
쌩쌩 났다. 그런 년이 춤만 출라치면 사람이 백팔십도로 달라져부러. 백여시
둔갑한 것맨쿠로 눈 가생이가 샐그시 풀어지면서 구운 꽁치에 참기름 발라놓
은 것마냥 화개살이 몸 전체에 자르르 흘렀다니께. 〈이현수, 신기생뎐, 2004, 46〉

'조갑지'는 '조개'의 경상도 방언이다. '조개'에 해당하는 경상도 방언
에는 '조갑지' 외에 '조가피', '조개비', '조갭찌', '쪼갭지' 등이 있다. 이
가운데 '조가피'의 '가피'는 '꺼풀' 또는 '껍질'을 의미하는 중세국어 어
형 '거피'가 변한 것이다.

졸로리

- 표준어 : 나란히
- 품 사 : 부사
- 뜻풀이 : 나란히 줄지어 있는 모양.
- 다른 방언형 : 나라이, 나:라니, 나라히, 나래:이, 나란히:, 날라라, 날:라리, 날라라히, 똑가타, 똑바로, 일여리, 쫄로기
- 사용 지역 : 경상도

발목까지 푹푹 빠지는 눈길이라 발짝을 띠기가 어렵더라. 한참을 가다본께 눈보라도 그치고 달빛이 어찌나 곱게 비치던동. 사금파리처럼 반짝거리는 눈밭에 네 줄로 **졸로리** 찍힌 발자국을 보니 이 동기랑은 예사 인연이 아니다 싶더라. 〈이현수, 신기생뎐, 2004, 30〉

'졸로리'는 '나란히'에 대응하는 경상도 방언이다. 나란히 한 줄로 줄지어 있는 모양을 '졸로리'라고 표현한다. 좀더 큰 표현은 '쫄루리'이다.

좀이

- 표준어 : 좀처럼, 좀체
- 품   사 : 부사
- 뜻풀이 : 여간하여서는. 주로 부정적인 의미를 가진 단어와 호응한다.
- 다른 방언형 : 조미, 조매, 조메, 좀해서
- 사용 지역 : 경상도

"잠깐 들어오소. 이런 촌구석에서는 **좀이**(좀체) 만나기 힘든 사람을 데리고 왔으이께는 인사라도 해 두는 게 좋을 께시더."〈이문열, 변경, 1992, 4, 294〉

'좀이'는 표준어 '좀처럼'과 비슷한 의미를 가진 경상도 방언이다. 실제 발음형은 [조:미]처럼 장모음으로 실현된다. 형태론적인 구성은 표준어 '좀처럼'이 {좀}＋{-처럼(보조사)}이 결합한 것인 데 비해, 경상도 방언의 '좀이'는 '좀'에 '하다'의 활용형 '해'가 결합하여 음운변화의 적용을 받은 것이다. 즉 '좀해'에서 유성음 사이에서 / ㅎ / 이 탈락한 것이 '조매'이다. 경상도 방언의 경우 / ㅔ / 와 / ㅐ / 가 변별되지 않는 특성으로 인해 표기상으로는 '조매'와 '좀에'가 함께 나타나는데, 음성형은 동일하다. 그리고 또한 경상도 방언에는 '기(〈게), 비개(〈베개), 지사(〈제사)'처럼 / ㅔ / 를 / ㅣ / 로 바꾸는 현상이 활발한데, 이러한 현상의 적용을 받아 '좀에'가 '좀이'가 되었다. '좀이'는 주로 '어렵다, 힘들다, 못하다, 안 되다' 등의 부정적인 의미를 가진 용언과 함께 쓰여 해당 용언을 수식한다.

종구다

- 표준어 : 쫓아가다
- 품 사 : 동사
- 뜻풀이 : 뒤따라 좇아가다
- 다른 방언형 : 종그다
- 사용 지역 : 경상도

나는 급한 김에 실없는 빈 자새를 든 채 앞쪽으로 **쫑아가기** 시작했거덩 〈김원일, 연〉

남이사 머라카거나 말거나 나만 청백 겉으문 고만 아니냐고, 그랬는데 복동이네는 그 소문의 출처를 **종구고** 댕기는 모양이라요. 소문을 맨든 사람이 누군지 아요? 〈박경리, 토지, 8, 303〉

길상형님 잽힌 것도 임이 소행이라 카더라요. 그래서 임이를 통영서 만냈을 때 가심이 철렁하고 예사롭지 않아서 뒤를 **종구다가** 배를 놓친기라요. 〈박경리, 토지, 11, 234〉

'종구다'는 '좇다', '찾다'라는 뜻으로 〈표준국어대사전〉에서는 '종그다'를 '쫓아가다'의 제주방언으로 설명하고 있다. 그러나 이는 제주뿐 아니라 경남지역에서도 나타난다.

종조리

- 표준어 : 종다리, 종달새
- 품　　사 : 명사
- 뜻풀이 : 종다릿과의 새. 몸은 참새보다 조금 크며 붉은 갈색이고 검은색 가로무
  늬가 있다.
- 사용 지역 : 경상도

경상도에서는 '종다리, 종달새'를 '종조리'라고 한다. '종조리'는 '종다
리'와 '노고저리'의 혼효(blending)에 의해 '종–저리'의 변이형으로 '종
조리'라는 방언형이 형성된 것이다({종} + {–저리}〉종조리).

국어사 자료에서 '종다리'가 소급하는 최초의 형태는 16세기의 '죵다
리'이다. '죵다리'는 {죵달} + {이}로 분석할 수 있다. '죵달'은 의성어로
울음소리를 흉내낸 말이다.

주끼다

- 표준어 : 말하다, 지껄이다
- 품　사 : 동사
- 뜻풀이 : 생각이나 느낌 따위를 말로 나타내다.
- 다른 방언형 : 주께다, 지끼다
- 사용 지역 : 경상도

　　형님이나 어무이가 날 싫어하지 않는 눈치사 알지만 이기 인륜지대사이 어예 옹총망총 마구다지로 **주낄** 수(말할 수) 있겠니껴? 그 바람에 눈치만 보다가 여 개간 끝나던 날에서 겨우 입을 띠봤니더. 〈이문열, 변경, 1992, 4, 222〉

　　'주끼다'는 '말하다'의 경상도 방언이다. '지껄이다'의 의미도 있지만, 경상도 방언에서 '주끼다'는 속된 의미라기보다는 일상적인 의미이기 때문에 '지껄이다'보다는 '말하다'에 대응된다고 할 수 있다. 물론 세대에 따라서 뉘앙스의 차이는 있다. 노년 세대에서는 '주끼다'가 속된 의미 없이 '말하다'가 쓰일 자리에 일상적으로 사용된다. 반면 젊은 세대에서는 잘 사용되지도 않으며, 사용되는 경우에는 속된 의미를 띠어 노년 세대와 차이를 보인다. '주끼다'는 중세국어 '짓글히다'(짓글힐 閧)〈훈몽자회, 1527, 下:15〉, 아히들히 도르혀 짓글혀(아이들이 도리어 지껄여)〈박통사언해, 1677, 上:18〉)에서 변한 말이다. 중세국어 '짓글히다'는 '짓다(嚼)'와 '글히다'의 합성어이다({짓}＋{글히-}). '글히다'는 'ᄀᆞᆯ오디', 'ᄀᆞᄅᆞ샤디'의 'ᄀᆞᆯ다(曰)'와 동일 기원의 단어였을 것으로 추정된다.

주리

- 표준어 : 거스름돈
- 품　사 : 명사
- 뜻풀이 : 거슬러 주거나 받는 돈.
- 다른 방언형 : 잔즌, 잔돈, 쓰리, 써리, 쓰리돈, 끝전, 나뜬, 가전, 가존, 거서럭돈, 거서럼돈, 나묵찌기, 거섬돈, 나머치돈
- 사용 지역 : 경상도

> "젊은 사람들이 안주가 없던가베. 아주무이. **주리**는 마 놔 뚜고 저 사람들 삼마나 둬 마리 꾸어주소." 거스름돈을 꺼내고 있던 주인 여자도 자기 손해난 건 없다는 듯 기색 좋게 고개를 끄덕였다. 〈이문열, 변경, 1996, 6, 239〉

　'주리'는 '잔돈'의 경상도 방언이다. 대체로 '잔돈'의 방언형은 '잔돈(잔전, 가전, 가존), 쓰리(쓰리돈, 써리), 거서럼돈(거서럭 거섬돈), 나머치돈, 나묵찌기, 주리' 등으로 나뉜다.

주메이

- 표준어 : 주머니
- 품 사 : 명사
- 뜻풀이 : ① 옷의 일정한 곳에 헝겊을 달거나 옷의 한 부분에 헝겊을 덧대어 돈, 소지품 따위를 넣도록 만든 부분.
  ② 자질구레한 물품 따위를 넣어 허리에 차거나 들고 다니도록 만든 물건. 천이나 가죽 따위로 만든다.
- 다른 방언형 : 주머이, 주무이, 호주무이, 호주메이
- 사용 지역 : 경상도

그래도 어머니는 움츠러드는 기색이 없었다. **"주메이돈이 쌈지돈이라꼬? 야가 지금 원 소리를 하노?"**〈이문열, 변경, 1992, 6, 72〉

'주메이'는 '주머니'의 경상도 방언이다. 표준어 '주머니'에서 모음 사이의 /ㄴ/이 탈락한 것이 '주머이'이고, /ㅣ/ 모음 역행동화가 먼저 일어나 '주메니'가 된 후 /ㄴ/이 탈락한 것이 '주메이'이다. 경상도 방언에서는 '어머이(〈어머니), 아이다(〈아니다), 가마이(〈가마니)' 등에서 보듯이 모음 사이에 /ㄴ/ 탈락이 활발하다. 그리고 '주무이'는 '주머이'에서 /ㅁ/ 아래에서 /ㅓ/가 원순모음 /ㅜ/로 교체하는 원순모음화 규칙의 적용을 받은 것이다. 양순자음 아래 /ㅡ/나 /ㅓ/ 모음이 /ㅜ/로 교체하는 원순모음화 현상 역시 경상도 방언에서는 활발하게 나타난다(어무이〈(어머이), 아부지(〈아버지), 아주무이(〈아주머니), 호무(〈호믜), 나부(〈나븨〈나비) 등). 형태적으로 '주머니'는 '줌'에 접미사 '-어니'가 결합한 파생어이다.

주우

- 표준어 : 바지
- 품　사 : 명사
- 뜻풀이 : 아랫도리에 입는 옷의 하나. 위는 통으로 되고 아래에는 두 다리를 꿰는 가랑이가 있다.
- 다른 방언형 : 중우, 주우말, 중우말
- 사용 지역 : 경상도

> "대런님이라도 **주우** 벗은 거 본 대런님이라 말 놔도 되지 싶다. 글치만 명훈이보고 형님, 형님은 카지 마라. 아무리 성 다른 촌수라도 5촌 아재뻘이다. 그냥 이름 부르고 말도 놔라. 〈이문열, 변경, 1998, 7, 43〉

　'주우'는 표준어 '바지'에 대응되는 경상도 방언이다. '주우'와 함께 '중우'도 쓰이는데, '중우'는 그 '주우'에서 /ㅇ/이 첨가된 형이다. 그리고 '주우말, 중우말'은 {주우 / 중우} + {말}의 복합어로 '바지 허리통'을 뜻하는 말이다. '말'은 '치마나 바지의 맨 위에 둘러서 댄 부분'을 뜻하는 '말기'의 축약형이다.

죽구재비

- 표준어 : 죽을상
- 품 사 : 명사
- 뜻풀이 : 거의 죽을 것처럼 괴로워하는 표정.
- 다른 방언형 : 주꾸재비
- 사용 지역 : 경상도

"색시 보래, 참말로 대처에 뭐가 있노? 어예 번번이 **죽구재비**가 돼가주고 돌아오민서도 돈만 손에 쥐믄 시도 때도 없이 달라빼는 게 거기고? 거다 가믄 뭐 용빼는 수가 있나? 〈이문열, 변경, 1992, 4, 188〉

"한 댓 달 잘 나가데. 세상에, 거다서 여까지가 어디라고 하이야 가시끼리 해 가주고 안 오나… 그래디 얼매 안 돼 빈손 탈탈 털고 **죽구재비**가 돼가지고 돌아 온 게라. 뭐 사기를 당했다 카등강. 하지만 어예노?" 〈이문열, 변경, 1992, 4, 190〉

"어예 아아 얼굴이 반쪼가리로? **주꾸재비**가 따로 없데이… 내리가자. 우선 밥부터 해 먹이야 될데이…" 〈이문열, 변경, 1992, 5, 133〉

"갑자기 왜 그래 됐노? 우째서 갑자기 걱정이 돼 편지 한쪼가리 없이 밤차 로 짜들고로 내려왔노? 둘 다 모도 **죽구재비**가 돼가지고 말이따.", 〈이문열, 변 경, 1989, 2, 207〉

'죽구재비'는 표준어 '죽을상'에 대응되는 경상도 방언으로 '거의 죽 을 것처럼 괴로워 하는 표정'이라는 뜻의 명사이다. '죽구재비, 주꾸재 비'의 형태로 사용되고 있는데, 어디서 그 형태가 생겼는지 확실히 알 수 없지만 그 뜻으로 형태를 유추하면 {죽-} + {-을} + {-잡이} 정도로 추측할 수 있다. {-잡이}가 / ㅣ / 모음역행동화로 '재비'가 되었다.

지딱거리다

- 표준어 : 대응 표준어 없음
- 품　사 : 동사
- 뜻풀이 : 잘난 체를 하며 다니다.
- 다른 방언형 : 삐딱거리다
- 사용 지역 : 경상도

허엇 그거 참 저년이 저래 **지딱거리며** 댕기는 걸 보면 집안이 다 훗훗해진
다 카이 〈이문열, 아가, 2000, 113〉

'지딱거리다'는 자랑할 것이 있거나 잘난 체하는 모양을 말한다. '지
딱-'에 '-거리다'가 결합한 어형으로 '지딱-'은 '삐딱거리는 모습'을 표현
할 때 쓴다. 즉 '지딱거리다'는 '거드름을 피우며 삐딱거리며 걷는 모습'
을 말한다. 이것이 잘난 체를 하는 모양을 표현하는 뜻으로 의미가 확
대된 것이다.

지리다

- 표준어 : 기리다
- 품 사 : 동사
- 뜻풀이 : 뛰어난 업적이나 바람직한 정신, 위대한 사람 따위를 추어서 말하다. 기대하거나 흠모하면서 예찬(禮讚)하다.
- 사용 지역 : 경상도

아, 밤이어두어오도다. / 사람의 헛것일너라, / 째는 지나가다 / 울음의 먼 길가는 모르는 사이로 // 우리의 가슴복판에 숨어사는 / 열푸른 마음의꽃아 피어버리라, / 우리는 오늘을지리며, 먼길가는나그넬너라. // 〈이기철 편, 이상화 전집, 마음의 꽃, 1982, 98〉

쁘들 펴 짓논 그른 魯候를 지리고 〈두초20, 25〉

‘지리다’는 ‘기리다’의 경상도 방언이다. 경상도 방언은 /ㄱ/ 구개음화 현상이 활발한 지역인데, ‘기리다’가 /ㄱ/ 구개음화된 것이 ‘지리다’이다. ‘길다’를 ‘질다’, ‘기름’을 ‘지름’이라고 하는 것과 같은 현상이다.

지지꿈

- 표준어 : 제각각
- 품　사 : 부사
- 뜻풀이 : 제각각, 개별적인 사람 또는 매 사람.
- 다른 방언형 : 지지마금, 제제금, 제주금, 시시마끔
- 사용 지역 : 경상도

이 평수 가지고는 오이 가지 도마도 **지지꿈** 한 도라꾸식 나와도 시원찮은데 세 가지 합쳐 한 도라꾸가 안 되이 싣고 나가기는 하지마는 몰라 차 운임이나 나올랑가. 〈이문열, 변경, 1998〉

인자 다들 물러 가이소. 구경할 끼 아무것도 읎으이께 **제주금** 할 일들 하이소" 〈김원일, 불의 제전, 2, 76〉

어른이 되문 니도 자연고로 도방에 나가게 될기라. 나가서 사람 구겡도 하고 사람들 **제제금** 사는 꼬라지도 보게 될기다. 니 어매 생각은 어떨지 모르겄다마는 나는 기가 하나 자식이라꼬 해서 산중에 붙들어두고 부모 보양이나 하라 할 생각은 눈꼽만치도 없다. 〈박경리, 토지, 11, 337〉

소 두 마리를 **시시마끔** 한 마리식 몰고 풀을 뜯으러 나갔고 지복이와 순옥이는 봉당에서 코를 맞대고 동구깨미 살림을 하느라 그래도 울지 않아 고마웠다. 〈권정생, 한티재 하늘〉

'지지꿈'은 '제각각'에 대응되는 경상도 방언이다. 같은 뜻으로 '지지꿈' 외에 '제제금', '지지꿈', '제주금' '지지마끔', '시시마끔'이라고도 한다.

질기

- 표준어 : 자꾸, 계속
- 품　사 : 부사
- 뜻풀이 : 여러 번 반복하거나 끊임없이 계속하여.
- 사용 지역 : 경상도

"내사 천하 없어도 그 꼴을 안 볼 기요. **질기**, 장로로 그러믄 초가 삼간 싹 불질러부리고 끝장을 볼 기요. 함안댁 성님같이 멋 땜에 그리 살겄소." 〈박경리, 토지, 1, 231〉

"정신 산란타 캤는데 니 **질기** 이럴 것가!" 〈박경리, 토지, 2, 93〉

"이눔으 세상! 그만 싹 씻가사부렀이믄 좋겄소. 이래가지고는 동네에 **질기** 살지도 못할 기요." 〈박경리, 토지, 2, 204〉

"그나저나 이래가지고 **질기** 살겄소?" 〈박경리, 토지, 6, 123〉

"**질기** 그러다가 뜨거운 꼴 한분(한번) 볼 기요." 〈박경리, 토지, 6, 271〉

"자고 온 사람으 입에서 나온 말 앙이까? 절에 살문서리 **질기** 그러랑이. 남 망하는 거 바래문은 저도 망한답매. 여기 풀이나 좀 뽑지비. 이렁이 불공이 들겠는가?" 〈박경리, 토지, 6, 348〉

"그럼 나는 또 갈 데가 있인께. 니도 정신 좀 차려라! 내 맘 같아서는 주먹 방망이를 안겨주고 싶다만, **질기** 그라믄 재미없일 기다." 〈박경리, 토지, 7, 78〉

"너 내 손에 죽어볼래? **질기** 이라믄 다리몽댕이 뿌질러놓을 기다!" 〈박경리,

"쉬이 나올 기란다. 갈 때도 **질기** 있지는 않을 기라 했지마는." 〈박경리, 토지, 8, 325〉

마치 마당에 나와 있었던 우서방이 그 말을 듣고, **질기** 까불다가는 네놈 모가지가 그냥 붙어 있지는 않을 기다. 〈박경리, 토지, 10, 84〉

"머 그거사 동네 사람도 가만 안 있일 기고 **질기** 우가놈 제집이 그런다믄 동네서 들어내는 수밖에 없겠지요." 〈박경리, 토지, 10, 176〉

"그렇기 기막힌 짝도 죽음으로 갈라지니…… 참 많이들 떠났다. 여기서도 우리 또래는 봉기, 이팽이성님 그런 정도 남았이까? 세상 만사가 다 공평하지 못해도 죽음만은 공평한 긴께, **질기** 사나 짧기 사나 빈손으로 혈혈단신, 혼자 가기 매련 아니가? 죽음만은 참말로 공평한 기라." 〈박경리, 토지, 10, 254〉

"와 또 울었노! 그놈은 이자 내 자식 아니거니 생각하라꼬 말했는데 **질기** 이럴 기가." 〈박경리, 토지, 11, 231〉

"장모님 참으이소. 지도 울화가 치민께 그러는 기지요. 부모 자식간엔 **질기** 이러믄 정만 떨어지고……" 〈박경리, 토지, 12, 31〉

"해악할까봐 모두 겁내제. 하이 용천지랄하는 거 아니가. **질기** 이라믄 우리가 떠든지 해야지. 벼락맞는 거사 죄져서 그러타 카지마는 이런 액운도 또 어디 있겠노." 〈박경리, 토지, 12, 90〉

"남의 원성 속에서 돈방석에 앉이믄 머하노. **질기** 갈 것도 아니고, 왜놈 밑에서 검사 판사 되믄 머하노." 〈박경리, 토지, 12, 198〉

"니 **질기** 이럴 기가! 누구 기넘어가는 꼴 볼라 카나!" 〈박경리, 토지, 13, 34〉

"**질기** 저러믄 어디 동네 사람들이 가만 있겄나?" 〈박경리, 토지, 13, 273〉

"귀남아, 니 **질기** 이럴 기가? 장서방 맨입으로 보낼라고 이러나? 귀남이를 믿고 맡길 사람이 어디 또 있일 기라고, 죽으나 사나 우리 식구들 장서방 밖에 믿을 곳이 없다. 일어나거라." 〈박경리, 토지, 13, 370〉

표준어 '질기'는 '미워하고 꺼림, 숨이 통하지 못하여 기운이 막힘'이라는 뜻이다. 하지만 경상도 방언의 '질기'는 이와는 전혀 다른 말이다. '질기'는 '길다'의 활용형 '길게'가 /ㄱ/ 구개음화 및 /ㅔ/〉/ㅣ/에 의해 '질기'가 된 것이다(길게〉질게〉질기).

질로

- 표준어 : 제일
- 품　사 : 부사
- 뜻풀이 : 여럿 가운데 첫째로.
- 다른 방언형 : 질
- 사용 지역 : 경상도

'질로'는 표준어 '제일'에 부사격조사 '-로'의 결합형인 '제일로'에서 운운변화가 적용된 말이다. '제일로'에서 음운축약에 의해 '젤로'가 되고, 다시 경상도 방언의 특징적인 음운 현상 가운데 하나인 / ㅔ / 〉 / ㅣ / 의 적용을 받아 '질로'가 되었다. '질로'에서 '-로'가 탈락하면서 장모음화된 '질〔질ː〕'도 함께 쓰이다. 일반적으로 '젤로' 또는 '질로'처럼 부사격조사 '-로'가 결합한 형으로 쓰인다.

짜들다

- 표준어 : 퍼붓다, 쏟아지다
- 품　사 : 형용사
- 뜻풀이 : ① 비가 갑자기 쏟아지다.
  　　　　② 요란한 소리를 내며 물건이 떨어지다.
- 사용 지역 : 경상도

갑자기 소나기가 **짜든다** / 우리들은 놀라서 / 바깥을 내다 보았다 / 소나기는 짝짝하며 / 때린다 / 비는 금방 오디만 / 그만 뚤꺽그친다 / 우리들의 마음은 금방 / 밝아졌다 // 〈이오덕, 허수아비도 깍꿀로 덕새를 넘고, 185〉

소나기가 **짜드는데** / 아이들 와, 이리저리 / 몰려든다 / 소나기 / 유리창에 / 창창 / 내리친다 // 〈이오덕, 허수아비도 깍꿀로 덕새를 넘고, 182〉

비는 천둥번개를 치면서 장대 같은 빗줄기가 되어 퍼부었다. "이룽기 **짜들어** 올 걸 열흘만 땡겨 와도 얼매나 좋았을꼬." 〈권정생, 한티재 하늘, 1998, 2, 205〉

봄에 같이 데리고 올라갈 때는 괜찮고 인제 겨우 몇 달 안 된 자금은 걱정이 된단 말이제? 갑자기 왜 그래 됐노? 우째서 갑자기 걱정이 왜 편지 한쪼가리 없이 밤차로 **짜들고로** 내려왔노? 둘다 모도 죽구재비가 돼 가지고 말이따. 〈이문열, 변경, 1996, 2, 207-208〉

'짜들다'는 비가 갑자기 쏟아지는 경우에 쓰인다. 이 외에 소리를 요란히 내며 물건을 떨어뜨릴 경우에도 '짜들다'라는 표현을 한다. 이는 소나기 등이 내릴 때 천둥 소리와 번개 치는 모습에서 그 의미가 확장된 것으로 보인다. 마지막 예문 '밤차로 짜들고로 내려왔노?'의 경우에는 급히 내려오는 모습을 표현한 말이다.

짜리다

- 표준어 : 짧다
- 품   사 : 형용사
- 뜻풀이 : 잇닿아 있는 공간이나 물체의 두 끝의 사이가 가깝다.
- 다른 방언형 : 짜러다, 쩌리다, 짜르다, 짤다, 짤부다, 개리다
- 사용 지역 : 경상도

강원도 삼씨 좋은 거로 갈마는, 빌 임시에도 우에는 마디가 **짜리니더**. 마디가 다닥다닥 붙어 있고, 잎파리가 다 달래(달려) 있지. 예닐곱 마디가 붙어 있어. 그 밑으로는 마디가 서너 마디 되고. 거는 잎파리가 다 지고 없지.
〈김점호, 베도 숱한 베 짜고, 1992, 77〉

'짜리다'는 '짧다'의 경상도 방언이다. '짜리다' 외에도 '짧다'에 대응되는 경상도 방언에는 '짤다, 짤부다, 짜러다, 쩌리다, , 짜르다, 개리다' 등이 있다. '짜리다, 쩌리다, 짜르다, 짜러다'형은 방언형 '짤다'에서 모음이 첨가된 형태이다.

참고로 '개리다'는 '짧다'의 방언형이기도 하지만, '가리다(선택)'의 경상도 방언이기도 하다(예: 야는 누구한테도 잘 간데이, 얼굴로 안개리잖나(애는 누구에게도 잘 간다. 얼굴도 안 가리잖아).

짜부러지다

- 표준어 : 줄다
- 품　사 : 동사
- 뜻풀이 : ① 오그라져 붙어 크기가 줄어들다.
　　　　　② 물체가 눌리거나 부딪혀서 우그러지다.
　　　　　③ 몸이 고되거나 힘들거나 하여 기운이나 형세 따위가 꺾이거나 약해지다.
- 다른 방언형 : 찌부러지다, 찌부래지다
- 사용 지역 : 경상도, 충청도

"안 죽으이 사는 거제 굶다가 먹다가 그르는 거제 뭐" 이순은 말숙이 앞에서 점점 **짜부라져** 작아지는 듯했다. 〈권정생, 한티재 하늘, 1998, 2, 120〉

이 마실 저 마실 어벅다리 짚신을 끌고 체 팔러 댕기는 꼴이야 여북할까? 한낮이 가까워지면 뱃가죽은 **짜부러지고** 걸어가던 상구란 놈은 업어달라고 찡찡거린다. 〈권정생, 한티재 하늘, 1, 196〉

허리배가 **짜부러지고** 꼽추 등에 잘 맞도록 지게 등태를 왕골속으로 두껍게 엮어 달았지만 지게는 마냥 곤드랍고 배기었다. 〈이문열, 변경〉

외할머니는 예쁜 딸을 둔 엄마답지 않게 뚱뚱하고 목소리가 남자처럼 걸걸하다. 어머니와 닮은 것이 있다면 큰 눈인데 그나마 한쪽 눈이 약간 **짜브러졌다.** 그러나 외할머니는 내가 본 어느 할머니보다 젊고 건강했다. 〈강석경, 폐구〉

양볼에 연지곤지를 찍고 족두리를 쓴 아리랑 성냥갑의 눈 똥그란 모델은 그날 얼굴이 완전히 **짜부라졌을** 것이다. 까딱하면, 이참에 조개씨를 말리고 말겠다는 아버지의 의지가 좀더 확고했더라면, 나끝순이 아닌 나종말이 될

> 뻔했으니 그만하길 다행이라고 위안을 삼을 때도 있기는 하다. 〈이현수, 신기생
> 뎐, 2004, 74〉
>
> 　개간을 하게 되면 새 땅에 거름으로 쓸 퇴비였다. 이러느라 나는 눈코 뜰
> 사이 없이 바빴고 몸은 지쳐 물먹은 솜처럼 **짜부라들었다.** 〈강준희, 이카로스의 날
> 개는 녹지 않았다(중), 1996, p.300〉

　'짜부러지다'는 오그라져 크기가 줄어드는 것을 말한다. '찌부러지
다', '찌부래지다' 등의 형태도 있다. '짜부라들다'는 주로 '물체가 눌리
거나 부딪혀서 오그라들다'의 의미를 가진다. 즉 크기나 부피가 줄어
든다는 뜻으로 쓰이는 것이 일반적이다. 그러나 이 말이 사람에게 쓰
일 때는 두 가지 뜻으로 쓰인다. 하나는 물체가 눌리거나 부딪혀서 오
그라드는 것과 같이 덩치가 작은 사람이 덩치가 큰 사람에게 눌려서
몸이 움츠러들거나 몸이 고되어 생기가 없이 늘어지거나 처지는 것을
의미한다. 다른 하나는 예문에서처럼 몸이 고되거나 힘들거나 하여 기
운이나 형세 따위가 꺾이거나 약해지는 것을 의미하는 것이다. 즉 크
기나 부피 등이 오그라드는 것을 뜻하는 물리적인 현상으로서의 의미
와 기운이나 형세 등이 꺾이거나 약해지는 것을 뜻하는 추상적인 의미
가 있다.

짤숨거리다

- 표준어 : 절룩거리다
- 품　사 : 동사
- 뜻풀이 : 걸을 때에 다리를 계속 절다.
- 다른 방언형 : 쩔룸거리다, 짤쑴거리다
- 사용 지역 : 경상도

느그 일마들아, 기억 안 나나? 거 언제로? 난데없이 죽지도 않은 김일성이 죽었다꼬 난리치던 해, 그해 안죽었나? 왜 그 마른고기쟁이 영감이 알라들 꺼 같은 관을 지고 **짤쑴거리며** 앞산에 갖다 묻었잖나? 〈이문열, 아가, 2000, 11〉

'짤숨거리다'는 다리를 절룩거리다는 뜻이다. 경상도 방언에 '몽당하게 짧은 모양'을 일컬어 '짤룸하다'라고 한다. '짤숨거리다'는 한 쪽 다리가 다른 쪽 다리에 비해 짧아 절룩거리는 것이므로 '짤룸하다'에서 그 어원을 찾을 수 있다.

짬

- 표준어 : 대응 표준어 없음
- 품　사 : 명사
- 뜻풀이 : 어찌되어 가는 형편이나 영문. 어떠한 일이 일어난 영문이나 사건의 앞
　　　　　과 뒤.
- 사용 지역 : 경상도

> 시인(詩人)아 너의 영광(榮光)은 / 미친개 꼬리도 밟는 어린애의 **짬** 없는 그 마음이 되어 / 밤이라도 낮이라도 / 〈이기철 편, 이상화전집, 시인에게, 1982, 173〉
>
> 강가에 나온 아이와 같이 / **짬**도 모르고 끝도 없이 닫는 내 혼아 / 무엇을 찾느냐 어디로 가느냐 우스웁다 답을 하려무나. // 〈이기철 편, 이상화전집, 빼앗긴 들에도 봄은 오는가, 1982, 176〉
>
> 가없는 생각 **짬** 모를 꿈이 그만 하나 둘 잦아지려는가 / 홀아비같이 헤매는 바람 떼가 한 배 가득 굽이치네. / 가을은 구슬픈 마음이 앓다 못해 날뛸 시절인가 보다. // 〈이기철 편, 이상화전집, 병적 계절, 1982, 186〉

　이상화의 시에는 '짬'이라는 시어가 많이 등장하는데, '짬'은 경상도 방언에서 '어떠한 일이 일어난 영문이나 사건의 앞과 뒤'를 뜻하는 말이다. 정한모·김용직(1900)의 〈韓國現代詩要覽〉에서는 '짬'을 '셈'으로 교열하기도 하였는데, 이는 옳지 않다. 참고로 '짬 없다', '짬 모르다'라는 말을 많이 쓰는데, '짬 없다'는 '아무 영문도 모르다'는 의미이고, '짬 모르다'는 '사리분별이나 철이 없다'라는 의미이다.

"

쨍이

- 표준어 : 잠자리
- 품   사 : 명사
- 뜻풀이 : 잠자리목의 곤충을 통틀어 이르는 말.
- 다른 방언형 : 남자리, 수벵이, 철개이, 초리, 애오리
- 사용 지역 : 경상도

이제 가을은 머언 콩밭쯤에 오다 // 콩밭 너머 하늘이 한 걸음 물러 푸르르고 / 푸른 콩닢에 어쩌지 못할 노오란 바람이 일다 // **쨍이** 한 마리 바람에 흘러흘러 지붕 너머로 가고 / 땅에 그림자 모두 다소곤히 근심에 어리이다 〈유치환, 청마시초, 입추, 87〉

빨–간 고추가 타는 듯 널리 지붕이… / **쨍이**를 잡는 나이들의 모습이…… / 차마 눈에서 안떠러져 / 〈노천명, 노천명전집시집, 아무도모르게, 1960, 136〉

'쨍이'는 '잠자리'의 경상도 방언이다. 청마의 시집인 〈청마시집〉(문성당)에 실린 '씨앗이'라는 작품에 '쨍이'가 나타나는데 여기서 '쨍이＝잠자리'라는 주석을 달아놓았다. '잠자리'의 경상도 방언형은 아주 다양한데, '남자리, 수벵이, 철개이, 초리, 애오리'형의 여러 이형태들이 쓰이고 있다. 정작 '쨍이'를 사용하는 지역은 넓지 않다.

쪼깨이

- 표준어 : 조금
- 품　사 : 부사
- 뜻풀이 : 적은 분량이나 정도.
- 다른 방언형 : 쪼매, 째매, 쪼매이, 쪼맨치, 쪼매씩
- 사용 지역 : 경상도

"기방으로 돌아친 단소잽이치고는 **쪼깨이** 부는 텍이지." 〈이현수, 신기생뎐, 2005, 47〉

"오마담 옳다! 인간이라 카마 **쪼매**라도 양심이 있어야 안 되겄나. 뉘 뽑아 먹을 기 있다고 또 왔는공. 오마담이 번 돈, 한입에 톡 털어넣은 지가 얼매나 됐다고." 〈이현수, 신기생뎐, 2005, 20〉

"자네도 이치를 **쪼매**씩 깨닫는갑만. 음식을 잘 맹글려면 간 맞추는 것도 중하지만 뭣보다도 불 보는 눈이 있어야 햐. 불만 잘 볼 중 알면 도가 통햐. 〈이현수, 신기생뎐, 2005, 24〉

"처진 어깨하며 한쪽으로 살포시 기운 저 등 **쪼매** 보소. 영 눈에 밟혀 그냥은 못 지나가겄소. 〈이현수, 신기생뎐, 2005, 123〉

"암만 카믄 그까지야… 이 대명천지에. **쪼매** 그런 구석은 있다 캐도 그거사 다른 나라에도 있을꺼로." 〈이문열, 오디세이아 서울, 1993, 1, 100〉

'쪼깨이'는 '조금'의 경상도 방언이다. 표준어 '조금'에 해당하는 경상도 방언에는 '쪼깨이' 외에 '쪼매, 째매, 쪼매이' 등이 있다. 대부분 어

두경음화된 형태로 나타난다. 부사 이외에도 형용사 '쪼만하다', '쪼맨하다'가 사용되고 있다. 그리고 '쪼매끔', '쪼맨치'도 있는데, '쪼매끔'은 '조금씩'이라는 의미이고, '쪼맨치'는 '조그만하게'라는 의미이다.

쪼매

- 표준어 : 조금
- 품　사 : 명사
- 뜻풀이 : ① 정도나 분량이 적게.
　　　　　② 시간적으로 짧게.
　　　　　③ 적은 정도나 분량.
　　　　　④ 짧은 동안.
- 다른 방언형 : 쪼매이, 쪼메, 쪼미
- 사용 지역 : 경상도

"언제 진안 한분 나가 확 씰어뿌시더. 잔챙이들 해글쌌는(해대는) 꼬라지가 하도 누꼴시러바서……하기사 형님 얘기 **쪼매** 해좃디 오줌을 찔끔찔끔 싸디더마는……" 〈이문열, 변경, 1994, 4, 297〉

첨에는 객지에서 아무따나 만난 사람인 줄 알고 어디야꼬 펄쩍 뛰디 돌내골 이씨들 집안이라 카이 **쪼매이** 믿어주는 눈치라요. 〈이문열, 변경, 1992, 4, 222〉

병우와 낚시나 가려고 그 집으로 들어서는데 어둑한 복도에서 나타난 그녀가 철을 불러세웠다. "철아, 니 거 **쪼매** 섰거래이, 내 좋은 이바구 해줄 게 있다." 〈이문열, 변경, 1992, 1, 224〉

옛날에 통이파리를 한 버지기 삶아가지고 그걸 헤우자믄 공기 얼매나 드는데, 멫물을 울꽈 가지고 줄거리 신거는 후비고 짜 가지고 쌀 **쪼매** 안친 솥에다 쪘어. 〈구술 / 성춘식, 편집 / 신경란, 이부자리 피이 놓고, 1992, 78〉

우리는 뭐 억시기 잘 산다꼬 너그까지 와서 이래노? 아 아비이 군청촉탁 나가가주고 **쪼매씩** 벌어오는거 이 많은 식구에 택이나 있는 줄 아나? 촌에 있는 논마지기서 쌀가마이 안 올라오믄 우리도 식구대로 깡통들고 내어야 할

판이라 〈이문열, 변경, 1996, 3, 209〉

'쪼매'는 '조금'의 경상도 방언이다. '쪼매'는 '조금'의 준말인 '좀'에 접사 '-애'가 결합한 것이다. '조매'가 '쪼매'로 어두경음화된 이유나 접사 '-애'가 무엇인지는 설명하기가 어렵다. 위 예문에서 '쪼매'는 부사로 쓰였지만, '그게 쪼매가 아이다(그것이 조금이 아니다)', '쪼매를 몬 참아가(조금을 못 참아서)'에서 보듯이 명사로도 쓰인다.

'쪼매'와 비슷한 형태로 '조매〔조ː매〕'가 있는데, '조매'는 '좀처럼'의 의미를 갖고 있어 '쪼매'와는 다르다(니는 우예된기 요새 조매 만나기가 어렵노?(너는 어떻게 된 게 요새 좀처럼 만나기가 어렵니?)). '조매'는 '좀해서'에서 음운변화를 겪은 것으로 '쪼매'와는 형태론적 구성에서도 다르다.

쫑구레기

- 표준어 : 조롱박
- 품 사 : 명사
- 뜻풀이 : 주먹만한 조그마한 박으로 만든 바가지.
- 다른 방언형 : 종고래이, 종고랭이, 종구래~이, 쪼그랭이, 쪼랭이, 쪼레박, 쪼롱바기, 쪽베기, 주렁박, 쫑구레이, 절구래이, 도동박, 돌박, 뒤웅박, 똥구리
- 사용 지역 : 경상도

바가지에 대한 명칭은 그 크기나 쓰임, 모양에 따라 다르다. 가달박은 큰 바가지, 종구라기나 쪽박은 작은 바가지를 가리킨다. 조롱박이나 표주박은 호리병처럼 생긴 호리병박을 쪼개 만든 것인데 그 가운데 제일 작은 것을 종굴박이라고 한다(장승욱(2004), 『우리말 도사리』). '쫑구레기'는 조롱박 중에서도 제일 작은 종굴박을 말한다. '종굴'에 '-에기'가 붙어 '종구레기'가 된 후 어두경음화된 것이 '쫑구레기'이다.

찌거미

- 표준어 : 지킴이
- 품　사 : 명사
- 뜻풀이 : ① 한 집이나 마을, 공동 구역을 지켜 주는 신. 집 지킴이에는 터주신, 조왕신 등이 있고, 마을 지킴이에는 장승과 짐대 따위가 있다. ② '관리자'를 달리 이르는 말.
- 다른 방언형 : 찌꺼미, 찌끼미, 집찌기미, 집찌거미, 집찌꺼미
- 사용 지역 : 경상도

"김서방으로 말할 것같으믄 최참판댁 **찌꺼미** 아니가. 마님만 살아 기싰이믄 백섬지기쯤 띠어 내주어도 주었을 사람 아니가…" 〈박경리, 토지, 1994, 3, 336〉

"등이 홀딱 뱃기진 대맹이는 눈물을 흘리면서 집안을 돌아댕깄다 카는데 지금도 그 등이 뱃기진 흰 구덩이가 집**찌끼미**로 있다 안 카나" 〈박경리, 토지, 1994, 1, 209〉

'찌거미, 찌꺼미, 지끼미'는 '지킴이'를 뜻하는 경상도 방언으로 '집이나 마을을 지켜주는 신'이나 '관리자'를 뜻한다. 한 집안이나 일정한 장소를 지키고 있는 신령한 동물이나 물건으로 '터주신, 조왕신, 장승, 짐대, 구렁이' 등이 있다.

찌무리기

- 표준어 : 칭얼거림
- 품　사 : 명사
- 뜻풀이 : 아기가 아프거나 졸리거나 불만족스러울 때에 어떻게 해 달라는 뜻으로
　　　　　울거나 보채는 것.
- 다른 방언형 : 보챈다, 보친다, 찡찡거리다, 찡찡대다
- 사용 지역 : 경상도

아아가 오줌을 싸서 **찌무리기**를 해쌌는데 그라문 기성네 잠시 들어갔다가
〈박경리, 토지, 7, 219〉

찌무리기를 혀싸아도 된정날 것인디 〈박경리, 토지, 10, 174〉

경상도 방언에 '못마땅하게 여기는 빛이 얼굴에 드러나다'는 의미의 '찌무룩하다'(안시원이 예의 찌무룩한 얼굴로 바깥에 눈을 준다〈김원일, 불의 제전〉)가 있다. '찌무리기'는 이 '찌무룩하다'에서 어원을 찾을 수 있다. 즉 '찌무룩-'에 명사파생접사 '-이'가 결합하여 '찌무루기'가 된 후 음운변화를 겪어 '찌무리기'가 된 것으로 보인다.

창새

- 표준어 : 창자
- 품 사 : 명사
- 뜻풀이 : 큰창자와 작은창자를 통틀어 이르는 말
- 다른 방언형 : 창시
- 사용 지역 : 경상도

어이, 이 속빈 놈아! 그래 문디년한테 빠지이께네 눈이 뒤집힌 거제. 창새 꺼정 다 빼 줄 낀가? 〈권정생, 한티재 하늘, 1998, 1-193〉

'창새'는 '창자'의 경상도 방언이다. '창자'는 16세기 문헌에 처음 등장하는데 '챵자'로 표기되었다.

처니

- 표준어 : 처녀
- 품　사 : 명사
- 뜻풀이 : 결혼하지 않은 성년의 여자.
- 다른 방언형 : 처네
- 사용 지역 : 경상도

나이 삽십오세, 총각의 신세를 면치 못하면서도 술이 있는 한 그지없이 그에게는 살기 좋은 모양이다. "석원아, 이 천치야. 그래 니는 **처니** 하낫도 업고 올 재주가 없나?" 〈박경리, 김약국의 딸들, 1993, 27〉

"**처니**로 늙힐 수 있나. 이러나저러나 경사 아니요? 심란해 하면 쓰겠소?" 〈박경리, 김약국의 딸들, 1993, 35〉

"견우 직녀는 하루를 만날라고 일년 동안 논 갈고 베 짠다는데 택진이도 한 일년 데고 살면 됐지. **처니**한테 신앙만 없다면야 페포파립 강택의 차지가 될 기든가." 〈박경리, 김약국의 딸들, 1993, 46〉

"흠! 양반 꼴 좋지. 어디 **처니**가 없어서 그런 잡것의 딸하고, 아무리 돈에 통때가 났기로서니……" 〈박경리, 김약국의 딸들, 1993, 68〉

"오빠 장가는 안 보냅니꺼?" "내사 아나. 저거들 알아서 하겠지. 어디 요새 사람들 부모하라카는 대로 하드나? 뭐 대구에 **처니**가 있다 하기는 하드라마만." 〈박경리, 김약국의 딸들, 1993, 102〉

"통영바닥에 **처니**가 허다한테 하필 우리 용란이를." 〈박경리, 김약국의 딸들, 1993, 122〉

"인물은 좀 못해도 살림꾼으로는 그 **처니**가 좋을 기다. 〈박경리, 김약국의 딸들, 1993, 157〉

"용옥이 니느 수녀가 될라나?" "와요?" " 아 **처니**가 꼴을 좀 내야지, 머시마 안 같나." "내 걱정은 말고 생이나 좀 잘 입으소." 〈박경리, 김약국의 딸들, 1993, 225〉

길가는 사람을 붙들고 우는 여자, "미치광이다, 미치광이." 지나가던 사람 이 피하며 말했다. 명화는 구경꾼들이 다 흩어지고 없어질 때까지 그곳에 서 있었다. "헤헤 **처니**야, 나한테 돈 백만 원 있대이. 보여줄까 보여주고 말고." 〈박경리, 파시, 1998, 47〉

'처니[처:니]'는 표준어 '처녀'에서 단계적으로 '처녀〉처네〉처니'의 변 화를 겪은 형이다. 즉 '처녀'에서 / ㅕ / 〉/ ㅔ / 변화를 겪어 '처네'가 되 고, '처네'가 다시 / ㅔ / 〉/ ㅣ / 변화를 겪어 '처니'가 되었다. 현재 경 상도 방언에서 '처네'와 '처니'는 함께 쓰인다. / ㅕ / 〉/ ㅔ / 변화는 '벼 개〉베게', '져비〉제비', '며주〉메주'처럼 역사적으로 일어났던 변화이지 만 대부분 몇몇 어휘에 산발적으로 일어났다. 하지만 경상도에서는 이 변화가 매우 활발하게 일어났고, 지금도 특히 경남지역에서는 아주 활 발한 현상이다. 그리고 / ㅔ / 〉/ ㅣ / 변화는 경상도 방언에서 나타나 는 특징적인 음운 현상 가운데 하나로, '제사〉지사', '세상〉시상', '게〉 기'처럼 매우 일반적인 현상이다. 이처럼 경상도 방언에서 특히 / ㅔ / 〉/ ㅣ / 변화가 활발한 이유는 경상도 방언에서 모음 / ㅔ / 와 / ㅐ / 가 변별되지 않는데, 이러한 까닭에 / ㅔ / 를 / ㅣ / 로 바꿈으로써 의미의 혼란을 막기 위한 것이다.

천지개비

- 표준어 : 대응 표준어 없음
- 품 사 : 명사
- 뜻풀이 : 수효나 분량, 정도 따위가 일정한 기준을 넘어 있음.
- 다른 방언형 : 천지개락, 천지삐까리, 천지빼가리, 천지빼까리
- 사용 지역 : 경상도

"불쌍하잖아요." "불상키는 뭐시 불쌍노. 저놈이 불쌍하다가마 시상에 불쌍한 것 **천지개비다.**" "처진 어깨하며 한쪽으로 살포시 기운 저 등 쪼매 보소. 영 눈에 밟혀 그냥은 못 지나가겠소." "야, 또 빙 도지네. 며칠 빤한가 싶더만." 〈이현수, 신기생뎐, 2005, 123〉

"요런 싹동머리 없는 자슥! 내가 아무 방책도 없이 이날 입대 살았을까. 이 집이 그리 쉽기 니 손에 굴러떨어질 중 알았나? 하이고, 푸질나기는. 내가 너 겉은 놈을 한두 번 보는 중 아나. **지천**에 쌔비리 깔렀다." 〈이현수, 신기생뎐, 2005, 135〉

'천지개비, 천지개락, 천지삐까리, 천지빼가리, 천지빼까리'는 경상도에서 사용되는 아주 독특한 어휘이다. 대체로 '아주 많이 있다, 아주 많다'라는 의미를 가지고 있는데, 표준어 '지천(至踐)' 정도에 대응된다고 할 수 있다. '천지개비'는 '천지(天地)'와 '개비'의 합성어이고, '천지삐까리'는 '천지(天地)'와 '삐까리'의 합성어이다. '삐까리'는 표준어 '낟가리'의 경상도 방언으로, 천지에 온통 낟가리가 있다는 의미로 '아주 많음'을 뜻한다. 참고로 '천지다(천지이다)'가 있는데, '천지다'만으로도 '많다'의 의미를 나타낸다.

철랭이

- 표준어 : 잠자리
- 품　사 : 명사
- 뜻풀이 : 잠자리목의 곤충을 통틀어 이르는 말.
- 다른 방언형 : 남자리, 남재리, 곰도리, 곰돌이, 굼머리, 깽자리, 까랭이, 까래~
  이, 마:래이, 마래, 마래이, 수벵, 수벵이, 수비, 수비:, 애오리, 앵
  오리, 어러리, 오다리, 철:개이, 철갱이, 철구, 철기, 철껭이, 초리,
  절래~이, 철뱅이, 촐랭이, 촐뱅이, 해오리
- 사용 지역 : 경상도

아침에 멀떵하던 다리 몽생이가 집이 갈 때는 **철랭이** 다리가 되나 〈김원일,
고래, 245〉

니 다리는 **철랭이** 다리라서 여기도 못 내려오겠나? 〈김원일, 고래, 245〉

철랑개비 재주를 가졌다고 분풀이를 해? 〈박경리, 토지, 5, 76〉

니 그 꼴 보문 대국년도 시껍을 하고 나자빠질따. 여 어디 **철갱이** 시집가
나? 〈이문열, 아가, 2000, 58〉

참말이제 살아갈수록 논이 난다. 해도해도 일은 끝이 없고 이거 비지땀을
흘리믄서 일을 해봤자 어디 내일가? 남 좋으라 하는 일이지. **철기겉**은 모시
옷도 남이 입고 열석세 베옷도 남이 입고 사시장철 들일 없는 날은 베틀에
앉아서 〈박경리, 토지, 2, 282〉

남자리가 / 이실에 붙어서 / 입을 조물딱 / 이실을 빨아 먹습니다 // 〈이오덕,
허수아비는 깍꿀로 덕새를 넘고〉

‘잠자리’는 경상도 방언 내에서도 지역에 따라 다양한 방언형으로 나타난다. 이들 방언형을 정리해 보면 대체로 ‘남자리’, ‘수벵이’, ‘철개이’, ‘초리’, ‘애오리’ 등으로 분류할 수 있다. 대체로 경북지역에서는 ‘남자리’, ‘절갱이’, ‘철개이’, ‘철뱅이’, ‘촐뱅이’, ‘초리’ 등의 어형이 나타나며 경남지역에서는 ‘수벵이’, ‘애오리’ 등의 어형이 나타난다.

잠자리에 해당하는 중세국어 어형은 ‘존자리’, ‘존즈리’, ‘잔즈리’ 등이다. 이들 어형이 후대로 오면서 잠자리로 변화되었다.

쳉이

- 표준어 : 키
- 품   사 : 명사
- 뜻풀이 : 곡식 따위를 까불러 쭉정이나 티끌을 골라내는 도구. 고리버들이나 대
  를 납작하게 쪼개어 앞은 넓고 평평하게, 뒤는 좁고 우긋하게 엮어 만
  든다.
- 다른 방언형 : 치
- 사용 지역 : 경상도

그런거새나 가윽에 비 가주고서는 말라 가주고 둘이 훑었니더. 훑어 가주고 **쳉이** 가주고 부채다 보이 결국은 다 나가고 대두로 나락이 한 열댓말 남는 게래. 〈김점호, 베도 숱한 베 짜고, 1992, 33〉

'쳉이, 치'는 '키'의 경상도 방언이다. '키'가에서 /ㄱ/ 구개음화된 형이 '치'이다. '쳉이'는 '치'에 다시 접사 '-엥이'가 결합하여 '치엥이'가 된 후 축약된 것이다(치엥이〉쳉이)〉

축축거리다

- 표준어 : 대응 표준어 없음
- 품　사 : 동사
- 뜻풀이 : ① 다른 사람에게 말을 내거나 알리다
　　　　　② 그럴듯한 말이나 행동으로 남을 속이거나 부추겨서 자기 생각대로
　　　　　　끌다.
- 사용 지역 : 경상도

"그런데 전주 부자, 그 말은 무신 말이까요?" "그놈도 버러지겠지. 무슨 몹쓸 짓을 했길래… 평생 쥐여사느니보다 죽이는 편이 낫겄다 싶었겄지." "그런께 임가한테 **축축거릿다** 그 말이요?" "십중팔구." "사람을 직이놓고도 그놈의 첨지 능름해가지고 두러버하는 기색한품 없더마요." "사람? 죽은 놈이 사람가?" "남우 목심 끊은 것도 그렇지마는 지도 죽을 긴데 우째 그리 하낫도 안 무서분 얼굴이까?" "그런 놈이 간혹 있기는 있지. 타고난 악당이다. 지삼만이 보다 임가놈, 늙은 그놈이 몇 배나 악종일 기다. 어째 속이 느글느글하구마."
〈박경리, 토지 9, 129〉

"그런께 임가한테 **축축거릿다** 그 말이요?" 〈박경리, 토지, 9, 138〉

"그런 말 안 할 사람이 어디 있겄노. 친정에미가 더 나쁘제. 옆에서 **축축거린께** 속아지 못된 계집이, 소문을 들은께 나형산가 그놈이 들락거린다 하니, 그러다가 형사놈 첩이나 안 될란가. 약아도 헛약았다. 배가 다르기는 하지마는 오래비 신 벗어놓은 데라도 갔이믄 그 짓을 했이까. 그러고 보이 홍이 자네는 장개 잘 들었네." 〈박경리, 토지, 9, 427〉

그런 말 안 할 사람이 어디 있겄노. 친정에미가 더 나쁘제. 옆에서 **축축거린께** 속아지 못된 계집이, 소문을 들은께 나형산가 그놈이 들락거린다 하니,

그러다가 형사놈 첩이나 안 될란가. 〈박경리, 토지, 9, 458〉

　서로간에 이해 상관이 있었던 것도 아니고, 우서방 땜에 우리 승구아배가 그라믄 쓰나, 딱 그 말 한마디 한 것뿐인 기라요. 사갈 사램이 그거를 알고 안 사겄다 한께 무담시 우리 승구아배가 **축축거리서** 그랬다고 운수가 나쁠라 카이, 그기이 꼬타리가 돼서 뜬금없이 의병질이 멉니까? 근가죽에 가본 일도 없는 사람을 의병질했다고 관에다가 고해바치서 정찰서까지 붙들리 안 갔십니까. 그기이 오래된 일이라요. 〈박경리, 토지, 11, 168〉

　경상도 방언의 '축축거리다'는 '다른 사람에게 말을 내다' 또는 '그럴듯한 말로 다른 사람을 속이거나 부추겨서 자기 생각대로 끄는 것'을 말한다. 예를 들면 "옆에서 자꾸 축축거리니까 어리숙한 놈이 넘어가지."로 쓰일 수 있다.

　〈표준국어대사전〉에 '축축'이라는 단어가 수록되어 있지만, 경상도 방언의 '축축거리다'의 '축축'과는 의미가 다르다. 이는 '물건 따위가 아래로 자꾸 늘어지거나 처진 모양'이라는 부사로 쓰이거나 형용사 '축축하다'의 어근으로 '물기가 있어 젖은 듯하다'라는 의미이다.

칩다

- 표준어 : 춥다
- 품   사 : 형용사
- 뜻풀이 : 기온이 낮거나 기타의 이유로 몸에 느끼는 기운이 차다.
- 다른 방언형 : 치버
- 사용 지역 : 경상도

서방님이 가봤더니 아이를 뱃등에 얹어놓고 너무 **치버서** 얼어 죽었드란다.
〈박경리, 김약국의 딸들, 1993, 106〉

우물가에도 살얼음이 얼었다면 그 고장에서는 가장 추운 날이다. 그러나 바다는 잔잔하고 한낮이 되면 햇볕은 따사로와 진다. "어허, 이거 날씨가 **치우얄** 긴데." 〈박경리, 김약국의 딸들, 1993, 123〉

"아이구 **치버라**!" 용숙이 방문을 화다닥 열다가, "아이구 큰어무이 오셨습니꺼?" "운냐 니는 인제사 오나?" " 먼지 하는 일 없이 바빠서요. 날씨도 데기 **칩다**. 떡살 담근 기이 얼겠네. 떡이 설믄 어짜지요?" 〈박경리, 김약국의 딸들, 1993, 125〉

"날씨가 **치버서** 고생이제?" 한실댁은 마치 아들자식을 대하듯 그를 바라본다. 〈박경리, 김약국의 딸들, 1993, 141〉

이엉을 갈아야겠다! 색히 이엉을 엮어서 **치버지기** 전에 이엉을 갈아야겠다! 〈박경리, 토지, 1994, 2, 105〉

"어이구, **추버라**, 밤바람이 억시기 드세구나." 맹서방의 군말이 아니더라도 강명길은 이쯤에서 방증 수집을 대충 끝내기로 한다. 추위도 추위지만 허기

로 속이쓰리고 목도 줄줄하다. 〈김원일, 불의 제전, 1997, 1, 6〉

　‘칩다’는 ‘춥다’의 경상도 방언으로 의미는 표준어 ‘춥다’와 완전히 같다. 다만 형태와 활용은 표준어와 차이가 있다. 중세국어 어형은 ‘칩다’이며, 명사형은 ‘치뷔’이다. 경상도 방언의 ‘칩다’는 중세국어의 어형을 그대로 계승한 것이다. 중세국어의 순경음비읍(/ ㅸ /)은 ‘ㅸ〉w’의 변화를 겪었는 데 비해, 경상도 방언에서는 / ㅂ / 으로 계승되었다. 그 결과 소위 ‘ㅂ 불규칙 용언어간’인 ‘춥다’, ‘덥다’가 표준어에서는 ‘춥다, 춥고, 추워서, 추우면’, ‘덥다, 덥고, 더워서, 더우면’처럼 자음 앞에서는 / ㅂ / 으로, 모음 앞에서는 / 우 / 로 실현되는 데 비해, 경상도 방언에서는 ‘칩다, 칩고, 치버서, 치부면’, ‘덥다, 덥고, 더버서, 더부면’처럼 항상 / ㅂ / 으로 실현되는 차이를 보이게 된 것이다.

카다

- 표준어 : 대응 표준어 없음
- 품   사 : 동사
- 뜻풀이 : ① 용언 뒤에 쓰여 '~고 하다'는 뜻을 나타낸다.
          ② 생각이나 느낌 따위를 말로 나타내다.
          ③ 어떠한 사실을 말로 알려 주다.
          ④ 평하거나 논하다.
          ⑤ 확인이나 강조의 뜻을 나타낸다.
- 다른 방언형 : 그카다
- 사용 지역 : 경상도

"니 이상한 소문 안 들었나?" "이상한 소문이라뇨?" "시상에 하도 기이하고 숭칙해서 말도 몬하겠다. 우사스러워서 우찌 살겠노. 어무이하고 그 말을 할라**카다**가 차마 쇠(혀)가 안 떨어지드라." 〈박경리, 김약국의 딸들, 1993, 98〉

어디 요새 사람들 부모하라**카**는 대로 하드나? 뭐 대구에 처니가 있다 하기는 하드라마만." 〈박경리, 김약국의 딸들, 1993, 102〉

명숙이 고 가시나 얼굴이 반쪽이더라. 남편이 바람폈다 **카드라**. 〈이만희, 이만희희곡집2, 1998, 363〉

"아아니 시집가서 자식 놓고 사는 사람, 뉘집 애 이름이가? 두리, 두리, 와 **카노**?" "야, 그거사 머, 그런데 말입니다. 구천이 가는 것 안 봤소?" "머라 **카노**? 이 사람이 정말 환장을 했나? 뜬금 없이 구천이라니?" 〈박경리, 토지, 2002, 7, 14〉

"그건 또 무슨 말이다요?" "그 빌어묵을 우가놈이, 그 빌어묵을, 그만 질근질근 씹어묵고 싶다마는, 하 참, 사람 악한 거는 법보다 무섭다 **카이**." 〈박경리,

토지, 2002, 7, 23〉

　"누군지 아나?" "우찌 알겠소." "구천이다. 최 참판네 머슴 구천이란 말이다." "머라 카요?" "사돈, 틀림없는 구천이오 이눈으로." 〈박경리, 토지, 2002, 7, 31〉

　"안다니 나흘장 간다 카더마는 또 그 안다니 새설 나오누마. 나는 새가 화살에 맞는 거는 정한 이치고 물개기가 낚시에 걸리는 것도 정한 이치고요." 〈박경리, 토지, 2002, 7, 60〉

　"야야, 정신차리그라. 인자 다 왔다카이." 아직 철이 잠에서 덜 깬 줄만 알고 있는 어머니가 부드럽게 철의 손목을 끌었다. 그때 기차가 터널을 빠져나가며 목쉰 기적 소리를 냈다. 〈이문열, 변경, 192, 1, 12〉

　"올케요, 커는 아아들 앞에 두고 너무 그래 눈에 쌍심지 캐지마소. 내일중으로 아아새끼들 데불고 쥐나리로 갈 케인께예. 시댁이라도 있다 카모 거기 갔제. 내가 머 할라고 입 살기 심든 친정 찾아 겠어예." 〈김원일, 불의 제전, 1997, 1, 73〉

　경상도 방언의 '카다'는 기본적으로 '말하다'의 의미를 가지고 있긴 하지만, 정확하게 표준어 '말하다'와 일치하는 말은 아니다. 대개의 경우는 '~고 하다'의 뜻으로 사용된다. '니가 캤제(너가 말했지?)', '나보고 예쁘다 카더라'에서의 '카다'는 '말하다'의 뜻으로 사용된 경우이다. '카다'가 실제 활용상에서 어미와 결합해서 쓰이는 예를 살펴보면 다음과 같다.

　카다: ~라 말하다. 예) 뭐라 카노?(뭐라고 말하냐?)
　카데: ~고 하더라. 예) 잘 했다 카데(잘 했다고 하더라).
　카디: ~고 하더니. 예) 공부하러 갔다 카디 얼매나 했나(공부하러

갔다고 하더니 얼마나 했냐?).

　그카다: 그렇게 말하다. 또는 일러 바치다. 예) 도대체 누구가 니한
테 그카더노?(도대체 누가 너한테 그렇게 말하더냐?).
　카더노: 그렇게 하더냐? 예) 가아는 와 카더노(그는 왜 그렇게 하더
냐).
　카더마: ~고 합디다. 예) 큰 집에 저 형님이 말이지 당신 좀 오라
카더마.
　이카면: 이렇게 하면. 이렇게 말하면. 예) 이카면 곤란한디(이렇게
(말)하면 곤란한데).

위에서 보듯이 '카다'의 경우 상당히 복잡한 쓰임을 보인다. '카다'는
'말하다'를 기본 의미로 가진 경우 외에도 보조동사적인 쓰임도 함께
있다. 예컨대 '나비가 지붕에 앉을라 카다가 또 하늘 높이 날아갔다(나
비가 지붕에 앉으려고 하다가 또 하늘 높이 날아갔다)', '밥을 묵을라
카이까네 또 일 시킨다(밥을 먹으려고 하니까 또 일을 시킨다)'에 쓰
인 '카다'는 전형적인 보조동사로서 앞말이 뜻하는 행동이나 상태를 의
도하거나 바람을 나타낸다.

킹캉하다

- 표준어 : 허황하다
- 품　사 : 형용사
- 뜻풀이 : ① 정신이 오락가락하다.
　　　　　② 마음이 들떠서 황당하다.
- 다른 방언형 : 히황하다
- 사용 지역 : 경상도

> 이것들이 **킹캉하게** 뭔 소리 하는 기고? 참말로 촌에 처박히 살디 이눔아들 대가리까지 띠미해져 뿌랜 모양이쎄 〈이문열, 아가, 2000, 13〉
>
> 니 이누무 새끼. 얼릉 절로 못 가나? 군대 가서 **킹캉해졌다카디** 돌아도 괴상케 돌아가 주고…… 〈이문열, 아가, 2000, 153〉

'킹캉하다'는 '허황하다', '정신이 오락가락하다'는 뜻의 경상도 방언이다. 이와 비슷한 어형으로 '꽤깡시럽다'가 있다. 이는 '엉뚱하다'라는 의미로 '꽤깡시럽게 또 머라카노. 아무리 좋은 신발이라도 내 발에 안 맞이문 못 신는 거 아니오.〈박경리, 토지, 14:290〉'처럼 쓰인다.

태기치다

- 표준어 : 메어치다
- 품 사 : 동사
- 뜻풀이 : 되게 메어치거나 넘어뜨리게 하다.
- 다른 방언형 : 태치다
- 사용 지역 : 경상도

몸을 손바닥에 붙이고 있을 제 잔인하게도 순이는 땅바닥에 **태기를 쳤다.**
〈현진건, 불〉

이금이는 소리지르며 동시에 서억이가 준 언니 가슴의 참꽃 꽃다발을 나꿔채어 훌쩍 **태질해버린다.** 〈권정생, 한티재 하늘, 1, 61〉

아무리 세상이 망했지마는 지가 어예 내보고 호년을 하노? 니 얼릉 가봐라. 가사 내한테 와 비라 카고, 말 안 듣거든 고놈의 메떼게 같은 영감탱구 땅에 **태기라도** 쳤뿌래라! 고 자발없는 주딩이를 문뗐부든동… 〈이문열, 변경, 11, 209〉

'태기치다'는 땅을 향해 강하게 내던지는 행위를 말한다. '태기치다'의 어원에 대하여 정확하지는 않지만 '아주 못쓰게 만들어 버린다.'라는 뜻의 '망태기를 치다'에서 '망'이 생략되고 한 어휘로 굳어진 것으로 보인다. 경상도 지역에서 나타나는 '태기치다'는 못 쓰게 만들어 버린다는 의미보다 '강하게 땅에 떨어뜨리거나 내던지다'의 의미이다.

택도 없다

- 표준어 : 어림없다
- 품　사 : 구
- 뜻풀이 : ① 도저히 될 가망이 없다.
　　　　　② 너무 많거나 커서 대강 짐작조차 할 수 없다.
　　　　　③ 분수가 없다.
- 사용 지역 : 경상도

"어디나 그저 구 눔의 지역감정… 행임., 마, 솔직해 보소. 이번에는 고향 사람 민다꼬. 되잖게 논리를 비틀기는. 하지만 우리는 파이요. 기분 같으면 우리도 우쩨 말을 맹글어가지고 공삼거사 밀었으면 좋겠지만, 낮간지러버 그래는 못 하요. **택도 없이** 떨어지디라도 민중후보한테 한 표라도 더 보태 아직 우리가 있다는 거나 알릴 라요." 〈이문열, 오디세이아 서울, 1993, 2, 570〉

"농사 그거 아무나 막 지으이 니도 달가들믄 독 될 거 같제? 열심히만 하믄 등 따시고 배부릴 같고… 글치만 **택도 없는** 소리 마라. 농사, 그래 쉬운 거랫으믄 우리 돌내골이 왜 그래 됐겠노?" 〈이문열, 변경, 1992, 4, 67〉

　경상도 방언 어휘인 '택'은 표준어 '턱' 해당되는 어휘로 '그렇게 되어야 하는 까닭, 그만한 정도'라는 의미를 가지고 있다. 예를 들면 "그걸 말이라고 하나꼬 말이지. 그 고양이가 이기지 지가 이길 택이 있나꼬?(그걸 말이라고 하냐 말이지. 그 고양이가 이기지 자기가 이길 턱이 있냐고?)"라고 쓸 수 있다. 관용구인 '택도 없다'는 '가당하지 않다, 어림도 없다'로 사용되는 말로 "우리 아부지가 택도 없다캉이(우리 아버지가 어림도 없다고 하니)"로 쓸 수 있다.

토구리다

- 표준어 : 쪼그리다
- 품　사 : 동사
- 뜻풀이 : 팔다리를 오그려 몸을 작게 옴츠리다.
- 다른 방언형 : 쪼고리다, 쪼골티리다, 쪼구린다, 쪼굴시다, 쪼글씨다, 쭈구린다,
　　　　　　　쭈그렌다
- 사용 지역 : 경상도

> 비린내 풍기는 거는 어물전으로 가야제, 남으 전앞에 **토구리고** 앉아 있으모 다요? 〈김원일, 불의 제전〉

'토구리다'는 '쪼그리다'의 경상도 방언이다. '토구리다'를 '쪼그리다'에 대응해 보면 외형상 '쪼그리다'의 앞음절 '쪼'가 '토'로 교체되었다. 그러나 이들 교체에 대한 설명을 뒷받침할 자료가 없어 정확한 어원을 살필 수가 없다.

토깐이

- 표준어 : 토끼
- 품　사 : 명사
- 뜻풀이 : 토낏과의 포유동물을 통틀어 이르는 말. 귀가 길고 뒷다리가 앞다리보다 발달하였으며 꼬리는 짧다. 초식성으로 번식력이 강하다.
- 다른 방언형 : 토까니, 토깽이, 토깨이
- 사용 지역 : 경상도

"토끼든 고슴도치든 잡히는 대로 저기, 불로장수할 저 늙은이한테 한 마리 갖다주게." "말도 마이소. 오믄서 내내 **토깐이 토깐이**, 하고 **또깐이** 노래를 부르는데 귀에 못이 백혔십니다." 〈박경리, 토지7, 2002, 62〉

"그만하고 가서 강쇠나 데리고 오소. **토깐이** 고기든 호랭이 고기든 이녁 입으로 부탁하고." 〈박경리, 토지7, 2002, 55〉

"질긴 고기 먹을 지리산 호랭이 없을 테니." "어이구 그라믄 강쇠를 데꼬 온다! 대신 **토깐이** 한 마리 안 주고는 안 될 거로." 〈박경리, 토지7, 2002, 56〉

'토깐이'는 '토끼'의 경상도 방언이다. '토깐이' 외에 '토깽이, 토깨이'도 쓰이는데, '토깐이'보다 '토깽이'이가 더 많이 나타난다. '토끼'의 중세국어 어형은 '톳기'(즁싱이 므를 걷나디 톳기와 둘와는 기픠롤 모롤씨(중생이 물을 건너되 토끼와 달은 깊이를 모르기에)〈월인석보, 1459, 2:19〉)인데, '토깐이', '토깽이'는 '톳기'에 접미사 '-앙이'가 결합한 파생어이다. '토깽이'는 '톳기앙이'에서 / ㅣ / 모음역행동화를 겪어 '토끼앵이'가 된 후 '토끼'의 / ㅣ / 모음이 탈락하여 '토깽이'가 되었다. '토깐이'의 경우에는 그 음운론적 과정을 명확하게 설명하기는 어렵다. 어쨌든 '토끼앙이'에서 먼저 '토끼'의 / ㅣ / 모음이 탈락하여 '토깡이'가 된 후 / ㅣ / 모음역행동화를 겪기 전에 / ㄴ / 이 첨가되는 변화가 일어난 것으로 추정된다.

통구맹이

- 표준어 : 거룻배
- 품 사 : 명사
- 뜻풀이 : 돛이 없는 작은 배.
- 다른 방언형 : 통구밍이, 구밍이, 구멩이
- 사용 지역 : 경상도

사람의 명이란 인력으로 되는 거는 아닌가배요. 어젯밤만 해도 우리집 그 사람 멕말에 가 있었는데 무담시 집에 오고 접더랍니더, 멜막이래야 별로 멀지도 않지마는 옷도 갈아입고 그럴라꼬 **통구맹이**를 타고 오는데 각시가… ⟨박경리, 토지, 10, 364⟩

'통구맹이'는 돛을 달지 않은 작은 배를 말한다. '통구맹이'에 대한 정확한 어원을 밝힐 수 없으나 이들 방언형을 토대로 보면 '통구명이'에서 '통구맹이'로 다시 '통구밍이'까지 변화되었음을 알 수 있다.

투드레방석

- 표준어 : 트레방석
- 품   사 : 명사
- 뜻풀이 : 똬리처럼 짚으로 틀어만든 방석으로 손잡이가 달려 있다.
- 다른 방언형 : 두트레방석
- 사용 지역 : 경상도

짚으로 똬리처럼 틀어 만든 방석을 '트레방석'이라고 하고, 손잡이가 달린 방석을 '뒤트레방석'이라고 한다. '뒤트레방석'은 주로 독을 덮는 데 쓰이는데 물건의 밑에 받치는 깔개로도 쓰인다. '투드레방석'은 이 '뒤트레방석'에서 뒤 음절의 격음자질이 앞 음절로 옮겨온 것이다.

툭사리

- 표준어 : 뚝배기
- 품　사 : 명사
- 뜻풀이 : 찌개 따위를 끓이거나 설렁탕 따위를 담을 때 쓰는 오지그릇.
- 다른 방언형 : 툭수바리, 툭꾸바리, 투구바리, 툭바리, 툭까리, 툭바리, 툭사발, 툭
　　　　　　　싸리, 툭빠리, 뚝바리, 툭빠리, 툭싸바리, 툭시발, 툭파리, 툭배이,
　　　　　　　추바리, 추발, 지리솥, 지르단지, 지리단지
- 사용 지역 : 경상도

> **툭사발**이보다 장맛이 낫구마는 학부형들은 노골적으로 비아냥거리기 시작했고 다소 실망하는 눈치들도 엿보였다. 〈김춘복, 쌈짓골〉
>
> 입이 **툭사리**같이 된 귀남네는 뇌까렸던 것이다. 〈박경리, 토지, 12, 85〉
>
> 개동어미와 일동이 땅바닥에 털썩 주저앉았고 부엌으로 달아났던 개동이 댁네가 **툭사리**같이 부어터진 입술을 한 손으로 가리고 내다본다. 〈박경리, 토지, 5, 377〉
>
> 아직 잠에서 덜 깬 듯, 그리고 **툭사리** 깨지는 듯한 음성으로 말하자, 잔뜩 움츠리고 있던 학생들은 와 하고 웃었다. 〈박경리, 토지, 6, 312〉

　품질이 나쁘거나 모양이 안 좋은 주발을 '퉁바리'라고 한다. '툭사리'의 '툭-'은 이와 관련이 있어 보인다. '툭-'은 '툭사발', '툭바리', '툭싸리' 등에서 '툭수바리', '툭꾸바리', '툭빠리' 등으로까지 다양하게 변형되었다. '툭사리'의 '사리'는 '뚝배기'의 방언형들인 '툭사발'과 '툭바리'에서 짐작할 수 있듯이 '사발'과 '바리'가 합쳐 '사리'가 된 것이다.

티백이

- 표준어 : 투성이
- 품　사 : 명사
- 뜻풀이 : 주로 사물을 나타내는 명사 뒤에 쓰여 '그것이 너무 많은 상태' 의 뜻을
  나타내는 말.
- 다른 방언형 : 티벡이, 티배기, 티베기
- 사용 지역 : 경상도

'티백이'는 사물을 나타내는 명사 뒤에 붙어서 '그것이 너무 많은 상
태'의 뜻을 더하는 말이다. 의미상으로는 표준어의 접미사 '-투성이'에
대응하는 경상도 방언이다. 의미는 '-투성이'와 같지만 기능에서는 차
이가 있다. '-투성이'는 자립해서 단독으로 쓰이지 못하고 항상 명사
뒤에 붙어 의존적으로 쓰이는 접미사인 데 비해, '티백이'는 '돈을 티백
이 갔다 줘도 안 받는다', '먼지가 온 사방에 티백이다'처럼 자립적으로
쓰인다.

팥밭

- 표준어 : 미간지
- 품 사 : 명사
- 뜻풀이 : 거친 땅이나 버려 둔 땅.
- 사용 지역 : 경상도

어디 산중 **팥밭**이라도 쪼아먹고 살 데가 없을리껴? 〈권정생, 한티재 하늘, 1998〉

'팥밭'은 거친 땅이나 버려 둔 땅을 말한다. '팥밭'의 어형은 '팥-'에 '밭'이 결합된 것으로, 여기서 '팥-'은 '작고 보잘 것 없는'을 의미하는 접두사이다. 참고로 충북 방언에서 '아그배'를 '팥배'라고 한다.

포시랍다

- 표준어 : 포실하다
- 품   사 : 형용사
- 뜻풀이 : ① 살림이 넉넉하다.
          ② 사치스럽고 호화로운 느낌이 있다.
- 사용 지역 : 경상도, 충청도

하루 벌어 하루 먹다시피하는 형편에 무슨 여행이며 더욱이 연탄 끄는 주제에 여행한다는 자체가 **포시라운** 사치여서 도무지 가당찮은 일이었다. 〈강준희, 이카로스의 날개는 녹지 않았다(하), 1996, 99〉

선생님 저희도 정부미 먹습니다. **포시라운** 사람은 타박할지 모르지만 맛이 괜찮습니다. 그러니 저희 성의로 아시고 진지해 드시기 바랍니다. 〈강준희, 이카로스의 날개는 녹지 않았다(하), 1996, 263〉

야가 머언 소리 하노 통시비탈네 매느리는 댕기로 왔다가 수꾸떼비 빗자루까지 가지고 가드라 **포시라운** 소리 마라 서울가면 먹을 게 쌔밸렀다지만 그게 마카 돈 아이라 씨씨럭한 거라도 다 주우 마서 마이 가지고 가그라 〈권달웅, 어머니, 내 마음의 중심에 네가 있다, 39〉

'포시랍다'의 어형은 '포실랍다'에서 'ㄹ'이 탈락된 것이다. 그 의미는 살림이 넉넉하여 풍족하게 생활하여 고생을 모른다는 의미가 내포되어 있다. 경상방언에서 '포시랍게 자랐다'는 것은 '곱게 자랐다', '귀하게 자랐다'는 의미이다.

대체로 '포시랍다'는 말은 두 가지 의미로 쓰인다. 하나는 분에 넘치는 대접을 받거나 생활을 할 때 그런 대접이나 생활이 격에 맞지 않음을 나타낼 때 쓰이고, 다른 하나는 자기 주제와 분수에 맞는 대접이나 생활이 다른 사람의 그것과 비교할 때 사치스럽고 호화로운 느낌이 있음을 표현할 때 쓰인다. 가령 어느 정도 철이 든 아이들이 음식 타박을 하거나 좋은 옷을 사고 싶어 옷에 대한 불만을 말하거나 할 때 부모들이 야단치면서 할 수 있는 말이다. 다른 하나는 우리는 먹고 살기도 바쁜데 물질적으로 넉넉하여 여유가 있고 남는 생활을 하는 사람을 비꼬는 투로 말할 때도 '포시랍다'가 쓰인다.

푸심

- 표준어 : 학질, 말라리아
- 품 사 : 명사
- 뜻풀이 : 말라리아 원충을 가진 학질모기에게 물려서 감염되는 법정 전염병. 갑자기 고열이 나며 설사와 구토·발작을 일으키고 비장이 부으면서 빈혈 증상을 보인다.
- 다른 방언형 : 푸솜, 푼심, 풀심, 풋심, 초핵, 초질, 지거, 이털거리, 염징, 미느리심, 미나리새심, 메너리심, 메리심, 메르시림, 도독병, 도당놈
- 사용 지역 : 경상도

'푸심'은 '학질'의 경상도 방언이다. '학질'에 대한 방언형은 '푸심' 외에 '며느리심', '도독병' 등 세 유형으로 나눌 수 있다. 경상도 방언에 나타나는 '푸심'과 '며느리심', '도독병' 등은 그 병의 병세나 특징으로 인해 붙여진 명칭들이다.

푸질나다

문학 속의 경상 방언

- 표준어 : 감질나다
- 품   사 : 동사
- 뜻풀이 : ① 지능이 정상적인 사람에 미치지 못하다.
         ② 어떤 일을 몹시 하고 싶거나 어떤 것을 먹고 싶거나 하여 애가 타다.
- 사용 지역 : 경상도

> 요런 싹동머리 없는 자슥! 내가 아무 방책도 없이 이날 입대 살았을까. 이 집이 그리 쉽기 니 손에 굴러떨어질 중 알았나? 하이고, **푸질나기는**. 내가 너 겉은 놈을 한두 번 보는 중 아나. 지천에 쌔비리 깔렀다. 〈이현수, 신기생뎐, 2005, 135〉

'푸질나다'는 '① 지능이 정상적인 사람에 미치지 못하다. ② 어떤 일을 몹시 하고 싶거나 어떤 것을 먹고 싶거나 하여 애가 타다.'의 의미를 가진 경상도 방언이다. 형태론적 구성은 {푸질}＋{나다}인데, '푸질'이 단독으로 쓰이는 예가 없어 '푸질'이 무엇인지 확인하기는 어렵다. 형태적으로는 표준어 '푸지다'와의 관련성을 생각해 볼 수 있지만, 표준어 '푸지다'는 '매우 많아 넉넉하다'라는 의미를 가진 말이기 때문에 의미적 관련성은 없다. '푸질나다'가 '어떤 일을 몹시 하고 싶거나 어떤 것을 먹고 싶거나 하여 애가 타다.'의 의미로 쓰일 때는 표준어 '감질나다'와 대응된다. '푸질나게 그기 머꼬 선나꼽쟁이 내 놓고 우리 보고 하라카이 누가 하겠노?(감질나게 그게 뭣이고 아주 조금 내 놓고 우리보고 하라고 하니 누가 하겠어)'에서 '푸질나게'가 '감질나다'의 의미로 쓰인 경우이다.

풋솜

- 표준어 : 풀솜
- 품 사 : 명사
- 뜻풀이 : 실을 켤 수 없는 허드레 고치를 삶아서 늘여 만든 솜. 빛깔이 하얗고 광택이 나며 가볍고 따뜻하다.
- 사용 지역 : 경상도

> 쩍입히지터진 거리의 포플라가 실바람에 불려 / 사람에게놀난도적이 손에 쥔돈을 노아버리듯 / 한울을우럴어 銀풋쏙을던지며 썰고잇다 // **풋솜**에나 비길 얇은구름이 / 달에게로 달에게로 날러만드러 / 바다우에 섯는듯 보는눈이 어지럽다. // 〈이기철 편, 이상화전집, 달밤–都會, 1982, 183〉

〈표준국어대사전〉에는 '풋솜'을 '풀솜'의 잘못된 표현이라고 등재하고 있으나, '풋솜'은 '부풀리어 놓은 솜'이라는 의미를 가진 경상도 방언이다. 솜을 부풀리는 작업을 흔히들 '탄다'고 한다. 곧 '솜을 타놓은 것, 곧 부풀리어 놓은 것'이다.

풍게질

- 표준어 : 다듬이질
- 품　사 : 명사
- 뜻풀이 : 옷이나 옷감 따위를 방망이로 두드려 반드럽게 하는 일.
- 다른 방언형 : 다대미, 띠덤질, 따듬질
- 사용 지역 : 경상도

> 밍주 비단 침자질과 마포 무명 **풍게질**과 모럼있게 가르치고 책 씨기면 편지 씨기 〈경북대본, 사친가〉

'풍게질'은 '다듬이질'에 해당하는 경상도 방언이다. '풍게질'은 '풍거질'에서 온 말로 '풍거'는 '바람을 일으키는 기구'를 말한다. 이것이 경상도 방언에서는 '다듬이질'과 같은 의미로 쓰인다.

하나이

- 표준어 : 대응 표준어 없음
- 품　사 : 수사
- 뜻풀이 : ① 한 사람 앞에.
　　　　　② 한 사람씩.
- 다른 방언형 : 하내이
- 사용 지역 : 경상도

"노름 말이씨더. 전대를 봤는데- **하나이** 백만 원씩은 넉넉할 게라요. 그기 두 놈이고 한 놈은 바람잽이 같은데 글마가 바로…" 〈이문열, 변경, 1992, 4, 285〉〉

　경상도 방언의 '하나이, 하내이'는 수사 {하나}에 의존명사 {이}가 결합된 형태이다. 합성어가 되면서 '한 사람'이라는 의미를 가지는데, 여기서 의미 확장을 해 '한 사람 앞에', '한 사람씩'이라는 의미를 가지게 되었다(예: 돈을 하나이 한 냥씩 줬어(돈을 한 사람 앞에 한 냥씩 줬어).

하마

- 표준어 : 이미, 벌써, 이제 곧
- 품　사 : 부사
- 뜻풀이 : 이다 끝나거나 지난 일을 이를 때 쓰는 말. '벌써', '앞서'의 뜻을 나타낸다. 혹은 '이제 곧'이란 의미로 앞으로 닥칠 일을 의미하기도 한다.
- 다른 방언형 : 하매, 하모
- 사용 지역 : 경상도

밤이면 슬기론 제비의 **하마** 치울 꿈자리 내 맘에 스미고 / 내 마음 이미 모든 것을 잃을 예비 되었노니 // 가을은 이제 머언 콩밭짬에 오다 // 〈유치환, 생명의 서, 입추, 1991, 31〉

그저게 구례장에 내리갔는데 **하마** 오늘쯤 올 거로요. 노름판에 얼리지 않았이믄. 〈박경리, 토지, 1, 294〉

용이는 나룻배가 **하마** 오나 물길 쪽을 바라본다. 〈박경리, 토지, 2, 104〉

하마 남보고 그런 소리 할라? 그런 소리 하다가는 큰일날 긴 줄 알아라. 〈박경리, 토지, 3, 181〉

그러믄 선걸음에 가는 기이 좋겠구마. **하마** 나릿선도 올 거로요. 〈박경리, 토지, 3, 185〉

하마 애기씨 하며 봉순이 건너올 법도 한데 세숫물 시중을 들고 난 뒤 저도 우물에서 세수를 하는가 했더니 방에 들어간 채 아무 소리가 없는 것이다. 〈박경리, 토지, 3, 281〉

"하마 익었일거로?" 빨리 익으라고 얇게 썰어서 밥 위에 얹은 고구마 한조각을 젓가락에 찍어낸다. 〈박경리, 토지, 3, 411〉

길상은 새가 하마 굶어서 기진하여 죽을 것 같은 생각이 들었다. 〈박경리, 토지, 4, 161〉

하마나 하고 기다렸지만…… 아무 변화도 없었다. 〈박경리, 토지, 4, 229〉

안 계십니다. 시내 노대인 댁에 잔치가 있어서 가셨는데 하마 돌아오실 겁니다. 〈박경리, 토지, 4, 353〉

"하마 오겠지. 혼자 가서 걱정이야? 선생님이 데려다 주실 건데 뭐." 〈박경리, 토지, 5, 43〉

그러나 얼마를 내려가도 환의 모습이 나타나질 않는다. 하마 나타날 거라는 어림짐작을 한 지도 오래다. 〈박경리, 토지, 6, 151〉

그라고 또…… 하마 타작이 시작될 긴데, 추석만 지내고 나믄. 추석에는 지신(地神)을 밟을까? 〈박경리, 토지, 7, 281〉

저 처자(처녀)를 갖다가 아무꺼시 집에 권해 주믄 될따 싶었고 또 이 집에는 아들이가 있는데 하마(벌써) 눈이 좀 옳잖앴어, 내 생각에는. 〈김점호, 베도 숱한 베 짜고, 1992, 20〉

유치환의 시 '입추'에서 나타나는 '하마'라는 부사는 경상도 방언 가운데 매우 독특한 것이다. '벌시로', '벌써'와 같이 '이미', '벌써'와 같은 의미를 갖는다. 〈토지사전〉 341쪽에 수록된 방언형 '하마'는 '이제 곧 또는 벌써'로 '미래'의 의미로도 해석된다고 밝히고 있다. 또한 경상도 방언에서 '하마, 하모'는 '벌써, 이미'와 다르게 '그래 맞다'라는 감탄사로도 쓰인다. 예를 들면 "하마, 니 말이 맏떼이."에서는 상대방의 말에 긍정하는 태도로 '그래 맞다'라는 의미이고, "내가 하매 집은 하나 마련했다."에서는 과거의 일로 '벌써'라는 뜻으로 사용된 경우이다. 또한 박경리 소설에 나타난 "하마 오겠지, 혼자 가서 걱정이야?"에 쓰인 '하마'는 아직 이루어지지 미래의 일로 '이제 곧'이라는 의미로 앞으로의 일에도 쓰이고 있다.

이와 유사하게 '하마나, 하매나'도 쓰이고 있는데 이는 '이제나 저제나'라는 의미의 부사이다. 예를 들면 "하매나 줄랑가 하매나 줄랑가 암만 기다려도 술로 안주는기라."는 "이제나 저제나 줄라나 아무리 기다려도 안 주더라."라는 의미이다.

할마씨

- 표준어 : 할머니
- 품 사 : 명사
- 뜻풀이 : ① 아버지의 어머니.
  ② 부모의 어머니와 한 항렬에 있는 여자를 통틀어 이르는 말.
  ③ 친척이 아닌 늙은 여자를 친근하게 이르는 말.
- 다른 방언형 : 할마이, 할머이, 할마시, 할매, 할망이, 할망구, 할무이, 할무니
- 사용 지역 : 경상도

"우리 부엌어멈들은 교자상 차리는 기 손에 익었다 싶어 허리를 필라카마 고마 허리가 기역자로 굽은 꼬부랑 **할마씨**가 안 돼 있나. 참말로 허망한 기 인생이제." 〈이현수, 신기생뎐, 2005, 26〉

"손자라도 공부해서 지 할매 속을 쫌 풀어조야 할 낀데. 유진암이 사대째 내려오는 기생집 아이가. 그 **할마씨**, 씨갈이를 해볼 끼라고 메누릴 돈으로 사 오다시피 안 했나. 이름난 대학자 집안과 사돈 맺었다고 어찌나 뻐시고 댕기든동, 눈 뜨고 못 **봐줄** 지경이었다." 〈이현수, 신기생뎐, 2005, 62〉

"국악으로 이름깨나 날리는 사람들도 부용각의 오연분이라카마 깜박 안 죽나. 말 한마디를 해도 따뜻하게 하는 사람이라 배우는 자네들도 재미있을 기다. 있지, 내는 시방도 모르겠는 기 타박**할매**와 마담언니 사인기라." 〈이현수, 신기생뎐, 2005, 63〉

경상도 방언에서 '할머니'에 대응되는 어휘에는 '할마이, 할머이, 할마시, 할마씨, 할매, 할망이, 할망구, 할무이, 할무니' 등이 있다. '할머니'에서 / ㄴ / 이 탈락되어 '할머이'가 되고 다시 모음조화에 의해 '할

마이', 이것이 축약이 되서 '할매'라는 형태가 나타난 것이라 볼 수 있다(할머니>할머이>할마이>할매). 실제로 경상도에서는 이 어형이 모두 나타나고 있다. 이 어휘에는 지역에 따라서 '할머니'를 낮추어 말하는 뜻으로 사용되기도 하지만 대체로 일반적인 의미로 사용되고 있다. "할매요, 지금 여서 뭐하능교?"(할머니 지금 여기서 뭐하세요?)를 예로 들 수 있다. 참고로 경상도에서는 '할아버지'에 대응되는 어휘로 '할부지, 할바이, 할배' 등이 있다.

함

- 표준어 : 한번
- 품   사 : 부사
- 뜻풀이 : 어떤 행동이나 상태를 강조하는 뜻을 나타내는 말.
- 다른 방언형 : 함분, 한분
- 사용 지역 : 경상도

우리한테 **함** 맡겨놔보이소. 땅 이거요, 좋고 나쁜 게 없심더. 하모요. 거루는 데 나쁜 당이 어딨십니꺼? 〈이문열, 변경, 1992, 6, 36〉

"어렵기는 뭐가 어려워? 개간지 잘만 돌아간다. **함** 가봐라. 어디 문전옥답이 그만한 데 있는강." 〈이문열, 변경, 1992, 6, 69〉

"채 썰어논 꼬라지 **함** 봐라. 손가락만하다. 하이고 이것도 음식이라꼬." 〈이문열, 변경, 1992, 6, 76〉

여다 앉아보이 혼자 일등 같지마는 청과 시장에 **함** 나가보이소. 〈이문열, 변경, 1992, 6, 155〉

"어린 게 허뿌라도 딴맘 먹으믄 어예노? **함** 안 올라가보고 될라?" 〈이문열, 변경, 1992, 6, 163〉

"낼 **함** 가보라믄. 우짜튼 우리는 일없다. 내일이 광복절 휴무라 카지마는 도식이나 내나 잔업도 있고오……" 〈이문열, 변경, 1992, 6, 179〉

길가에 붙어 있고 마을에서 멀잖고, 또 2만 평뿐이이께는 사람대기도 홀가분코……**함** 잘해봐라. 〈이문열, 변경, 1992, 4, 69〉

　‘함’은 표준어 ‘한번’의 부사적 쓰임에 해당하는 경상도 방언이다. ‘함’은 어떤 행동이나 상태를 강조하는 뜻을 나타내는 말로 부사로만 쓰인다. 즉 표준어 ‘한번’은 명사로도 쓰이고 부사로도 쓰이는데, 경상도 방언의 ‘함’은 부사로만 쓰이고 명사로는 쓰이지 않는다. ‘함’과 함께 ‘함분’도 있는데, ‘함분’은 표준어 ‘한번’과 같이 명사, 부사 둘 다의 쓰임을 갖는다. ‘함’은 [함:]처럼 장모음으로 실현되는데, 이는 그 줄어든 과정을 구체적으로 설명하기는 어렵지만 ‘한번’이 줄어든 말임을 보여준다. ‘한’의 /ㄴ/이 ‘번’의 /ㅂ/에 조음위치 동화되어 ‘함번’이 되고, ‘함번’이 축약 및 탈락의 음운과정을 통해 ‘함’이 되었다.

함백이

- 표준어 : 함박, 함지박
- 품　사 : 명사
- 뜻풀이 : 통나무의 속을 파서 큰 바가지같이 만든 그릇.
- 사용 지역 : 경상도

'함백이'는 '함지박, 함박'의 경상도 방언이다. '함백이'는 '함박'에 사물이나 사물을 뜻하는 접미사 '-이'가 결합하여 '함박이'가 되고, 여기에 /ㅣ/ 모음 역행동화가 적용된 것이다(함박이〉함백이). 그리고 '함박'은 '크다'는 의미를 가진 '한'에 '박'이 결합한 합성어로 원래 '한박'에서 '한'의 종성 /ㄴ/이 '박'의 초성 /ㅂ/의 조음위치에 동화되어 '함박'이 된 것이다. 의미는 원래 '큰 바가지'였는데, 지금은 큰 바가지뿐만 아니라 큰 그릇까지 포함하는 것으로 의미가 확장되었다. '물함배기', '쌀함배기'처럼 그 용도에 따라 구분하기도 한다.

항가새

- 표준어 : 엉겅퀴
- 품　사 : 명사
- 뜻풀이 : 국화과의 여러해살이풀. 높이는 50∼100cm이며, 잎은 깃 모양으로 깊이 갈라지고 잎자루가 없다. 6∼8월에 자주색 꽃이 피고 열매는 수과(瘦果)이며 잎은 식용한다.
- 다른 방언형 : 항가새
- 사용 지역 : 경상도

> 어느 그린 이 있어 이같이 호젓이 살 수 있느니 **항가새꽃** / 여기도 조으이 **항가새꽃** 되어 **항가새꽃** / 생각으로 살기엔 여기도 좋으이 / 하세월 가도 하늘 건너는 먼 솔바람 소리도 내려오지 않는 빈 / 골짜기 / 〈유치환, 생명의 서, 항가새꽃, 1991, 75〉

'항가새'는 '엉겅퀴'의 경상도 방언이다. 이 '항가새'는 15세기 초 문헌인 〈鄕藥集成方〉에 '大居塞'로 음차 표기되어 있는데, 이는 '*한거싀'로 재구할 수 있다. 그리고 15세기 〈救急簡易方〉(1489)에 '한거식'가 보이고, 16세기에는 '항것귀'나 '항것괴' 등도 확인된다. 〈중정방약합편〉에서도 '항가식(大薊)'와 '조방가식(小薊)'라는 풀이름이 나타난다. 〈만선식물자휘〉에도 '大薊'(Centaurea monanthos, Georg)를 '대계'라 부르며 '양홍화' 혹은 '항가새', '엉겅퀴'라고 부르고 있다. '엉겅퀴'는 17세기의 〈譯語類解〉(1690)에 '엉것귀'로 처음 나타난다. '엉것귀'의 어원은 분명하지 않지만 '햇귀'나 '엿귀'를 고려하면 {*엉것＋귀}로 분석될 수 있을 것이다. '엉것귀'는 19세기에 오면 오늘날과 같은 '엉겅퀴'로 나타난다. 19세기의 '엉겅퀴'는 '엉것귀'에서 직접 변화했다고 보기에는 형태상 큰 차이가 있다. 그런데 20세기 초 〈朝鮮語辭典〉 (1938)에서는 '엉겅퀴'는 부표제어이고, '항가새'를 중심 표제어로 기술하고 있다. 이전 시기의 출현 양상으로는 '한거싀'나, '항것귀' 계열이 '엉것귀' 계열보다 널리 나타난다. 이처럼 전국에서 광범위하게 쓰이는 '항가새'는 중세국어의 형태가 유지되면서 '엉겅퀴'와 함께 사용되고 있다.

항거

- 표준어 : 듬뿍, 가득
- 품　사 : 부사
- 뜻풀이 : ① 분량이나 수효 따위가 어떤 범위나 한도에 꽉 찬 모양.
　　　　　② 빈 데가 없을 만큼 사람이나 물건 따위가 많은 모양.
- 다른 방언형 : 항거석, 항거시, 함빡, 홈빡, 덤뿍, 담빡, 담뽁, 담뿍, 한것, 한거,
　　　　　　합북
- 사용 지역 : 경상도

내 머리에는 눈이 **한것** 앉아 있다. 봄아, 봄아, 오너라 어서 와서 내 머리
애 쌓인 것 다 녹아도가 〈이오덕, 허수아비도 깍꿀로 덕새를 넘고〉

한낮은 햇발이 / 白孔雀 꼬리우에 **합북** 퍼지고 // 〈이육사 소공원〉

뱃속만 **한거** 채우고 있었는 기라예. / 디기 무살 때 알아봤다꼬예? / 돼지
인테는 진주도 땐지주지 마라 칸다꼬예? 〈정숙, 우야꼬 우야끼나!, 신처용가, 61〉

　'항거'는 '가득', '듬뿍'에 해당하는 경상도 방언이다. '크다'의 의미를
가진 '한'에 '것'의 이형태 '거'가 결합하여 '한거'에서 '한'의 /ㄴ/이 조음
위치동화되어 '항거'가 된 것이다. '항거'는 '수' 또는 '양'에 구분 없이
두루 쓰인다.

해

- 표준어 : 것, 사람
- 품　사 : 명사
- 뜻풀이 : 사람이나 어떤 물건을 지칭하는 말.
- 사용 지역 : 경상도

다리 밭은 똑바로 돼가 매기는 숩은데, 우리 해는 이래 넘어졌다 저래 넘어졌다, 고랑이 좁은 데다가 그라이, 그거만 해도 그래 속상했어요. 〈김점호, 베도 숱한 베 짜고, 1992, 31〉

"나를 여러 해 있는 데서 챙피준다"고 말이래요. 그라이 우리 동새가 "아이구 아재요. 와 그라니껴? 그거 암 것도 아이시더. 그 집에 묻는 말 끝에 그라는데 해롭으이껴?" 그래 해놓고 왔어. 〈김점호, 베도 숱한 베 짜고, 1992, 45〉

종가엔 손님 해는 보드랍그러 낫게 따로 하고, 일꾼들 먹는 꼬치장은 신걸로 따로 담아. 종손이 아들 없이 딸 형제만 낳아 놓고 죽어 뿌레고 종질 양재를 했는데 그 생모가, 이안 이씨에서 온 청동띠이라고, 그 어르신이 참 솜씨가 좋았어. 〈성춘식, 이부자리 피이 놓고, 1992, 23〉

경상도 방언에서 '해'는 '사람이나 사물을 지칭하는 말'로 사용된다. 예를 들면 "다리 밭은 똑바로 돼 있은데 우리 해는 엉망이라."는 "다른 사람 밭은 똑바로 되어 있는데 우리 것(밭)은 엉망이라."의 의미이다. 또한 물건 뿐 아니라 "나를 여러 해 있는 데서 챙피(창피)를 준다."에서는 '해'는 '사람'의 의미로 쓰였다. 이 '해'는 고어에서 그 형태를 찾을 수 있다. '둘흔 내 해이어니와 둘흔 뉘 해어니오〈처용가〉'에서 '것'의 의미를 가진 '해'가 사용되고 있다. 북한의 평북, 함남에서도 '것'의 방언형으로 '해'가 사용되고 있다.

해글쌌다

- 표준어 : 대응 표준어 없음
- 품 사 : 구
- 뜻풀이 : 어떠한 행동이나 작용이 마음에 들지 않거나 못마땅하다. 그러한 행동이나 작용이 반복적이고 지속적으로 일어난다는 의미도 있다.
- 다른 방언형 : 해글쌓다, 헤굴어쌓다, 해쌓다
- 사용 지역 : 경상도

> "언제 진안 한분 나가 확 씰어뿌시더. 잔챙이들 **해글쌌는**(해대는) 꼬라지가 하도 누꼴시러바서……하기사 형님 애기 쪼매 해좃디 오줌을 찔끔찔끔 싸디더마는……" 〈이문열, 변경, 1994, 4, 297〉

> "여기까지 찾아온 사램이 설마, 엎어지믄 코 닿을 긴데 거까지 못 갈까 봐서? 어이구우, 늙으믄 죽어야 하는 기라. 젊은것들 **헤굴어쌓는** 거 앵이곱아서." 〈박경리, 토지, 2002, 7, 61〉

'해글쌌다'는 기본적으로 '하다'의 의미인데, 다만 그렇게 하는 행동이나 행위가 못마땅할 때 쓰는 말이다. '해글쌌다'의 형태론적 구성은 '하다'의 활용형 '해'에 '굴다'의 어간 '굴-'이 결합한 '해굴-'에 보조동사 '쌓다'가 결합한 것이다({해}+{굴-}+{-어}+{쌓-}). 경상도 방언에서 '쌓다'는 '먹어 쌓다', '울어 쌓다', '놀아 쌓다'처럼 동사 뒤에 쓰여 그러한 행위가 마음에 들지 않거나 못마땅하다는 의미를 더해 주는 보조동사의 기능을 한다. 또한 '쌓다'에는 그러한 행위가 반복적이고 지속적으로 일어난다는 의미도 있다. 그래서 '해글쌓다'에도 그러한 행위가 반복적으로 일어난다는 의미가 내포되어 있다.

해깝다

- 표준어 : 가볍다
- 품　사 : 형용사
- 뜻풀이 : ① 무게가 일반적이거나 기준이 되는 대상의 것보다 적다.
　　　　　② 마음이 홀가분하고 경쾌하다.
- 다른 방언형 : 개급다, 개굽다, 개곱다, 개갑다, 개겁다, 기겁다, 개븝다, 해껍다, 해깝하다
- 사용 지역 : 경상도

아주 옛날겉이 어릴 때 장가를 가믄 **해깝하이** 사뭇 가매 타고 가지마는–스물이 넘은 신랑은 무겁잖니껴?. 그라이– 신랑 집에서 나서 가주고는– 빈 가매를 가마꾼이 지고–신랑은 걸어가지. 색씨집 동네 입구에 다 가 가주곤 타니더. 〈김점호, 베도 숱한 베짜고, 1992, 22〉

'무게나 마음이 홀가분하고 상쾌한 상태'를 나타내는 '가볍다'의 경상도 방언형에는 '개급다, 개굽다, 개곱다, 개갑다. 개겁다, 기겁다. 개븝다, 해깝다, 해껍다' 등 다양한 어형이 쓰이고 있다.

'가볍다'의 고어형을 살펴보면 '가볍다'는 15세기에 '가비얍다'의 형태로 처음 문헌에 등장한다. '가볍다'가 겪은 변화는 크게 '가비얍다〉가븨얍다〉가븨엽다〉가볍다'로 요약된다.

해암스럽다

- 표준어 : 대응 표준어 없음
- 품　사 : 형용사
- 뜻풀이 : 성깔 있다.
- 다른 방언형 : 해암시럽다
- 사용 지역 : 경상도

등이 꼬꾸장하고…… 가마이 걸어가도 **해암시러워** 비는 게 멀리서 봐도 그 할배 맞더라 〈이문열, 아가, 2000, 233〉

'해암스럽다'는 '성깔 있다'라는 의미의 경상도 방언이다. 그 예가 많이 나타나지 않는 것으로 보아 현재에는 널리 사용하지는 않는 것으로 보인다.

햇채

- 표준어 : 시궁창
- 품　사 : 명사
- 뜻풀이 : ① 시궁의 바닥. 또는 그 속
  　　　　② 몹시 더럽거나 썩어 빠진 환경 또는 그런 처지를 비유적으로 이르는 말.
- 다른 방언형 : 햇채구디, 해채구디, 수채구데이, 수채구디, 수체구디, 수채구명, 수채꾸데이, 수채꾸디, 수체, 수체구데이, 수체구디, 수체꾸데이, 수최구무, 수치구영, 수통, 숫채, 수치, 햇추, 해짓또랑, 해치구덕
- 사용 지역 : 경상도

주린　목숨움켜쥐고,　쏘처가도다 / 진흙을밥으로,　**햇채**를마서도 / 마구나, 가젓드면,　단잠은얽맬 것을― / 사람을만든검아,　하로일즉 / 차라로주린목숨 **째서가거라!** // 〈이기철 편, 이상화전집, 가장 悽痛한 祈愁, 1982, 135〉

머시 우짜고 우째요? 그년 말을 와 내가 못할 기요? 옥황상제 딸이라서 말 못하것소? 임금님 딸이라서 말 못하것소! **헤치구덕**에 꾸중물 겉은 더러운 년! 〈박경리, 토지, 1, 301〉

'햇채'는 '빗물이나 집안에서 버린 물이 흘러가도록 만든 시설'로 '수채'의 경상도 방언이다. '수채'의 고어는 '쉬궁'(이 流江河 하마 쉬궁에서 달오디 바르리 깁고 크며〈월인석보, 1459, 18:47〉, 쉬궁 거(渠)〈훈몽자회, 1527, 中:6〉)인데, '시궁창'이라는 어휘와 유사하다. 경상도 방언에 '햇추', '힛추'와 같은 분화형이 있는데, '더러운 물'이라는 의미이다. 이와 함께 '햇채구덩이'는 {햇채}＋{구덩이} 구조로 '더러운 물구덩이' 또는 '시궁창'이라는 뜻이다. 이밖에도 '수채구데이, 수채구

디, 수채구디, 수채구멍, 수채꾸데이, 수채꾸디, 수체, 수체구데이, 수체구디, 수체꾸데이, 수최구무, 수치구영, 수통, 숫채, 수치, 햇추, 해짓또랑' 등이 함께 사용되고 있다.

허뿌라도

- 표준어 : 대응 표준어 없음
- 품　사 : 부사
- 뜻풀이 : 어쩌다가, 행여
- 다른 방언형 : 허뿌, 허뿌다
- 사용 지역 : 경상도

> "니도 인자 6학년이 되고 곧 중학생, 고등학생이 될거이께는 카는 소리다 마는 정치란 애시당초 우리하고는 아무 관계 없는 기라. **허뿌라도** 그쪽에는 눈돌릴 게 없는 기라. 니도 인자는 쪼매 알제? 우리가 왜 이 모앵이 돼 떠댕 기는지는. 천석 만석하던 친가 외가가 우예다가 절딴 나고, 느그 아부지하고 외아재 둘도 우예다가 없어졌는지를. 크일 나는 기다. 인자 또 그쪽으로 껍 죽대다가는 터도 망도 없이 우리 모도 죽는 기라. 〈이문열, 변경, 1989, 2, 228〉

　'허뿌라도'는 '어쩌다가라도'의 의미를 지닌 경상도 방언형이다. '헛 걸음'을 뜻하는데 '허뿌'에 '설사 그렇다고 가정하여도 다른 경우와 마 찬가지로 상관 없음'을 나타내는 연결 어미 '-라도'가 결합한 것이다. 그렇다면 '허뿌라도'는 말 그대로는 '헛걸음이라도'라는 말이다. 또한 경상도에서는 '허뿌다'라는 말이 사용되고 있는데, 이는 '약하다, 비다, 부실하다'라는 의미를 가진 말이다.

헌해하다

- 표준어 : 험담하다
- 품   사 : 동사
- 뜻풀이 : 남을 해치려고 흠을 들추어내거나 헐어서 말하다.
- 다른 방언형 : 입살
- 사용 지역 : 경상도

동네 사람이나 니가 자꾸 이래싸으믄 얼은 나한테 떨어진다. 그란해도 동네방네 댕기믄서 자식 **헌해한다꼬**, 그럴 때마다 인병이 든다. 〈박경리, 토지, 11, 154〉

누가 우쨌십니까. 자식 **헌해하고** 댕기는 어매도 잘한 거 없십니다. 〈박경리, 토지12, 85〉

부모가 자식 **헌혜하는** 법이 어디있소? 그러니까 아들한테 대접을 못 받지요. 하동 계시는 시아버님한테는 얼마나 잘 하신다고요? 효자라고 소문이 자자한답니다. 〈박경리, 토지, 8, 223〉

‘헌해하다’는 ‘험담하다’라는 뜻의 경상도 방언이다. ‘헌해하다’의 어원은 중세국어에 ‘수다’의 의미를 가진 ‘헌ᄉ’에서 추정할 수 있다(寒山이 闊丘의 손 자바 웃고 닐오디 豐干의 헌시로다 ᄒ시니라〈남명집언해, 1482, 下:8〉(한산이 여구의 손을 잡고 웃으며 이르되 풍간의 수다로다 하시니라)). ‘수다’를 뜻하는 ‘헌ᄉ’에서 ‘ᄉ’이 ‘ㅎ’으로 교체 되어 ‘헌해’가 되면서 ‘수다’에서 ‘험담’이라는 뜻으로 확대되었다고 볼 수 있다.

참고로 남의 나쁜 점을 들추어 말하는 것을 ‘헐다’라고도 한다. 그리고 ‘입살’은 남이 듣지 않는 데서 험담하는 것을 말한다.

헐직하다

- 표준어 : 헐하다, 허름하다
- 품　사 : 형용사
- 뜻풀이 : 값이 꽤 싸다.
- 다른 방언형 : 헐찍하다
- 사용 지역 : 경상도

"여기 술값요— 지금은 대구 중앙통 빰칠 께씨더. **헐직한** 매미(색시) 두엇 데리다났다꼬 삐루(맥주) 한 병에 3백 원이씨더. 3백원. 한 병에 60원인강 하는 그 멀건 보리술이 말이씨더." 〈이문열, 변경, 1994, 6, 288〉

'헐직하다'는 '값이 꽤 싸다'의 의미를 가진 경상도 방언이다. 표준어 '헐하다'와 '허름하다'의 의미를 모두 갖고 있다. 형태론적 구성은 어근 '헐-'에 접사 '-직-(〈-죽-)'이 결합한 후 다시 '-하다'가 결합한 것이다. 접사 '-직-'은 '나직하다, 높직하다, 듬직하다' 등에서 확인할 수 있다. '헐하다'의 경우 '헐하다'에서 모음 /ㅏ/가 탈락한 '**헗다**'도 함께 쓰인다(헐타, 헐으면, 헐은).

헛헛하다

- 표준어 : 섭섭하다
- 품   사 : 형용사
- 뜻풀이 : 서운하고 아쉽다.
- 다른 방언형 : 서운:하다, 서분하다, 섭썹하다
- 사용 지역 : 경상도

박기사, 당신에겐 정말 뭐라 할말이 없소. 당신의 마음이 하는 말을 내 마음이 몰랐다 생각지는 마오. 그러니 너무 **헛헛해** 말아요. 천지간의 사내란 사내는 모두 품을 수가 있으나 당신에게만은 그리 하지 못하는 걸 난들 어떡하오. 그런 삶도 있으려니 그런 사랑도 있으려니 하면 그뿐. 도덕이나 규범도 규정짓기 나름이고 사랑도 규정하기 나름 아니겠소. 〈이현수, 신기생뎐, 2004, 236〉

'헛헛하다'의 사전적 정의는 '배고픈 느낌이 있다', '출출하여 무엇이 먹고 싶다' 등이다. 그러나 경상도 방언에서 '헛헛하다'는 기본 의미에서 의미가 확장되어 '섭섭하다', '서운하다'의 의미로 쓰인다.

현반

- 표준어 : 선반
- 품 사 : 명사
- 뜻풀이 : 물건을 얹어 두기 위하여 까치발을 받쳐서 벽에 달아 놓은 긴 널빤지.
- 다른 방언형 : 선반, 전반, 잔반, 헨반, 실강, 실겅, 시루, 자반
- 사용 지역 : 경상도

> 마느래 자리를 잡으러 댕기더니만 자기 가족들을 어데 자리를 잡아 놓고 나는 현반에 자라 그랬어. 요새 기차 **현반**엔 못 올라 가지. 그 **현반**은 사람이 잘만 했어. 이사를 간다꼬 이불 한 보따리하고 또 내 옷 한 상자 옇은 것 있었는데 내 머리맡에 놓고 잤어. 〈성춘식, 이부자리 피이 놓고, 1992, 101〉

'현반'은 물건을 올려 두기 위해서 벽에 달아 놓은 '선반'의 경상도 방언인데, 이 외에도 '선반, 전반, 잔반, 헨반, 실강, 실겅, 시루, 자반,' 등이 함께 쓰이고 있다. '선반'은 17세기에 '션반〈역어유해, 1690, 上:19〉으로 나타난다. '션반'은 '*현반'으로 소급되는데, '*현반'은 한자어 '懸盤'으로 간주된다. 물론 '*현반'은 문헌에 나타나지 않는다. 그러나 'ㅎ〉ㅅ'의 변화에 따라 '*현반'이 '션반'으로 변화된 것으로 보인다. '션반'은 제1음절의 모음이 단모음화된 것이 표준어 '선반'이다. 경상도 방언의 '현반'은 '선반'보다 앞선 시기의 형태가 그대로 계승되어 쓰이고 있는 것으로 추정된다.

호븐차

- 표준어 : 혼자
- 품　　사 : 명사
- 뜻풀이 : 다른 사람과 어울리거나 함께 있지 아니하고 홀로 있는 상태.
- 다른 방언형 : 호분차, 호분자
- 사용 지역 : 경상도

"니가―안죽 그 고아원에 있었더란 말이제? 일년이 넘도록 **호븐차**(혼자)
……"〈이문열, 변경, 1992, 4, 47〉

"걱정은 무신…우쨌든 니가 우예됐는지 알아야 할 거 아이가? 니 **호븐차**
거다 남아 있는 줄 진작 알았으믄 우리가 무신 수를 내도 내보제. 니를 집에
데불꼬 있는동 우째든동……"〈이문열, 변경, 1992, 4, 50〉

'호븐차'는 '혼자'의 경상도 방언이다. '혼자'의 중세국어 어형은 'ᄒᆞ오
ᅀᅡ'이다(ᄒᆞ오ᅀᅡ 안자 잇더시니(혼자 앉아 있으시더니)〈월인석보,
1459, 1:6〉, ᄒᆞ오ᅀᅡ 셔셔 ᄀᆞᄅᆞ맷 ᄇᆡ를 보노라(혼자 서서 강에 배를
보노라)〈두시언해, 1481, 7:4〉). 순경음 비음(/ ㅸ /)이 'ㅸ〉우'로 변
화하는 음운사적 사실을 고려할 때, 경상도 방언의 '호븐차'는 중세국
어보다 더 앞선 시기의 형을 그대로 계승한 보수적인 어형이다. 'ᄒᆞᄫᅡ
ᅀᅡ'에서 'ㅸ〉오' 변화에 의해 중세국어 'ᄒᆞ오ᅀᅡ'가 되었고, 이후 / ㅿ / 〉
/ ㅈ / 의 변화 및 제1음절 / ㆍ / 의 / ㅏ / 로의 변화에 의해 '하오자'가
되고, '하오자'에서 '하'의 / ㅏ / 가 '오'에 동화되어 '호오자'가 되고 다
시 축약 및 / ㅈ / 앞에서 / ㄴ / 첨가에 의해 표준어 '혼자'로 변화하였
다. 경상도 방언의 경우에는 'ᄒᆞᄫᅡᅀᅡ'에 ㅸ〉ㅂ, ㆍ〉ㅡ, ㅿ〉ㅈ, / ㄴ / 첨

가라는 변화가 각각 적용되어 '호븐자'가 되었다(ᄒᆞᄫᆞᄊᆞ>ᄒᆞ브자>호브
자>호븐자). '호븐차'에서 '자'가 '차'가 된 이유는 확인하기 어렵다. 그
리고 '호븐차'에서 /ㅂ/ 아래서 /ㅡ/〉/ㅜ/의 원순모음화를 겪은 형
이 '호분차'이다.

호시하다

- 표준어 : 대응 표준어 없음
- 품   사 : 동사
- 뜻풀이 : 흔들거리는 기구를 타다
- 다른 방언형 : 호시다, 호시타다
- 사용 지역 : 경상도

저 먼 하늘에 구름 한 덩어리가 / 둥둥 떠 다니면서 / 제비 한 마리가 구름 타고 **호시할라고** / 막 구름을 따라간다. / 구름은 자꾸자꾸 간다 // 〈이오덕, 허수아비도 걱꿀로 덕새를 넘는다, 156〉

길상아 이눔 자석, 니는 달구지타고 가니께 **호시제**? 〈박경리, 토지, 2, 301〉

니 아부지가 우떻게 크고 우떻게 살았는지 넘들이 다 아는데 자식인 니가 모린다하지는 않겄제? 거기다가 비하문 너거들이사 누워서 **호시탔다**. 〈박경리, 토지, 12, 200〉

'호시하다'에서 '호시'는 무엇을 타거나 할 때 몸이 튀거나 쏠리거나 하여 느끼는 짜릿한 기분을 말한다. '호시'는 '하다'와 결합하기도 하고 동사 '타다'와 결합하기도 한다.

호양질

- 표준어 : 화냥질
- 품　사 : 명사
- 뜻풀이 : 자기 남편이 아닌 남자와 정을 통하는 짓.
- 다른 방언형 : 호양년
- 사용 지역 : 경상도

"뭐라꼬? 뭔 소린중 모른다꼬? 야, 이 **호양년**아, 어서 빨리 몬 나오나?"〈이문열, 변경, 1989, 2, 269〉

"차암 내, 뭣 가지고 이래 쌓노 캤디, 그 얘기구나. 글치만 어느 미친 기 물밑 들여다보듯 훤한 이 바닥에서 대낮에 하이야 대절해 **호양질**하겠읍니꺼? 옥이 어무이 친정 동생이 밀양 구경 씨게달라 캐쌓길래 서이 같이 한 번 가본 걸 가지고…"〈이문열, 변경, 1989, 2, 270〉

'화냥'은 '花娘'에서 유래한 말로 '자기 남편이 아닌 남자와 정을 통하는 짓'을 뜻한다. '화냥질'은 {화냥} + {-질}의 파생어로 '서방질'과 같은 의미인데, 경상도에서는 '호양질, 호양년'의 형태로 사용된다. '화냥질〉화양질〉호양질'의 음운현상을 거쳤을 것으로 예상되는데, 어중 자음 /ㄴ/이 탈락되고, 다시 단모음화된 형태이다.

홀때기

- 표준어 : 버들피리
- 품　사 : 명사
- 뜻풀이 : 봄철에 물오른 버드나무 가지의 껍질을 고루 비틀어 뽑은 껍질이나 짤막한 밀짚 토막 따위로 만든 피리.
- 다른 방언형 : 호:때기, 호:때이, 호때기, 홀:때기, 홀:때이, 홋때기, 홋:때기, 해띠기, 해띠기, 호띠기, 횟디기
- 사용 지역 : 경상도

홀때기를 불면서 쑥을 뜯고 찔레를 꺾어 먹으면서 미나리를 나물칼로 자르다가 또 돌나물을 만난다. 〈박경리, 토지, 2, 17〉

'홀때기'는 '버들피리'의 경상도 방언이다. '홀때기'의 표준어는 '호드기'로 '號角'의 '號'에 접사 '-때기'가 결합한 것이다. {호} + {-ㄹ} + {-때기}로 여기에서 '-ㄹ'은 관형사형 어미이다.

'홀때기'의 변이형을 보면 'ㄹ'이 탈락한 '호:때기', '호:때이', '호때기', '호띠기' 등의 어형이 있으며, /ㄹ/이 /ㅅ/으로 교체된 '홋때기, 홋:때기, 횟디기' 등이 있다.

후제

- 표준어 : 후에
- 품　사 : 명사
- 뜻풀이 : ① 얼마의 시간이 지난 뒤.
　　　　　② 막연한 미래.
- 다른 방언형 : 후지
- 사용 지역 : 경상도

"나도 **후제** 크믄 비단 입고 분 바르고 노래 부를란다." 〈박경리, 토지, 2, 94〉

"**후제**, 크믄 말 타고 총 들고 독립운동하자고." 〈박경리, 토지, 4, 337〉

"들판에서 깜박깜박허는 별을 치다봄시로 그런 생각을 허는 것도 재미진 일이니께. 심심허거나 배가 고플 적에, 치불 적에 그런 생각허믄 배고픈 것 치분 것 더러 잊을 수 있다 그 말인디 홍이도 **후제** 그런 일이 있일 것 겉으면 그리 해보더라고?" 〈박경리, 토지, 4, 339〉

니는 **후제** 커서 이사가 됐이믄 좋겄다. 〈박경리, 토지, 6, 288〉

"야, 윤국아! 이것 봐라! 모래가 반짝반짝하지이? 반짝반짝하는 거는 다 금이다. 남강 모래가 얼매나 많노? 그라믄 금도 참 많을 기다 그장? **후제** 이 모래를 내가 쳐서 금을 자꾸자꾸 모아가지고 너거 집맨크로 부자가 될 기다." 〈박경리, 토지, 10, 101〉

"사촌은 형제 아니건데? 더군다나 귀남이 니는 혼자 아니가. **후제** 커서 남 허고 싸울 때 누가 편들어줄 기고. 살아갈라 카믄 오만 일이 다 있는데 외로 브믄 안 된다." 〈박경리, 토지, 11, 163〉

"그 따우 씨건방진 소리는 두었다가 **후제** 선생질할 때나 써묵어라. 홍! 입
열었다 하믄 모두 배우고 투쟁하고, 신물이 난다. 니 누부 영선이를 와 산놈
한테 떠넘기고 왔노? 니도 그거는 알제?" 〈박경리, 토지, 13, 31〉

후제히여 사롬 올 제 〈곽씨언간, 114〉

시간 개념에 관련된 경상도 방언형에는 독특한 어형이 많이 나타나
는데 '후제, 후지'도 그 중 하나이다. 경상도 방언에서는 오늘을 기준
으로 지난 과거를 '앳날, 잇날'로, 그리고 막연한 미래를 '후제, 후지'라
고 한다. '후제'와 함께 '후지'도 나타나는데, 이는 경상도에서 나타나
는 활발한 /ㅔ/〉/ㅣ/ 현상의 적용을 받은 것이다. '제사'를 '지사'로,
'베개'를 '비개'로 '게'를 '기'라고 하는 것들이 모두 같은 현상이다.

후지박다

- 표준어 : 구박하다
- 품　사 : 동사
- 뜻풀이 : ① 남을 몹시 못 견디게 굴어 학대하는 것.
　　　　　② 야단치며 머리를 가볍게 쥐어박는 것.
- 사용 지역 : 경상도

> 이 각박한 세상에 그 어린 기 취직을 하이 무슨 취직을 하노? 별난 기술이 있나? 일을 지대로 할 줄 아나? 어디 가서 이리저리 **후지박히며** 눈칫밥 먹고 있는 꼴이 눈에 선하다 〈이문열, 변경, 1996, 6, 288〉
>
> 그거 하나 가주고도 당편이 저 지지바가 내한테는 얼매나 유관스러븐 동…… 그래서 요새는 어지간히 허파를 뒤배도 **후지박지** 않니더 왜 〈이문열, 아가, 2000, 115〉

‘후지박다’는 ‘훌 쥐어박다’에서 하나의 단어로 변화된 어형이다. ‘훌’은 ‘훌주무르다’, ‘훌뿌리다’, ‘훌마무리하다’ 등과 같이 주로 동사 앞에 붙어 ‘마구 또는 대강 휘몰아’의 의미를 가진 말이다. ‘지박다’는 ‘쥐어박다’에서 ‘ㅟ’가 ‘ㅣ’로 단모음화되고 축약된 것이다. 즉 ‘훌 쥐어박다〉 ‘훌지어박다’ 〉 ‘훌지박다〉 ‘후지박다’ 등의 변화를 거친 것으로 정리할 수 있다.

후치다

- 표준어 : 내쫓다
- 품　사 : 동사
- 뜻풀이 : 어떤 자리에서 떠나도록 내몰다. 내치다.
- 다른 방언형 : 후차다, 후찌다, 후추다, 후까내다, 후차내다
- 사용 지역 : 경상도

노란 서숙 / 고개 숙이고 / 서숙밭에 새 **후치는** / 깡통 / 바람 불면 / 땡그랑 땡그랑 / 대가빠리만 달린 / 허수아비도 / 깍굴로 / 덕새를 넘는다. 〈이오덕, 허수아비도 깍꿀로 덕새를 넘는다, 195〉

‘후치다’는 ‘내쫓다’라는 의미의 경상도 방언이다. ‘후치다’의 어형은 ‘훑-’에 ‘-치다’가 결합한 것으로 ‘훑치다’〉‘훌치다’〉‘후치다’ 등으로 변화한 것이다.

휘젓하다

- 표준어 : 호젓하다
- 품　사 : 형용사
- 뜻풀이 : ① 후미져서 무서움을 느낄 만큼 고요하다.
　　　　　② 매우 홀가분하여 쓸쓸하여 외롭다.
- 사용 지역 : 경상도

> 　행랑뒤골목 **휘젓한** 상술집엔 / 팔러온 냉해지처녀를 둘너싸고 / 대학생의 지질숙한 눈초리가 / 사상선도의 염탐밋헤 썰고만잇다 // 바람은 밤을 집어 삼키고 / 아득한 까스속을 흘너서가니 / 거리의 주인공인 해태의 눈쌀은 / 언제나 말가케 푸르러오노 // 〈심원섭, 이육사전집, 失題, 1986, 25〉

　〈신조선〉에 실린 이육사의 시 '실제(失題)'에는 "행랑뒤골목 휘젓한 상술집엔 팔러온 냉해지처녀를 둘너싸고"라는 구절이 나오는데, 여기서 시어 '휘젓하다'는 '호젓하다'의 경상도 방언으로 '후미져서 아주 고요하다', '외롭고 쓸쓸하다'라는 의미이다.

훗짐

- 표준어 : 대응 표준어 없음
- 품　사 : 명사
- 뜻풀이 : ① 흩어짐.
  　　　　② 단출하고 외로움.
- 사용 지역 : 경상도

벙어리 입설로 / 떠도는 침묵은 / 추억의 녹긴 窓을 죽일 숨쉬며 / 엿보아라 // 아!자추도업시 / 나를 쩌안는 / 이밤의 **훗짐**이 설어워라. // 비오는밤 / 짜러안즌 靈魂이 / 죽은 듯 고요도하여라 // 〈이기철 편, 이상화전집, 單調, 1982, 106〉

　‘훗짐’은 ‘흩어지다’의 명사형 ‘흩어짐’의 의미를 가진 경상도 방언이다. 이상화가 쓴 1925년 1월호 〈신여성〉 18호에 ‘斷腸’이라는 번역 소설의 역자의 말에 “그의 훗진사리는 갑절 더 외롭게 되려……”에서 ‘훗지-’형이 나타난다. 이 ‘훗지-’와 ‘훗짐’을 연결시켜 ‘훗짐’을 ‘홀짐’ 곧 ‘단출하고 외로움’이라는 의미로 해석한 경우도 있다.

히다

- 표준어 : 세다
- 품 사 : 동사
- 뜻풀이 : 사물의 수효를 헤아리거나 꼽다.
- 다른 방언형 : 시다, 시아리다, 새아리다, 히아리다, 헤아리다
- 사용 지역 : 경상도

> "인제 와서 보이 다 지역감정이고 개인적인 출세주의더라꼬. 그때 그 공으로 지금 민주당에 차악 들앉은 선배만도 열 손가락으로 **히기**는 모자랠 거로…" 〈이문열, 오디세이아 서울, 1993, 2, 568〉

'히다'는 '세다'의 경상도 방언이다. '세다'의 중세국어 어형이 '혜다'인데, '히다'는 중세국어 '혜다'에서 / ㅖ /〉/ ㅔ / 단모음화에 의해 '헤다'가 되고, '헤다'에서 바로 / ㅔ /〉/ ㅣ / 가 적용된 것이다. 표준어 '세다'에 대응되는 경상도 방언 어휘에는 '히다' 외에 '시다, 시아리다, 새아리다, 히다, 히아리다, 헤아리다' 등이 있다. '세다'의 중세국어 어형이 '혜다'인데, '혜다'에서 / ㅎ / 구개음화 및 반모음 / y / 탈락이 적용된 형이 '세다'이다(혜다〉셰다〉세다). '시다'는 '세다'에서 경상도 방언의 특징적인 음운 현상 가운데 하나인 / ㅔ /〉/ ㅣ / 가 적용된 것이다. '시아리다. 새아리다'형은 중세국어 '혜아리다'에서 / ㅎ / 구개음화를 겪은 것들이다.

ㄱ

ㅁ

ㅂ

ㅅ

문학 속의 경상 방언

ㅇ

ㅈ

ㅊ

(시집)
이기철 편(1982), 이상화 전집, 문장.
유치환(1991), 생명의 서, 미래사.

(소설집)
강평원(2003), 지리산 킬링필드, 선영사.
권정생(1998), 한티재 하늘, 지식산업사.
김점호(1990), 베도 숱한 베짜고 밭도 숱한 밭매고, 뿌리깊은나무.
김정한(2005), 사하촌, 창비출판사.
김주영(2003), 객주, 문이당.
김주영(2003), 고기잡이는 갈대를 꺾지 않는다. 문이당.
박경리(2002), 김약국의 딸들, 나남출판사.
박경리(2002), 토지 전 21권, 나남출판사.
박경리(2002), 파시, 나남출판사.
성춘식(1982), 이부자리 피이 놓고, 뿌리깊은나무.
이만희(1998), 이만희 희곡집 전2권, 월인.
이문열(1992), 변경, 문학과지성사
이오덕(1978), 일하는 아이들, 청년사.
이재명(2004), 해방전 공연 희곡집, 평민사
이현수(2004), 신기생뎐, 문학동네
허수경(1998), 슬픔만큼 거름이 어디 있으랴, 실천문학사.

〈사전과 논문〉
국립국어원(2007), 국어 어휘의 역사 검색 프로그램, 한민족언어정보화 통합 검색 프로
    그램.
국립국어원(2007), 한국 방언 검색 프로그램, 한민족언어정보화 통합 검색 프로그램.
김동언(2006), 국어 비속어 사전, 프리미엄북스.
김윤식 외편(1998), 소설어 사전, 고려대 출판부.
김재홍 편(1997), 시어 사전(한국 현대시), 고려대 출판부.

민충환(2001). 이문구 소설어 사전, 고려대학교 민족문화연구원.

우리말큰사전(1997), 한글학회.

이상규(2000), 경북방언사전, 태학사.

이태영(2006), 방언 어휘의 자료 정리와 연구 방법 - 문학작품의 어휘를 중심으로-, 방
        언학 4집.

조선말대사전(1992), 사회과학출판사(평양).

조선말큰사전(1947), 조선어학회.

최기호(1995), 사전에 없는 토박이말 2400, 토담.

최기호·이근술(2001), 토박이말쓰임사전, 동광출판사.

표준국어대사전(1999), 두산동아.

홍윤표 외(1995), 17세기국어사전, 태학사.

저자 약력

이상규

1953년 경북 영천, sglee@knu.ac.kr
경북대학교 문리과대학 및 동대학원 문학박사
일본 동경대학교 대학원 객원 연구교수
전 국립국어원장
대구광역시 교육의원
경북대학교 인문대학 교수

〈주요 논저〉
『경북방언사전』(학술원우수도서), 『언어지도의 미래』(문화관광부우수도서)
외 저술 및 논저 다수.

신승용

경북 영천 출생
서강대학교 문과대학 국어국문학과 졸업
동대학원 문학석사, 문학박사
현재 영남대학교 국어교육과 부교수

〈주요 논저〉
『음운변화의 원인과 과정』, 『국어 음절음운론』,
「'-으X ~ -X'계 어미의 기저구조」, 「/k/ > /h/ 변화에 대한 고찰」,
「교체의 유무와 규칙의 공시성·통시성」, 「사전과 복수기저형 및 활용형」
외 다수.

국립국어원 문학 속의 방언 총서 01

문학 속의 경상 방언

초판 인쇄   2010년 11월 12일
초판 발행   2010년 11월 22일

지 은 이   이상규·신승용
펴 낸 이   최종숙
펴 낸 곳   글누림출판사 / 서울 서초구 반포4동 577-25 문창빌딩 2층
전   화   02-3409-2055 FAX 02-3409-2059
홈페이지   http://www.geulnurim.co.kr
이 메 일   nurim3888@hanmail.net
등   록   2005년 10월 5일 제303-2005-000038호

정   가   48,000원

I S B N   978-89-6327-069-2 94710
          978-89-6327-068-5 (전5권)